Ekkehard Kaier

BASIC-Wegweiser für den Commodore 64

Mikrocomputer sind Vielzweck-Computer (General Purpose Computer) mit vielfältigen Anwendungsmöglichkeiten wie Textverarbeitung, Datei/Datenbank, Tabellenverarbeitung und Grafik.

Gerade für den Anfänger ist diese Vielfalt oft verwirrend. Hier bietet die Wegweiser-Reihe eine klare und leicht verständliche Orientierungshilfe.

Jeder Band der Wegweiser-Reihe wendet sich an Benutzer eines bestimmten Mikrocomputers bzw. Programmiersystems mit dem Ziel, Wege zu den grundlegenden Anwendungsmöglichkeiten und damit zum erfolgreichen Einsatz des jeweiligen Computers zu weisen.

Bereits erschienen:

Band 1 BASIC-Wegweiser für den Apple II

Band 2 MBASIC-Wegweiser für Mikrocomputer unter CP/M und MS-DOS

Band 3 BASIC-Wegweiser für den Commodore 64

In Vorbereitung:

Band 4 BASIC-Wegweiser für den IBM PCjr.

Band 5 BASIC-Wegweiser für MSX-Mikrocomputer

Band 6 Pascal-Wegweiser für Mikrocomputer

Ekkehard Kaier

BASIC-Wegweiser für den Commodore 64

Datenverarbeitung mit BASIC 2.0, BASIC 4.0
und SIMON's BASIC

Mit 78 vollständigen Programmen
und zahlreichen Bildern

Friedr. Vieweg & Sohn Braunschweig/Wiesbaden

Das in diesem Buch enthaltene Programm-Material ist mit keiner Verpflichtung oder Garantie irgendeiner Art verbunden. Der Autor übernimmt infolgedessen keine Verantwortung und wird keine daraus folgende oder sonstige Haftung übernehmen, die auf irgendeiner Art aus der Benutzung dieses Programm-Materials oder Teilen davon entsteht.

1984

Umschlaggestaltung: Peter Lenz, Wiesbaden
Druck und buchbinderische Verarbeitung: Lengericher Handelsdruckerei, Lengerich
Printed in Germany

ISBN 3-528-04303-2

Vorwort

Das Wegweiser-Buch weist Wege zum erfolgreichen Einsatz des Commodore 64.

Das Wegweiser-Buch vermittelt aktuelles Grundlagenwissen zur Datenverarbeitung bzw. Informatik:

- Was ist Hardware, Software und Firmware?
- Was sind Großcomputer und Mikrocomputer?
- Was sind Datenstrukturen und Programmstrukturen?
- Was sind Betriebssysteme und Anwenderprogramme?
- Was heißt ‚fertige Programm-Pakete einsetzen'?
- Was beinhaltet das eigene Programmieren?

Nach der Lektüre dieses Abschnitts sind Sie in der Lage, den Commodore 64 in den Gesamtrahmen des Gebiets „Datenverarbeitung/Informatik" einzuordnen.

Das Wegweiser-Buch gibt eine erste Bedienungsanleitung:

- Wie bediene ich Tastatur, Bildschirm, Floppy bzw. Disketteneinheit und Drucker des Commodore 64?
- Wie erstelle ich mein erstes Programm in der Programmiersprache BASIC 2.0?
- Welche Befehle umfaßt BASIC 2.0 (zu jedem Befehl wird ein Beispiel angegeben)?
- Welche Möglichkeiten bieten die drei Sprachversionen BASIC 2.0, BASIC 4.0 und SIMON's BASIC?
- Laufen die Programme des Commodore 64 auf anderen Mikrocomputern von Commodore?

Nach dem Durcharbeiten dieses Abschnitts können Sie Ihren Commodore 64 bedienen, Programme laufen lassen und einfache BASIC-Programme selbst erstellen und speichern.

Das Wegweiser-Buch enthält einen kompletten Programmierkurs mit folgenden grundlegenden BASIC-Anwendungen:

- Programme mit den wichtigen Ablaufstrukturen (Folge-, Auswahl-, Wiederholungs- und Unterprogrammstrukturen).
- Verarbeitung von Text, Ein-/Ausgabe und Tabellen.
- Maschinennahe Programmierung (... Bit für Bit).
- Suchen, Sortieren, Mischen und Gruppieren von Daten.
- Sequentielle Datei und Direktzugriff-Datei mit den Sprachen BASIC 2.0 und BASIC 4.0.

- Normale Grafik mit der Standardsprache BASIC 2.0.
- HIRES-Grafik und Sprite-Grafik mit SIMON's BASIC.
- Kontrollanweisungen für die Programmstrukturen mit SIMON's BASIC.
- Programmierung von Musik mit SIMON's BASIC.

Nach Lektüre dieses Abschnitts können Sie die wichtigsten BASIC-Sprachmöglichkeiten des Commodore 64 nutzen.

Das Wegweiser-Buch soll die von Commodore gelieferten System-Handbücher keinesfalls ersetzen, sondern ergänzen:
In den Handbüchern werden Programmiersprachen (z.B. BASIC 2.0 im Commodore 64 MicroComputer Handbuch), das DOS-Betriebssystem (z.B. VC 1541 Floppy Disk Bedienungs-Handbuch), technische Eigenschaften (Hardware), spezielle Geräte oder Software beschrieben. Das Wegweiser-Buch hingegen beschreibt die Grundlagen der Datenverarbeitung, um sie an zahlreichen Anwendungsmöglichkeiten für den Commodore 64 zu demonstrieren und zu veranschaulichen.

Im Wegweiser-Buch sind 78 Programm-Beispiele als Codierung in BASIC (LIST) und als Ausführung (RUN) wiedergegeben und ausführlich erklärt.

Die Abschnitte 2 und 3 des Wegweiser-Buches bauen aufeinander auf und sollten in dieser Abfolge gelesen werden. Abschnitt 1 hingegen kann parallel dazu bearbeitet werden.

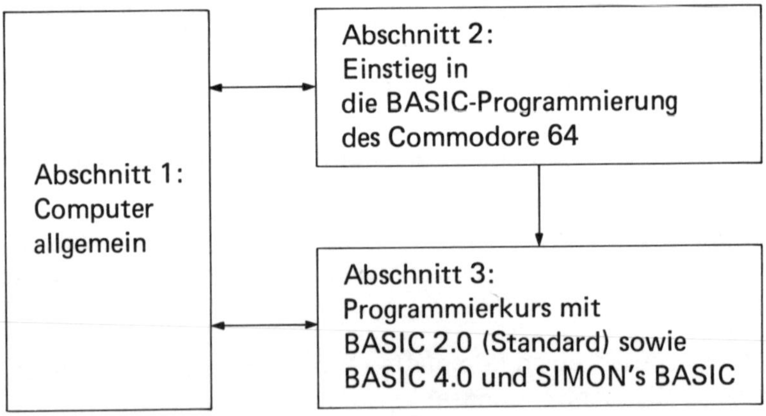

Für schnelle und eilige Commodore 64-Besitzer: Das Wegweiser-Buch läßt sich auch als Nachschlagewerk benutzen. Aus diesem Grund sind Inhalts- und Sachwortverzeichnis sehr detailliert gegliedert.

Heidelberg, Februar 1984 Ekkehard Kaier

Inhaltsverzeichnis

1

Computer allgemein

1.1 Computer = Hardware + Software + Firmware

1.1.1 Überblick

Jeder Computer besteht aus Hardware (harter Ware), aus Software (weicher Ware) und aus Firmware (fester Ware). Dies gilt für Mikro- und Personalcomputer ebenso wie für Großcomputer.

Die H a r d w a r e umfaßt alles das, was man anfassen kann: Geräte einerseits und Datenträger andererseits. Das wichtigste Gerät ist die Zentraleinheit bzw. CPU (für Central Processing Unit), mit der periphere Einheiten als Randeinheiten verbunden sind; so z.B. eine Tastatur zur Eingabe der Daten von Hand, ein Drucker zur Ausgabe der Resultate schwarz auf weiß und eine Disketteneinheit zur langfristigen Speicherung von Daten auf einer Diskette als Datenträger außerhalb der CPU.

Hardware

Geräte, Einheiten:		Datenträger:
Zentraleinheit bzw. CPU	Periphere Einheiten wie Disketteneinheit, Tastatur, Drucker	z.B. Diskette, Kassette, Magnetplatte, Magnetband, Winchesterplatte

Die Hardware als harte Ware kann man anfassen

Die S o f t w a r e als zweite Komponente des Computers kann man im Gegensatz zur Hardware nicht anfassen. Software bedeutet soviel wie Information; sie umfaßt die Daten und auch die Programme als Vorschriften zur Verarbeitung dieser Daten. Ist die Hardware als festverdrahtete Elektronik des Computers fest und vom Benutzer nicht (ohne weiteres) änderbar, dann gilt für die Software genau das Gegenteil: Jeder Benutzer kann Programm wie Daten verändern, austauschen, ergänzen und auch zerstören.

Software

D a t e n :	P r o g r a m m :
Objekte der Datenverarbeitung (w a s wird verarbeitet?)	Geordnete Folge von Anweisungen (w i e ist zu verarbeiten?)

Die Software als weiche Ware kann man nicht anfassen

Die F i r m w a r e als dritte Komponente des Computers kann man der Hardware oder der Software zuordnen. Sie ist deshalb wie ein 'Zwitter' halb Hardware und halb Software. So ist z.B. das Rechenprogramm jedes Taschenrechners in einem speziellen Speicher ROM (Read Only Memory als Nur-Lese-Speicher) enthalten. Der Benutzer kann dieses Programm zwar laufen lassen und Information entnehmen und lesen (read), nicht jedoch abändern.

Für den Benutzer ist es wie Hardware fest. Für den Hersteller des ROMs hingegen stellt es sich wie Software veränderbar dar, da er den Speicher ROM ja programmieren kann und muß.
Ein anderes Beispiel: Für viele Mikrocomputer werden Module mit fest im ROM gespeicherten Programmen bis zu 30.000 Zeichen angeboten; der Anwender steckt ein Modul in den Eingabeschacht seines Computers und befindet sich sogleich im Programm. Er kann dieses Programm als Firmware zwar laufen lassen bzw. ausführen, nicht aber umprogrammieren und verändern.
Mit der Mikrotechnologie, mit dem Chip und dem IC (Integrated Circuit für Integrierter Schaltkreis) hat die Firmware immer mehr an Bedeutung gewonnen.

Die Hardware (fest verdrahtete Elektronik), die Software (frei änderbare Daten und Programme) und die Firmware (hart für den Benutzer und weich für den Hersteller) stellen die d r e i g r u n d l e g e n d e n Komponenten jedes Computers dar. Darüberhinaus gibt es weitere ....ware: so die Orgware (Organisation von Aufbau und Ablauf), die Menware (Personen), die Brainware (geistige Leistungen) und die Teachware (Lehren und Lernen).

1.1.2 Kosten für die Computerleistung

Leistung bedeutet Arbeit pro Zeiteinheit. Bestand die Arbeit des Computers früher im Rechnen, also im Umgang mit Zahlen (Computer heißt wörtlich Rechner), so wird sie heute ergänzt durch das Verarbeiten von Text allgemein. Die Zeiten werden immer kürzer: so arbeiten Computer heute 200mal schneller als vor 25 Jahren (Nanosekundenbereich, 1-milliardstel Sekunde).

Betrachtet man die Entwicklung der Computerkosten, so ist ein zunehmendes Absinken der Kosten für die Hardware gegenüber den Kosten für die Software festzustellen. Zwei Gründe dafür: Einerseits verbilligt sich die Hardware immer mehr, sei es durch die Massenproduktion, sei es durch Fortschritte in der Mikrotechnologie. Bei entsprechender Entwicklung anderer Industriezweige dürfte ein VW-Käfer nicht mehr als 50 DM kosten und eine Boeing 767 nicht mehr als 1500 DM.
Andererseits verteuert sich die Software mehr und mehr,sei es durch die Personalkostenintensität (Gehälter für Programmentwicklung, -pflege u. -wartung), sei es durch das immer höhere Anspruchsniveau (Erfolgsrechnung heute bereits allwöchentlich und früher nur einmal im Jahr zum Jahresabschluß).
Man spricht schon von einer Kostenrelation von '20% für Hardware' gegenüber '80% für Software'.

1.1.3 Geschichtliche Entwicklung des Computers

Erst 1941 stellte der deutsche Ingenieur Konrad Zuse erstmals einen richtigen Computer vor und 1952 wurde erstmals ein Computer an ein pivates Wirtschaftsunternehmen in der BRD ausgeliefert. In den 60er Jahren begann die Zeit der Großcomputer und damit der System-Familien wie IBM/360 oder Siemens 4004. Die 70er Jahre wurden geprägt von der Mikrotechnologie und

damit vom Mikrocomputer: die Hardware wurde immer kompakter, schneller und preiswerter.
Zu Beginn der 80er Jahre hat man sich an den Preisverfall der Hardware gewöhnt. Wen wundert es noch, daß Hardware-Preise im Jahr um 25% - 40% sinken? Das Interesse verlagert sich mehr und mehr auf die Software: Die Qualität der Programme wird zum entscheidenden Problem der heutigen Datenverarbeitung. Und in den 90er Jahren ....? Längst wird nicht mehr gelächelt über "intelligente" Computer,die ähnlich dem menschlichen Gehirn selbständig Probleme lösen. Die "künstliche Intelligenz" (abgekürzt KI) ist vor allem in Japan und den USA auf dem Vormarsch. Ein japanischer Anbieter hat bereits angekündigt, bis 1992 das erste marktreife Produkt herauszubringen.

1.2 Hardware = Geräte + Datenträger

1.2.1 Hardware im Überblick

1.2.1.1 Fünf Arten peripherer Geräte bzw. Einheiten

Um die Zentraleinheit bzw. CPU herum können bis zu fünf ver-
verschiedene periphere Einheiten gruppiert sein:

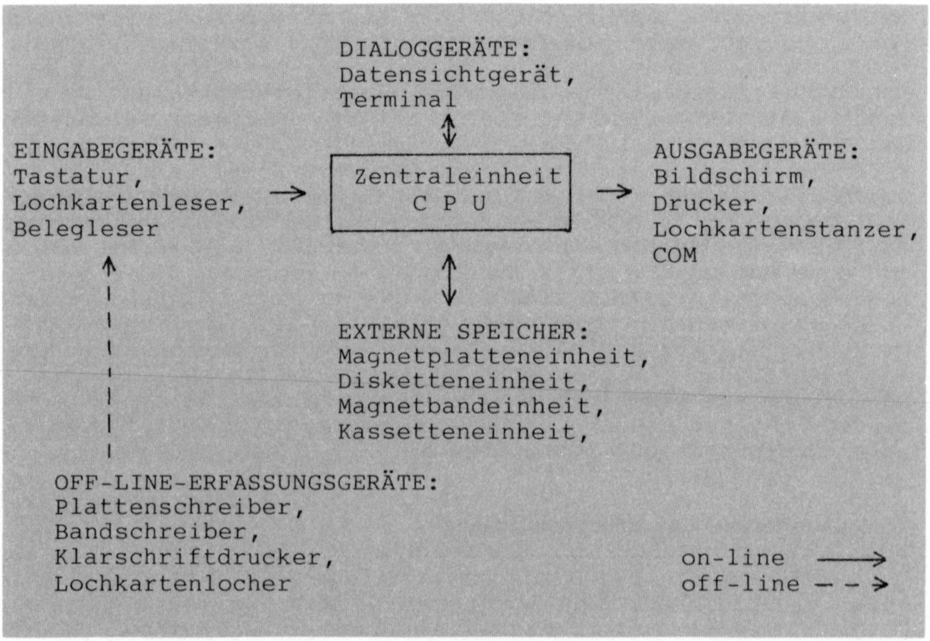

Eine Einheit im Zentrum (= CPU) und mehrere periphere Einheiten um diese CPU herum (= Peripherie)

Die reinen E i n g a b e g e r ä t e dienen ausschließlich der Eingabe von Information (Daten wie Programme) in die CPU. Zu unterscheiden ist dabei die Direkteingabe von Hand (Tastatur) oder die Eingabe über einen Datenträger (z.B. über Scheck mittels Klarschriftbelegleser).
Die reinen A u s g a b e g e r ä t e geben Information von der CPU aus z.B. auf den Bildschirm, auf das Endlospapier vom Drucker, auf Mikrofilm (COM für Computer Output on Microfilm). film) oder auf Lochkarte.
Die D i a l o g g e r ä t e übernehmen zwei Aufgaben: die Eingabe (in die CPU hinein) wie auch die Ausgabe (aus der CPU heraus). Das Bildschirmgerät bzw. Datensichtgerät besteht nur aus Tastatur und Bildschirm, es ist das einfachste Terminal. Terminal heißt soviel wie Datenendstation, Endpunkt des Benutzers zum Computer oder "Benutzerschnittstelle" und bezeichnet das Zugangsmedium des Benutzers zur CPU. Der Zugang kann dabei die Eingabe, die Ausgabe oder beides umfassen; er kann mechanisch, visuell, manuell und akustisch erfolgen. Ein Terminal umfaßt danach eine oder mehrere periphere Einheiten mit unterschiedlichen Datenträgern.
Die E x t e r n e n S p e i c h e r übernehmen zusätzlich zur Ein- und Ausgabe von Information auch deren Speicherung. Während der Hauptspeicher als interner Speicher der CPU Information nur kurzfristig zur Verarbeitungszeit aufnimmt, so dienen die externen Speicher der langfristigen Aufbewahrung von Daten und Programmen sowie der Datensicherung (Back-Up).

Eingabegeräte, Ausgabegeräte, Dialoggeräte u. Externe Speicher zählen zur O n - l i n e - P e r i p h e r i e , weil die Verbindung zur CPU on-line ist, d.h. eine direkte Kabelverbindung die Übertragung von Information ermöglicht. Im Gegensatz dazu tritt bei der Off-line-Peripherie an die Stelle der Übertragung der Transport von Daten (samt Datenträgern), da keine direkte Verbindung zwischen dem peripheren Gerät und der CPU besteht.

D a t e n e r f a s s u n g heißt, Information computerlesbar machen. Bei Off-line-Erfassungsgeräten besteht zum Zeitpunkt der Datenerfassung keine direkte Verbindung zur CPU: die Daten werden auf einem im Erfassungsgerät mitlaufenden Datenträger gespeichert. Geschieht die Erfassung hingegen on-line, dann ist die Erfassung gleichbedeutend mit der Eingabe.

1.2.1.2 Drei Gruppen von Datenträgern

Nach den Geräten der Hardware (CPU, Peripherie) kommen wir nun zu den D a t e n t r ä g e r n ; diese müßten eigentlich Informationsträger heißen, da sie nicht nur Daten speichern bzw. tragen, sondern auch Programme.
Man unterscheidet gelochte, magnetische und optische Datenträger - je nachdem, ob die Information durch Lochungen, magnetisierte Punkte oder Lichtmarkierungen (hell/dunkel, Laser) dargestellt wird.

D a t e n t r ä g e r

gelochte Datenträger:	magnetische Datenträger:	optische Datenträger:
Lochkarte, Lochstreifen	Magnetplatte, Plattenstapel, Diskette, Magnetband, Kassette, Magnetblasen-speicher	Markierungsbeleg, Klarschriftbeleg, Magnetschriftbeleg, Balkencode-Beleg, Optische Platte

Datenträger zur Aufbewahrung von Daten und Programmen

Die Lochkarte und der vom Fernschreiber übernommene Lochstreifen werden zunehmend durch magnetische Datenträger ersetzt.

Die Magnetplatte als W e c h s e l p l a t t e (in Platteneinheit auswechselbar) hat meistens 37 cm Durchmesser. Beim Magnetplattenstapel sind z.B. 6 solcher Einzelplatten zu einem Stapel fest übereinander montiert mit einer Speicherkapazität bis 300.000.000 Zeichen (=150.000 DIN A4-Seiten). Die Diskette bzw. Floppy Disk als verkleinerte Form der Magnetplatte wird als Wechselplatte zur einseitigen oder auch zweiseitigen Speicherung bei einfacher oder doppelter (2D) Aufzeichnungsdichte abgeboten. Derzeit sind drei Disketten-Größen verbreitet: Die Maxi-Diskette mit 8" = ca. 20 cm, die Mini-Diskette mit 5.25" = ca. 13 cm und die Mikro-Diskette mit 3.5" = ca. 9 cm Durchmesser. Disketten erreichen Kapazitäten von 1.000.000 Zeichen (=500 DIN A4-Seiten) und mehr.

Die Winchester-Platte ist als F e s t p l a t t e fest mit dem Gerät verbunden und somit nicht auswechselbar. Als Kunststoffplatte ist sie in den Größen 14", 8" und 5.25" im Handel. Aufgrund der hohen Umdrehungszahl (mehrere 1000 mal/min gegenüber 360 mal/min bei der Diskette) wird eine große Zugriffsgeschwindigkeit wie auch Kapazität erreicht: über 50.000.000 Zeichen/Platte sind möglich (=25.000 DIN A4-Seiten).

Das Magnetband als d e r typische Massendatenspeicher (1,27 cm breit und 730 m lang) kann bis ca. 35.000.000 Zeichen (=17.500 DIN A4-Seiten) aufnehmen. In seiner verkleinerten Form als Datenkassette werden ca. 300.000 Zeichen (=150 DIN A4-Seiten) erreicht; erhältlich ist die Normalkassette, die 1/4-Zoll-Kassette und die 1/8-Zoll-Kassette.

Der Magnetblasenspeicher (Bubble Memory) arbeitet ohne mechanische Teile und wird den herkömmlichen Medien (Band, Platte) demnächst Konkurrenz machen.

Zu den optischen Datenträgern, die der direkten Beleglesung dienen: Beim Markierungsbeleg (Erhebungen, TÜV, Bestellungen) werden Ja/Nein-Markierungen mit Bleistift ausgefüllt und vom Belegleser optisch eingelesen.

Beim Klarschriftbeleg (Scheck, Zahlkarte) wird optisches Zeichen-Erkennen (OCR für Optical Character Recognition) dadurch erreicht, daß speziell für die DV genormte OCR-Schriften verwendet werden wie OCR-A, OCR-B und IBM-407.
Beim Magnetschriftbeleg (Post-Briefverteilung) werden einzelne Zeichen mit senkrechten Balken aus magnetisierter Farbe dargestellt: jeweils 7 Balken bei der CMC-7-Schrift, Dick-Dünn-Abweichungen bei der E-13-B-Schrift des US-Banksystems.
Seit der Vereinbarung des Europa-Artikel-Nummern-Codes (EAN-Code) im Jahre 1977 findet sich dieser Balkencode -auch Bar- oder Strichcode genannt- zunehmend auf Warenpackungen. Durch Abtasten mit einem Lesegerät bzw. Scanner (to scan = abtasten) wird die Artikelnummer entschlüsselt.

Bei der optischen Platte tritt an die Stelle des Schreib-/Lesekopfs der herkömmlichen Magnetplatteneinheiten der Laserlichtstrahl. Dabei sind die gespeicherten Daten nicht mehr änderbar; aufgrund des niedrigen Preises wird einfach auf eine zweite optische Platte kopiert. Die Kapazität liegt bei über 100.000.000 Zeichen (=50.000 DIN A4-Seiten), ist also äußerst hoch.

1.2.2 Verarbeitung von Information in der CPU

1.2.2.1 Analogie der Datenverarbeitung bei Mensch und Computer

Die Datenverarbeitung beim Computer vollzieht sich analog zur Datenverarbeitung beim Menschen: die CPU als 'Gehirn des Computers' ist analog zum menschlichen Gehirn aufgebaut.

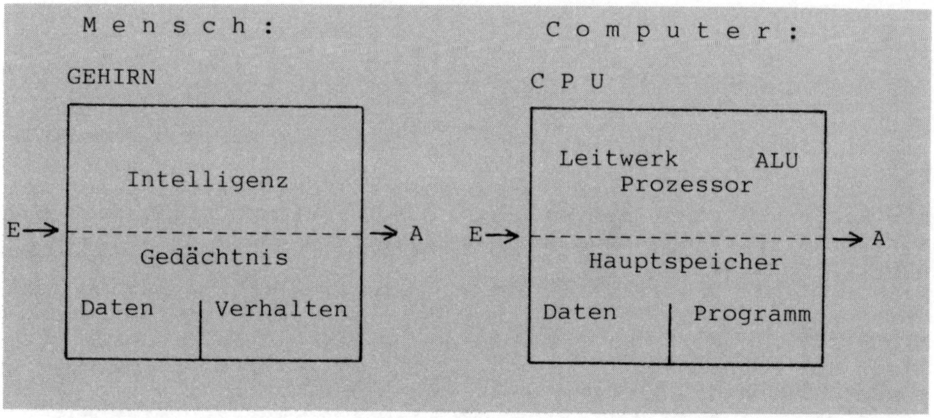

Grundmodelle der Datenverarbeitung bei Mensch und Computer

Der Eingabe (E) beim Menschen (Datenaufnahme über Auge, Ohr, Nase) entspricht die computerlesbare Eingabe von der Tastatur. Die Intelligenz des Computers wird durch einen Prozessor verkörpert, der die arithmetischen und logischen Grundoperationen durchführt (ALU für Arithmetic Logical Unit) sowie das Gesamtsystem steuert (Steuer- bzw. Leitwerk).

Neben der Intelligenz (Prozessor) als steuerndem bzw. aktivem Teil des Gehirns nun zum Gedächtnis (Hauptspeicher) als aufnehmendem bzw. passivem Teil: den menschlichen Verhaltensabläufen - sicher äußerst vage - vergleichbar sind die Computerprogramme als Anweisungsfolgen " w i e zu verarbeiten ist" , während die gespeicherten Daten angeben " w a s verarbeitet wird".
Die Ausgabe (A) bzw. Datenwiedergabe (z.B. durch Sprechen und handschriftlich) erfolgt beim Computer in computerlesbarer Form (z.B. Ausgabe der Lohndaten auf Diskette) und/oder menschenlesbarer Form (z.B. am Bildschirm oder Drucker).

Mensch wie Computer sind datenverarbeitende Systeme, die durch die 3-Schritt-Folge "Eingabe -> Verarbeitung -> Ausgabe" (kurz EVA-Prinzip genannt) gekennzeichnet werden können.

Als CPU dient beim Personalcomputer bzw. Mikrocomputer ein IC auf einem ca. 0.5 cm langen Silicium-Chip. Ein weiterer IC ist für den Hauptspeicher (auch Arbeitsspeicher genannt) vorgesehen. Öffnet man den Computer, dann wird man diese und weitere Chips sehen, die auf Kunststoffplatinen angeordnet und über aufgedruckte Leiterbahnen miteinander verbunden sind.

Für Skeptiker: Die hier dargestellte Analogie der Datenverarbeitung bei Mensch und Computer bedeutet nicht, daß Computer künstliche Menschen sind, sondern daß sie ihm im Grundaufbau nachgebaut sind. Das einzig Menschliche an Computern ist, daß sie vom Menschen konstruiert sind. Sonst sind Computer dumm; sie können nur so arbeiten, wie ihnen durch die Programme vorgeschrieben wurde. Diese Programme haben zudem etwas äußerst unmenschliches an sich: sie beinhalten vornehmlich sich oft wiederholende, routinemäßig ablaufende und stupid geistestötende Tätigkeiten, die von Computern aber sehr schnell, exakt und beliebig oft ausgeführt werden können.

1.2.2.2 Computer als speicherprogrammierte Anlage

Früher -und das ist erst etwa 30 Jahre her- war das jeweilige Programm als Hardware festverdrahtet: so konnte der Buchungsautomat nur die Buchhaltung besorgen, der Fakturiertautomat nur Rechungen schreiben und der Sortierautomat nichts als nur sortieren. Für jede neue Aufgabe mußte ein neuer Automat angeschafft werden.
Diesem sicher unwirtschaftlichen Hardware-Prinzip machte John von Neumann (1903-1957) mit der folgenden ohne Zweifel revolutionärsten Idee in der Geschichte der EDV ein Ende:danach enthielt der Hauptspeicher nicht nur die zu verarbeitenden Daten, sondern auch das Programm. Da neben den Daten (w a s wird verarbeitet) auch das Programm (w i e ist zu verarbeiten) geändert und ausgetauscht werden konnte, wurde ein und derselbe Computer (Hardware bzw. Gerät unverändert) zum universellen Problemlösungsinstrument (Software bzw. Programm änderbar).
Die oben angeführten Aufgaben der Buchhaltung, Fakturierung wie Sortierung ließen sich von e i n e m Computer mit den entsprechenden Programmen lösen.
Das Prinzip der S p e i c h e r p r o g r a m m i e r u n g hatte das Hardware-Prinzip abgelöst: e i n Computer mit vielen austauschbaren Programmen dient heute v i e l e n Aufgaben.

1.2.2.3 Computerrechnen im Dual-System Bit für Bit

Das Rechnen vollzieht sich in der ALU als Bestandteil der CPU. Wie ist dies möglich, wo der Computer doch nur Binärzeichen (binär bedeutet zweiwertig) mit den zwei möglichen Zuständen 0 (kein Strom) und 1 (Strom) unterscheiden kann? Er rechnet im 2er-System bzw. Dual-System und nicht wie wir Menschen im 10er-System bzw. Dezimal-System.
Addieren wir 5+9 = 14, so erfolgt das berühmte "1 im Köpfchen" bei 10, da wir im 10-er System denken. Der Computer führt den Übertrag nicht bei 10 durch, sondern bei 2, da er gelernt hat, im 2er-System zu funktionieren. Woher aber weiß er, wie groß Stellenergebnis und -übertrag sind? Er weiß es durch folgenden Trick: Die Addition ist auf die logischen Grundoperationen "logisch UND" und "logisch ODER" zurückführbar, und diese Operationen lassen sich als Schalter in der ALU darstellen. Damit benötigt ein Computer im Grunde nur so wenige Schalter, wie logische Operationen darzustellen sind.

```
5 + 9 dezimal:            5 + 9 dual:          duale Addition
                                               allgemein:
  3    2    1    0          3    2    1    0
10   10   10   10          2    2    2    2     0 + 0 = 0 behalte 0
                                               0 + 1 = 1 behalte 0
 0    0    0    5          0    1    0    1     1 + 0 = 1 behalte 0
 0    0    0    9          1    0    0    1     1 + 1 = 0 behalte 1
 -------------            -------------        |           ^         ^
 0    0    1    4          1    1    1    0     |           |         |
                                               | logisch   |         |
1*8 + 1*4 + 1*2 + 0*1 = 14                     | ODER -----          |
1*10 + 4*1            = 14                     |                     |
also: dual 1110 gleich dezimal 14              |  logisch UND -------
```

Dezimale Addition 5+9 (links), duale Addition 5+9 (rechts)

Das Binärzeichen wird als Bit (Binary Digit) abgekürzt. Die 4-Bit-Folge 1110 als Bitmuster bezeichnet die Dezimalzahl 14.

1.2.3 Speicherung von Information intern im Hauptspeicher

Information (Daten, Programme) setzt sich zusammen aus Zeichen wie Buchstaben, Ziffern und Sonderzeichen. Da der Computer nur ein Bit mit den beiden Werten 0 und 1 unterscheiden kann, muß jedes Zeichen als Bitmuster gespeichert werden, z.B. der Buchstabe K durch das Bitmuster 01001011 als 8-Bit-Folge. Auf den Datenträgern werden Bits meist durch magnetisierte Punkte dargestellt. Im Hauptspeicher dagegen werden Bits durch Schalter dargestellt, die auf 'aus' für 0 oder auf 'ein' für 1 stehen können; der Hauptspeicher als elektronischer Speicher besteht aus ICs, deren Schalterstellungen den Bitwerten entsprechen. Auf die externe Speicherung auf Datenträgern geht Abschnitt 1.2.4 ein; dieser Abschnitt wendet sich der internen Speicherung im Hauptspeicher (auch Arbeitsspeicher genannt) zu.

1.2.3.1 Informationsdarstellung im ASCII und EBCDI-Code

Im Hauptspeicher wird Information vorherrschend im ASCII (für American Standard Code for Information Interchange) zu jeweils sieben Bits/Zeichen gespeichert. Jedes ASCII-Zeichen wird somit als Siebenbitmuster dargestellt. Im ASCII werden dadurch 128 (2 hoch 7) Möglichkeiten computerlesbar erfaßt.
Unabhängig vom Code faßt man jeweils 8 Bits zu einer Einheit zusammen, die man B y t e nennt. Beim ASCII als 7-Bit-Code ist das 8. Bit eines Byte prinzipiell frei; je nach Anwwendung wird es verschieden behandelt (z.B. stets 0 oder zur Aufnahme eines Prüfbits).
Beispiel: 7.25 DM soll im ASCII dargestellt werden, also zwei Buchstaben (DM), drei Ziffern (725) und zwei Sonderzeichen (. und Blanc). Man erhält demnach die folgenden sieben Bytes 00110111 00101110 00110010 00110101 00100000 01000100 01001101 mit dem Achtbitmuster 00100000 als 5. Byte für das Leerzeichen bzw. Blanc.

IBM-Großcomputer verwenden nicht den ASCII, sondern den EBCDI-Code (Extended Binary Coded Decimal Interchange Code), der als 8-Bit-Code 256 (2 hoch 8) verschiedene Möglichkeiten erfaßt.

1.2.3.2 Hexadezimale Darstellung von Zeichen

Die 7 Bytes für 7.25 DM sind nicht gerade leicht zu entschlüsseln. Um der besseren Lesbarkeit willen wird man sich Zeichen auf dem Bildschirm oder Drucker nicht als Bitmuster ausgeben lassen, sondern h e x a d e z i m a l (auch sedezimal oder kurz hex genannt).

Die hexadezimale Darstellung ist umseitig wiedergegeben.

1.2.3.3 Hauptspeicher als RAM und ROM

Der Speicher RAM ist ein Schreib-Lese-Speicher (Random Access Memory für Direkt-Zugriff-Speicher); der Benutzer kann in den RAM Information schreiben bzw. eingeben wie auch aus dem RAM Information lesen bzw. ausgeben. Insbesondere bei Personalcomputern ist der Hauptspeicher als RAM ausgebildet, um das Anwenderprogramm und die zu verarbeitenden Daten aufzunehmen.
Häufig ist ein zusätzlicher Teil des Hauptspeichers als Speicher ROM vorgesehen (vgl. Abschnitt 1.1.1). Auf diesen Nur-Lese-Speicher (Read Only Memory) kann der Anwender nur lesend zugreifen. Im ROM als Festspeicher werden z.B. Steuerungsprogramme - vom Hersteller fest eingeschmolzen - bereitgestellt, die wir zwar anwenden, aber nicht verändern können.

Die Informationsdarstellung durch die Codes ASCII sowie EBCDI gilt für den Hauptspeicher allgemein - unabhängig, ob er nun als Speicher RAM oder als Speicher ROM ausgebildet ist.

Hex:	Dezimal:	Binär:
0	0	0000
1	1	0001
2	2	0010
3	3	0011
4	4	0100
5	5	0101
6	6	0110
7	7	0111
8	8	1000
9	9	1001
A	10	1010
B	11	1011
C	12	1100
D	13	1101
E	14	1110
F	15	1111

Hexadezimale Darstellung von genau 16 Zeichen

Darstellung von 7.25 DM im ASCII hexadezimal:
37 2E 32 35 20 44 4D

Darstellung von 7.25 DM im EBCDI-Code hexadezimal:
F7 4B F2 F5 21 C4 D4

Die hexadezimale Darstellung von 7.25 DM im ASCII sowie im EBCDI-Code ist wesentlich besser lesbar als die zugehörige Bitmusterdarstellung.

Die Übersetzung binär - hex besorgt der Computer selbst.

Die hexadezimale Darstellung stellt nur eine Lesehilfe dar. Im Hauptspeicher werden die Daten nach wie vor binär gespeichert und aufgerufen.

Hexadezimale Darstellung	ASCII (7 bit)	EBCDIC (8 bit)	Hexadezimale Darstellung	ASCII (7 bit)	EBCDIC (8 bit)	Hexadezimale Darstellung	ASCII (7 bit)	EBCDIC (8 bit)
.			63	c		A8		x
.			64	d		A9		y
.			65	e		AA		z
21	blank		66	f		.		
22	!		67	g		.		
23	"		68	h		.		
24	$		69	i		C0		
25	%		6A	j		C1		A
26	B		6B	k	,	C2		B
27	'		6C	l	%	C3		C
28	(		6D	m	-	C4		D
29	)		6E	n	)	C5		E
2A	*		6F	o	?	C6		F
2B	+		70	p		C7		G
2C	,		71	q		C8		H
2D	—		72	r		C9		I
2E	.		73	s		CA		
2F	/		74	t		CB		
30	0		75	u		CC		
31	1		76	v		CD		
32	2		77	w		CE		
33	3		78			CF		
34	4		79	y		D0		
35	5		7A	z		D1		J
36	6		7B		#	D2		K
37	7		7C		@	D3		L
38	8		7D		'	D4		M
39	9		7E		=	D5		N
3A	:		7F		"	D6		O
3B	;		80			D7		P
3C	(		81		a	D8		Q
3D	=		82		b	D9		R
3E	)		83		c	DA		
3F	?		84		d	DB		
40	@	blank	85		e	DC		
41	A		86		f	DD		
42	B		87		g	DE		
43	C		88		h	DF		
44	D		89		i	E0		
45	E		8A			E1		
46	F		8B			E2		S
47	G		8C			E3		T
48	H		8D			E4		U
49	I		8E			E5		V
4A	J	I	8F			E6		W
4B	K	.	90			E7		X
4C	L	(	91		j	E8		Y
4D	M	)	92		k	E9		Z
4E	N	+	93		l	EA		
4F	O	!	94		m	EB		
50	P	B	95		n	EC		
51	Q		96		o	ED		
52	R		97		p	EE		
53	S		98		q	EF		
54	T		99		r	F0		0
55	U		9A			F1		1
56	V		9B			F2		2
57	W		9C			F3		3
58			9D			F4		4
59	Y		9E			F5		5
5A	Z	!	9F			F6		6
5B	|	$	A0			F7		7
5C	\	*	A1		.	F8		8
5D	!	)	A2			F9		9
5E		;	A3		s	.		
5F		A	A4		t	.		
60			A5		u	.		
61	a		A6		v			
62	b		A7		w			

Die Codes ASCII und EBCDI

Bei Mikrocomputern bzw. Personalcomputern findet man meistens den ASCII.
Der EBCDI hingegen wird bei größeren DV-Systemen verwendet.

1.2.3.4 Byte als Maßeinheit für die Speicherkapazität

Das Byte dient einerseits zur Darstellung von Zeichen und andererseits zur Angabe der Speicherkapazität

1 KB = 1 Kilo-Byte = 2^{10} Bytes = 1024 Bytes = ca. eintausend Zeichen Speicherkapazität

1 MB = 1 Mega-Byte = 1000 KB = 1.024.000 Bytes = ca. eine Million Zeichen Speicherkapazität

Die Angabe '64 KB RAM' oder auch einfach '64 K RAM' bedeutet, daß dem Benutzer ein Hauptspeicherplatz von ca. 64.000 Zeichen Größe für Programm und Daten zur Verfügung steht.

1.2.4 Speicherung von Information extern auf Datenträgern

1.2.4.1 Kassette und Magnetband

Auf *Kassette* werden Daten Bit für Bit hintereinander, d.h. *bitseriell*, aufgezeichnet. Dies ist bei Audiokassettenlaufwerken der Fall wie bei den eigens für den Computereinsatz entwickelten Recordern. Die 8 Bits 01001101 für den Buchstaben M stehen auf Kassette also hintereinander. Auf das wesentlich breiteren *Magnetband* hingegen passen die Bits nebeneinander: demnach liegt beim Magnetband eine *bitparallele* Aufzeichnung vor.

Zu unterscheiden sind Start-/Stop-Geräte und Streaming-Geräte: Bei den Start-/Stop-Geräten wird *blockweise* gespeichert, wobei jeder Block durch Klüfte (Gaps) als Leerräume vom nächsten Block getrennt ist. Commodore-Kassetten 2/3000 haben z.B. folgendes Aufzeichnungsformat:

- 10 Sek. Vorspann (leader)
- 192 Zeichen Fileüberschrift (header)
- 2 Sek. Kluft (Gap bzw. Vorspann)
- 192 Zeichen Daten (=1. Datenblock)
- 2 Sek. Kluft
- 192 Zeichen Daten (=2. Datenblock)
- ...
- ...
- 192 Zeichen Daten (=n. Datenblock)
- EOF-Zeichen als Marke für End Of File

Datenfile (Datendatei) mit 192 Zeichen je Block.

- 10 Sek. Vorspann (leader)
- 192 Zeichen Fileüberschrift (header)
- Programmblock mit 10 KB bis 32 KB Zeichen
- EOF-Zeichen

Programmfile mit max 32.000 Zeichen je Block.

Leerräume bzw. Klüfte kosten Speicherplatz. Sie sind erforderlich, da nur bei gleichmäßiger Bandgeschwindigkeit gelesen und geschrieben werden kann. Die Übertragungsraten liegen zwischen 250 und 1500 Baud bzw. bps (Bits pro Sekunde bei serieller und Bytes (Zeichen) pro Sekunde bei paralleler Aufzeichnung).

Bei den Streaming-Geräten entfallen die Klüfte und Start-/Stop-Marken. Die Daten 'strömen' (to stream) ohne Stops in der kompletten Bandlänge in den Hauptspeicher. Streaming-Laufwerke werden hauptsächlich zur Datensicherung (Back-Up) von Plattendaten (Diskette,Winchesterplatte) verwendet. Streamer sind billiger, schneller und speicherplatzsparender als Start-/Stop-Cartridges; die kleinste Zugriffseinheit aber ist das gesamte Band (vgl. Abschnitt 1.2.4.5).

Wichtige Einsatzgebiete des Bandes sind die Langzeitarchivierung, die Datensicherung (Back-Up), der Daten- und Programmaustausch sowie -vertrieb (Postversand), die Ersterfassung von Daten, die Speicherung von Datenbeständen mit Reihenfolgeverarbeitung (z.B. Inventar) und die Programmspeicherung. Im Hinblick auf die Kosten je abgespeichertem Byte schneidet kein Datenträger besser ab als das Magnetband als der typische Massenspeicher.
Muß häufig auf Einzeldaten direkt zugegriffen werden, dann scheidet das Band (großes Magnetband wie kleine Kassette) aus.

1.2.4.2 Diskette, Winchesterplatte und Magnetplatte

Die Speicheroberfläche der Platte als Direktzugriff-Speicher ist stets ähnlich organisiert - ob sie als Diskette im Maxi-, Mini- oder Mikroformat eingesetzt wird, als Festplatte in Winchster-Technologie, als große Magneteinzelplatte oder als Magnetplattenstapel. Am Beispiel des Softsektor-Formats IBM 3740, das bei Mini-Disketten fast zum Standard geworden ist, wollen wir die Speicherorganisation der Platte genauer erklären.

Eine neu gekaufte Diskette ist leer, sie ist weder beschrieben noch irgendwie unterteilt. Beim Softsektor-Format IBM 3740 ist die Formatierung (Form der Speicheroberfläche festlegen) bzw. Sektorierung (Oberfläche in Sektoren als Abschnitte einteilen) softwaremäßig durch ein spezielles Programm wie folgt vorzunehmen:

- 77 kreisrunde Spuren vorsehen; bei 2seitiger Diskette bilden gegenüberliegende Spuren je einen Zylinder.
- Jede Spur in gleichlange Sektoren (Abschnitte) gliedern: 26, 15 oder 8 Sektoren/Spur, je nach der Sektorlänge von 128, 256 oder 512 Bytes.
- Spuren numerieren von Spur 00 (außen) bis Spur 76 (innen).
- Verwendung festlegen: Spur 00 für Inhaltsverzeichnis, Spuren 01-74 für Benutzerinformation, Spuren 75-76 Fehlerreserve.
- Die Sektoren durch Klüfte bzw. Gaps trennen, um auf den Sektor als kleinste Zugriffseinheit bei 360 Umdrehungen/Minute fehlerfrei zugreifen zu können.
- Die Sektoren unterteilen in ID-Feld (=Identifikationsfeld als Adreßfeld) und Daten-Feld (=Benutzerinformation 128, 256 oder 512 Bytes lang).

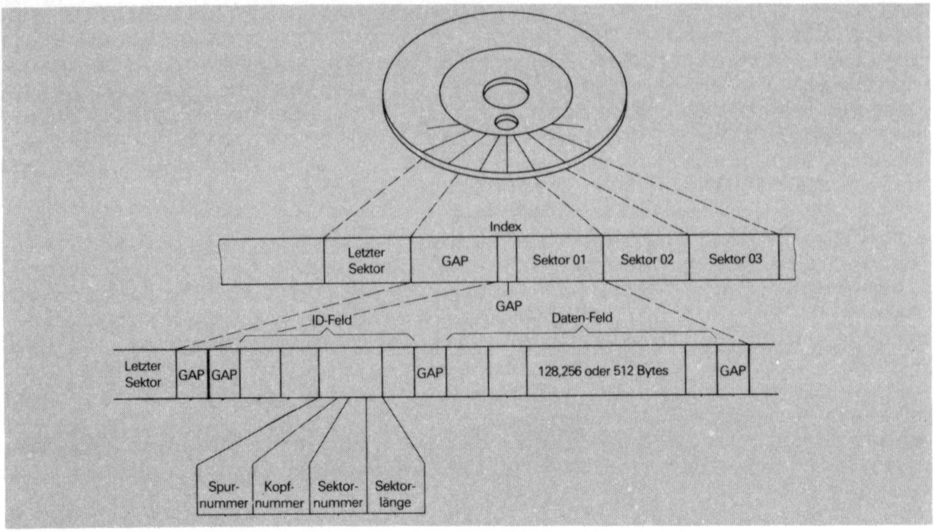

Speicherorganisation der Platte am Beispiel des Softsektor-Formates IBM 3740 für Disketten

Eine Spur hat weder Anfang noch Ende. Wenn eine Lichtschranke das I n d e x l o c h überfährt, wird durch einen Impuls der 'Spurbeginn' angezeigt.
Im Gegensatz zur hier erklärten Softsektorierung wird bei der h a r d s e k t o r i e r t e n Diskette die Einteilung hardwaremäßig bereits vom Hersteller vorgenommen.

Bei Einzelplatten wird b i t s e r i e l l auf Spuren aufgezeichnet. Die 8 Bits 01001101 für M im ASCII stehen also der Reihe nach hintereinander (z.B. auf Spur 34).
Beim Magnetplattenstapel kann zylinderweise auf den jeweils unmittelbar übereinanderliegenden Spuren aufgezeichnet werden.

1.2.4.3 Klarschriftbeleg als Druckerausgabe

Auf einem Klarschriftbeleg wird Information in einer für den Menschen s o w i e den Computer lesbaren Form extern gespeichert (vgl. Abschnitt 1.2.1.2). Hier die Zeichendarstellung bei der heute besonders weit verbreiteten Klarschrift OCR-A:

ABCDEFGHIJKLMNOPQRSTU
VWXYZ 0123456789

Klarschriftbelege werden durch Klarschriftdrucker erstellt, bei denen es sich vornehmlich um Typenraddrucker handelt. Hier eine kleine Übersicht der Druckertypen a l l g e m e i n :

- Zu unterscheiden sind mechanische Drucker (impact) und nicht mechanische Drucker (non-impact), serielle Drucker (Zeichen für Zeichen drucken) und Zeilendrucker (zeilenweise drucken) sowie in einer Richtung und vor/rückwärtsschreibende Geräte.
- Bei den mechanischen Drucker überwiegen Typenraddrucker und Matrixdrucker.

- Der T y p e n r a d d r u c k e r hat Typen an Armen (Speichen) des Typenrades befestigt. Die Räder lassen sich auswechseln - und damit auch die Schrifttype sowie die Zeichendichte (z.B. 1/10" = 132 Zeichen/Zeile, 1/12" = 158 Zeichen/Zeile, 1/15" = 198 Zeichen/Zeile).
  Typenraddrucker werden dort eingesetzt, wo es auf die Druckqualität ankommt: z.B. in der Textverarbeitung und der Klarschrifterfassung. Man nennt die auch 'Schönschreibdrucker'.
- Der M a t r i x d r u c k e r erzeugt Zeichen in Form einer matrixförmigen Anordnung von Einzelpunkten. Je mehr Rohre bzw. Nadeln pro Matrix (z.B. 7*9- und 7*5-Matrix), desto besser ist das Druckbild. Kann man Matrixpunkte einzeln ansteuern, läßt sich der Matrixdrucker zur Ausgabe von Grafik (wie Kurven und Bildern) verwenden.
- Nicht-mechanische anschlagsfreie Drucker arbeiten leiser und schneller als Impact-Drucker: dabei handelt es sich um T i n t e n s t r a h l d r u c k e r (Ink-Jet) oder um elektrofotografische Verfahren kombiniert mit Laserstrahlen; beide Druckertypen arbeiten mit Normalpapier.
  Spezialpapier benötigen die T h e r m o d r u c k e r (wärmeempfindliches Papier), die elektrostatischen Drucker (Dielektrikum auf dem Papier) und die Elektroerosionsdrucker (Kondensatorpapier).

1.2.4.4 Schnittstellen als Bindeglieder CPU - Peripherie

Soll der Informationsaustausch zwischen der CPU und den angeschlossenen Peripheriegeräten bzw. Datenträgern klappen, dann müssen die Einheiten zueinander passen, d.h. kompatibel (oder besser: steckerkompatibel) sein. Genau als solche Steckverbindungen kann man sich die S c h n i t t s t e l l e n (engl. Interfaces) vorstellen. Damit Geräte verschiedener Hersteller miteinander verbunden werden können, müssen die Schnittstellen der Geräte genormt sein. Die vier bei Personalcomputern zumeist anzutreffenden Schnittstellen sind die V.24-, die TTY-, die Centronics- und die IEC-Bus-Schnittstelle.

- Die V.24-Schnittstelle ist eine asynchrone, serielle Schnittstelle: asynchron bedeutet, daß 2 Geräte trotz verschiedenen Arbeitsgeschwindigkeiten einander angepaßt werden können; seriell heißt, daß Bit für Bit nacheinander übertragen werden. Die US-Schnittstelle RS-232-C entspricht der V.24. Beide Interfaces findet man in der Datenfernverarbeitung.

- Als weitere serielle Schnittstelle wurde die TTY-Schnittstelle vom Fernschreiber (Teletype) übernommen zum Anschluß von Bildschirm und Drucker.

- Nach dem Druckerhersteller Centronics benannt ist eine weitere Schnittstelle, mit der Drucker anderer Fabrikate ausgerüstet sind. Als p a r a l l e l e Schnittstelle werden alle Bits eines Zeichens (Byte) über 8 parallele Leitungen übertragen (gleichwohl: bitparallel, aber zeichenseriell). Die Centronics-Schnittstelle ist heute zum Quasi-Standard bei Druckern geworden; dabei wird zumeist ein 36-poliger AMP-Stecker verwendet mit nur teilweise genormter Pinbelegung (exakte Belegung der Pins dem Handbuch zu entnehmen).

- Die IEC-Bus-Schnittstelle umfaßt 8 Daten-, 3 Quittungs- und 5 Steuerleitungen, um bis zu 15 Peripheriegeräte an einen Computer anzuschließen.

Exakt beschriebene Schnittstellen gehen einher mit dem Trend zur 'Mixed Hardware' als dem Zusammenschluß von Peripheriegeräten unterschiedlicher Herstellermarken. Dies wiederum führte zur steten Ausweitung des OEM-Marktes (Original Equipment Manufacturer). Ein OEM ist ein Gerätehersteller, der seine Produkte nicht (nur) an Endabnehmer verkauft, sondern ebenso an andere Hersteller; auf dem OEM-Markt besorgen sich Computerhersteller Peripherie-Geräte, die sie in ihr System integrieren. So kann sich z.B. hinter dem IBM-Typenschild eines Druckers, den IBM für seinen Personalcomputer anbietet, durchaus ein EPSON-Drucker verbergen.

1.2.4.5 Back-Up-Systeme zur Datensicherung

Für Personalcomputer -autonom als Stand-alone-Systeme genutzt- bietet sich folgender Mix für die externen Speichergeräte an:

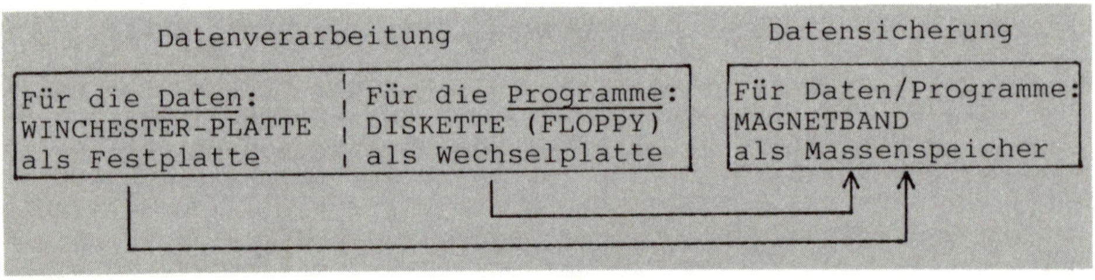

Externspeicher zur Datenverarbeitung und zur Datensicherung

Festplatten-Laufwerke bringen dem Anwender von Personalcomputern die gewünschten hohen Speicherkapazitäten, zugleich aber auch das Problem der Datensicherung bzw. des Back-Up (1 DIN-A4-Seite = ca. 2 KBytes; 20 MBytes auf einer Festplatte = ca. 10 Karl-May-Bücher; 1 MBytes eintippen = ca. 10 Manntage). Bei Programm- oder Bedienungsfehler, Defekt des Externen Speichers oder des Computers selbst könnten die Daten zerstört werden; deshalb müssen Sicherungskopien der Daten erstellt werden. Bei Back-Up-Systemen als Reserve- bzw. Sicherungssysteme (Back-Up heißt: Zeichen für Zeichen z.B. auf Band kopieren) gibt es Disketten, Wechselplatten und Bänder als Sicherungsdatenträger (letztere im Start-Stop- sowie im Streaming-Betrieb (Abschnitt 1.2.4.1)). Mit dem zunehmenden Umfang der zu sichernden Datenbestände wird sich das Magnetband als Streamer durchsetzen: so kann ein Cartridge-Tape-Streamer den Inhalt einer 20-MB-Festplatte in wenigen Minuten kopieren und damit sichern.

Bei dieser Art der Datensicherung werden die Sicherungskopien in einem gesonderten Arbeitsgang z.B. allabendlich oder zweimal je Woche durchgeführt. Anders geht das L o g g i n g vor, bei dem sämtliche über Tastatur eingegebenen Daten von einem

Datensicherungsprogramm automatisch auf einer Zusatzdatei mitgeschrieben werden; diese Datei wird auch 'Log-Datei' genannt. Die Datensicherung wird also bereits im Rahmen der Datenerfassung vorgenommen - dieser Erfassung wenden wir uns jetzt zu.

1.2.5 Verfahren der Datenerfassung

Datenerfassung heißt, Daten in computerlesbare Form bringen (vgl. Abschnitt 1.2.1.1) und umfaßt den Weg von der Entstehung der Daten bis zu deren Eingabe in die CPU. Da im kaufmännischen Bereich ca. 90% des Zeitaufwandes auf diesen Weg entfallen, ist der Kostenanteil der Datenerfassung relativ hoch anzusetzen.
Die unterschiedlichen *Verfahren* der Datenerfassung werden festgelegt durch vier Faktoren:

1) Anzahl der *Stufen*, die die Daten von der Entstehung bis zur Eingabe durchlaufen.
2) Verbindung zwischen Erfassungsgerät und CPU zum Zeitpunkt der Erfassung: *off-line* oder *on-line*.
3) *Zentrale* oder *dezentrale* Durchführung der Erfassung.
4) Erfassungsgerät mit eigener *Intelligenz* ausgestattet oder nicht.

Auf diese Faktoren wollen wir nun im Überblick näher eingehen.

Zunächst ist eine einstufige, zweistufige und dreistufige Datenerfassung zu unterscheiden.

ENTSTEHUNG DER DATEN DEZENTRAL IM BETRIEB

Drei Stufen:	Zwei Stufen:	Eine Stufe:
Urbeleg nicht computerlesbar (z.B. Rechnung)		Urbeleg oder beleglos
Übertragung auf Datenträger (z.B. Disketenschreiber)	computerlesbarer Beleg = Datenträger (z.B. Band in Kasse mitlaufend)	
Eingabe in CPU (z.B. durch Disketteneinheit) ↓	Eingabe in CPU (z.B. durch Bandeinheit) ↓	Eingabe in CPU direkt über Dialoggerät ↓

VERARBEITUNG DER DATEN ZENTRAL IN DER CPU

Die 'klassische Datenerfassung' durchläuft drei Stufen: Erstellen des Urbelegs, Übernehmen auf Datenträger und Eingeben in die CPU. Werden Urbeleg und Datenträger gleichzeitig erstellt, dann verkürzt sich das Vorgehen auf zwei Stufen. Mit der Bildschirmerfassung sowie der Erfassung über Scanner bzw. Lesestift kommt man zur einstufigen Direkterfassung. Beispiel: POS - System (Point-of-Sales-System, Verkaufspunkte-System).

Bei der Off-line-Erfassung erfolgen Erfassung und Verarbeitung vollständig getrennt voneinander. Beim Datensammelsystem z.B. wird zunächst von mehreren Erfassungsplätzen ein gemeinsamer Datenträger erstellt, der dann später zur Verarbeitung weitergegeben wird.
Bei der On-line-Erfassung gelangen die Daten direkt in die CPU (an die Stelle des Datenträgertransports tritt also die Datenübertragung). Der große Vorteil der on-line gegenüber der off-line durchgeführten Erfassung liegt in der Zeitersparnis. Als nachteilig kann sich der Umstand auswirken, daß während der Erfassung die CPU für andere Arbeiten blockiert ist.

Dezentrale Erfassung heißt, Daten am Ort ihrer Entstehung zu erfassen - z.B. im Lager und beim Verkauf. Die mobile Datenerfassung über tragbare Personal- u. Mikrocomputer zählt hierzu. Bei der zentralen Erfassung hingegen bringt man alle Urbelege an eine bestimmte Stelle (Beispiel: Datensammelsystem).

Datenerfassungsgeräte werden zunehmend mit eigener Intelligenz ausgerüstet. Oder anders ausgedrückt: Zur Erfassung greift man immer häufiger auf Mikrocomputer zurück, die z.B. wahlweise on-line an einen Großcomputer angeschlossen sind und off-line als selbständige Computereinheit (Stand-alone-System) genutzt werden.

1.2.6 Computertypen

Zunächst: Wenn vom 'Computer' die Rede ist, dann ist damit immer der frei programmierbare Allzweckrechner bzw. General-Purpose-Computer gemeint, nicht jedoch der Spezial-"Computer" wie z.B. eine Datenbank-Maschine (vgl. Abschnitt 1.3.5.6) oder ein Textverarbeitungs-Automat.
Zu den zahlreichen Typologien für Computer soll hier keinesfalls eine weitere hinzugefügt werden. Anhand der beiden Extreme 'Personalcomputer' und 'Großcomputer' soll allein eine Orientierungshilfe gegeben werden.

1.2.6.1 System-Konfigurationen für Personal- und Großcomputer

Eine System-Konfiguration gibt an, wie periphere Einheiten um eine CPU zu einem funktionsfähigen DV-System zusammengestellt sind. Zunächst eine Gerätezusammenstellung, wie sie für Personalcomputer typisch ist. Die Geräte werden dabei zeichnerisch

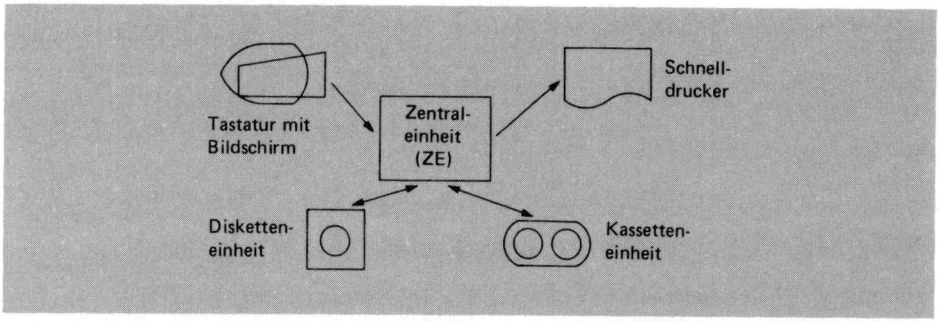

Für Personalcomputer typische System-Konfiguration

durch Sinnbilder dargestellt, die nach DIN 66001 genormt sind. Der Personalcomputer -für den persönlichen Gebrauch und durchaus auch zur beruflichen Nutzung gekauft- soll hier nicht von Bezeichungen wie Privat-Computer, Tischcomputer, Heimrechner, Spielcomputer und Kleinrechner abgegrenzt werden; dazu schreitet die Entwicklung viel zu schnell voran. Vielmehr soll der Personalcomputer als extremes Gegenstück zur Kategorie der Großcomputer aufgefaßt werden , die z.B. mit je fünf Band- und Platteneinheiten als Externspeicher ausgerüstet sein können. Großcomputer werden in Rechenzentren

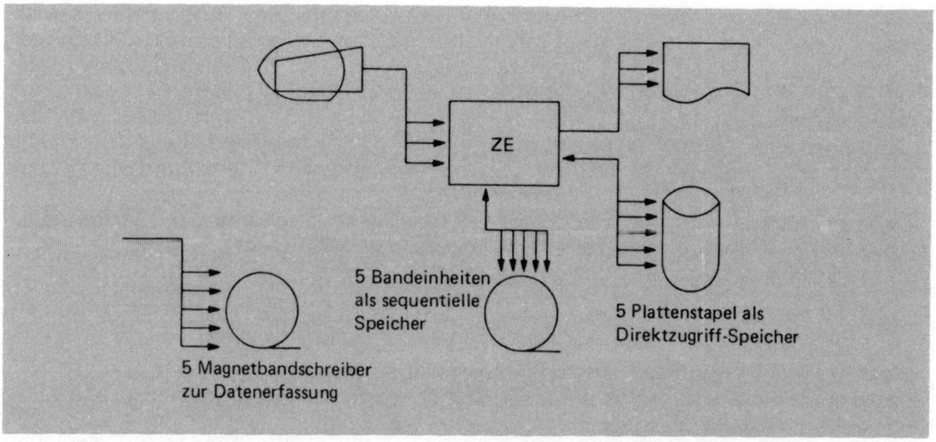

Für Großcomputer typische System-Konfiguration

betrieben - sei es im unternehmenseigenen Rechenzentrum oder im Sevice-Rechenzentrum von einem freien, herstellereigenen bzw. kooperativen DV-Dienstleistungsunternehmen. Die Sinnbilder für Band und Platte werden oft auch für Kassette und Diskette verwendet.

Zwischen dem Personalcomputer als unterem und dem Großcomputer als oberem Extrem gibt es zahlreiche Abstufungen wie z.B. Anlagen der Mittleren Datentechnik (MDT), Minicomputer, Büro-Computer oder auch Small-Business-Computer. Ebenso können mehrere Computer zu einem Rechnerverbund vernetzt sein (Netzwerk) mit Satelliten-Computern, die selbständig als Stand-alone-System und/oder on-line mit einem Haupt-Computer arbeiten. Dabei sind Personalcomputer häufig Teil eines Großcomputers.

Großcomputer werden oft als Mainframes bezeichnet und damit von der anschließbaren Peripherie abgegrenzt. Personalcomputer zählen immer häufiger zu dieser Peripherie.

1.2.6.2 Eigenschaften von Personalcomputern

Personalcomputer weisen allgemein folgende Eigenschaften auf:

1) Autonom arbeitendes DV-System mit zumindest einem Externspeicher.
2) CPU mit mindestens 64 KB RAM für Benutzerdaten und Benutzerprogramme.
3) Verfügbarkeit mindestens einer höheren Programmiersprache (Basic, Pascal, Forth, ...).
4) Möglichkeit, in Maschinensprache (Assembler) zu programmieren.
5) Betriebssystem ermöglicht Dialog zwischen Benutzer und Computer.
6) Exakt beschriebene Schnittstellen.

Wünschenswert ist, daß Personalcomputer hardwaremäßig wie auch softwaremäßig kompatibel sind. So sollten Programmiersprachen wie Basic und Pascal genormt sein, für die Externspeicher einheitliche Aufzeichnungsformen übernommen werden (z.B. für Disketten das Softsektor-Format IBM 3740) und übereinstimmende Schnittstellen definiert sowie steckermäßig vorgesehen sein (z.B. gesamten Systembus an eine Steckerleiste herausführen, damit der Anwender das System später erweitern kann). Doch warum auch soll eine CBM-Floppy zu einem Apple passen, wenn ein Opel-Vergaser nicht zu einem Ford paßt; und warum soll das BASIC-Programm eines Alphatronic auf einem IBM-PC laufen, wenn das Motoröl eines VW nicht für einen Mercedes geeignet ist?

Häufig werden für Mikrocomputer die vier Kategorien Handcomputer (HC), Videocomputer (VC), Personalcomputer im engeren Sinne (PC) und Tragbare Computer (Portables) gebildet.

Handcomputer (HC):
Hand-Held-Computer, Pocket-Computer, Briefcase-Computer. Tastatur mit Zeilendisplay, Module. Taschenrechnerformat.

Videocomputer (VC):
Tastatur mit Videoanschluß; zunehmend Diskettenlaufwerke anschließbar. Ausbaumöglichkeit in Richtung PC.

Personalcomputer (PC):
Tastatur, Diskette und/oder Hard-Disk, Monitor. Zunehmend 16-Bit-Mikroprozesor. Monitor. Mehrere Betriebssysteme.

Portable Computer:
Tastatur, CPU, Diskette und Monitor als eine Einheit, als Koffer tragbar.

Vier Kategorien von Mikrocomputern

Daneben unterscheidet man nach der Nutzungsart Homecomputer (privat) und professionelle Computer (beruflich).

Die VCs müssen an einen Bildschirm angeschlossen werden. Dies kann ein normales Fernsehgerät sein, das jedoch aufgrund der geringen Auflösung (960 Zeichen pro Bild) für Grafik wie auch längere Benutzung nur bedingt geeignet ist. Auch VCs benötigen einen Monitor (ca. 2000 Zeichen pro Bild), der eine wesentlich ruhigere Bildwiedergabe bietet.
Die Portables -Neuentwicklungen oder aber Abkömmlinge von bereits bewährten PCs- werden häufig zur mobilen Datenerfassung eingesetzt.
Vergleicht man den Markt der Mikros mit dem der PKWs, so stellen die PCs die 'normalen' Limousinen dar, während HCs, VCs und Protables dann die Minis, Cabrios usw. ausmachen.

1.2.6.3 Personalcomputer im Computer-Netzwerk

Sinkende Hardware-Kosten und eine ständig zunehmende Zahl von Informationsquellen führen immer häufiger zur Vernetzung mehrerer Personalcomputer zu einem l o k a l e n N e t z . Das Attribut 'lokal' verweist auf einen begrenzten Wirkungsbereich wie eine Abteilung oder ein Gebäude (sog. Inhouse-Netz); auch hierzulande spricht man dabei von LANs (Local Area Network).

Es gibt Netze mit Stern-, Ring- oder Bus-Struktur. Bei sternförmiger Anordnung ist jeder Computer mit einer zentralen Einheit verbunden, die verwaltet und die Netz-Leistung begrenzt; fällt sie aus, so bricht das gesamte Netz zusammen. Die Ring-Anordnung ist billiger, doch auch hier führt der Ausfall einer Station zum Ausfall des gesamten Netzes. Dies ist nicht so bei der Bus-Anordnung als weitverbreitetem Konzept: über eine Sammelschiene kann jede Station mit jeder Station in Kontakt treten. Das von Xerox, Intel und DEC entwickelte Netz 'Ethernet' weist eine Bus-Struktur auf und stellt durch seine große Verbreitung einen Quasi-Standard dar.
Es gibt Netze mit und ohne Master-Controller. Der Masterbildschirm weist die höchste Priorität auf und ist zumeist softwaremäßig ansteuerbar; gegenüber der hardwaremäßigen Verdrahtung ist dies bei Ausfall des Masterbildschirms (andere Station als Master ansteuern) von Vorteil.
EIn Netz verfügt oft nur über einen oder zwei Drucker, die mit Drucker - S p o o l i n g angesteuert werden. Anstatt Daten direkt auf den Drucker auszugeben, 'drucken' die Stationen auf eine Platte (Zwischenspeicher), deren Information automatisch durch ein Spooler(-programm) ausgedruckt wird.
Spool steht für 'simultaneous peripheral operations on-line'.

Personalcomputer finden nicht nur intern im lokalen Netz Verwendung, sondern ebenso im ö f f e n t l i c h e n N e t z extern. So im BTX-Netz als BTX-Editierplatz des Informationsanbieters, als BTX-Terminal des Konsumenten oder als Kommunikationssystem für kleinere Firmen.
Nach Datex, Datex-L, Telex, Teletex und BTX werden Personalcomputer sicher auch in dem von der Post geplanten Netz ISDN (Integrated Services Digital Network) eingesetzt werden, das Daten, Text, Standbilder wie auch Sprache übermitteln wird.

Personalcomputer werden von Beginn an primär als Stand-Alone - System autonom für sich alleine verwendet. Man spricht auch vom Single-User-Betrieb.
Vernetzt man mehrere Personalcomputer, so gelangt man zu einem Multi - User - Betrieb, bei dem mehrere User (Benutzer) über ihre PCs als Terminals verbunden sind.
Single-User-Betrieb wie auch Multi-User-Betrieb können unter Multitasking laufen; dabei werden mehrere Aufgaben als Tasks quasi gleichzeitig durch eine CPU abgearbeitet. Multiusing und Multitasking stellen hohe Anforderungen an das Betriebssystem (z.B. MP/M und Concurrent CP/M; siehe Abschnitt 1.3.6.6).

1.3 Software = Daten + Programme

1.3.1 Software im Überblick

Software ist Information und wird unterteilt in Daten und Programme (vgl. Abschnitt 1.1.1). Auf diese beiden Komponenten der Software wollen wir nun eingehen.

1.3.1.1 Begriffsbildungen für Daten

Sieben wichtige Begriffspaare für Daten wollen wir näher betrachten.

Stammdaten bleiben normalerweise über einen längeren Zeitraum hinweg konstant (z.B. Artikelstammdaten, Kundenstammdaten, Personalstammdaten), Änderungsdaten dienen der Anpassung von Stammdaten.
Im Gegensatz zu Stammdaten erfahren Bestandsdaten oftmalige Änderungen, die durch Bewegungsdaten vorgenommen werden (Zugang für + und Abgang für -); letztere werden kurz auch als Bewegungen bezeichnet. Die Lagerbestandsfortschreibung nach der Formel 'Anfangsbestand + Zugänge - Abgänge ergibt Endbestand' gehört in diese Kategorie von Daten.
Ordnungsdaten legen eine Speicherungs-, Sortier- bzw. Verarbeitungsfolge fest, Mengendaten hingegen eine Anzahl (Stück, Größe, Gewicht, Preis).
Mit numerischen Daten bzw. Zahldaten rechnet jeder Computer, nicht jedoch mit Textdaten. Letztere umfassen beliebige Zeichen, die stets zwischen Gänsefüßchen oder Hochkommata stehen, und werden auch als alphanumerische Daten, als Zeichenkettendaten oder als Strings bezeichnet.
Unformatierte Daten weisen keine einheitliche Form auf. In der kommerziellen Datenverarbeitung überwiegen formatierte Daten: auf einem Rechnungsformular stehen z.B. die Dezimalpunkte der DM-Beträge untereinander, jeweils auf 2 Nachkommastellen gerundet.

Begriffspaar:	Beispiel:
1) Stammdaten	1019 als Kundennummer
oder	
Änderungsdaten	1019007 als neue Kundennummer im Postleitzahlgebiet 7
2) Bestandsdaten	256 als Lagermenge
oder	
Bewegungsdaten	70 Stück als Lagerbestandszugang
3) Ordnungsdaten	6 für Artikelfarbe 'gelb'
oder	
Mengendaten	8 kg als Bestellmenge
4) Numerische Daten	Zahl 10950.25 als Rechnungspreis
oder	
Textdaten	"Gulden" als Währungsbezeichnung
5) Unformatierte Daten	Zwei ungeordnete Positionen 265.65 DM / 9 DM
oder	
Formatierte Daten	Zwei geordnete Positionen 265.65 DM / 9.00 DM
6) Einfache Datentypen	50 als *eine* Menge
oder	
Strukturierte Datentypen bzw. Datenstrukturen	50 24 98 33 102 als *fünf* Mengen
7) Im Programm gespeicherte Daten	6% als Rabattsatz
oder	
Getrennt vom Programm gespeicherte Daten bzw. Dateien	Kunden*datei* mit 2680 Kunden

Sieben Begriffspaare für Daten

Mit die wichtigste Unterscheidung ist die von einfachen Datentypen und Datenstrukturen:
Einfache Datentypen bestehen aus jeweils nur einem einzigen Datum, so aus einer Ganzzahl (INTEGER), aus einer Dezimalzahl (REAL) oder aus einem Textwort (STRING). Die *Datenstrukturen* als strukturierte Datentypen hingegen umfassen jeweils mehrere Daten, die unterschiedlich z.B. als Feld (ARRAY), Verbund (RECORD) oder Datei (FILE) angeordnet sein können. In Abschnitt 1.3.5 werden die Datentypen im Zusammenhang mit der Datei genauer erklärt.

Einzeldaten und kleinere Datenbestände lassen sich innerhalb eines Programmes speichern, so z.B. der Rabattsatz in einem Rechnungsschreibungsprogramm. Die umfangreichen in der kommerziellen Datenverarbeitung zu verarbeitenden Datenbestände werden *getrennt* vom Programm als *Datei* auf Platte oder Band als externem Speicher untergebracht.

1.3.1.2 Begriffsbildungen für Programme

Man unterscheidet Anwenderprogramme sowie Systemprogramme.

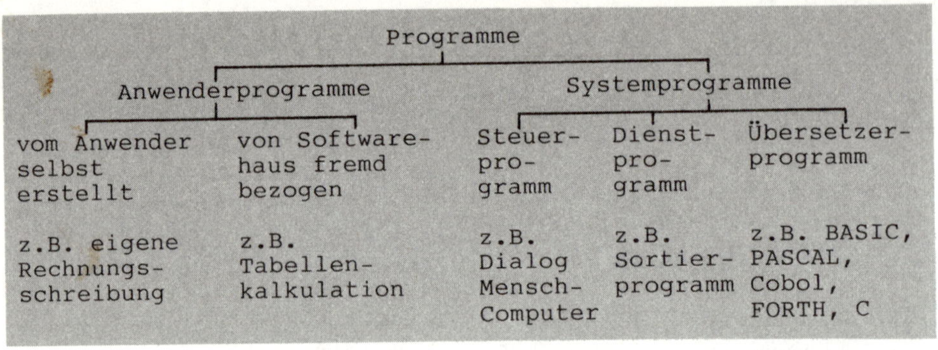

Anwenderprogramme (Problem) und Systemprogramme (Computer)

Anwenderprogramme lösen die konkreten Probleme des jeweiligen Anwenders und werden auch Benutzer- bzw. Arbeitsprogramme genannt oder unter der Bezeichnung Anwender-Software zusammengefaßt. Anwenderprogramme können vom Anwender selbst erstellt und programmiert oder fremd von einer Softwarefirma bezogen sein. Zwischen diesen beiden Extremen gibt es zahlreiche Abstufungen: so z.B. im Falle der individuellen Anpassung standardisierter Anwender-Software. Auf das Anpassen wie auch Erstellen von Anwenderprogrammen gehen die Abschnitte 1.3.7 und 1.3.8 näher ein.

Gegenstück sowie Ergänzung zu den Anwenderprogrammen sind die Systemprogramme, deren Gesamtheit als Betriebssystem bezeichnet wird, da sie den geordneten Betrieb des jeweiligen DV-Systems gewährleisten. Ganz allgemein wird das Betriebssystem oft als OS (Operating System) und als DOS (Disk Operating System, da plattenorientiert) bezeichnet. Jedes Betriebssystem umfaßt drei Arten von Systemprogrammen:
Die Steuerprogramme steuern das Zusammenwirken der Peripherie mit der CPU und die Ausführung eines Programms.
Die Dienstprogramme bzw. Utilities sind zwar nicht unbedingt notwendig, werden aber als unerläßlicher Komfort zum einfachen und benutzerfreundlichen Betrieb des Computers angesehen (ein Programm zur Herstellung einer Diskettenkopie gehört eben einfach 'dazu'). Steuer- und Dienstprogramme bilden oft eine Einheit: ein Editor z.B. dient zumeist nicht nur dem Eintippen und Bearbeiten von Programmtext über einen Bildschirm, dem sog. Editieren also, sondern ebenso dem Abspeichern dieser Texteingabe auf Diskette oder Band, und damit der Ein-/Ausgabesteuerung.
Ein Übersetzerprogramm übersetzt ein in einer Programmiersprache wie z.B. BASIC codiertes Anwenderprogramm in die Muttersprache des Computers, bzw. in die 0/1-Form. Das ist vergleichbar mit der Tätigkeit eines Dolmetschers, der Sätze aus einer Fremdsprache (z.B. Englisch) in die eigene Muttersprache (z.B. Deutsch) übersetzt. Ein Computer versteht so viele Fremdsprachen bzw. Programmiersprachen, wie Übersetzerprogramme vorhanden sind. Die meisten Personalcomputer verstehen die Programmiersprachen BASIC und z.T. PASCAL, da die zugehörigen Übersetzerprogramme beim Kauf automatisch mitgeliefert werden.

Was für das Auto das Benzin bedeutet, um von Astadt nach Bdorf fahren zu können, das bedeutet für die Computer-Hardware das B e t r i e b s s y s t e m , um ein Anwenderprogramm ausführen zu können. In Abschnitt 1.3.6 wenden wir uns dem Betriebssystem genauer zu.

Wie für Daten allgemein Datenstrukturen unterschieden wurden, so werden für Programme (Anwender- wie Systemprogramme) üblicherweise vier P r o g r a m m s t r u k t u r e n definiert.

(1) Folgestrukturen:	Lineare Prgramme
(2) Auswahlstrukturen:	Verzweigende Programme
(3) Wiederholungsstrukturen:	Programme mit Schleifen
(4) Unterprogrammstrukturen:	Programme mit Unterabläufen

Vier grundlegende Programmstrukturen

Diese Programmstrukturen werden als 'Bausteine der Software' bezeichnet, da die Analyse noch so komplexer Programmabläufe stets zu diesen Strukturen als Grundmuster führt. Abschnitt 1.3.3 erklärt diese Programmstrukturen an kleinen Beispielen und Abschnitt 1.3.4 im Zusammenhang mit den Datenstrukturen.

1.3.2 Datentypen und Datenstrukturen

Im vorangehenden Abschnitt wurden sieben Daten-Begriffe angeführt, darunter der Begriff des D a t e n t y p s . Dieser Begriff ist grundlegend für die Programmierung. Wir wollen ihn erklären: es gibt einfache und strukturierte, statische und dynamische sowie standardmäßig vorhandene und benutzerseitig definierbare Datentypen.

1.3.2.1 Einfache Datentypen als 'Moleküle'

Einfache Datentypen lassen sich nicht weiter zerlegen und werden deshalb auch als elementare, skalare sowie unstrukturierte Datentypen bezeichnet. Diese Typen enthalten deswegen stes nur ein einziges Datum und stellen sozusagen die 'Moleküle' der

Bezeichnung:		Beispiel:	Wertebereich:
CHAR	Einzelzeichen	D	Zeichen (numerisch, alpha, Sonderzeichen)
INTEGER	Ganzzahl	126	Ganze Zahlen
REAL	Dezimalzahl	126.75	Zahlen mit Dezimalpunkt
STRING	Text, Zeichenkette	"DM-Wert"	Gesamter Zeichenvorrat des Computers
BOOLEAN	Logisch	1	Wahrheitswerte TRUE (1, wahr), FALSE (0,unwahr)

Fünf einfache bzw. elementare Datentypen

Daten dar, da sie vom Programmierer nicht - so ohne weiteres - unterteilt werden können.
Der Datentyp CHAR umfaßt nur e i n Zeichen. Als STRING (Text) gilt alles, was zwischen Gänsefüßen steht, also auch der Text "99.50 DM Endsumme". Numerische Typen sind INTEGER oder REAL. Der Datentyp BOOLEAN kennt nur die 2 Werte TRUE (z.B. Stammkunde) oder FALSE (kein Stammkunde).

1.3.2.2 Datenstrukturen als strukturierte Datentypen

Strukturierte Datentypen sind neben anderen der ARRAY (Liste) und der RECORD sowie das FILE. Dabei werden mehrere Daten unter einem Namen zusammengefaßt abgelegt. Der ARRAY wird auch als Feld, Tabelle und Bereich bezeichnet und enthält Komponen-

Bezeichnung:	Beispiel:	Kennzeichen:
ARRAY (eindimensional) Vektor	12 3 44 56 21	Komponenten alle mit denselben Datentypen (hier 5 Mengen)
ARRAY (zweidimensional) Matrix	33.5 36.7 11.2 24.0 9.1 74.5 10.5 10.0 3.0 99.5 3.6 9.0	Komponenten alle mit denselben Datentypen (hier 4*3=12 Preise in 4 Zeilen u. 3 Spalten)
RECORD Verbund, auch Satz	101 (=Nr.) FREI (=NAME) 65000 (=UMSATZ)	Komponenten mit unterschiedl. Datentypen (hier: INTEGER, STRING u. REAL (Kundensatz))
SET Menge	() (1) (2) (12) für SET OF 1..2	Komponenten sind Teilmengen der Grundmenge
FILE Datei	über 1000 Sätze der KUNDENDATEI	Datei als Sammlung von Datensätzen auf einem Externspeicher

Vier wichtige Datenstrukturen

ten bzw. Elemente gleichen Typs. Beim eindimensionalen ARRAY sind die Elemente in Reihe angeordnet wie im Beispiel die 5 Wochentagabsatzmengen 12, 3, 44, 56 und 21 , während sich der zweidimensionale ARRAY in zwei Richtungen ausdehnt: waagerecht in Zeilen (hier 4 Zeilen) und senkrecht in Spalten (hier 3 Spalten). Es gibt nicht nur Integer-Arrays (alle Elemente sind ganzzahlig) und Real-Arrays (alle Elemente sind Kommazahlen), sondern z.B. auch String-Arrays wie 'MO, DI, MI, DO, FR, SA' oder 'HAMMER, MEISEL, SAEGE' (alle Elemente sind Textworte).

Im Gegensatz zum ARRAY können im RECORD auch Daten verschiedener Datentypen abgelegt sein. Der oben wiedergegebene RECORD verbindet drei Komponenten vom Typ INTEGER (Kundennummer ganzzahlig), STRING (Kundenname stets Text) und REAL (Kundenumsatz als Dezimalzahl) - deshalb auch die Bezeichnung 'Verbund'. In der kommerziellen DV entspricht diese Datenstruktur häufig den Datensätzen bzw. Komponenten von Dateien wie hier der Kundendatei.

Unter einer Datei versteht man allgemein eine Sammlung von Datensätzen, die getrennt vom Programm auf einem Externspeicher (Diskette, Platte, Kassette, Band) als selbständige Einheit gespeichert sind. Die Datensätze stellen die Datei-Komponenten dar und weisen alle denselben Datentyp auf, d.h. sie sind alle z.B. vom Typ RECORD oder alle vom Typ ARRAY. Eine Datei bzw. ein FILE kann viel größer sein als der im Hauptspeicher verfügbare Speicherplatz.

1.3.2.3 Statische und dynamische Datentypen

Datenstrukturen können statisch oder aber dynamisch vereinbart sein.
S t a t i s c h e Datentypen behalten während der Programmausführung ihren Umfang unverändert bei. Beispiel: Beim Beginn eines Programms wird vereinbart, daß ein eindimensionales Feld bzw. Array mit 5 Elementen zur späteren Aufnahme und Verarbeitung der Absatzmengen für die 5 Wochentage Mo - Fr eingerichtet wird. Statisch heißt, daß die Anzahl der Feldelemente während der Programmausführung gleich bleibt, während sich ihre jeweiligen Inhalte ändern können.

Bei d y n a m i s c h e n Datentypen muß die Anzahl der Komponenten nicht bereits beim Schreiben des Programms festgelegt werden, sondern erst im Zuge der Programmausführung. Die Datei bzw. das FILE ist stets als dynamischer Datentyp vereinbart. Warum? Beim Anlegen einer Kundendatei werden z.B. 455 Kunden in 455 Datensätzen auf Diskette erfaßt. Diese Zahl von 455 Dateikomponenten muß veränderbar sein, um neue Kunden aufnehmen und Ex-Kunden löschen zu können. Da die Änderungen aber 'tri

Datenstrukturen

STATISCH	DYNAMISCH
Werte ändern sich, niemals aber die Anzahl.	Werte sowie Struktur (Anzahl, Aufbau) ändern sich.
Anzahl der Komponenten ist konstant. Belegter Speicherplatz ist konstant.	Anzahl und Aufbau der Komponenten ist variabel. Belegter Speicherplatz ist variabel.
unstrukturiert: Char, Integer, Real, String, Boolean strukturiert: Feld (Array), Menge (Set), Verbund (Record).	unstrukturiert: Zeiger als Hilfsmittel. strukturiert: Datei (File), Stapel (Stack), Schlange, Gekettete Liste (Linked List), Binäre und andere Bäume, Rekursive Datenstrukturen.

Einige dynamische Datentypen

vialer Natur" sind (so Niklaus Wirth, der Erfinder von PASCAL), zählt man eine Datei zu den statischen Datenstrukturen. Die dynamischen Datenstrukturen können vom Programmierer selbst durch Verknüpfung der standardmäßig angebotenen Datentypen konstruiert werden. Das heißt, daß alle dynamischen Strukturen auf einer tieferen Komponenten-Ebene irgendwo wieder statisch sind; Listen- (z.B. verkettete Liste) und Baumstrukturen gehören dazu. Zeiger (auch Pointer, Verweis, Referenz genannt) werden dabei als Hilfsmittel zur Strukturierung verwendet. Auf Zeiger bzw. Listen gehen wir in Abschnitt 3.13 ein. Die Rekursion als Ablauf, der sich selbst aufruft bzw. zur Ausführung bringt, bildet (generiert) dynamisch lokale Variable und wird deshalb häufig im Zusammenhang mit dynamischen Datenstrukturen genannt.

1.3.2.4 Vordefinierte und benutzerdefinierte Datentypen

Die bislang dargestellten einfachen und strukturierten Datentypen sind v o r d e f i n i e r t in dem Sinne, daß sie als Standardtypen vom DV-System bereitgestellt werden. Daneben gestatten einige Programmiersprachen wie z.B. PASCAL dem Programmierer, selbst eigene Datentypen zu definieren, die dann eben als b e n u t z e r d e f i n i e r t bezeichnet werden.

Eine einfache Möglichkeit dafür besteht darin, alle Werte aufzuzählen, die der Datentyp umfassen soll - deshalb der Begriff A u f z ä h l u n g s t y p . (Mo,Di,Mi,Do,Fr,Sa,So) ist ein solcher Aufzählungstyp für die Wochentage wie auch (6800,6830, 6900,6907) für einige Postleitzahlbezirke.

Eine weitere Möglichkeit bietet sich dem Benutzer dadurch, daß er einen Datentyp als Unterbereich z.B. eines vordefinierten Datentyps definiert - einen U n t e r b e r e i c h s t y p .
Drei Beispiele: 0..7 umfaßt als Unterbereichstyp des Datentyps INTEGER die 8 Ganzzahlen 0,1,2,...,7.
"A".."Z" umfaßt als Unterbereich des Datentyps CHAR alle Großbuchstaben.
Di..Fr umfaßt als Unterbereichstyp des obigen Aufzählungstyps vier Werktage. Angegeben wird also stets das kleinste und das größte Element des gewünschten Unterbereiches.

Neben den Aufzählungs- und Unterbereichstypen zählen auch die Zeigertypen zur Kategorie der benutzerdefinierten Datentypen.

1.3.2.5 Datentypen bei den verschiedenen Programmiersprachen

Es hängt vom jeweiligen Programmier-System ab, mit welchen Datentypen Sie arbeiten können.
Unstrukturierte Programmiersprachen wie BASIC lassen den Programmierer weitgehend allein bei der Bildung von Datenstrukturen, oder anders: sie unterstützen ihn kaum. Bei BASIC fehlen der Verbund bzw. Record (was gerade bei der Dateiverarbeitung von Nachteil ist) wie auch die benutzerdefinierten Typen.
Strukturierte Programmiersprachen stellen die oben angeführten Datentypen bereit. Aber auch hier gibt es Unterschiede. So ist

PASCAL -was die standardmäßige Vorgabe von Datentypen angeht- eher sparsam, aber die wenigen Datentypen können sehr flexibel zum Entwurf komplexer Datenstrukturen genutzt werden. Sprachen wie ADA und auch MODULA 2 sind weniger sparsam ausgestattet.

1.3.3 Programmstrukturen

Die vier Programmstrukturen Folge, Auswahl, Wiederholung und Unterprogramm sind die grundlegenden Ablaufarten der Informatik überhaupt. Grundlegend in zweifacher Hinsicht:
Zum einen gelangt man beim Auseinandernehmen noch so umfangreicher Programmabläufe immer auf die vier Programmstrukturen als Grundmuster (A n a l y s e von Programmen).
Zum anderen kann umgekehrt jeder zur Problemlösung erforderliche Programmablauf durch geeignetes Anordnen dieser vier Programmstrukturen konstruiert werden (S y n t h e s e von Programmen).

1.3.3.1 Folgestrukturen

Jedes Programm besteht aus einer Aneinanderreihung von Anweisungen an den Computer (vgl. Abschnitt 1.1.1). Besteht ein bestimmtes Programm nur aus einer F o l g e s t r u k t u r , dann wird Anweisung für Anweisung wie eine Linie abgearbeitet. Man spricht deshalb auch vom linearen Ablauf bzw. unverzweigten Ablauf, vom Geradeaus-Ablauf oder von einer Sequenz. Das Beispiel zeigt ein Programm, bei dem 5 Anweisungen in Folge ausgeführt werden: Über Tastatur wird ein Rechnungsbetrag eingegeben, um nach der Berechnung den Skonto- und Überweisungstrag als Ergebnis am Bildschirm auszugeben. Das Ablaufbeispiel wird als Entwurf, als Dialogprotokoll sowie als Struktogramm dargestellt.

Erst Anweisung 1 ausführen, dann Anweisung 2, dann ...

Beispiel in Entwurfsprache:

```
Ausgabe   Fragestellung
Eingabe   RECHNUNGSBETRAG
berechne  SKONTOBETRAG
berechne  UEBERWEISUNGSBETRAG
Ausgabe   der Ergebnisse
```

Allg. Ablauf in Entwurfsprache:

```
Anweisung 1
Anweisung 2
Anweisung 3
Anweisung 4
Anweisung 5
```

Beispiel als Dialogprotokoll:

```
RUN
RECHNUNGSBETRAG =?
200
SKONTOABZUG:     6 DM
UEBERWEISUNG:  194 DM
```

Allg. Ablauf als Struktogramm:

```
Anweisung 1
Anweisung 2
...
```

Ablauf mit einer Folgestruktur

Um unabhängig von den Formalitäten der vielen Programmiersprachen Programmabläufe beschreiben zu können, verwenden wir eine einfache *Entwurfsprache* (auch algorithmischer Entwurf oder Pseudocode genannt), die umgangssprachlich formuliert wird. Im Beispiel werden die umgangssprachlichen Anweisungsworte 'Ausgabe', 'Eingabe' und 'berechne' verwendet. Die Beschreibung von Abläufen mittels einer Entwurfsprache ist in der Informatik weit verbreitet.
Das *Dialogprotokoll* zum Ablaufbeispiel gibt den 'Dialog' zwischen Benutzer (der Werte eintippt) und Computer (der Information ausgibt) wieder, wie er bei der Programmausführung am Bildschirm erscheint bzw. protokolliert wird. Im Beispiel gibt der Benutzer den Befehl RUN ein, worauf der Computer mit der Ausgabe RECHNUNGSBETRAG =? antwortet; nach der Benutzereingabe von 200 rechnet der Computer (im Dialogprotokoll nicht sichtbar) mit 3%, um dann Skonto- und Überweisungsbetrag in zwei Ausgabezeilen am Bildschirm anzuzeigen.
Neben dem Entwurf und dem Dialogprotokoll ist das Programmbeispiel zeichnerisch als *Struktogramm* dargestellt.

1.3.3.2 Auswahlstrukturen

Die *Auswahlstrukturen* dienen dazu, aus einer Vielzahl von Möglichkeiten bestimmte Fälle auszuwählen: hier sind es die beiden Fälle 'Skontoabzug bei Bezahlung in weniger als 8 Tagen nach Rechnungserhalt (Bedingung TAGE<8 erfüllt)' sowie 'Zahlung rein netto bei späterer Überweisung (Begingung TAGE<8 nicht erfüllt)'. Dieses Beispiel bezeichnet man deshalb auch als *Zweiseitige Auswahl*.

Wenn Bedingung 1 erfüllt ist, dann führe Anweisung 2 aus, sonst führe Anweisung 3 aus, um dann gemeinsam fortzufahren.

Beispiel in Entwurfsprache:

```
Ausgabe der Fragestellung
wenn TAGE<8
  dann überweise mit Skonto
  sonst überweise rein netto
Ende-wenn
```

Allg. Ablauf in Entwurfsprache:

```
Anweisung 1
wenn Bedingung 1 erfüllt
  dann Anweisung 2
  sonst Anweisung 3
Ende-wenn
```

2 Bsp. als Dialogprotokoll:

```
RUN
ANZAHL DER TAGE =?
6
SKONTOABZUG MÖGLICH

RUN
ANZAHL DER TAGE =?
14
ZAHLUNG REIN NETTO
```

Allg. Ablauf als Struktogramm:

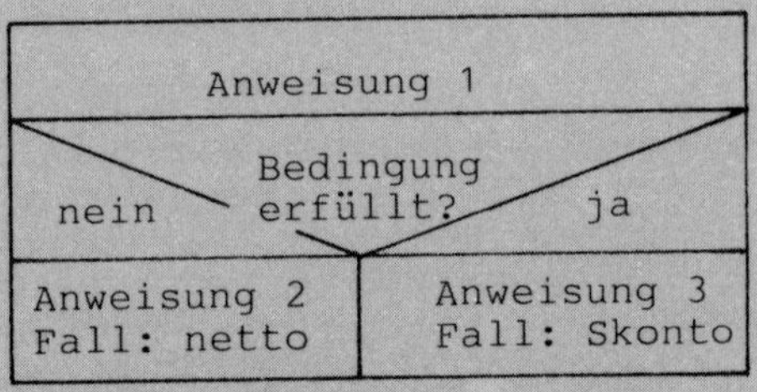

Ablauf mit einer Auswahlstruktur

Daneben gibt es die Einseitige Auswahl mit nur einem Fall und die Mehrseitige Auswahl bzw. Fallabfrage mit mehr als zwei Fällen.
Auswahlstrukturen werden auch als Alternativstrukturen, Abläufe mit (Vorwärts-)Verzweigungen bzw. als Selektion bezeichnet.

1.3.3.3 Wiederholungsstrukturen

Wiederholungsstrukturen führen zu Programmschleifen, die mehrmals durchlaufen werden. Im Beispiel wird die Anweisungsfolge 'Eingabe', 'berechne', 'berechne' und 'Ausgabe' wiederholt durchlaufen, bis die Bedingung RECHNUNGSBETRAG = 0 erfüllt ist, die über Tastatur als Signal zum Beenden der Schleife eingetippt wird.

Wiederhole die Anweisungen 1,2,3,... immer wieder, bis eine bestimmte Bedingung zum Beenden der Schleife erfüllt ist.

Beispiel in Entwurfsprache:

```
Ausgabe Überschrifttext
wiederhole
  Eingabe RECHNUNGSBETRAG
  wenn BETRAG=0 dann Ende
  berechne Skontobetrag
  berechne ÜBERWEISUNGSBETRAG
  Ausgabe Ergebnis
Ende-wiederhole
Ausgabe Hinweis Programmende
```

Allg. Ablauf in Entwurfsprache:

```
Anweisung 0
wiederhole
  Anweisung 1
  Anweisung 2
  ...
  Anweisung n
  wenn Bedingung dann Ende
  Anweisung n+1
  Anweisung n+2
  ...
Ende-wiederhole
```

Beispiel als Dialogprotokoll:

```
RUN
PROGRAMM MIT SCHLEIFE
RECHNUNGSBETRAG =?
100
UEBERWEISUNGSBETRAG: 97 DM
RECHNUNGSBETRAG =?
200
UEBERWEISUNGSBETRAG: 194 DM
RECHNUNGSBETRAG =?
0
PROGRAMMENDE
```

Allg. Ablauf als Struktogramm:

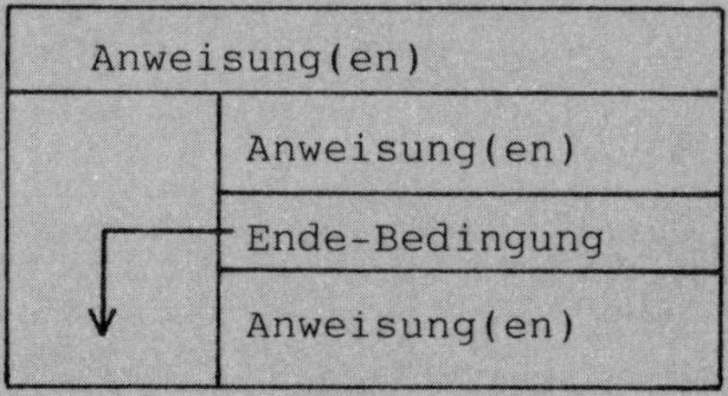

Ablauf mit einer Wiederholungsstruktur

Wiederholungsstrukturen werden auch als Repetitionen und Iterationen bezeichnet. Auf die verschiedenen Schleifentypen wie

- abweisende und nicht-abweisende Schleife
- Zählerschleife
- offene und geschlossene Schleife

gehen wir in Abschnitt 3.1.3 an Beispielen ausführlicher ein.

1.3.3.4 Unterprogrammstrukturen

Unterprogrammstrukturen bieten sich immer dann an, wenn eine Aufgabe während eines Programmablaufes mehrmals benötigt wird, so z.B. die im Beispiel wiedergegebene Aufgabe 'Runde kaufmännisch auf zwei Dezimalstellen'. Auch zur

Führe Anweisungen A1 aus, unterbreche Tätigkeit A, um Anweisungen B auszuführen, kehre zurück und fahre mit der Ausführung der Anweisungen A2 fort (A im Haupt-, B im Unterprogramm).

Beispiel in Entwurfsprache:

```
 Eingabe   RECHNUNGSBETRAG
 berechne  SKONTOBETRAG
 Aufruf    Unterprogramm RUNDEN ---> runde    BETRAG auf 2stellig
┌berechne  UEBERWEISUNGSBETRAG       ersetze BETRAG durch den
│Ausgabe   Ergebnis                          gerundeten BETRAG┐
└─────────────────────────<──────────────────────────────────┘
 rufendes (Haupt-)Programm           aufgerufenes Unterprogramm
```

Ablauf mit Unterprogrammstruktur

übersichtlichen Gliederung eines komplexen Programmes und zur Programmentwicklung im Team (jeder Mitarbeiter entwickelt einen Teil des Programmes) werden Unterprogramme verwendet.
Auf die möglichen Unterprogrammarten wie Prozeduren und Funktionen gehen wir in Abschnitt 3.1.4 konkret an Beispielen ein.

1.3.3.5 Mehrere Strukturen in einem Programm

Die meisten Programme umfassen natürlich mehrere dieser Strukturen. Dabei sind zwei Anordnungsprinzipien zu unterscheiden. Programmstrukturen können entweder hintereinander oder aber geschachtelt angeordnet sein.

- Anordnung hintereinander:
  Mit der jeweils folgenden Struktur wird erst dann begonnen, nachdem die gerade in Ausfühung befindliche Struktur beendet wurde.
- Anordnung geschachtelt:
  Mit der äußeren Struktur kann erst fortgefahren werden,nachdem die innere Struktur vollständig ausgeführt wurde. Teilweises Einschachteln bzw. Überlappen von Programmstrukturen ist folglich nicht erlaubt.

1.3.4 Datenstrukturen und Programmstrukturen als Software-Bausteine

In den beiden vorangegangenen Abschnitten haben wir die wesentlichen Datenstrukturen (was wird verarbeitet?) sowie Programmstrukturen (wie ist zu verarbeiten?) allgemein dargestellt. Diese Strukturen mit ihren unterschiedlichen Ausprägungen können als Software-Bausteine aufgefaßt werde, da aus ihnen bausteinartig die zur Lösung eines Problems erforderlichen Abläufe gebildet werden.

Datenstrukturen

einfach:	strukturiert:
CHAR, Zeichen	ARRAY (Feld, Bereich)
INTEGER, Ganzzahl	RECORD, Verbund
REAL, Dezimalzahl	SET, Menge
STRING, Text	FILE, Datei
BOOLEAN, Logisch	benutzerdefinierte Daten

SOFTWARE - BAUSTEINE

Folge:	Wiederholung:
linearer Ablauf	nicht-abweisend, abweisend, Zählerschleife
Auswahl:	Unterprogramm:
einseitig, zweiseitig, mehrseitig (Fallabfrage)	Prozedur, Funktion

Programmstrukturen

Daten- und Programmstrukturen als Software-Bausteine

Wie werden Daten(-strukturen) im Hauptspeicher abgelegt und verarbeitet? Wie werden Programm(-strukturen) abgespeichert? Wie sind Programme aufgebaut? Zu diesen Fragen kommen wir nun.

1.3.4.1 Modell des Hauptspeichers RAM als Regalschrank

In dem als Speicher RAM ausgebildeten Hauptspeicher befinden sich die zur Verarbeitung benötigten Daten und Programme. Den RAM können wir uns als Regalschrank mit sehr vielen Speicherstellen vorstellen, in die je ein Zeichen abgelegt werden kann. Ein RAM mit 64 KB (vgl. Abschnitt 1.2.3.4) umfaßt genau 65536 solcher Speicherstellen (64 * 1024), die von 0 an fortlaufend durchnumeriert sind, wobei die Nummern 0,1,2, ... ,65535 die tatsächlichen Adressen der Speicherstellen darstellen.

Soll ein Rechnungsbetrag über 200.50 DM von Adresse 2210 oder von Adresse 58934 an gespeichert werden? Um diese tatsächlichen Adressen müssen wir uns zumeist nicht kümmern. Wie allen Daten geben wir dem Rechnungsbetrag einen Namen, z.B. BETRAG, der dann als symbolische Adresse zur Speicherung dient. Der Computer sucht sich selbständig einen für BETRAG freien Speicherplatz und legt die 200.50 dorthin ab. Wo soll das zugehörige Programm abgespeichert werden? Auch darum brauchen wir uns nicht zu kümmern. Wir geben dem Programm einen Namen wie z.B. RECHNUNG1 , und der Computer reserviert selbständig die notwendige Anzahl von Speicherstellen und bestimmt dann einen geeigneten Speicherort.
Daten wie Programme werden also über ihre Namen angesprochen.

Wieder zum Modell des RAM als Regalschrank:
Einige Regale sind leer. In ihnen ist nichts gespeichert. Auf anderen Regalen aber befinden sich Schachteln, und zwar Daten-Schachteln mit Daten als Inhalt sowie Programm-Schachteln mit Anweisungen als Inhalt. Jede Schachtel ist mit dem von uns jeweils gewählten Namen beschriftet. Durch Angabe dieser Namen ist es uns möglich, Inhalte von Schachteln zu lesen und zu ändern. Für die ausreichende Größe einer Schachtel (=Anzahl von Speicherstellen) sowie das passende Regal (=tatsächliche Adresse) sorgt der Computer selbst.

1.3.4.2 Daten als Variablen und Konstanten

Daten sprechen wir mit *Namen* an. Dies gilt für veränderliche bzw. variable Daten, für *Variablen*, wie auch für feste bzw. konstante Daten, also für *Konstanten*.

Das Einrichten von Daten-Schachteln bezeichnet man als Deklaration oder als *Vereinbarung*. Für eine Variable müssen wir vereinbaren, welchen Namen (z.B. den Namen BETRAG) und welchen Datentyp (z.B. Dezimalzahl bzw. REAL) sie haben soll. Mit dem Datentyp wird der *Wertebereich* angegeben. Den Inhalt als den *Wert* der Variablen können wir dann später im Rahmen des jeweiligen Wertebereichs (z.B. der

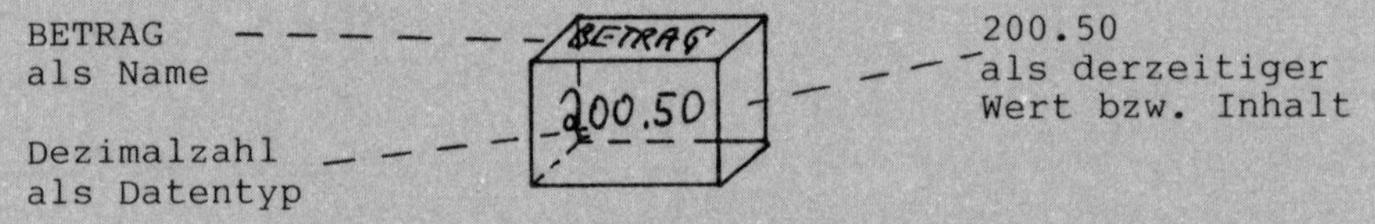

Vereinbarung in Entwurfsprache:

BETRAG: Dezimalzahl bzw. REAL

Variable namens BETRAG vom Datentyp 'Dezimalzahl' zur späteren Aufnahme von dezimaligen Werten vereinbart

Name, Datentyp und Wert kennzeichnen eine Variable

Dezimalzahlen) beliebig verändern. Jede Variable weist somit die drei Komponenten Name, Datentyp (=Wertebereich) und Inhalt bzw. Wert (= augenblicklicher Schachtelinhalt) auf. Schachteln können sehr klein (wie die für den BETRAG) oder auch sehr umfangreich (wie z.B. ein String-Array mit 100 Zeilen und mit 5 Spalten für 100*5=500 Artikelmengen) sein.

Für eine *Konstante* müssen wir einen Namen vereinbaren (z.B. den Namen S1 für den Skontosatz) und einen konstanten Wert (z.B. 3 %).

Die Vereinbarungen von Variablen und von Konstanten werden vom Programmierer im Rahmen der Programmerstellung getroffen; sie stehen am Anfang: der Computer muß eine Daten-Schachtel zuerst einrichten, um dann mit ihr gemäß den im Programm weiter angegebenen Anweisungen arbeiten zu können.

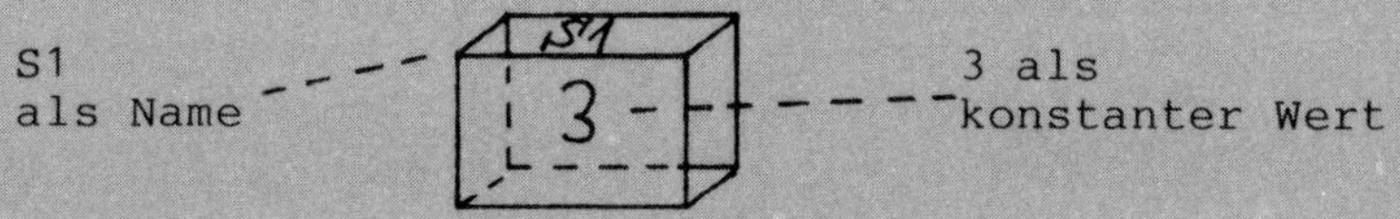

Vereinbarung in Entwurfsprache:

S1 = 3

In Konstante namens S1 wird die Zahl 3 fest gespeichert als %-Satz

Name und fester Wert kennzeichnen eine Konstante

1.3.4.3 Programm mit Vereinbarungsteil und Anweisungsteil

Jedes Programm weist neben dem Programmnamen zwei weitere Bestandteile auf: den Vereinbarungsteil und den Anweisungsteil.

Der Programmname dient zum Aufrufen des Programms im RAM als dem Internen Speicher wie auch auf Diskette bzw. Kassette als Externen Speichereinheiten.
Im V e r e i n b a r u n g s t e i l legt der Programmierer fest, welche Variablen und Konstanten einzurichten sind. In Abschnitt 3 werden wir sehen, daß ggf. auch selbstdefinierte Datentypen sowie Unterprogramme (Prozeduren und Funktionen) vereinbart werden können.
In den Programmiersprachen wird unterschiedlich vereinbart. So muß in PASCAL der Vereinbarungsteil in jedem Fall programmiert werden. In BASIC können Vereinbarungen auch durch die Wahl der Variablen getroffen werden.

```
Programm ......

Vereinbarungsteil
   - von Konstanten
   - von selbstdefinierten Typen
   - von Variablen
   - von Funktionen
   - von Prozeduren

Anweisungsteil
   - zur Eingabe
   - zur Ausgabe (z.B. Drucker)
   - zur Wertzuweisung
   - zur Ablaufsteuerung (z.B. IF)

End.
```

1. Programmname
   ----
2. Vereinbarungsteil:

   Bedeutung aller Namen festlegen
   (w a s wird später verarbeitet?)
3. Anweisungsteil:

   Anweisungen festlegen
   (w i e ist zu verarbeiten?)

Name, Vereinbarungsteil und Anweisungsteil als Bestandteile eines jeden Programms

Der A n w e i s u n g s t e i l als Folge von Anweisungen an der Computer enthält das eigentliche Programm. Auf die einzelnen Anweisungsarten zur Eingabe, Ausgabe, Wertzuweisung und Ablaufsteuerung gehen wir in Abschnitt 3.1 an Beispielen ein.

1.3.5 Datei und Datenbank

Eine Datei stellt die typische Datenstruktur zur langfristigen Speicherung von Massendaten in der kommerziellen DV dar. Am Beispiel der in Abschnitt 1.3.2.2 bereits angesprochenen Kundendatei wollen wir auf die D a t e i v e r a r b e i t u n g eingehen (man spricht dabei auch von Dateiverwaltung oder von File Handling (File für Datei)).
Diese Kundendatei ist bewußt sehr einfach aufgebaut:
Zu jedem der derzeit 1580 Kunden einer Handelsfirma werden die drei Angaben NUMMER, NAME und UMSATZ als Kundendatei auf einem Externspeicher abgelegt. Man sagt auch: Die Kundendatei umfaßt derzeit 1580 Datensätze (Kundensätze bzw. Sätze), wobei jeder Satz aus drei Datenfeldern als Komponenten besteht. Für diese Felder wiederum sind Variablen mit unterschiedlichen Datentypen vereinbart: eine Variable namens NUMMER für die Kundennummer ganzzahlig, eine Variable NAME als Text und eine Variable UMSATZ für den getätigten DM-Umsatz vom Datentyp Dezimalzahl. Die Datensätze stellen jeweils Verbunde (Records) dar. Der Datensatz hat den Namen KUNDSATZ und die Datei heißt KUNDDATEI.

```
4 Datensätze ausgedruckt:       Datensatz als Verbund vereinbart:

(1) 101 FREI          6500.00    KUNDSATZ: Verbund bzw. Record
(2) 104 MAUCHER        295.60              NUMMER: Ganzzahl
(3) 109 HILDEBRANDT   4590.05              NAME:   Text
(4) 110 AMANN         1018.75              UMSATZ: Dezimalzahl
... ... ...           ...                Ende-Verbund

Vereinbarung der Datei:

 KUNDDATEI: Datei (File) mit Datensätzen vom Typ KUNDSATZ
```

Vereinbarung und Inhalt der KUNDDATEI

Wie die obigen 4 Sätze zeigen, sollen die Kunden nach Kundennummern aufsteigend sortiert gespeichert sein. Mit (1),(2),... werden die Datensatznummern innerhalb der Datei angegeben.

```
Eine Datei umfaßt mehrere Datensätze. Jeder Satz hat mehrere
Datenfelder. Jedes Feld besteht aus mehreren Zeichen und jedes
Zeichen wird als Byte als Kombination von 8 Bits gespeichert.

 ↑  Datei (File)                ... namens KUNDDATEI mit
 |                              derzeit 1580 Datensätzen.
 |  Datensatz (Record)          ... mit drei Datenfeldern
 |                              NUMMER, NAME und UMSATZ.
 |  Datenfeld (Field)           ... NAME mit 11 Zeichen
 |                              maximal.
 |  Zeichen, Byte (Character)   ... "R" als zweites Zeichen
 |                              von "FREI".
 |  Bit (0 oder 1)              ... 0 als 1. Bit im Byte
 |                              01010010 für "R".
```

Aufbau einer Datei: Datei-Satz-Feld-Zeichen-Bit

1.3.5.1 Zugriffsart, Speicherungsform und Verarbeitungsweise

Auf eine Datei wird stets datensatzweise zugegriffen, sei es in den RAM hin e i n (Lesen = E i n gabe) oder aus dem RAM hin a u s (Schreiben = A u s gabe). Entsprechend spricht man vom lesenden Zugriff (vom Externspeicher in den RAM) oder vom schreibenden Zugriff (vom RAM auf den Externspeicher). Ist ohne weiteren Zusatz vom Z u g r i f f die Rede, so meint man damit das Lesen von Sätzen. Zwei Z u g r i f f s a r t e n sind zu unterscheiden: der direkte und der indirekte Zugriff.

Der d i r e k t e Z u g r i f f läßt sich mit der Schallplatte vergleichen: Will man z.B. das 7. Musikstück hören, kann der Tonarm direkt bei diesem gewünschten Stück aufgesetzt werden. Entsprechend kann bei der Platte (Magnetplatte, Diskette) in der DV ein bestimmter Datensatz direkt durch Angabe seiner Datensatznummer als Adresse bzw. 'Hausnummer' in den RAM gelesen werden.
Der i n d i r e k t e Z u g r i f f ist -wie beim Tonband- umständlicher: das Tonband muß z.B. zum 7. Musikstück gespult werden; wir können nur in der Reihenfolge zugreifen, in der früher einmal aufgenommen wurde. Dementsprechend muß in der DV Datensatz für Datensatz gelesen werden, bis z.B. der 7. Kunde gefunden ist.
Wir halten fest: Beim Band (Magnetband, Kassette) kann nur indirekt auf den Datensatz einer Datei zugegriffen werden, während bei der Platte (Magnetplatte, Winchesterplatte, Diskette) auch direkt zugegriffen werden kann. Die Platte wird deshalb auch D i r e k t z u g r i f f - S p e i c h e r genannt, im Gegensatz zum Band als s e q u e n t i e l l e m Speicher (Sequenz = Reihenfolge).

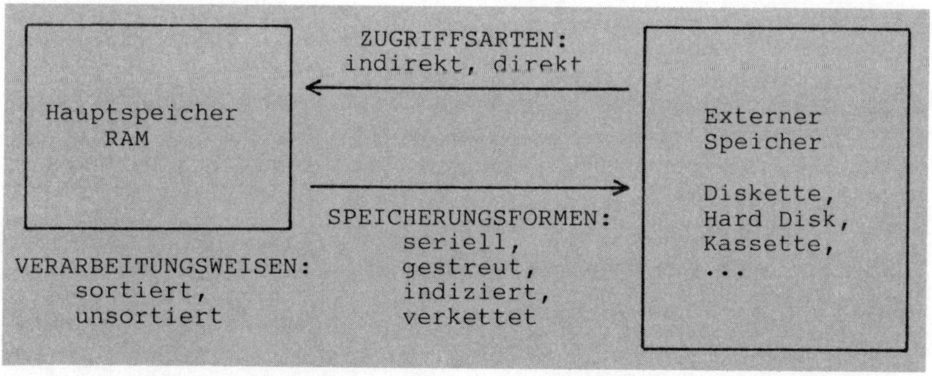

Zugriff, Speicherung und Verarbeitung der Datei

Der Begriff der S p e i c h e r u n g s f o r m bezieht sich auf das Abspeichern bzw. Schreiben von Sätzen aus dem RAM auf die Datei.
S e r i e l l speichern heißt starr fortlaufend speichern: der nächste Neu-Kunde wird als nächster Kunde hinter den zuvor gerade geschriebenen Datensatz gespeichert.
G e s t r e u t speichern heißt, daß die Sätze zufällig über die Plattenoberfläche hinweg streuend abgelegt werden. Zur Erklärung folgendes Beispiel: In einem Betrieb seien die Kunden-

nummern 101,104,109,110,...,50000 vergeben. Würde man nach dem Verfahren "Kundennummer ergibt Datensatznummer" vorgehen, so würde man auf der Platte 50000 Speicherorte für die nur 1580 Kundensätze zu reservieren haben - wahrlich verschwenderisch. Was tun? Man versucht, die Anzahl der Speicherorte durch die Wahl eines geeigneten Adreßrechungsverfahrens zu verdichten wie z.B. mit dem Divisions-Rest-Verfahren. Das führt dann dazu, daß Kunde 48236 als 237. Satz und Kunde 3973 als 1831. Satz abgelegt ist, daß also gestreut gespeichert ist. Der Nachteil solcher Verfahren: Für mehrere Kundennummern kann sich ein und dieselbe Datensatznummer ergeben.

Nach der seriellen Speicherung und der gestreuten Speicherung nun zur *indizierten* Speicherung als dritter Form. Zur Erklärung folgendes Beispiel: Zusätzlich zu unserer Kundendatei wird in einer *Indexdatei* zu jedem Namen die Datensatznummer gespeichert, unter der dieser Name in der Kundendatei zu finden ist: Kunde MAUCHER so z.B. als 2. Satz. Wie die Kundendatei (zur Unterscheidung Haupt- oder Datendatei genannt) 4 Kundensätze hat, so hat auch die Indexdatei 4 Indexsätze. Dann wird diese Indexdatei nach Namen sortiert abgespeichert. Möchte man sich nun später alle Kunden nach Namen sortiert ausdrucken lassen, geht man wie folgt vor:

1. Indirekter Zugriff auf den jeweils nächsten Indexsatz der sortierten Indexdatei.
2. Direkter Zugriff auf den Kundensatz, dessen Datensatznummer gerade zuvor aus der Indexdatei gelesen wurde.
3. Mit 1. fortfahren, bis Ende der Indexdatei erreicht ist.

Eine Indexdatei kann als Inhaltsverzeichnis aufgefaßt werden, das - ähnlich den Seitenangaben in einem Buchinhaltsverzeichnis - die Satznummern der zugehörigen Datendatei anzeigt (indizieren bedeutet anzeigen). Zu unserer Kundendatei sind zumindest drei Indexdateien möglich: je eine für die NUMMER, für den NAMEn und für den UMSATZ.

Kundendatei mit den ersten 4 Datensätzen:

101	FREI	6500.00
104	MAUCHER	295.60
109	HILDEBRANDT	4590.05
110	AMANN	1018.75

Indexdatei für NAME unsortiert:

FREI	1
MAUCHER	2
HILDEBRANDT	3
AMANN	4

Indexdatei für NAME sortiert:

AMANN	4
FREI	1
HILDEBRANDT	3
MAUCHER	2

Hauptdatei mit hier 3 Datenfeldern NUMMER, NAME und UMSATZ.

Indexdateien mit stets 2 Datenfeldern: NAME als Schlüsselfeld und SATZNUMMER (der Hauptdatei) als Adreßfeld.

Kundendatei als Datendatei mit zwei Indexdateien

Das Anlegen einer Indexdatei gestattet einen schnellen Zugriff sowie vielseitige Verarbeitungsarten.
Zunächst zur Geschwindigkeit: In der kaufmännischen Praxis ist ein Kundensatz mit z.B. 300 Zeichen viel länger als unser Beispielsatz, der Indexsatz hingegen unverändert kurz, da er ja nur die beiden Komponenten NAME als Schlüsselfeld und SATZNR als Adreßfeld umfaßt. Das Durchsuchen oder Sortieren einer Indexdatei geht somit schneller vonstatten als das der zugehöri-

den Datendatei. Zumal die Indexdatei aufgrund ihres geringen Umfanges dabei komplett im Hauptspeicher gehalten werden kann, während die Datendatei aufgrund ihrer Größe zum Sortieren wiederholt ein- und ausgelagert werden muß.
Ein zweiter Vorteil besteht in der Vielseitigkeit: Hat man zu den Schlüsseln NAME, UMSATZ, PLZ, WOHNORT, VERTRETER, RABATT, KUNDESEIT, OFFENERPOSTEN je eine Indexdatei sortiert angelegt, so können die Kunden jederzeit nach diesen 8 Ordnungsbegriffen sortiert in einer Übersicht ausgedruckt werden. Ebenso kann e i n bestimmter Kunde über schnelle Suchverfahren wie etwa über das 'binäre Suchen' am Bildschirm angezeigt werden.

Als vierte Speicherungsform wurde oben die v e r k e t t e t e Speicherung genannt. Dazu folgendes Beispiel: Der Kundensatz wird um 2 Datenfelder erweitert, in denen Zeiger bzw. Pointer gespeichert sind, die auf den jeweils nächsten Kundensatz zei-

	Kunden-nummer:	Kunden-name:	Kunden-umsatz:		Zeiger für Name:	Zeiger für Umsatz:
(1)	101	FREI	6500.00		3	0
(2)	104	MAUCHER	295.60	A	0	4
(3)	109	HILDEBRANDT	4590.05		2	1
(4)	110	AMANN A	1018.75		1	3

Kundendatei mit Verkettung über zwei Zeigerfelder

gen. Das erste Zeigerfeld verkettet die Sätze nach Namen aufsteigend sortiert: Nach dem Lesen von AMANN (A für Ankeradresse) verweist Zeigerfeldinhalt 1 auf FREI, der dann eingelesen wird; dann zeigt Zeiger 3 auf HILDEBRANDT als 3. Satz, worauf mit Zeiger 2 auf MAUCHER zugegriffen wird, dessen Zeiger 0 das Ende der Kette signalisiert. Über diese Kette 3-0-2-1 können die Kunden rasch alphabetisch geordnet aufgelistet werden. Die zweite Kette 0-4-1-3 verkettet Kunden nach deren Umsatz geordnet.
Das Beispiel zeigt, daß über die verkettete Speicherung beliebig viele l o g i s c h e Ordnungen gebildet werden können, ohne die Datensätze dazu p h y s i s c h auf dem Externspeicher umspeichern zu müssen.

Nach den zwei Zugriffsarten und den vier Speicherungsformen nun zu den zwei V e r a r b e i t u n g s w e i s e n , zur sortierten und zur unsortierten Verarbeitung:
Eine Datei s o r t i e r t verarbeiten heißt, daß eine physisch oder logisch zusammenhängende Folge von Datensätzen verarbeitet wird wie z.B. beim Auflisten des gesamten Dateiinhaltes oder bei der Gehaltsabrechnung für alle Angestellten eines Betriebs. Wenn die Bewegungsdatei (Lagerzugänge und -abgänge) genauso sortiert vorliegt wie die Bestandsdatei (Artikel insgesamt), wird von einer sortierten Verarbeitung gesprochen.
Bei der u n s o r t i e r t e n Verarbeitung werden einzelne Sätze einer Datei ggf. mehrmals direkt angesprochen wie z.B. beim Verarbeiten einzelner Kundenaufträge oder beim Auskunftserteilen über den derzeitigen Kontostand.

1.3.5.2 Vier Organisationsformen von Dateien

Je nach Kombination von Zugriffsart (Eingabe eines Datensatzes vom Externspeicher in den Hauptspeicher RAM), Speicherungsform (Ausgabe vom RAM auf den Externspeicher) und Verarbeitungsweise (Verarbeitung intern im Hauptspeicher) kann eine Vielzahl von Datei - Organisationsformen unterschieden werden. Folgende vier O r g a n i s a t i o n s f o r m e n werden heute am häufigsten genannt - wenn auch kaum einheitlich ausgelegt.

S e q u e n t i e l l e D a t e i :
Indirekter Zugriff, serielle Speicherung und sortierte Verarbeitung bei (zumeist) sortierter Speicherungsfolge.
Typische Band-Datei (Magnetband, Kassette).

D i r e k t z u g r i f f - D a t e i :
Direkter Zugriff, oft gestreute Speicherung und unsortierte wie ggf. sortierte Verarbeitung.
Typische Platten-Datei (Magnetplatte, Diskette).
Bezeichnungen: Random-Datei, Relative Datei.

I n d e x - s e q u e n t i e l l e D a t e i :
Kombination von sequentieller und Direktzugriff-Datei.
Alle Zugriffsarten, Speicherungsformen und Verarbeitungsweisen; kennzeichnend ist die indizierte Speicherung.

V e r k e t t e t e D a t e i :
Indirekter Zugriff, verkettete Speicherung und sortierte Verarbeitung.

Vier Organisationsformen von Dateien

Die rein sequentiell organisierte Datei wird mit der zunehmenden Verbreitung von Wechselplatte, Festplatte und Diskette immer mehr durch die Direktzugriff-Datei und die index-sequentielle Datei verdrängt.

1.3.5.3 Grundlegende Abläufe auf Dateien

Die Dateiverarbeitung umfaßt viele Abläufe: So müssen Daten zunächst einmal erfaßt bzw. computerlesbar gemacht werden, um sie dann auf einem Externspeicher abzulegen, später wieder zu suchen, abzuändern, auszudrucken, zu löschen usw. Zusammenfassend können wir hierzu 11 grundlegende Abläufe zum Einrichten, Verwalten und Auswerten von Dateien unterscheiden. Jedes kommerzielle Datei-System mit dem Anspruch auf eine universelle Verwendbarkeit wird diese Abläufe bereitstellen.

In Abschnitt 1.3.1.1 wurden Bestands- und Bewegungsdaten sowie Stamm- und Änderungsdaten unterschieden. Entsprechend gibt es dem Inhalt nach vier Dateiarten: die Bestandsdatei (z.B. Artikelbestandsdatei), die Bewegungsdatei (z.B. Zu-/Abgänge von Artikellagerbeständen), die Stammdatei (z.B. Kundenstammdatei) und die Änderungsdatei (z.B. Änschriftsänderung von Kunden).

1. A n l e g e n :
Datei auf einem Externspeicher leer einrichten.

2. N e u s c h r e i b e n :
Datensätze erfassen und neu in die Datei hinzufügen.

3. L e s e n :
Einen oder mehrere Datensätze in den Hauptspeicher lesen und am Bildschirm anzeigen oder am Drucker auflisten.

4. B e w e g e n :
Zu- und Abgänge mengenmäßig (Lagerbestandsfortschreibung) oder wertmäßig (Kontoführung) aktualisieren.

5. Ä n d e r n :
Sätze löschen (entfernen) oder inhaltlich abändern.

6. S o r t i e r e n :
Sätze in auf- oder absteigende Sortierfolge bringen.

7. M i s c h e n :
Dateien zu einer Datei sortiert zusammenfügen.

8. K o p i e r e n :
Datei abbildgetreu (Back-Up) oder verändert kopieren.

9. A u s w ä h l e n :
Sätze, die bestimmten Bedingungen genügen, heraussuchen bzw. selektieren.

10. K l a s s i f i z i e r e n :
Datei nach bestimmten Größenklassen auswerten.

11. V e r d i c h t e n :
Sätze nach Merkmalen gruppieren und Gruppensummen bilden (Gruppenwechsel).

Grundlegende Abläufe (Algorithmen) auf Dateien

Die elf grundlegenden Abläufe beziehen sich auf diese vier Dateiarten gleichermaßen. Man spricht auch von den grundlegenden D a t e i - A l g o r i t h m e n (ein Algorithmus ist eine Folge von Anweisungen, die in einer endlichen Schritt-Anzahl zur Lösung eines Problems führt).
Zum Ablauf 'Bewegen': Bewegungen werden in der Regel gesammelt (gestapelt), als Bewegungsdatei gespeichert und dann z.B. zum Wochenende in einem Arbeitsgang verarbeitet.
Zum Ablauf 'Ändern': Sätze können tatsächlich (=physisch) oder nur durch eine bestimmte Markierung wie BESTAND=-99 (=logisch) gelöscht werden; die Inhaltsänderung kann ein oder mehrere Datenfelder betreffen.
Zum Ablauf 'Sortieren': Es kann intern im RAM und/oder extern auf Band bzw. Platte sortiert werden. Dabei werden die Datensätze selbst oder aber nur deren Adressen (Speicherplätze) in eine neue Reihenfolge gebracht.

Zum Ablauf 'Kopieren': Beim Back-Up duplizieren wir eine Datei unverändert. Ebenso läßt sich eine Datei als Kopie von einer anderen Datei bei gleichzeitigem Ändern (Verkürzen, Erweitern Modifizieren) erstellen.
Zum Ablauf 'Auswählen': Hat die Datei n Sätze, so kann man genau einen Kunden (110), mehrere vorgegebene Sätze (Kunden 101, 104 und 110) oder eine unbestimmte Satzanzahl (alle Kunden unter 10.000 DM Umsatz) auswählen.
Zum Ablauf 'Klassifizieren': Hier wird z.B. eine Artikeldatei nach Lagerorten und Umschlagshäufigkeit tabellarisch ausgewertet.
Zum Ablauf 'Verdichten': Gruppenwechsel kann einstufig (Absatz je Vertreter) oder zweistufig (Absatz je Vertreter u. Artikel) vorgenommen werden.

1.3.5.4 Datei öffnen, verarbeiten und schließen

Beim Lesen, Schreiben oder Ändern einer Datei geht man immer in drei Schritten vor:

1. Datei ö f f n e n :
   Verbindung zwischen Datei und Programm herstellen (Dateiname, Zugriffsart, Verbindungskanal usw.).
2. Datei v e r a r b e i t e n :
   Lesen (eingeben), schreiben (ausgeben) und/oder ändern (ein-/ausgeben bzw. überschreiben).
3. Datei s c h l i e ß e n :
   Verbindung ordnungsgemäß beenden (Dateiende EOF (End of File) kennzeichnen, Directory (Inhaltsverzeichnis) auf Datei rückübertragen).

Bei komplexen Datei-Algorithmen sind für diese drei Schritte jeweils gesonderte Unterprogramme vorgesehen, die Programmvorlauf, Programmtreiber und Programmabschluß genannt werden.

Zum Schritt 2 eine Anmerkung: Ist eine Datei auf Kassette abgespeichert, liest man nach dem Eröffnen häufig die Datei in einem Arbeitsgang k o m p l e t t in den Hauptspeicher, um sie dort z.B. als Array (Feld, Bereich, Tabelle) verarbeiten zu können. Erst unmittelbar vor dem Schließen wird die aktualisierte Datei dann - wiederum komplett - auf die Kassette zurückgeschrieben. Man bezeichnet dies als dateiweisen Datenverkehr.
Ist die Datei größer als der im RAM intern verfügbare Speicherplatz, dann ist dieses Vorgehen nicht möglich. Als Gegenstück kann man mit Schritt 2 je einen Datensatz e i n z e l n in den RAM übertragen und umgekehrt (datensatzweiser Datenverkehr).
Zwischen diesen beiden Extremen - Datenverkehr dateiweise oder datensatzweise - gibt es natürlich zahlreiche Abstufungen.

1.3.5.5 Eine oder mehrere Dateien verarbeiten

In der kaufmännischen Praxis wird man nur selten e i n e Datei einzeln verarbeiten. Vielmehr sind zumeist m e h r e r e Dateien in ein System eingebunden; man spricht dann häufig von

einer D a t e i v e r k e t t u n g . Dazu ein Beispiel: In einer Lagerverwaltung sind die 'Artikelstammdatei', 'Bestandsdatei', 'Bestelldatei (Einkauf)' und 'Auftragsdatei (Verkauf)' verkettet, um von einem Programm(-paket) verwaltet zu werden; D a t e n v e r w a l t u n g s - S y s t e m ist die oft verwendete Bezeichnung hierfür.
Wird nicht nur die Aufgabe der Lagerverwaltung gelöst, sondern werden sämtliche betrieblichen Aufgaben in einem Datei-System eingebunden, dann spricht man oft von i n t e g r i e r t e r Datenverarbeitung.

1.3.5.6 Datenbank

Bei isolierter Verarbeitung einzelner Dateien wie auch bei der Dateiverkettung ist nicht zu vermeiden, daß ein Datum mehrfach in verschiedenen Dateien gespeichert ist; man spricht von der D a t e n r e d u n d a n z . So kann z.B. ein Kunde samt Kundenanschrift in der Kundenstammdatei, der Offene-Posten-Datei und der Weihnachtsgeschenkedatei dreifach gespeichert sein. Um dies zu vermeiden, faßt man sämtliche Daten in e i n e r gemeinsamen Datenbasis zusammen, die D a t e n b a n k genannt wird. Eine solche Datenbank kann - für sich alleine genommen - ebenfalls als Verkettung von Dateien angesehen werden. Daß wesentlich neue dabei ist, daß auf alle Elemente der Datenbank über ein D a t e n b a n k m a n a g e m e n t s y s t e m (DBMS) zentral zugegriffen wird. Das DBMS besteht aus mehreren Systemprogrammen zur Durchführung von Aufgaben wie dem Ändern von Daten der Datenbank, dem gleichzeitigen Zugriff mehrerer Benutzer, dem Abfragen von Daten, dem Überprüfen der Zugriffsberechtigung usw..

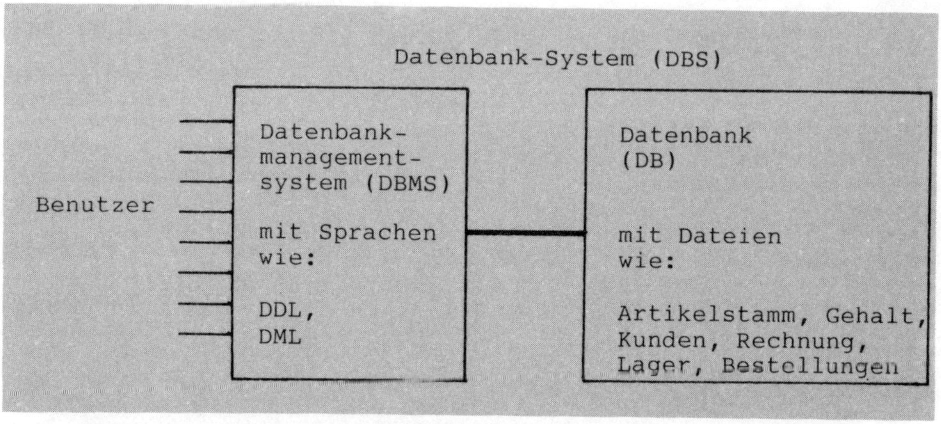

Das Datenbank-System besteht aus Datenbank und DBMS

Mit dem DBMS werden dem Benutzer unter anderem zwei sprachliche Hilfsmittel zur Verfügung gestellt:
Zum einen die Daten-Definitions-Sprache DDL (Data Definition Language) zum Aufbau und zur Pflege der Datenbank. Mit der DDL

werden z.B. die Datensätze definiert (Name, Anzahl, Datentyp, Länge der Satzkomponenten). Sie richtet sich mehr an den Programmierer bzw. an den Datenbankverwalter.
Zum anderen eine Daten-Manipulations-Sprache DML (Data Manipulation Language) zur eigentlichen Behandlung der Daten. Diese DML richtet sich mehr an den Sachbearbeiter, der ein Abfrage wie 'Drucke eine Übersicht aller Kunden aus, die offene Rechnungen über DM 5000.- zu begleichen haben'laufen läßt. Die DML wird auch als Abfragesprache bzw. Query-Language bezeichnet.
Datenbank-Sprachen weisen wie Programmiersprachen zumeist englische Anweisungsworte auf wie etwa FIND zur Suchanfrage, READ zum Lesen, WRITE zum Schreiben, DELETE zum Entfernen, INSERT zum Einfügen von Datensätzen.

Das herkömmliche Datei-System unterscheidet sich in zumindest 3 Punkten vom Datenbank-System:

- Redundanzfreiheit:
  In der Datenbank werden die Daten möglichst redundanzfrei abgelegt, d.h. nicht mehrfach gespeichert.
- Vielfache Verwendbarkeit:
  In der Datenbank werden die Daten vielfach verwendbar abgelegt, um vielen Benutzern einen möglichst einfachen Direktzugriff zu gestatten.
- Datenunabhängigkeit:
  Die Programme bzw. Zugriffspfade arbeiten datenunabhängig in dem Sinne, daß bei der Änderung der Daten keine Änderung des Programms notwendig wird.

Zwei grundlegende Datenbank-Systeme sind zu unterscheiden: das strukturierte und das unstrukturierte Datenbank-System. Strukturiert bedeutet, daß in der Datenbank selbst Information zum Verweisen auf weitere Information abgespeichert ist; damit muß bei Anfragen stets entlang der vorgegebenen Pfade vorgegangen werden. Im Gegensatz dazu gibt es bei der unstrukturierten Datenbank keine vordefinierten Zugriffspfade; damit verlangsamt sich der Zugriff, gleichzeitig jedoch hat man unbegrenzte Möglichkeiten, Daten nach bestimmten Suchkriterien abzufragen.

Datenbank - System (DBS)

STRUKTURIERT:	UNSTRUKTURIERT:
Suchbegriffe, Zugriffspfade festgelegt und gespeichert.	Verknüpfung der Information erst im Moment der Abfrage.
- Hierarchisches DBS: Daten baumartig verkettet.	- Invertierte Dateien: Zugriff über Index-Listen.
- Netzwerk-Modell (CODASYL): Netz von Zugriffspfaden.	- Relationen-Modell: Anordnung der Daten in Tabellenform.

Strukturiertes und unstrukturiertes Datenbank-System

Beim Netzwerk-Modell gemäß dem CODASYL-Ausschuß (COnference of DAta SYstem Language in den USA im Jahre 1971) sind die in der Datenbank abgelegten Daten in Datentypen (Item Types) sowie in

Datensatztypen (Record Types) zu gliedern, wobei zwischen den verschiedenen Datensatz-Typen sogenannte Beziehungstypen (Set Types) definiert werden.
Bei der relationalen Datenbank als Gegenstück zum Netzwerk-Modell werden nur Datensätze im herkömmlichen Sinne unterschieden, wobei die einzelnen Datensatzkomponenten bzw. Datenfelder in Beziehung zueinander stehen wie die Zeilen und Spalten einer Matrix (Tabelle bzw. zweidimensionaler Array). Dazu als Beispiel unsere Kundendatei von Abschnitt 1.3.5:

101	FREI	6500.00	Matrix mit n Zeilen und 3 Spalten.
104	MAUCHER	295.60	Jeder Zeile entspricht ein Daten-
109	HILDEBRANDT	4590.05	satz, jeder Spalte ein Datenfeld.
110	AMANN	1018.75	Zugriffsbeispiel: Matrix(2,3) er-
...	...	...	gibt 295.60 (2. Zeile, 3. Spalte).

Das Relationen-Modell ist weit anschaulicher als das Netzwerk-Modell. Komplexe Datenstrukturen allerdings lassen sich in einer "flachen Matrix" nur schwer darstellen.

Ursprünglich lag die Aufgabe eines Datenbank-Systems in der Informationswiedergewinnung (= Information Retrieval) bzw. in der Auskunftserteilung. Zunehmend werden kommerzielle Datenbank-Systeme angeboten, die darüberhinaus andere Aufgaben wie das Rechnen (sogenannte 'rechnende Datenbanken') oder z.B. die Textverarbeitung übernehmen.

"... eine dedizierte Datenbank - Maschine, die mit einem Host-Computer günstiges Datenmanagement bietet". Was beinhaltet eine solche Anzeige?
Eine Datenbank-Maschine ist kein Allzweck-Computer, sondern ein Automat, dessen Hardware ausschließlich auf die Verwaltung einer Datenbank ausgerichtet bzw. dediziert ist. Darüberhinaus gibt es kein 'normales' Betriebssystem, sondern nur ein Softwarepaket, das immer im Speicher resident ist und dabei sämtliche Funktionen einer relationalen Datenbank übernimmt. Damit sind wir bei der Begründung: Relationale Datenbanken benötigen viel Speicherplatz sowie CPU-Zeit, der Personalcomputer wird allzuleicht überlastet. Deshalb die Hinwendung von der "Software-Datenbank" zur "Hardware-Datenbank-Maschine", die an den Personalcomputer als Host bzw. Wirt und Gastgeber (vgl. auch Abschnitt 1.3.6.5) angeschlossen wird. Diese Lösung hat die folgenden Vorteile: Der PC als Host wird durch die Datenbank belastet; die Größe der Datenbank ist unabhängig von der Größe des Personalcomputers.

1.3.6 System-Software (Betriebssystem)

Das Betriebssystem mit seinen Steuer-, Dienst- und Übersetzerprogrammen (vgl. Abschnitt 1.3.1.2) dient als Mittler zwischen dem Anwender(-programm) und dem Computerkern (Hardware).

1.3.6.1 Betriebssystem als Firmware (ROM) oder als Software

Hinsichtlich der Speicherung des Betriebssystems gibt es zwei extreme Möglichkeiten, die gerade für Personalcomputer von Interesse sind:
Auf der einen Seite ist das Betriebssystem fest in ROMs untergebracht (ROM als Festspeicher enthält die Systemprogramme als Firmware) und steht beim Einschalten des Computers unmittelbar zur Verfügung. Diese Möglichkeit ist vorteilhaft, wenn man nur mit einer einzigen Programmiersprache arbeiten möchte. 'Reine BASIC-Maschinen' z.B. sind oft so aufgebaut und sehr einfach zu bedienen.
Auf der anderen Seite ist das Betriebssystem als Software auf einem Externspeicher (Diskette, Hard Disk) gespeichert und muß beim Einschalten des Computers vom Benutzer in den Internspeicher geladen werden. Diese umständlichere Art der Bedienung (Handling) hat für den Benutzer jedoch den Vorteil, daß leicht z.B. auf eine andere Programmiersprache wie COBOL, PASCAL oder FORTH umgerüstet werden kann: er muß nur das zugehörige Übersetzerprogramm für COBOL, PASCAL bzw. FORTH von einer Diskette in den RAM laden.
Personalcomputer mit mehreren Betriebssystemen (z.B. MS-DOS, CP/M und UCSD) haben diese stets als Software gespeichert.

Zwischen der reinen Firmware-Lösung (Betriebssystem im ROM) und der reinen Software-Lösung (Betriebssystem auf Diskette) als Extremen gibt es natürlich Zwischenlösungen. So kann beim Einschalten des Computers z.B. die Sprache BASIC aus dem ROM automatisch für den Benutzer mit der Möglichkeit zur Verfügung gestellt werden, später aus BASIC 'auszusteigen',um ein anderes Betriebssystem bzw. Sprachmittel softwaremäßig zu laden.

1.3.6.2 Beispiel: Betriebssystem unterstützt Computer-Start

Die Funktion des Betriebssystems läßt gut sich am Beispiel des Startens eines Personalcomputers veranschaulichen. Man geht in drei Schritten vor.

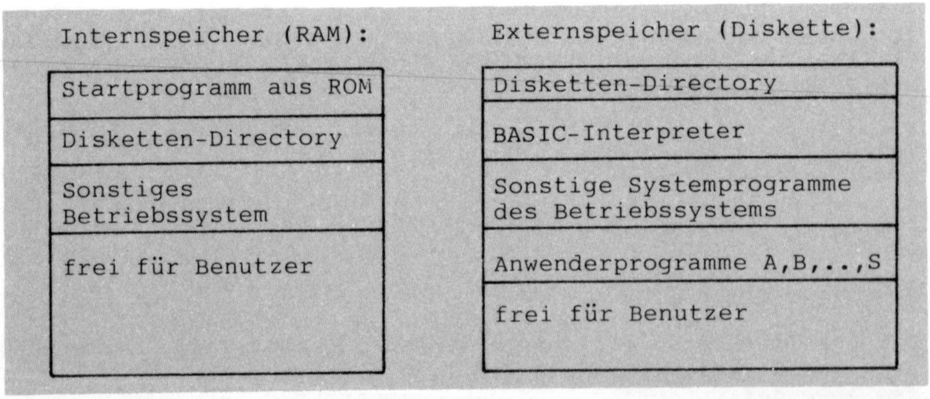

Schritt (1): 'Computer einschalten' und Betriebssystem

S c h r i t t (1) : Gerät anschalten. Aus einem ROM als Nur-Lese-Speicher wird automatisch ein Startprogramm zur Ureingabe in den Hauptspeicher gebracht. Dieses lädt die Datei-Directory (Verzeichnis der auf Diskette gespeicherten Dateien sowie Programme) ebenfalls in den RAM wie auch das Betriebssystem mit seinen Programmen. Das Betriebssystem zeigt nun dem Benutzer am Bildschirm durch ein Zeichen an, daß der Computer betriebsbereit ist. Der Benutzer befindet sich auf der Betriebssystem-Ebene (System Mode).

S c h r i t t (2) : Der Benutzer hat sich entschieden, BASIC zu laden und tippt den entsprechenden Betriebssystem-Befehl ein. Das Betriebssystem prüft in der Disketten-Directory nach, ob auf der Diskette das BASIC-Übersetzerprogramm auch vorhanden ist und lädt es zusätzlich in den RAM. Dies entspricht der oben angesprochenen Software-Lösung; bei der Firmware-Lösung würde Schritt (2) automatisch als Teil einer starren Befehlsfolge nach dem Einschalten ablaufen.

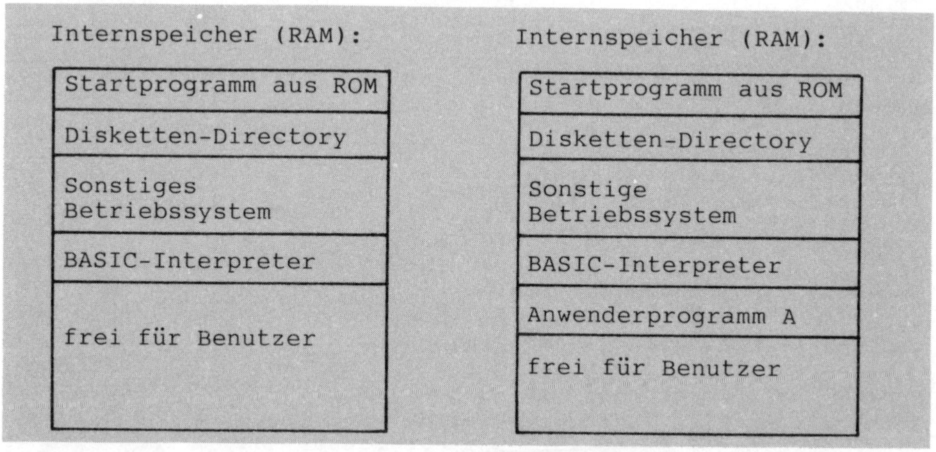

(2) 'BASIC laden' (links) und (3) 'Prog. A laden' (rechts)

S c h r i t t (3) : Der Benutzer kann sich jetzt ein auf der Diskette enthaltenes Anwenderprogramm in den RAM laden wie im Beispiel das Programm A. Das Übersetzerprogramm (ein Interpreter, wie im folgenden Abschnitt zu zeigen) ruft zum Laden das Betriebssystem auf, welches nach dem Ladevorgang wiederum die Kontrolle an das Übersetzerprogramm zurückgibt.
Anschließend kann der Benutzer in einem Schritt (4) das Anwenderprogramm A ausführen lassen.

1.3.6.3 Übersetzerprogramme

Ein Computer versteht soviele Programmiersprachen (=Fremdsprachen) wie Übersetzerprogramme vorhanden sind. Die Übersetzerprogramme wandeln Programmiersprache in die Maschinensprache (=Muttersprache des Computers) um.
Es gibt m a s c h i n e n o r i e n t i e r t e Programmiersprachen, bei denen als "1-zu-1-Sprachen" dann meist 1 Fremd-

sprachenanweisung zu 1 Maschinenbefehl führt; sie heißen auch Assembler(-sprachen).
Das Gegenstück sind die problemorientierten Programmiersprachen als "1-zu-mehr-Sprachen". Bei ihnen wird 1 Fremdsprachenanweisung in mehrere Maschinensprachenbefehle übersetzt wird. Die zugehörigen Übersetzerprogramme sind entweder Compiler oder aber Interpreter.

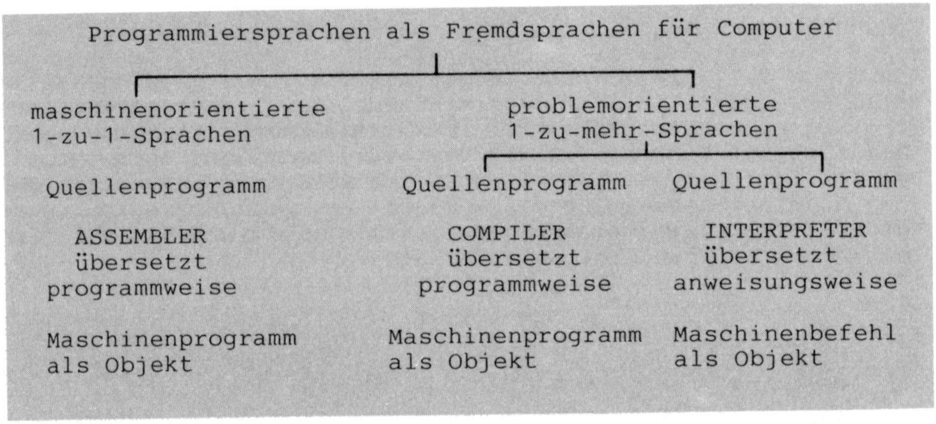

Maschinen- und problemorientierte Programmiersprachen

Jeder Computer hat seine eigene maschinenorientierte Programmiersprache, die - obwohl von Computer zu Computer z.T. verschieden aufgebaut - stets Assembler heißt. Das in Assembler geschriebene Programm (auch Quellenprogramm, Quellcode oder Source-Listing genannt) kann der Computer noch nicht verstehen. Ein Übersetzerprogramm, das (verwirrend?) ebenfalls Assembler genannt wird, übersetzt nun das Quellenprogramm in die für die CPU verständliche Maschinensprache als Objektprogramm. Das eigentliche Maschinenprogramm steht als Abfolge hexadezimaler Bytes computerverständlich im Internspeicher; da es für uns nur schwer lesbar ist, wird es vom Assembler zur Kontrolle als Assembler-Listing ausgegeben.

Interpreter und Compiler als Übersetzerprogramme arbeiten analog zum menschlichen Sprachübersetzer wie folgt:
Ein Interpreter (to interprete = auslegen) arbeitet wie ein Simultan-Dolmetscher: Der Dolmetscher übersetzt Satz für Satz, um das Ergebnis sofort mitzuteilen. Ein Interpreter übersetzt Anweisung für Anweisung, um jede Anweisung sofort auszuführen.
Ein Compiler (to compile = zusammensetzen) hingegen arbeitet wie ein 'normaler' Fremdsprachenübersetzer: Dieser übersetzt das gesamte Fremdsprachenschriftstück zu einem bestimmten Termin. Entsprechend übersetzt ein Compiler das gesamte Anwenderprogramm komplett in einem Arbeitsgang: Das in einer sogenannten Hochsprache verfaßte Programm wird in einem gesonderten Compilierungslauf in ein lauffähiges Maschinenprogramm übersetzt.
Die Vorteile eines compilierenden Systems (z.B. Objektprogramm in 0/1-Form ablauffähig auf Externspeicher abgelegt, Programmausführung sehr schnell) und seine Nachteile (z.B.eine Feh-

lerkorrektur erfordert die komplette Neuübersetzung, Speicherbedarf für Quelle, Übersetzer und Objekt sehr groß) sind stets abzuwägen.
Günstig ist: Programmentwicklung sowie Programmtest mit einem Interpreter und dann abschließende Compilierung des Programms.

Gerade bei Personalcomputern lassen sich Interpreter und Compiler kaum mehr streng trennen. So gibt es compilierende Interpreter und interpretierende Compiler.
Zum 'compilierenden Interpreter' ein Beispiel:
Die große Softwarefirma Microsoft hat solche Zwischenlösungen als BASIC-Interpreter z.B. für Apple, CBM, TRS-80 entwickelt. Dabei werden die BASIC-Zeilen beim Eintippen -für den Benutzer unbemerkt- in einen sogenannten Zwischencode übersetzt (PRINT wird z.B. als hexadezimal BA bzw. dezimal 186 zwischengespeichert, nicht aber in fünf ASCII-Zeichen bzw. Bytes als PRINT).

Zum 'interpretierenden Compiler' ebenfalls ein Beispiel:
Der unter dem Betriebssystem UCSD laufende PASCAL-Compiler übersetzt den Quellcode in e i n e m getrennten Übersetzungslauf in einen Zwischencode (P-Code genannt für Pseudo-Code), der dann zur Ausführungszeit durch einen Interpreter weiter übersetzt wird.

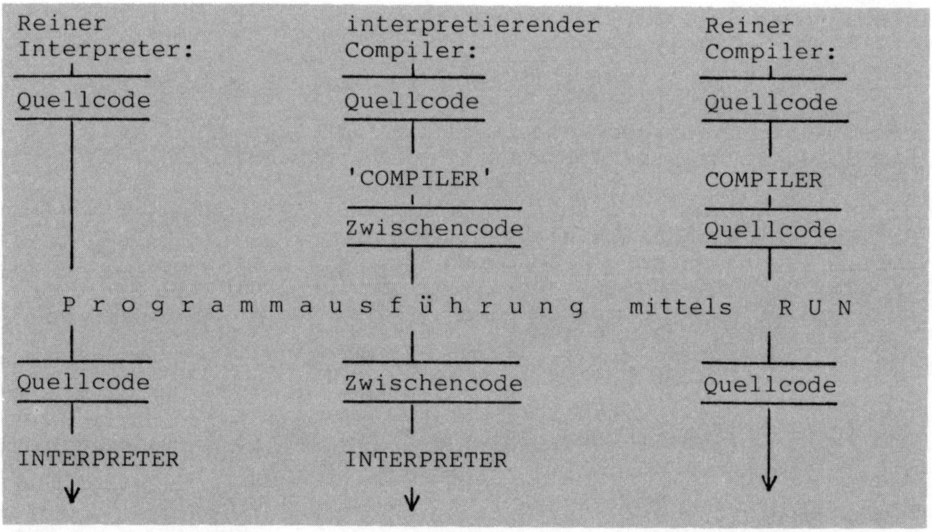

Interpreter und Compiler mit Zwischenlösungen

1.3.6.4 Programmiersprachen

Es gibt mehrere Hundert Programmiersprachen. Die wichtigsten Sprachen werden in Stichworten beschrieben:

- ADA: Diese nach Lady Ada Augusta benannte Sprache wurde 1980 vom US - Verteidigungsministerium herausgebracht (wie früher COBOL) und wird als Universalsprache eine vielleicht ebenso große Verbreitung finden wie COBOL. ADA-Subsets laufen bereits auf Personalcomputern.

- ALGOL 60: Diese 'ALGOrithmic Language' gibt es seit 1960. Sie wird vornehmlich im Hochschulbereich eingesetzt.

- APL: 'A Programming Language' gilt als eines der mächtigsten und knappsten Sprachmittel. Berühmt sind die APL-Einzeiler mit ihren Kurz-Operatoren (griechische Symbolik). Auf Personalcomputern mit 16-Bit-Prozessoren läuft APL stets als Interpreter.

- ASSEMBLER: Die maschinenorientierten Assembler-Sprachen (vgl. Abschnitt 1.3.6.3) gehören eigentlich nicht in diese Übersicht von Hochsprachen bzw. 1-zu-Mehr-Sprachen. Makros als Gruppen von Einzelbefehlen jedoch machen das maschinennahe Arbeiten in Assembler etwas weniger mühsam.

- BASIC: Für diese auf Personalcomputern am weitesten verbreitete Sprache (Beginners All Purpose Symbolic Instruction Code) gibt es fast so viele Dialekte wie Computertypen. Am weitesten ist das "Microsoft-BASIC" verbreitet. BASIC gibt es sowohl als compilierende Sprache (z.B. C-BASIC) wie auch als Interpreter. BASIC gehört zu den unstrukturierten Sprachen.

- C: In der Sprache C ist das Betriebssystem UNIX geschrieben. Es kann PASCAL-ähnlich strukturiert programmiert werden, dabei werden aber weniger Datentypen und mehr Operatoren (etwa wie in APL) bereitgestellt. Gut in C: Zeiger (Pointer) zur Adreßverkettung. Die C-Compiler sind leider nicht standardisiert.

- COBOL: Die 'Common Business Oriented Language' gibt es bereits seit 1959. COBOL ist d i e kommerzielle Programmiersprache, genormt, äußerst umfangreich. Ungefähr 50% aller US-Software ist in COBOL geschrieben. Zitat: "COBOL ist nicht gut, aber es gibt viele Programmierer, die diese Sprache gut beherrschen".

- ELAN: Diese Ende der 70er Jahre in Berlin entwickelte Sprache unterstützt das strukturierte Programmieren und wird im Schulbereich in Konkurrenz zu PASCAL eingesetzt.

- FORTH: Dies ist eine interpretierende Sprache, die jedoch zunächst den FORTH-Text in einen Zwischencode übersetzt (siehe Abschnitt 1.3.6.3). FORTH gibt es auch für kleinere Computer.

- FORTRAN: Der 'FORmula TRANslator' entstand 1950 und gilt als die wichtigste Hochsprache zur Lösung math/naturwissenschaftlicher Probleme. Wie COBOL ist FORTRAN eine typische Großcomputersprache. BASIC ist ein FORTRAN-Abkömmling.

- LISP: Der LISP-Interpreter wird insbesonders von Wissenschaftlern verwendet, die sich mit der 'Künstlichen Intelligenz' beschäftigen (Nachahmung des menschl. Gehirns durch die CPU, Abschnitt 1.1.3). Eine LISP-Variable hat als 'Atom' neben Namen und Wert vom Programmierer frei zu vereinbarende Merkmale, die als Liste geführt werden (deshalb: LISP für LISt Processor).

- LOGO: "Anders als die anderen Sprachen". Diese Aussage trifft für APL (im Hinblick auf die komprimierte Problembeschreibung über mächtige Operatoren) sowie für LOGO (im Hinblick auf die kindgerechte Schildkrötengrafik) zu. Bei den "Turtle Graphics" kann die am Bildschirm kriechende Schildkröte zum Zeichnen von Bildern gesteuert werden. LOGO-Interpreter kommen mit wenig Platz aus und sind zunehmend für Personalcomputer erhältlich.

- MODULA 2: Diese Sprache wurde von Niklaus Wirth als Nachfolgesprache zu PASCAL entwickelt. Besondere Merkmale: Typische 'Hochsprachen-Anwendungen' sind ebenso möglich wie maschinennahe Programmierung; ausgereifte Modularisierung (Module als Bausteine -anders als in PASCAL- separat speicherbar in Modul-Bibliothek); Compiler kann Maschinencode erzeugen zwecks Einbrennen in PROMs (damit Nutzung als Entwicklungssprache für Mikrocomputerprodukte). Es wird erwartet, daß sich MODULA 2 durch ihre Kompaktheit als Alternative zu ADA behaupten wird.

- PASCAL: "PASCAL erzieht zum klaren Programmieren" - aus diesem Grunde halten gerade die Lehrer so viel von dieser von Niklaus Wirth 1972 erstmalig beschriebenen Sprache. PASCAL ist nach dem Mathematiker und Philosophen Blaise Pascal (1623-1662) benannt und gilt als d i e Sprache für das strukturierte Programmieren. Leider ist nur das ursprüngliche Wirth'sche PASCAL standardisiert, nicht aber die später notwendig gewordenen Erweiterungen (wie Grafik-, Text- und Dateiverarbeitung; Wirth beschrieb so z.B. nur die sequentielle Banddatei). So sind die sehr zahlreichen auch für Personalcomputer verfügbaren PASCAL-Compiler oft nicht kompatibel: etwa ALCOR-PASCAL, JRT-PASCAL, PASCAL/MZ+, PASCAL/Z, ProPASCAL, TCL-PASCAL, SCHTAC-PASCAL und UCSD-PASCAL, wobei sich letzteres fast zum Ersatz-Standard entwickelt hat.

- PILOT: Diese 'Programmed Inquiry Learning or Teaching' ist für Personalcomputer als BASIC-Ersatz für Lehr-/Lernzwecke entwickelt worden. PILOT arbeitet ausschließlich interpretierend. PILOT wird eingesetzt im Rahmen des Computer-unterstützten Unterrichts (CUU) bzw. der Computer Aided Instruction (CAI).

- PL/1: Die 'Programming Language 1' wurde von der IBM für Großcomputer entwickelt und umfaßt die Sprachelemente von COBOL und FORTRAN zusammen - aber modern strukturiert. Wertmäßig dürfte die in PL/1 geschriebene Software nach der COBOL-Software den zweiten Platz einnchmen. Für PCs gibt es PL/1 (noch?) nicht.

- Diese Auswahl kann keinesfalls vollständig sein. Die Liste von Programmiersprachen ließe sich fortsetzen: BCPL, COMAL, CORAL, DIBOL, EUCLID, MUMPS, PEARL, PL/M, PROLOG, RPG II, SIMULA 67, SNOBOL, STOIC, ...
Abschließend: Vermutlich werden in 10 Jahren Programmiersprachen überwiegen, die heute noch nicht einmal entworfen sind.

1.3.6.5 Herstellerabhängige und unabhängige Betriebssysteme

Die Abkürzung DOS steht für 'Disk Operating System'. Es ist ein Systemprogramm, das alle mit der Diskette verbundenen Ein- und Ausgaben kontrolliert. Die Bezeichnung DOS findet sich als Namensbestandteil zahlreicher Betriebssysteme.
Das DOS für den Apple wie auch das TRS-DOS der TRS-80-Modelle von Tandy sind Beispiele für Betriebssysteme, welche vom Personalcomputer-Hersteller speziell auf das eigene Gerät hin zugeschnitten wurden. Herstellerabhängige Systeme findet man vornehmlich bei kleineren Personalcomputern mit 8-Bit-Mikroprozessoren.

Personalcomputer der 16-Bit-Klasse und 32-Bit-Klasse arbeiten überwiegend mit herstellerunabhängigen Betriebssystemen, die von Software-Produzenten entwickelt wurden. So mit CP/M und MS-DOS der beiden Software-Giganten Digital Research und Microsoft, mit UCSD der Universität von San Diego in Californien, mit UNIX, XENIX, OASIS, ...
Wie kam es dazu? Früher baute jeder Hersteller sein eigenes Betriebssystem, um es mit dem Computer als Einheit anzubieten. Um das Betriebssystem herum wurde ein großer Schleier gelegt - ein Übernehmen oder Anpassen an einen anderen Computer war somit unmöglich. Dies änderte sich erst, als die Software-Firma Digital Research ihr 'Control Program for Microcomputers', genannt CP/M, als herstellerunabhängiges Software-Produkt anbot: mit einer exakten Beschreibung der Verbindung (Schnittstellen) des Betriebssystems zur Computerhardware. Nun begannen immer mehr Hersteller, CP/M-fähige Computer zu produzieren. Mit der raschen Verbreitung von CP/M nahmen solche Programme zu, die CP/M-verträglich waren. Ursprünglich wurde CP/M für den Mikroprozesor 8080 und später für den Z-80-Prozessor eingesetzt, deshalb die Bezeichnung CP/M-80.
Die Variante CP/M-86 wurde für den 8086-Prozessor entwickelt. Über das BIOS (Basic Input-Output System) als dem adaptierbaren Teil des CP/M läßt sich dieses prozessorabhängige System an Computer anpassen, die eine CPU haben, welche z.B. den Code des Intel 8088 verarbeiten.

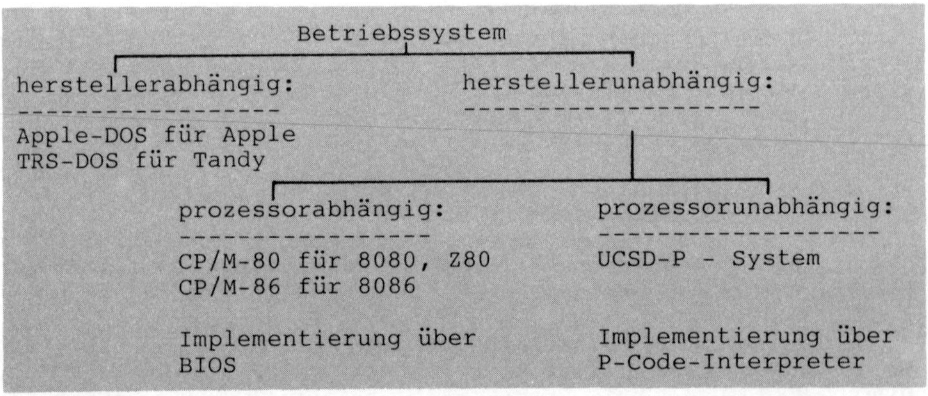

Herstellerabhängige und -unabhängige Betriebssysteme

1.3.6.6 Einige Betriebssysteme kurzgefaßt

Auf die Betriebssysteme CP/M, MS-DOS, UNIX und USCD wollen wir kurz eingehen.

Zunächst zu CP/M von Digital-Research:
CP/M war das erste Betriebssystem für PCs, wurde seit 1974 angeboten und entwickelte sich schon bald zum Quasi-Standard für 8-Bit-Computer mit den CPUs 8080, 8085 und Z-80. Im Hinblick auf die 80er-CPUs bezeichnet man dieses Betriebssystem oft als CP/M-80.
Für 16-Bit-Computer mit der CPU 8086 von Intel entwickelte Digital Research das Betriebssystem CP/M-86. Da CP/M-80 zum Teil in Assembler geschrieben ist, stellt CP/M-86 eine Neuentwicklung dar (die CPU 8086 arbeitet in einem anderen Code als die CPUs der 80er Serie). Deshalb auch die Probleme bei der Kompatibilität zwischen CP/M-80 und CP/M-86.
Für den Multi-User-Betrieb bietet Digital Research die Systeme MP/M-80 sowie MP/M-86 (Multiprogramming Monitor for Microcomputer) an.
Das Betriebssystem CONCURRENT CP/M wurde für den Single-User-Betrieb unter Multi-Tasking entworfen: mehrere Aufgaben können als Tasks gleichzeitig auf e i n e m PC bearbeitet werden. MP/M sowie CONCURRENT CP/M erweitern den Leistungsumfang des CP/M um die jeweiligen Funktionen des Multi-Using bzw. Multi-Tasking.
Das Betriebssystem PERSONAL CP/M läßt sich in einem ROM unterbringen und eignet sich deswegen auch für PCs ohne Diskettenlaufwerk. PERSONAL CP/M wurde eigens für kleinere PCs entwikkelt und unterstützt sowohl 8-Bit-CPUs als auch 16-Bit-CPUs.

Zu MS-DOS von Microsoft:
Als Konkurrenprodukt zu CP/M-86 von Digital Research brachte die Softwarefirma Microsoft das Betriebssystem MS-DOS heraus. IBM wählte für seinen PC als Betriebssystem MS-DOS, und zwar in einer Version, die den Namen PC-DOS erhielt und hardwareabhängiger ist als MS-DOS selbst. Durch die Wahl dieses Betriebssystems wurde MS-DOS sehr populär.
Für den "PC jr." von IBM wurde das Betriebssystem MS-DOS 2.1 entwickelt. In seiner Funktionalität steht es auf einer Stufe mit MS-DOS 2.0 oder MS-DOS 2.11, es kann aber ohne Diskettenlaufwerk eingesetzt werden (viele Teile von MS-DOS 2.1 sind im ROM untergebracht und nicht im RAM).
Die Version MS-DOS 3.0 ist für Multi-Using und für Multi-Tasking konzipiert.

Zum Betriebssystem UNIX:
Im Gegensatz zu CP/M sowie MS-DOS ist das Betriebssystem UNIX nicht in Assembler, sondern fast vollständig in der Sprache C geschrieben. Damit ist UNIX auf alle PCs übertragbar, die über einen C-Compiler verfügen. UNIX wurde von Wissenschaftlern für Wissenschaftler geschrieben - entsprechend profihaft wie kompliziert ist seine Benutzung. Deshalb wurden viele von UNIX abgeleitete und leichter bedienbare Betriebssysteme entwickelt wie ZEUS von Zilog, GENIUS von National, REGULUS von Motorola und XENIX von Microsoft.
Das bekannteste UNIX-Derivat ist XENIX. Es unterstützt Multi-Using wie auch Multi-Tasking.

Zum Betriebssystem UCSD:
UCSD ist die Abkürzung für University of California San Diego. Früher stand UCSD für das Programmiersprachsystem UCSD-Pascal, während es heute als umfassendes Betriebssystem mehrere Übersetzer anbietet wie BASIC-Compiler, FORTRAN 77-Compiler, LISP-Interpreter, MODULA-2-Compiler und natürlich PASCAL-Compiler. UCSD (auch als UCSD-P oder UOS für Universal Operating System bezeichnet) unterscheidet sich von CP/M und MS-DOS durch drei Merkmale:

- Konsequente Menüsteuerung anstelle einer Kommandosteuerung und damit enge Benutzerführung.
- Bereitstellung einer komfortablen und abgeschlossenen Programmentwicklungsumgebung (mit Editor, Filer, Compiler, ...) anstelle einer reinen Laufzeitumgebung.
- Hervorragende Portabilität durch die Mitnahme der Computerarchitektur.

Das UCSD-Betriebssystem ist prozessorunabhängig und damit für Personalcomputer jeglichen Prozessortyps einsetzbar.
Wie ist dies möglich? UCSD benutzt den jeweiligen Personalcomputer als Host-Computer im Sinne eines Wirtes bzw. Gastgebers. Es arbeitet also nicht unmittelbar mit dem Personalcomputer, sondern mit einem Pseudo-Computer. Gibt der Benutzer z.B. ein Quellenproggramm in PASCAL ein, so übersetzt der Compiler dieses Textfile in einen Zwischencode (vgl. Abschnitt 1.3.6.3), der P-Code genannt wird, um das resultierende P-Code-File dann ebenfalls abzuspeichern. Soll dieses Programm nun ausgeführt werden, so wird es von einem P-Code-Interpreter vom P-Code in die Maschinensprache des jeweiligen Personalcomputers als Host übersetzt. Der Compiler ist fester Bestandteil des Betriebssystems und selbst in PASCAL geschrieben. Der P-Code-Interpreter dagegen ist in der Maschinensprache des Hosts geschrieben. Soll UCSD auf einem Personalcomputer implementiert werden, so ist u.a. nur ein P-Code-Interpreter für die entsprechende CPU zu schreiben. Da UCSD auf einem P-Computer als abstraktem Computer läuft, der allein softwaremäßig auf dem Personalcomputer als Host nachgebildet wird, ist eine rasche Verfügbarkeit dieses Betriebssystems auf neuen Personalcomputern zu erwarten.

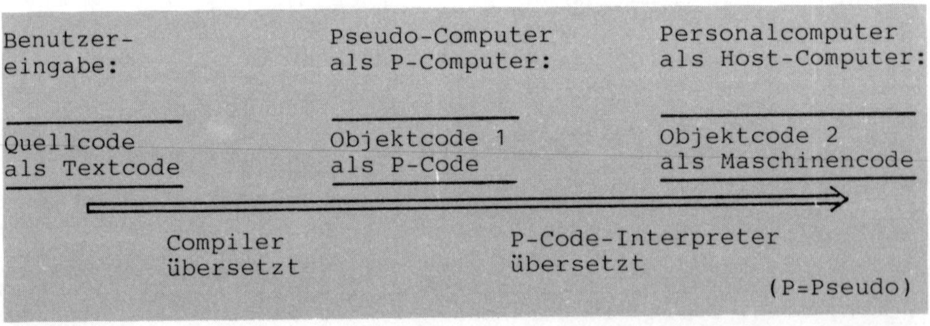

UCSD behandelt den Personalcomputer als Host bzw. Gast

Der Trend geht eindeutig dahin, m e h r e r e Betriebssysteme für einen Computer bereitzustellen. So sind für den IBM Personalcomputer die drei Betriebssysteme MS-DOS von Microsoft, CP/M-86 und UCSD-P nutzbar.

1.3.7 Anwender-Software entwickeln

Die Programmentwicklung wird als Teil der DV-Systementwicklung vorgenommen und vollzieht sich wie diese in Teilschritten. Mag die Terminologie hierzu auch unterschiedlich sein, die Programmentwicklung wird stets in der Schrittfolge "PROBLEMSTELLUNG - PROGRAMMENTWURF - PROGRAMMIERUNG - ANWENDUNG" durchgeführt werden. Am Beispiel der Rechnungsstellung bzw. Fakturierung wollen wir diese Teilschritte im Abriß kurz erläutern.

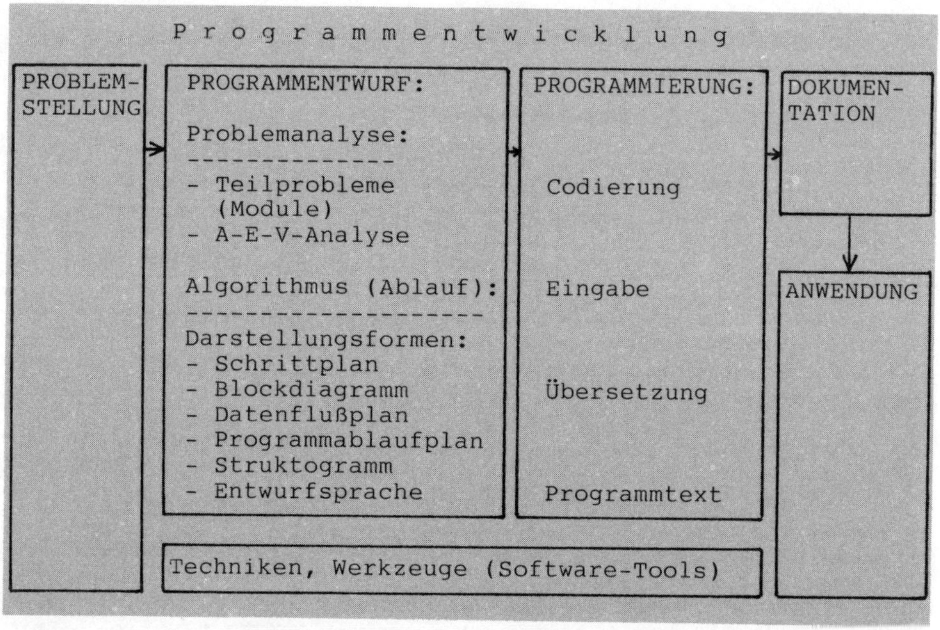

Programmentwicklung in Teilschritten

1.3.7.1. Problemanalyse

Ein Problem analysieren heißt, dieses in seine Bestandteile zu zerlegen. Bei der Problemanalyse geht man nach der Idee 'Vom Einfachen zum Schwierigen' von den Ausgabedaten aus, da diese ja mit der Problemstellung als erwartetem Resultat vorgegeben sind. Erst danach wendet man sich der Analyse der Eingabe und der Verarbeitung zu.
Ausgabe-Analyse: Daten (z.B. Rechnungszeile mit Artikelnummer, Bezeichnung, Menge, Einheit, Einzel- und Gesamtpreis), Form (z.B. Drucker für Rechnung, Diskette für Offene-Posten-Datei), Listbilder zum Ausgabeformat, Zeitpunkt der Ausgabe.
Eingabe-Analyse: Daten (Kundennummer, Artikelnummer und Anzahl sowie Datum), Form (z.B. Tastatur, Diskette für Kundendatei u. Artikeldatei).
Verarbeitungs-Analyse: Die Verarbeitungsschritte ergeben sich aus den Ausgabe- und Eingabeanforderungen (z.B. Menge*Einzelpreis ergibt Gesamtpreis).
In einer Variablenliste werden sämtliche Namen mit Datentypen zusammengefaßt. In einem Datei-Verzeichnis werden die Dateien mit den entsprechenden Datensatz-Beschreibungen festgehalten.

1.3.7.2 Formen zur Darstellung des Lösungsablaufes

Für den dann zu entwickelnden Algorithmus bzw. Lösungsablauf stehen die unterschiedlichen Darstellungsformen zur Verfügung.

Ein S c h r i t t p l a n kann jetzt so aussehen:

1. Rechnungs- und Kundennummer mit Datum eintippen.
2. Rechnungskopf drucken
3. Rechnungszeile(n) aufbereiten und drucken
4. Rechnungsabschluß drucken
5. Kundendatei aktualisieren
6. Eintrag Offene-Posten-Datei

Als B l o c k d i a g r a m m kann dieser Schrittplan schon feiner gegliedert bzw. strukturiert sein wie z.B. Schritt 1:

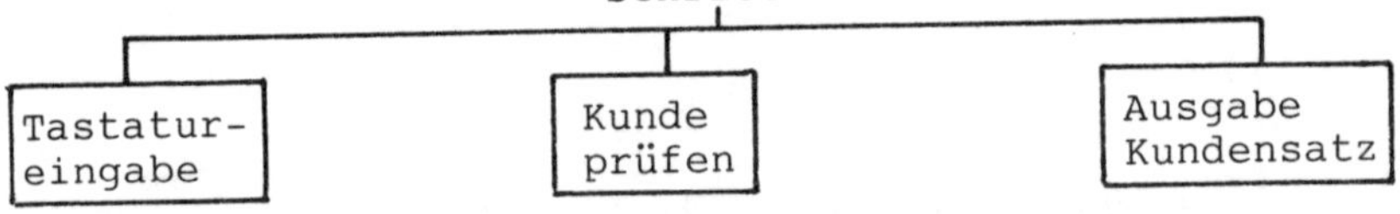

Zu 'Kunde prüfen': Ist ein Kunde mit der eingetippten Nummer nicht in der Kundendatei enthalten, wird eine Meldung ausgegeben. Zu 'Ausgabe Kundensatz': Zur Kontrolle wird der gesamte Inhalt des Kundensatzes am Bildschirm gezeigt.

Im D a t e n f l u ß p l a n werden die Datenträger bzw. Geräte, die Arten der Bearbeitung und der Datenfluß zwischen den Datenträgern grafisch festgehalten.

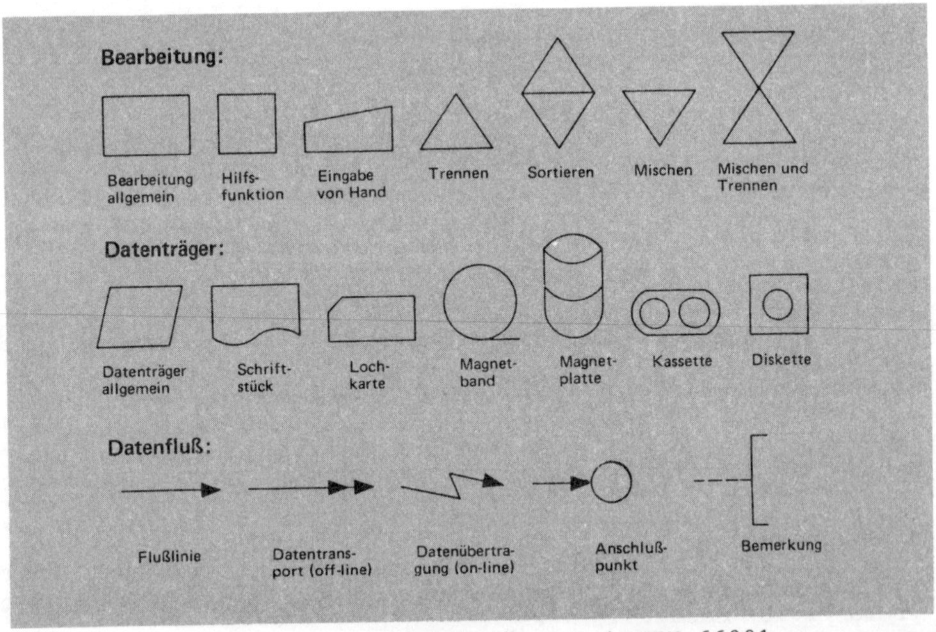

Sinnbilder für Datenflußpläne nach DIN 66001

Für die Rechnungsschreibung könnte der Datenflußplan in seiner knappsten Form etwa so aussehen:

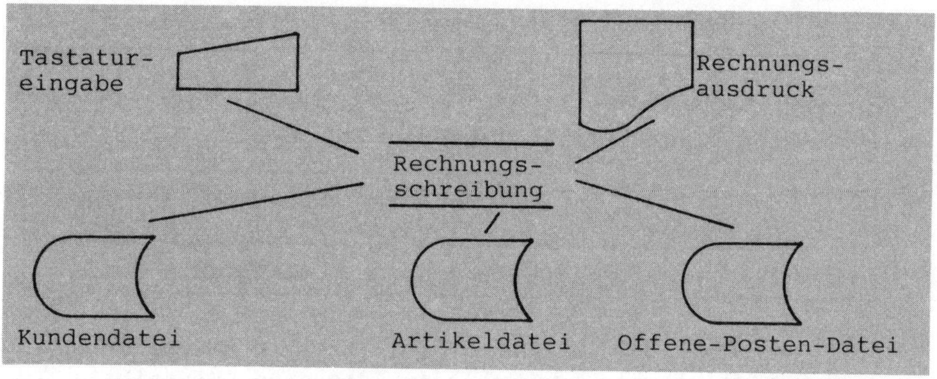

Einfacher Datenflußplan zur Rechnungsschreibung

Der Datenflußplan bezieht sich mehr auf die Hardware, während der Programmablaufplan (PAP) mit der zeichnerischen Darstellung des geplanten Programmablaufes eindeutig softwarebezogen ist. Die Sinnbilder für den PAP sind ebenfalls nach DIN 66001 genormt. Im Datenflußplan wie im PAP gleichbedeutend sind die Sinnbilder für Anschlußpunkt sowie für Bemerkung. Eine im PAP etwas andere Bedeutung hat das Rechteck (Wertzuweisung) und das Parallelogramm (Eingabe , Ausgabe). Neu im PAP sind die Sinnbilder für die Verzweigung und für das Aufrufen eines Unterprogramms.

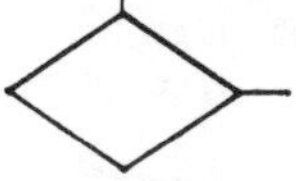

Verzweigung

Unterprogramm

Die zum Teilschritt 'Kunde prüfen' (obiger Schrittplan) zugehörige Anweisungsfolge kann als PAP z.B. so aussehen:

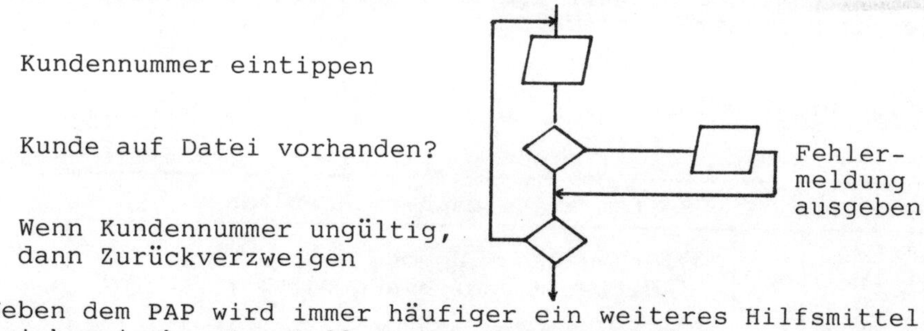

Neben dem PAP wird immer häufiger ein weiteres Hilfsmittel zur zeichnerischen Darstellung von Programmabläufen verwendet: das Struktogramm, auch Strukturdiagramm oder (nach dem Erfinder) Nassi-Shneiderman-Diagramm genannt. Struktogramme haben wir bereits in Abschnitt 1.3.3 verwendet, um damit die grundlegenden Programmstrukturen darzustellen.

Im folgenden Struktogramm wird der Ablauf 'Kunde prüfen' dargestellt:

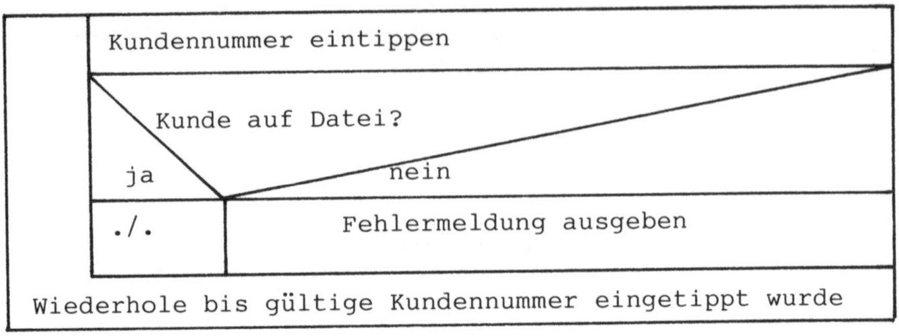

Beim Struktogramm sind die Programmstrukturen deutlich erkennbar: eine nicht-abweisende Schleife, die eine 'Einseitige Auswahl' einschachtelt.

Neben diesen grafischen Darstellungsmöglichkeiten des Lösungsablaufes verwendet man oft eine E n t w u r f s p r a c h e als Pseudocode, um den Programmentwurf umgangssprachlich darzustellen (Abschnitt 1.3.3.1). Der oben als PAP sowie Struktogramm dargestellte Ablauf läßt sich in der Entwurfsprache wie folgt beschreiben:

```
Wiederhole
  Tippe die Kundennummer ein
  wenn die Kundennummer in der Kundendatei gefunden wurde
    dann tue nichts
    sonst zeige eine Fehlermeldung am Bildschirm
  Ende-wenn
bis eine Kundennummer als gültig erkannt wurde
```

Der algorithmische Entwurf stellt häufig die unmittelbare Vorstufe zur Programmierung dar.

1.3.7.3 Programmierung

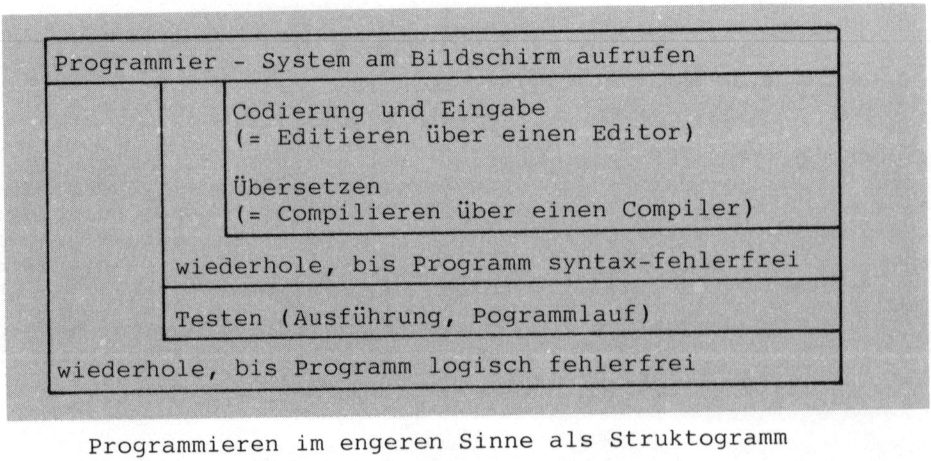

Programmieren im engeren Sinne als Struktogramm

Programmieren heißt, den zeichnerisch und/oder verbal dargestellten Algorithmus in eine Programmiersprache umzusetzen und auszutesten. Dabei werden die Schritte 'Codierung', 'Eingabe', 'Übersetzung' und 'Testen' zumeist wiederholt durchlaufen. Der Übersetzungslauf als gesonderter Schritt ist bei Sprachen mit Compiler, nicht aber bei solchen mit Interpreter erforderlich (vgl. Abschnitt 1.3.6.3). Das Austesten erfolgt als Computertest sowie Schreibtischtest.

Abschließend faßt man mit der Dokumentation alle Programmunterlagen als Gebrauchsanleitung zusammen: sei es als Anleitung für den Operator, damit dieser den Computer bei den Programmläufen auch richtig bedienen kann (Operator-Handbuch), oder als Anleitung für den Benutzer für die spätere Programmpflege und Programmkorrektur (Benutzer-Handbuch). Zusätzlich zum Benutzer-Handbuch sollte eine Kurzanleitung vorliegen, die nur die wichtigsten für den Umgang mit dem Programm notwendigen Schritte und Anweisungen für den Interessenten bereithält.

Zentraler Teil der Programmentwicklung ist der Programmentwurf und nicht -wie es manchem DV-Einsteiger scheinen mag- die Programmierung bzw. Codierung in einer Programmiersprache. Es ist denkbar, daß die Codierung eines Tages automatisiert durchgeführt werden kann.
Angesichts der steigenden Software - Kosten (Abschnitt 1.1.2) geht man immer mehr dazu über, die Programmentwicklung und dabei besonders den Programmentwurf industriell und ingenieurmäßig vorzunehmen: Software - Engineering lautet die darauf verweisende Begriffsbildung. Auf einige der im Rahmen des Software-Engineering eingesetzten Programmiertechniken sowie Entwurfsprinzipien gehen wir nachfolgend ein.

1.3.7.4 Programmiertechniken und Entwurfprinzipien

Die Modularisierung von Software berücksichtigt, daß ein in kleine Teile bzw. Moduln gegliedertes Problem bzw. Programm einfacher zu bearbeiten ist. 'Klein' heißt, daß ein Modul maximal 200 Anweisungen umfassen darf. Ein Modul ist ein Programmteil mit einem Eingang und einem Ausgang und kann selbständig übersetzt und ausgeführt werden. Moduln verkehren nur über Schnittstellen miteinander, über die Werte (Parameter genannt) vom rufenden an das aufgerufene Modul übergeben werden; ein Modul darf als Black Box nichts vom Innenleben eines anderen Moduls wissen.

Die Normierung von Programmabläufen als Vereinheitlichung durch eine standardisierte Ablaufsteuerung wird bei der Entwicklung komplexer kommerzieller Software-Pakete vorgenommen, an der zumeist mehrere Mitarbeiter beteiligt sind. Jedes Softwarehaus hat seine eigenen Normen.

Die Jackson - Methode geht bei der Pogrammentwicklung von der exakten Analyse der Datenstrukturen aus, um dann die entsprechenden Pogramm- bzw. Ablaufstrukturen zu entwerfen. Warum? In der kommerziellen DV sind die Daten zumeist bis in die Details vorgegeben, während die Abläufe den Daten gemäß formuliert werden müssen. Anders ausgedrückt: die Datenstruktur prägt die Programmstruktur.

Dem T o p - D o w n - E n t w u r f als Von-oben-nach-unten-Entwurf entspricht die Technik der schrittweisen Verfeinerung: vom Gesamtproblem ausgehend bildet man Teilprobleme, um diese dann schrittweise weiter zu unterteilen und zu verfeinern bis hin zum lauffähigen Programm. Der Top-Down-Entwurf führt immer zu einem hierarchisch gegliederten Programmaufbau.

Der B o t t o m - U p - E n t w u r f als Gegenstück zum Top-Down-Entwurf geht als Von-unten-nach-oben-Entwurf von den oft verwendeten Teilproblemen der untersten Ebene aus, um sukzessive solche Teilprobleme zu integrieren. Beide Entwurfsprinzipien werden in der Praxis zumeist kombiniert angewendet.

Die U n t e r p r o g r a m m t e c h n i k wird in diesen drei Fällen genutzt:Ein Ablauf wird mehrfach benötigt; mehrere Personen kooperieren und liefern ihre Teilproblemlösungen als Unterprogramme ab; menügesteuerter Dialog (Menütechnik). Der Begriff des Unterprogramms bzw. der Prozedur entspricht dabei dem des Moduls. Die bekannteste Schnittstelle ist der Unterprogrammaufruf mit Parameterübergabe.

Die M e n ü t e c h n i k erleichtert den benutzergesteuerten Dialog. Über das Menü als Auswahlübersicht steuert der Benutzer den Ablauf des Programms, ohne zuerst alle Befehle lernen zu müssen.
Das Menü als Gedächtnisstütze bei der Eingabe kann in Tabellenform alternativ zum Bildschirm, auf dem sonst der Dialog protokolliert wird, angeboten werden. Dies setzt den schnellen Wechsel zwischen den Bildschirmseiten voraus. Oder das Menü wird als (Prompt-)Zeile ausgegeben, die zusätzlich zum Dialog ständig am oberen Bildschirmrand stehen bleibt.
Bei der Split-Screen-Technik werden Rechteckbereiche des Bildschirms wie eigenständige Bildschirme bzw. Fenster behandelt. Über ein solches Fenstersystem kann der Benutzer Menüs an jeder Stelle des Bildschirms erscheinen lassen.
Die Menütechnik kann sich auf das Arbeiten i n n e r h a l b eines Programms wie auch auf das Verbinden mehrerer Programme beziehen. Im letzteren Fall wird beim Einschalten des Computers bzw. beim Beenden eines Programms automatisch ein Menüprogramm geladen, das am Monitor alle verfügbaren Programme anzeigt; der Benutzer kann durch Tippen z.B. eines Buchstabens dann das gewünschte Programm laden, ohne sich um den Speicherort auf Diskette kümmern zu müssen. H i e r a r c h i s c h e Menüs teilen eine Aufgabe in übergeordnete Menü-Ebenen auf. Im Hauptmenü stehen häufig verwendete Funktionen und nach der Wahl erscheint das nächste Menü mit weiter detaillierten Funktionen.
Pop-up-Menüs erscheinen auf Tastendruck, bieten mehrere Möglichkeiten zur Auswahl an und verschwinden, sobald eine Wahl getroffen wurde. Pop-up-Menüs halten also nicht auf und lenken auch nicht ab: sie erscheinen nur, wenn sie auch benötigt werden.
Die Menüwahl erfolgt durch Klartexteingabe (Fehlerrisiko groß)

bzw. durch Tasten eines Zeichens oder dadurch, daß der Cursor auf die gewünschte Position gesetzt wird und dann die RETURN-Taste gedrückt wird. Die Menüwahl vereinfacht sich weiter bei Einsatz von Lichtgriffel oder Maus.

Bei der Overlaytechnik werden Moduln überlagert (=overlay) - z.B. wenn der Hauptspeicherplatz nicht ausreicht, um alle Moduln gleichzeitig aufzunehmen. Das im Hauptspeicher stehende Modul ruft ein anderes Modul auf, das dann von einem Externspeicher geladen und dem rufenden Modul überlagert wird.

Der strukturierte Entwurf bedeutet, daß ein Programm unabhängig von seiner Größe nur aus den vier (in Abschnitt 1.3.3 erklärten) grundlegenden Programmstrukturen aufgebaut sein darf: aus Folge-, Auswahl-, Wiederholungs- sowie Unterprogrammstrukturen. Dabei soll auf unbedingtes Verzweigen mittels GOTO verzichtet werden. Jede Programmstruktur bildet einen Strukturblock. Blöcke sind entweder hintereinander angeordnet oder vollständig geschachtelt - die teilweise Einschachtelung (Überlappung) ist nicht zulässig.
Sogenannte 'blockorientierte Sprachen' wie PASCAL, MODULA-2, ELAN und ADA unterstützen das Prinzip des strukturierten Entwurfs weit mehr als die 'unstrukturierten Sprachen' wie BASIC und APL.

Diese nur stichwortartig dargestellten Prinzipien dürfen nicht getrennt betrachtet werden; unter dem Informatik-Sammelbegriff strukturierte Programmierung faßt man sie zu einem heute allgemein anerkannten Vorgehen zusammen. Die tragenden Prinzipien sind dabei der Top-Down-Entwurf mit der schrittweisen Verfeinerung einerseits und der strukturierte Entwurf mit der Blockbildung andererseits.

1.3.7.5 Programmgeneratoren

Ein Programmgenerator hat als Zwischenlösung seinen Standort zwischen der Programmierung in einer höheren Programmiersprache (BASIC, PASCAL) einerseits und dem Anpassen eines gekauften Anwenderprogramms durch Änderung der dafür angegebenen Parameter andererseits.
So können im Dialog Benutzer-Computer Masken (Formulare) sowie Programmbeschreibungen erstellt werden, aus denen später z.B. BASIC-Anweisungen generiert, d.h. erzeugt werden. Die so erzeugten BASIC-Programme sind über einen Interpreter lauffähig, können ggf. aber auch noch compiliert werden.

Entsprechend spezialisiert werden Programmgeneratoren als Maskengenerator, Listengenerator, Grafikgenerator usw. bezeichnet und vor allem im Rahmen von Standard-Software bereitgestellt.
Zum Maskengenerator ein Beispiel: Soll eine Maske für die Kundendatei erstellt werden, dann wird nach Aufruf des Generators auf dem Bildschirm eine Grundeinteilung vorgenommen. Der Benutzer setzt den Cursor dann auf die Stelle, an der ein Datenfeld angelegt werden soll, gibt die Bezeichnung ein (NAME) sowie die Feldlänge (mit Cursor 20 Stellen nach rechts fahren). Auf diese Weise wird eine Bildschirmmaske aufgebaut. Der Generator kann dann eine der Maske (als Blankoformular vorzustellen) entsprechende Datei erzeugen bzw. einrichten.

1.3.8 Anwender-Software einsetzen

Der Anwender hat drei Möglichkeiten, seinen Personalcomputer mit Software zu versorgen: Er kann selbst Programme entwickeln und den Computer als frei programmierbares Gerät nutzen - darauf sind wir im vorangehenden Abschnitt 1.3.7 eingegangen. Er kann aber auch fremde Software-Produkte kaufen: sei es in Form von individueller Software, die (entsprechend teuer) genau nach seinen Vorgaben entwickelt wird, sei es in Form von Standard-Software, die zwar preisgünstiger ist, aber das Risiko birgt, die eigenen Organisationsstrukturen anpassen zu müssen. Als Kompromiß zwischen der kompletten Individuallösung und der standardisierten Allgemeinlösung versucht man, individuelle Software auf Standardbasis zu entwickeln; dabei wird entweder über Programmgeneratoren bzw. Kommandosprachen programmiert oder über zwei logische Variablenebenen.

1.3.8.1 Menügesteuerter oder kommandogesteuerter Dialog

Beim Einsatz fremder Software muß der Benutzer sicher und komfortabel durchs Programm geführt werden, es kommt also auf die Benutzerführung an. Dabei bieten sich menü- und kommandogesteuerte Anwendungen an.

Der Anfänger wird die Menüsteuerung schätzen; er wird über die ihm gerade zur Verfügung stehenden Eingabemöglichkeiten - zum Menü zusammengefaßt - am Bildschirm jederzeit informiert, mehr noch: diese Möglichkeiten sind eingegrenzt, um den Benutzer relativ eng zu führen. Der Anfänger kann sich so ohne langes Handbuch-Studium an den Programmeinsatz wagen. Kennt er sich einmal im Programm aus, so wird der Weg durch Menüs und Menü-Ebenen allerdings auch als Hemmnis empfunden.

Dann bietet sich die Kommandosteuerung über Kommandos an, die in einem Handbuch aufgelistet sind und vom Benutzer wahlfrei eingetippt werden können - mit dem Risiko entsprechender Fehlermeldungen natürlich.

Gute Anwenderprogramme können beide Arten der Benutzerführung vorsehen: arbeitet der Benutzer fehlerlos, dann läuft das Programm kommandogesteuert ab, um bei häufiger auftretenden Fehlern in einen menügesteuerten Ablauf zu wechseln.
Oft werden auch zwei Bildschirmseiten vorgesehen: eine Hauptseite mit dem eigentlichen Dialog sowie eine zusätzliche Hilfsseite mit Kommentaren und Texthilfen, zwischen denen der Benutzer jederzeit hin und her springen kann.

Die Dialogsteuerung über Menü und Kommando ist bei der System-Software natürlich ebenso zu finden wie bei der Anwender-Software. So ist z.B. das Betriebssystem UCSD rein menügesteuert. Dies steht im Gegensatz zur Kommandosteuerung bei CP/M.

1.3.8.2 Einige Programm-Qualitätsmerkmale

Es soll hier kein Merkmalskatalog formuliert werden (dies auch im Hinblick darauf, daß solche Merkmale für Software äußerst schwer meßbar sind), sondern einige praktikable Einzeltips:

Wird Anwendersoftware zu einem T u r n - K e y - P a k e t geschnürt verkauft, so startet das (Menü-)Programm automatisch sofort nach dem Einschalten des Computers (Programmladen sowie Betriebssystem-Kenntnisse sind dann nicht erforderlich).

Beim S c r o l l i n g rutscht der Bildschirminhalt um eine Zeile hoch, wenn der Cursor unten den Bildrand erreicht hat. Zum schnellen Durchblättern zusammenhängender Texte kann dieses Durchrollen von Information vorteilhaft sein. Andernfalls wird man den Bildschirm abschnittsweise total löschen und oben am Bildschirm neu beginnen.

Beim S c r e e n E d i t i n g kann der Benutzer den Cursor an jede beliebige Bildschirmposition bewegen, um dort dann etwas zu korrigieren oder neu einzugeben. Der Bildschirm dient als Arbeitsblatt, -seite bzw. Formular. Sehr häufig bleibt am Bildschirmrand eine Menüzeile (auch Prompt- oder Systemzeile genannt) permanent stehen, um den Benutzer über Steuerungsmöglichkeiten (Kommandos) und aktuelle Parameter (wie Zeilenlänge oder freien Speicherplatz) zu informieren.

Die Zeichendarstellung darf nicht zu verwirrend sein. Häufige I n v e r s - F e l d e r (dunklere Schrift auf hellem Hintergrund) führen z.B. zu erhöhter Augenbelastung und sollten sparsam verwendet werden.

Eine benutzerfreundliche F e h l e r b e h a n d l u n g muß a l l e möglichen Fehler abfangen (Plausibilitätskontrollen).

Zur S i c h e r h e i t müssen Tasten, die zum Absturz führen (z.B. ESC-Taste), gesperrt sein. Keine Eingabe, auch nicht die 'berühmte' Division durch Null, darf dabei zum Aussteigen führen (Deadlock-Situation), die ein Abschalten und Neustarten erforderlich macht. Zur Sicherheit zählt auch die Datenschutzfähigkeit eines Programms.

Die Z u v e r l ä s s i g k e i t nimmt den sicher höchsten Rang ein: das raffinierteste Programm ist wertlos, wenn es die Aufgaben nicht zuverlässig löst.

Der Software-Qualitätssicherung wird heute im Rahmen des Software-Engineering mehr und mehr Beachtung geschenkt.

1.3.8.3 Vier kaufmännische Standard-Programmpakete

Die vier Programme Tabellenkalulation, Textverarbeitung, Datei bzw. Datenbank und Grafik sind fast auf jedem Personalcomputer Standard - voneinander isoliert oder auch integriert.

T a b e l l e n k a l k u l a t i o n s p r o g r a m m e als 'Spread Sheets' bzw. 'Ausgebreitete Papierbogen' übertragen alles das, was bislang mit Bleistift, Papier und Taschenrechner vorgenommen wurde, in den Hauptspeicher (abgelegt) und auf den Bildschirm (gezeigt). Der Benutzer baut jedes Arbeitsblatt als Tabelle auf, kann in die Tabellenzeilen und -spalten numerische oder auch Textwerte eintragen und durch eine Vielzahl von Formeln verknüpfen. Bei 'Visicalc' als dem ersten größeren Kalkulationsprogramm werden die Tabellenelemente ähnlich dem Schachbrett (Namen A1,A2,A3,...) angesprochen; 'Multiplan' als jüngeres Konkurrenzprogramm von Microsoft ermöglicht dies mittels einfacher Cursor-Positionierung am Bildschirm. Arbeitsblätter können auf einem externen Speicher aufbewahrt werden. Tabellenkalkulationsprogramme lassen sich 'zweckendfremden': Trägt man Text anstelle von Zahlen in die Tabelle ein, so kann leicht eine kleines Informationssystem realisiert werden. Genauso sind Anwendungen zur Fakturierung, zum Bestellwesen, zur Bilanzierung usw. denkbar. Das Beiwort 'Kalkulation' verweist also eher auf die Ursprünge der Tabellenkalkulationsprogramme als auf deren heutige universellen Nutzungsmöglichkeiten.

T e x t v e r a r b e i t u n g s p r o g r a m m e für Personalcomputer sind aus den Editoren entstanden, also aus den Programmhilfen zum Eingeben und Aufbereiten von Programmen am Bildschirm. Man hat sie zur Verarbeitung anderer Dokumente wie Briefen, Rechnungen, Manuskripten, Formularen usw. weiterentwickelt. Damit treten sie in Konkurrenz zur Schreibmaschine, zum Text-Automaten sowie zur Großrechner-Textverarbeitung. Die Textverarbeitung umfaßt die Teilprogramme Editor, Ausgabeformatierer und Verarbeitung; diese Programme können zu einem Paket integriert oder getrennt sein.

- Editor als Eingabe- und Bearbeitungsprogramm:
  Der Bildschirm wird ähnlich wie eine Lupe über den Text bewegt bis zu einem Bildschirmausschnitt, der cursorgesteuert zu bearbeiten ist (verschieben, einfügen, kopieren, Rand ausgleichen usw.).
- Formatierer zur Aufbereitung der Druckausgabe:
  Man unterscheidet die folgenden zwei Arten von Formatierern. Bei der ersten Art erscheint der Text am Bildschirm so, wie er später ausgedruckt wird. Bei der zweiten Art sind in den Bildschirmtext Befehle zur Steuerung des Druckformates eingefügt. Bei der ersten Art wird 'gedruckt wie gezeigt'. Oft ist dies aber kaum exakt einzuhalten (Beispiel: 120 Zeichen je Druckzeile; Bildschirmzeile 80 Zeichen; Ausgabe-Text aus mehreren Dateien).
- Eigentliches Verarbeitungsprogramm:
  Dieses richtet sich nach den Anforderungen der unterschiedlichen Benutzer wie Sekretärin, Abteilungsleiter, Schriftsteller, Schriftsetzer. Textbausteine als häufig vorkommende Textteile speichern, Serien- sowie Ganzbriefe erstellen, Formulararbeiten, Textdateien anlegen, Autorenkorrektur usw.

Nach den Programmen zur Tabellenkalkulation und Textverarbeitung nun zur D a t e i / D a t e n b a n k , deren Grundlagen bereits in Abschnitt 1.3.5 dargestellt wurden.
Die kommerziellen Programm-Pakete hierzu werden unter den unterschiedlichsten Bezeichnungen angeboten, z.B. als Dateiverwaltung, Datenmanager, Datenbankmeister, Datenbank-System oder schlicht als Datei-System. Da solche Begriffe kaum etwas aussagen, ist es sinnvoll, einzelne Eigenschaften dieser oft als "Wir-können-alles-Programme" angepriesenen Software-Produkte

wie folgt zu überprüfen:

- Dateiaufbau:
  Anzahl der gleichzeitig geöffneten Dateien? Satzanzahl einer Datei? Anzahl der Datenfelder je Satz? Feste Satzlänge? Datentypen? Maximale Feldlänge? Maximale Dateigröße? Eine Datei auf mehreren Disketten?
- Systemverwaltung:
  Schnittstelle zu höheren Programmiersprachen? In Mehrplatz-Umgebung einsetzbar? Abfragesprachen, Listen- bzw. Programmgeneratoren? Dynamische Dateiverwaltung? Kompatibilität zu anderen Dateien (z.B. aus Textverarbeitung)? Datensatzaufbau nachträglich änderbar? Implementierungen für welche Mikros? Datei-Sicherheitskopien leicht erstellbar? Daten nach Löschen wiederherstellbar? Datenschutz durch Datei- bzw. Satzpaßwort? Realisierung als Datenbankmaschine?
- Speicherung:
  Aufwand zum Neueinrichten der Datenbank? Cursorsteuerung? Datenprüfung bei Eingabe? Daten aus anderen Dateien kopierbar? Speicherung satz-, block- oder dateiweise? Eingabefehlerkorrektur möglich? Ablegen als Binärdatei oder Textdatei?
- Zugriff:
  Zugriffsmodus direkt oder indirekt? Anzahl der Suchbegriffe? Schlüssel aus einem oder mehreren Datenfeldern bestehend? Sortierbegriffe für wieviele Datenfelder? Sortierprogramme? Index intern als Tabelle? Möglichkeiten zur Datenausgabe? Ausgabeeinheiten für Listen? Zwischensummenbildung in Listen möglich?

Zum G r a f i k p r o g r a m m als viertem Standard-Paket: Programme dieser Kategorie erlauben es, Kuchen-, Säulen- sowie Liniengrafiken menügesteuert über einen hochauflösenden Bildschirm und z.B. einen Matrixdrucker mit Einzelpunktansteuerung zu erstellen und auszugeben. Die Skalierung der Bilder kann im Dialog festgelegt werden. Oft können dreidimensionale Grafiken bzw. räumliche Formen erzeugt werden. Gerade für kommerzielle Veranschaulichungen sind Grafikprogramme mit den statistischen Grundfunktionen von Vorteil.
Ein Grafikprogramm kann nur dann sinnvoll genutzt werden, wenn man Daten aus anderen Programmen übergeben kann. Wir kommen so zur Frage der Verbindung bzw. Kompatibilität dieser Programme.

Sollen Tabellenkalkulation, Textverarbeitung, Datenbank sowie Grafik nicht isoliert, sondern als eine Einheit genutzt werden, müssen entsprechende Schnittstellen zu den Programmen gegeben sein. Zur Verbindung dieser Programme ein Beispiel:
In einem Tabellenkalkulationsprogramm verknüpft man Zahlen, um diese dann an ein Grafikprogramm zwecks Diagrammdarstellung zu übergeben. Anschließend wird über das Textverarbeitungsprogramm ein Bericht verfaßt, in den diese Zahlen als Tabelle wie auch als Diagramm bildlich eingebunden sind. Schließlich kann man die Teile dieser Arbeit über das Dateiprogramm extern und langfristig speichern.
Wie können die vier Programme nun verbunden werden? Zum Beispiel über Textdateien (alle Zeichen als Text im ASCII-Code dargestellt) als gemeinsamer Schnittstelle. Die Steuerung kann über ein übergeordnetes Menüprogramm erfolgen, das die einzelnen Programme aufruft und den Datenaustausch überwacht.

1.3.8.4 Teillösung und Gesamtlösung im Betrieb

Wird ein Personalcomputer im kleineren Betrieb als Allzweck-System eingesetzt, dann sicher mit dem (Fern-)Ziel, sämtliche betrieblichen Funktionen wie Materialwirtschaft, Betriebsabrechnung, Finanzbuchhaltung, Personalwesen sowie Auftragsbearbeitung über ein Software-Paket zu bearbeiten: man spricht dabei von 'integrierter DV' (vgl. Abschnitt 1.3.5.5). Auf dem weiten Weg zu einer solchen Gesamtlösung wird man zunächst als Teillösung einzelne Funktionen auf die DV übernehmen: So die Fakturierung der Ausgangsrechnungen mit Kunden-, Artikelstamm- und Offene-Posten-Datei, die später in die Auftragsbearbeitung integriert werden kann. Oder als weitere Teillösung das Personalwesen mit Lohn- und Gehaltsabrechnung mit der späteren Anbindung zur Finanzbuchhaltung mit Kreditoren-, Debitoren- und Sachbuchhaltung.

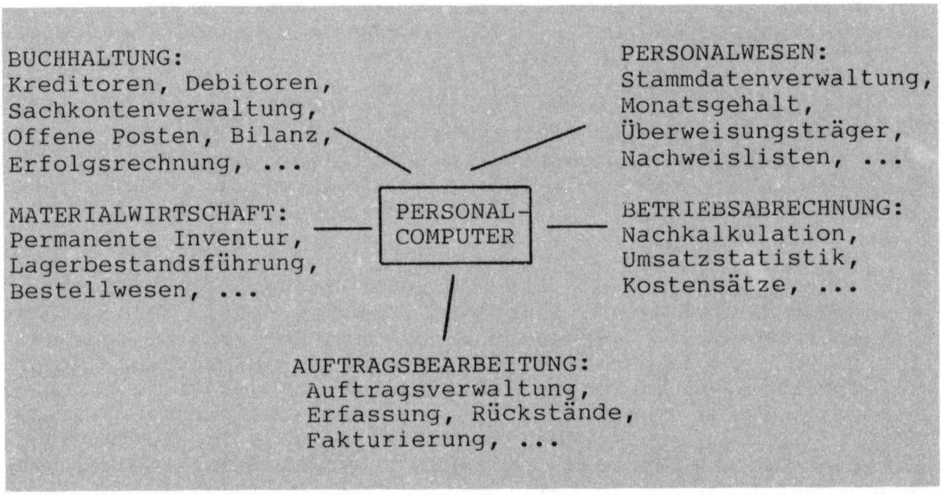

Integrierte Datenverarbeitung als Ziel

Anwender-Software, die eine integrierte Bearbeitung aller innerbetrieblichen Vorgänge ermöglichen soll, wird immer häufiger als Branchenlösung angeboten. Diese ist auf eine bestimmte Branche gerichtet. Beispiele: Handwerksbetrieb, Rechtsanwaltskanzlei, Immobilienfirma, Großhandel, Versicherung, Zahnarztpraxis, Einzelhandel, Leasing oder Vertreter.

1.3.8.5 Nicht nur am Rande: Spielprogramme

"Immerhin noch besser als das nur passive Fernsehen" - so wird das Vordringen der 'Arcade-Games' genannten, computergesteuerten Spiele von der Spielhalle ins Wohnzimmer sehr häufig kommentiert.
Gespielt wird mit reinen Spielautomaten ('rein', weil sie ausschließlich zum Spielen da sind; 'Automat', da sie nicht frei

programmierbar sind und deswegen strenggenommen auch nicht als Computer bezeichnet werden dürfen) oder mit Personalcomputern, die auch hardwaremäßig durch Steuerknüppel (Joystick), Auslösetaste, Lichtgriffel usw. entsprechend ausgestattet sind. Gerätehersteller und spezialisierte Softwareproduzenten teilen sich den Markt. Angeboten werden die Spielprogramme dabei auf Einsteckmodul (Firmware) und auf Kassette wie Diskette (Software). Die vom Hersteller programmierten ROM-Moduln sind sehr einfach zu bedienen (Modul in den Schacht stecken und Programm starten) und vom Benutzer nicht zu kopieren. Da immer häufiger kommerziell genutzte Personalcomputer zum Spielen benutzt werden, wird das Spielangebot auf Kassette und Diskette bestimmt nicht abnehmen.

Gemeinsam mit und gegen den Computer kann auf unterschiedliche Weise gespielt werden:
- Geschicklichkeitsspiele:
  Übernahme altbekannter Spiele auf den Computer.
- Neue Spielarten:
  Spiele wie Pac Man und Pillenfresser sind erst durch den Computer möglich geworden (Bewegung, hochauflösende Grafik).
- Abenteuerspiele:
  Von der Wirklichkeit in die Phantasiewelt am Bildschirm.
- Simulations- und Rollenspiele:
  Modellbildung der Wirklichkeit; Planspieltechnik.
- Spezielle Kinderspiele:
  ... auch Mickey Mouse und Sesamstrasse.
- Schachspielprogramme:
  Schon weniger als 'Spielzeug' abzutun.
- Lehr- und Lernspiele:
  Fremdsprachen erlernen, naturwissenschaftliche Experimente, Computer-Unterstützter Unterricht (CUU), ...

Bleiben die Unterhaltungsspiele, die weder die Kreativität anregen noch das Denkvermögen fordern, weiter d i e Verkaufsschlager?
Werden in Zukunft auch die Lehr/Lernspiele nachgefragt?
Wird der Computer als "perfekter Gespiele" den Menschen als "menschlich nicht-perfekten Spielpartner" noch mehr verdrängen können?
In jedem Falle positiv: ganz im Gegensatz zum Konsumieren ist das Entwerfen und Programmieren neuer Spielprogramme ein sehr anregendes und kreatives Unterfangen.

1.4 Firmware = halb Hardware + halb Software

Als F i r m w a r e (feste Ware) hatten wir alle Information bezeichnet, die an der Nahtstelle zwischen Hardware und Software in computerverständlicher Form gespeichert vorliegt (vgl. Abschnitt 1.1.1). Speichermedium für Firmware ist der ROM als Festwert-Speicher. Für den ROM-Hersteller, der Information in den ROM speichert, handelt es sich dabei um Software; für den Benutzer dagegen, der den ROM z.B. als Steck-Modul kauft, sind die Daten und Programme wie Hardware, da er sie nur anwenden (=lesen), nicht aber verändern (=beschreiben) kann.

1.4.1 IC als Integrierter Schaltkreis

Beim Öffnen des Gehäuses eines Personalcomputers entdeckt man in jedem Fall vier Teile:

- Ein Netzteil bzw. Transformator als großes Teil zur Stromversorgung.
- Platinen als Leiterplatten, auf denen Schaltkreise (Chips) montiert sind.
- Verbindungsleitungen
- Stecker als Schnittstellen zum Kontakt mit der 'Außenwelt'

Wichtig sind die Chips. Ein C h i p ist ein kleines Plättchen aus Silizium, auf das im Zuge der Herstellung bestimmte Schaltelemente zu einer untrennbaren Einheit eingeschmolzen bzw. integriert werden. Deshalb bezeichnet man den Chip auch als I n t e g r i e r t e n S c h a l t k r e i s mit der Abkürzung IC für 'Integrated Circuit'. Genaugenommen schmelzt man auf einen Chip mehrere Schichten aus jeweils verschiedenen Stoffen ein, deren Strukturen dann ein Verhalten ergeben, das einem Transistor, Kondensator, Widerstand usw. entspricht.

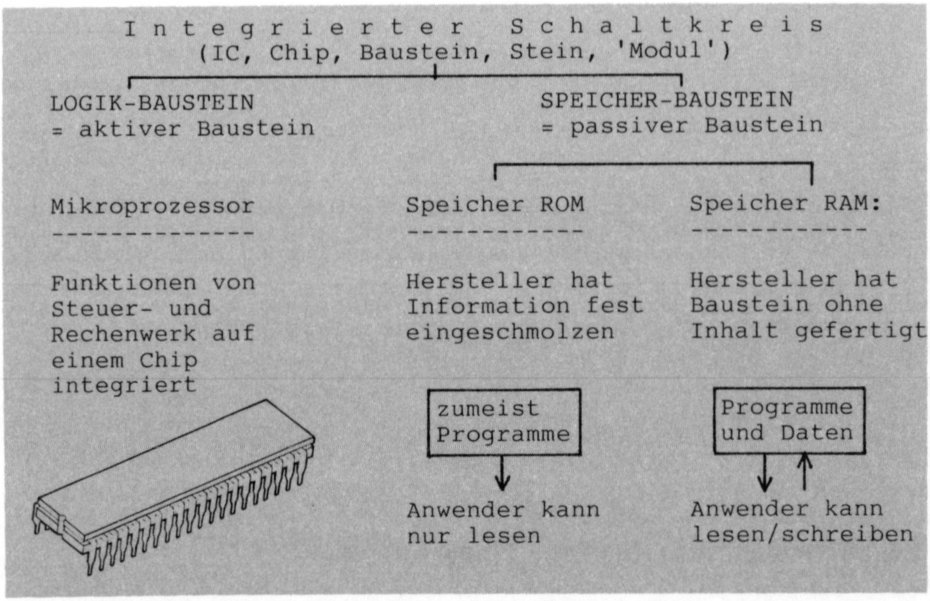

Zwei grundsätzliche Verwendungsmöglickeiten von ICs

Das Siliziumplättchen als Trägerkristall ist stets in ein Gehäuse mit z.B. 16 Füßen (Pins) als Anschlüsse eingebaut.
Je nach Anordnung der Bauelemente kann man einen Chip als Lo-

gikbaustein oder als Speicherbaustein verwenden:
Wird ein Chip als aktiver Baustein zur Ausführung von Befehlen verwendet, dann nennt man den Chip L o g i k b a u s t e i n (weil nach einer bestimmten Ablauflogik vorgegangen wird) oder kurz M i k r o p r o z e s s o r . Der erste Mikroprozessor wurde 1970 auf den Markt gebracht.
Der Chip als S p e i c h e r b a u s t e i n zur Speicherung von Daten und Programmen wurde erst später entwickelt. Zwei Speicherarten unterscheidet man: Bei dem mehrfach erwähnten Speicher ROM (Read Only Memory) als Nur-Lese-Speicher kann der Benutzer nur lesen, da die Programme als Firmware fest im ROM gespeichert sind. Im Gegensatz dazu ist der Speicher RAM (Random-Access-Memory) ein Schreib-Lese-Speicher, d.h. ein Direkt-Zugriff-Speicher. Hauptspeicher von Personalcomputern sind als RAM-Speicher ausgebildet und nehmen das Anwenderprogramm sowie die zu verarbeitenden Daten auf.

1.4.2 Prinzipieller Aufbau eines Mikrocomputers

Ein Mikro- bzw. Personalcomputer ist im Prinzip genauso aufgebaut wie jeder andere Computer (vgl. Abschnitt 1.2.2.1), nur sind die Internspeicher als Speicher RAM bzw. ROM ausgebildet und die CPU als Mikroprozessor (der Prozessor besteht aus der ALU (Arithmetic Logic Unit bzw. Rechenwerk), dem Leitwerk und Registern als Speichereinheiten). Ein I/O - Baustein regelt den Datenaustausch mit den jeweiligen Ein-/Ausgabegeräten, ein Datenbus die Übertragung von Daten (Ziffern, Buchstaben ben und Befehlen) und ein Adreßbus die Übertragung von Speicherplatzadressen.
Der Mikrocomputer hat Interne Speicher RAM und ROM (als Hauptspeicher, Arbeitsspeicher, Memory oder Kurzzeitgedächtnis bezeichnet) einerseits und Externe Speicher wie z.B. eine Disketteneinheit andererseits. Deshalb unterscheidet man zwischen dem internen und dem externen Datenbus: Über den internen Datenbus werden Daten zwischen der ALU, dem Leitwerk, den Registern und den Speichern RAM und ROM transportiert, während der externe Datenbus die Datenübertragung zu den Externspeichern übernimmt, also zu einer Diskette oder einer Hard Disk. Entsprechend gibt es auch einen internen und einen externen Adreßbus.

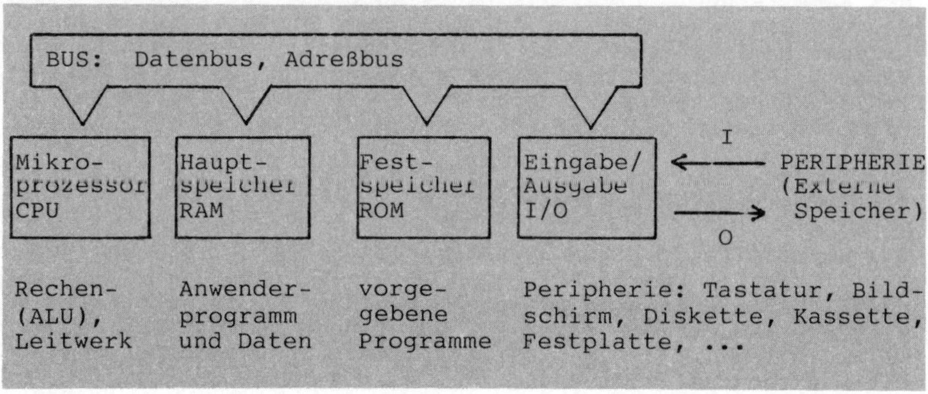

Aufbaumodell eines Mikro- bzw. Personalcomputers

Wie läuft nun ein Programm ab? Nach dem Start schickt der Mikroprozessor über den Adreßbus die Adresse des 1. Programmbefehls an den Speicher, in dem sich das Programm befindet. Dann transportiert der Speicher den unter dieser Adresse gefundenen Befehl über den Datenbus an den Mikroprozessor. Nach Ausführung des Befehls schickt dieser wiederum die Adresse des 2. Programmbefehls an den Speicher usw.

1.4.3 Typen von Mikrocomputern

Es gibt Mikroprozesoren mit 8-, 16- und 32-Bit-Struktur. Da der Mikroprozessor als "Herz des Computers" die Computereigenschaften entscheidend prägt, unterscheidet man auch für Mikrocomputer diese drei Typen.

1.4.3.1 8-Bit-Mikrocomputer

"Das ist ein 8 - B i t - C o m p u t e r ". Damit ist ein Computer mit einem 8-Bit-Mikroprozessor bzw. einer 8-Bit-CPU gemeint. Die 8 Bit als Wortbreite des Prozessors kann als elementarer Denkinhalt des Computers aufgefaßt werden. Warum? Der Datenbus transportiert Daten und Befehle und besteht aus 8 parallelen Leitungen. Übertragen wird zeichenweise: der Buchstabe "K" wird im ASCII-Code als 01001011 (1. Leitung 1, 2. Leitung 1, 3. Leitung 0, ...) durch den Datenbus gesendet. Mit den 8 Bits bzw. den 8 Leitungen des 8-Bit-Datenbus können also genau 256 (gleich 2 hoch 8) Zeichen vom Computer unterschieden werden. Für die Verarbeitung im ASCII-Code ist diese Zahl von 256 gerade passend. Es genügt, 256 verschiedene Zeichen unterscheiden zu können.

Beim Adreßbus sieht dies anders aus: Durch diesen Bus gelangen nicht die Daten selbst, sondern deren Hausnummern bzw. Adressen, unter denen sie im Speicher abgelegt sind (jeder Speicher ist fortlaufend durchnumeriert mit Speicherplatz 1, Speicherplatz 2, Speicherplatz 3, ...). Damit bestimmt die Anzahl der Adreßbus-Leitungen die Anzahl der Speicherplätze, die der Computer unterscheiden bzw. adressieren kann. Ein 8-Bit-Adreßbus kann nur 256 Speicherplätze direkt adressieren. Da dies viel zu wenig ist, verwenden die gängigen 8-Bit-Mikroprozessoren in der Regel einen Trick: Sie bauen Adressen aus zwei Bytes auf, die nacheinander über den Adreßbus zum Hauptspeicher geschickt werden. Damit können diese 8-Bit-Computer dann genau 65536 (2 hoch 16) Zeichen bzw. Bytes anwählen und auch adressieren (65536 Bytes = 64 mal 2 hoch 10 = 64 KBytes = kurz 64 K). Dies gilt für die beiden weitverbreiteten 8-Bit-CPUs Z80 und 6502.

1.4.3.2 16-Bit-Mikrocomputer

Die Wortbreite des externen Datenbus bestimmt, ob man einen 8-Bit-Computer oder aber einen 16-Bit-Computer vor sich hat, nicht aber die interne Länge von Registern, die Wortbreite des Rechenwerks oder die Befehlslänge. Danach verfügt ein 'echter' 16 - B i t - C o m p u t e r über einen internen wie auch einen externen 16-Bit-Bus.

Wenn Personalcomputer wie Sirius 1 oder IBM-PC häufig als 16-Bit-Computer bezeichnet werden, dann muß man sich darüber im klaren sein, daß die dabei verwendete CPU 8088 zwar 16-Bit-Register und Operationen zur Verarbeitung von 16-Bit-Worten aufweist, also einen internen 16-Bit-Bus hat, aber nur einen externen 8-Bit-Bus. Dies bedeutet, daß die 16 Bits der Register zum Ausgeben wie zum Laden durch den Datenbus stets halbiert bzw. zusammengefügt werden müssen.
Geräte mit externem 8-Bit-Bus und internem 16-Bit-Bus bezeichnen wir als 8/16 - B i t - C o m p u t e r. Aufgrund ihrer Stellung zwischen der echten 8-Bit-Struktur und der echten 16-Bit-Struktur bezeichnet man sie häufig als 'Zwitter'.

Warum kann ein 16-Bit-Computer nun schneller arbeiten als ein 8-Bit-Computer?
Der Bus eines 8-Bit-Computers hat 8 parallele Leitungen. Damit können die (2 hoch 8 gleich) 256 Zahlenwerte 0,1,2,...,255 in e i n e m Schritt bzw. Zeittakt übermittelt werden. Will man größere Zahlen übertragen, müssen diese aufgeteilt und in zwei oder mehreren Schritten transportiert werden. Dieses Aufteilen kostet natürlich Zeit.
Dies erübrigt sich beim 16-Bit-Computer, wenn die Zahlenwerte 0,1,2,...,65535 übermittelt werden sollen. Der 16-Bit-Bus mit 16 Leitungen erlaubt (2 hoch 16 gleich) 65536 Kombinationen bzw. Zahlenwerte, die in e i n e m Schritt übermittelt werden.
Der Unterschied zwischen 8-Bit-Computern und 16-Bit-Computern ist also viel größer als es der Zahlenvergleich "8 zu 16 Bit" nahelegt: die Hochrechnungen und damit verbunden der Zahlenvergleich "256 zu 65536 Kombinationen" zeigen den wahren Unterschied zwischen diesen Computertypen.

1.4.3.3 32-Bit-Mikrocomputer

Das Leistungsvermögen eines Computers hängt im wesentlichen von zwei Größen ab: von der Anzahl der Bits (Wortbreite) und von der Schnelligkeit. 32-Bit-Computer weisen bei beiden Größen günstige Werte auf. Zunächst zur Bitanzahl:
Bei den echten 32-Bit-Computern sind 32 parallele Leitungen im Bus zusammengefaßt. Damit vergroßert sich ihr Adreßraum theoretisch auf vier Milliarden Zeichen (vier Gigabytes). Außerdem können Computer mit 32-Bit-Struktur binäre Zahlen anstatt auf acht Stellen (beim 8-Bit-Mikro) auf 32 Binärstellen genau bearbeiten. Der Befehlsvorrat nimmt ebenfalls zu: die 8-Bit-CPU des 6502 versteht 56 Befehle gegenüber den 134 Befehlen des 16-Bit-Prozessors 8086 und den 230 Befehlen des 32-Bit-Computers HP Focus von Hewlett-Packard.

Die Schnelligkeit eines Computers gibt man in "Millionen Instruktionen je Sekunde" (Mips) an. Sie hängt von der Taktfrequenz und von den Abmessungen des Prozessor-Chips ab (je kleiner die Abstände der Leiterbahnen auf der Prozessor-Platine, desto höhere Taktfrequenzen und damit Instruktionen je Sekunde sind möglich). Die 32-Bit-CPU 32032 soll 1,1 Mips ermöglichen.

1.4.4 Generationen von Mikroprozessoren

Die bislang angeführten Mikroprozessor-Kürzel Z80, 6502 sowie 8088 können leicht in eine etwas übersichtlichere Ordnung gebracht werden, da es im Grunde nur zwei "Familien" von 8-Bit-Prozessoren gibt: die 80-Familie und die 65xx- bzw. 68xx-Familie. 1970 erfand Dr. Ted Hoff bei Intel mit dem 4004 den 4-Bit Mikroprozessor, 1973 folgte der 8080 als 8-Bit-CPU. Seit 1976 gelten der Z80 von Zilog und der 6502 von Motorola als hauptsächliche Vertreter der nach ihnen benannten Familien. Bereits 1979 war der 6502 der weltweit meistverkaufte Mikroprozessor. Sein Nachfolger 68000 weist als 16-Bit-Mikroprozessor bereits einen 16-Bit-Datenbus bei intern 32-Bit-breiten Registern auf, er zählt also zu den 'Zwittern' mit 16/32-Struktur.

Prozessor:	Bits:	Adressen:	Befehle:	Hersteller:	Seit:
Z80	8	256 B	158	Zilog	1976
6502	8	256 B	56	MOS-Tech.	1977
Z800	8/16	16 MB	183	Zilog	1983
8088	8/16	64 KB	134	Intel	1979
iAPX 188	8/16	1 MB	95	Intel	1982
8086	16	1 MB	134	Intel	1978
Z8000	16	64 KB	110	Zilog	1981
iAPX 286	16	16 MB	111	Intel	1982
iAPX 186	16	1 MB	95	Intel	1982
MC 68000	16/32	16 KB	56	Motorola	1979
NS 16032	16/32	16 MB	86	Nat.Semi.	1982
MC 68010	16/32	16 MB	58	Motorola	1982
HP Focus	32	500 MB	230	Hewlett-P.	1981
NS 32032	32	16 MB	190	Nat.Semi.	1983
iAPX 386	32	32 MB	111	Intel	1984
MC 68020	32	256 MB	200	Motorola	1984

8/16 = externer 8-Bit-Bus und interner 16-Bit-Bus (Zwitter)
16 = externer wie interner 16-Bit-Bus (echte 16 Bit-Struktur)

Einige weitverbreitete Mikroprozessoren

Es gibt Personalcomputer, die zwei Mikroprozessoren aufweisen, um sowohl auf 8-Bit-Software als auch auf 16-Bit-Software zugreifen zu können. Ein Beispiel: ein Z80 als 8-Bit-CPU führt Programme für das Betriebssystem CP/M-80 aus und ein 8088 als 16-Bit-CPU verarbeitet Programme unter CP/M-86.

1.4.5 Mikrocomputer und ihre Mikroprozessoren

Im Jahr 1984 verteilen sich die auf dem Markt verwendeten Prozessoren wie folgt:
60 Prozent 8-Bit-Prozessoren, 20 Prozent 16-Bit-Prozessoren, ein Prozent 32-Bit-Prozessoren und ungefähr je 10 Prozent als Zwitter mit 8/16-Bit-Prozessoren bzw. 16/32-Bit-Prozessoren.

Bit-Struktur:	Prozessor:	Mikrocomputer z.B.:
8	6502	Apple IIe, CBM 8032
8/16	8088	IBM-PC/XT, IBM PCjr, Sirius 1,
16	8086	Sirius Vicki, ITT 3030, Duet16
16	Z8000-8001	Olivetti M20, Zilog 8000
16/32	MC68000	Apple Lisa, Fortune 32:16
16/32	NS 16032	Nat.Semi.DB16000, ACORN-BBC
32	HP Focus	Hewlett Packard 9000

Einige Mikrocomputer und ihre Prozesoren

1984 besteht eine 32-Bit-Softwarelücke. Entscheidend ist, daß 32-Bit-Software abwärts-kompatibel gestaltet wird, um auch auf Computern mit externem 16-Bit-Bus oder 8-Bit-Bus eingesetzt werden zu können.

1.4.6 EPROM als löschbarer Speicher

Benutzer von Mikrocomputern werden zuweilen in 'Löter' und in 'Tipper' eingeteilt: Bauen sich die 'Löter' ihr DV-System aus elektronischen Bausteinen hardwaremäßig individuell zusammen, so erwerben sich die 'Tipper' einen Computer, um diesen selbst zu programmieren (Programm-Tipper) oder gekaufte Software auf die eigenen Daten anzuwenden (Daten-Tipper). Die zwei folgenden Entwicklungen verwischen diese Einteilung in 'Löter' sowie in 'Tipper' immer mehr:

Zum einen werden EPROMs als löschbare Speicher immer einfacher in der Handhabung, wodurch es auch für die 'Tipper' leichter wird, die bislang dem 'Löter' vorbehaltene Arbeiten durchzuführen.
Ein EPROM (Erasable Programmable Read-Only-Memory) als löschbarer und sodann wieder programmierbarer Festwertspeicher ROM ist zwischen den RAM und den ROM einzuordnen. Legt man ihn unter UV-Licht und bestrahlt den unter einem kleinen Fenster angebrachten IC, so wird die gespeicherte Information gelöscht. Aus diesem Grunde muß ein EPROM stets mit einem undurchsichtigen Fensteraufkleber versehen sein. Umgekehrt können über ein Programmiergerät neue Daten und Programme in den EPROM gespeichert werden. Da EPROMs direkt bus-kompatibel sind, d.h. die Ausgänge sich direkt an den Datenbus legen lassen, ist dieses Vorhaben nicht nur für die 'Löter' interessant. Auch der 'Tipper' kann so seine eigenen Programmentwicklungen leicht in einen Festwertspeicher laden.

Zum anderen können kommerzielle Programme ebenfalls über ein EPROM kopiert werden. Ein Beispiel: Der 'Tipper' geht mit seiner Romox-EPROM-Kartusche in einen Software-Laden, sucht ein Programm aus, läßt sich eine Kopie dieses Programms über ein im Software-Laden befindliches Gerät in seine EPROM-Kartusche laden (Gebühr 5-10 DM), geht nach Hause, steckt die Kartusche in seinen Computer und läßt das Programm laufen. Später kann er bei Bedarf dann immer wieder ein anderes Programm in den EPROM hineinkopieren.

2

Einstieg in die BASIC-Programmmierung des Commodore 64

Auf dem Commodore 64 laufen zahlreiche Programmiersprachen wie z.B. Assembler, BASIC, Pascal und LOGO.
In diesem Buch wenden wir uns ausschließlich der Programmiersprache BASIC zu.

BASIC stellt keine einheitlich vereinbarte bzw. normierte Programmiersprache dar, sondern ist in zahlreichen Versionen verbreitet.
Die für den Commodore 64 grundlegenden BASIC-Versionen tragen die Bezeichnungen:

- BASIC 2.0 (exakte Bezeichnung "Commodore 64 BASIC V2")
- BASIC 4.0 (BASIC der Commodore-Serien 4000 und 8000)
- SIMON's BASIC (Zusatzsprache speziell für den Commodore 64)

Zu BASIC 2.0:
Die Standardsprache des Commodore 64 ist das BASIC 2.0, das in einem Festwertspeicher ROM untergebracht ist und deshalb auch als ROM-BASIC bezeichnet wird.
Unmittelbar nach dem Einschalten des Commodore 64 steht uns dieses ROM-BASIC zur Verfügung.

Zu BASIC 4.0:
Bei dieser Programmiersprache handelt es sich um die Sprache, die auf den 'größeren Brüdern' des Commodore 64 standardmäßig verfügbar ist: insbesondere auf Commodore-Mikrocomputern der Serien 4000 und 8000.
Der wichtigste Unterschied zum BASIC 2.0 besteht darin, daß in BASIC 4.0 der Zugriff auf Disketten-Dateien sehr komfortabel unterstützt wird.
BASIC 4.0 ist auch für den Commodore 64 als Zusatz verfügbar - zumeist softwaremäßig, also nicht als ROM-BASIC, sondern als Disketten-BASIC. Das bedeutet, daß BASIC 4.0 nicht sofort nach dem Einschalten des Commodore 64 da ist, sondern erst von einer Systemdiskette in den RAM bzw. Arbeitsspeicher geladen werden muß.

Zu SIMON's BASIC:
Diese Sprache wurde eigens für den Commodore 64 geschaffen, um dessen speizielle Fähigkeiten wie die Grafik- und Musikverarbeitung einfacher nutzen zu können.
SIMON's BASIC wird überwiegend als Disketten-BASIC verwendet und ist deshalb zu Beginn der Arbeit in den RAM zu laden.

Zur Kompatibilität der drei Sprachen:
BASIC 2.0 ist aufwärts-kompatibel zu BASIC 4.0 sowie auch zu SINOM's BASIC. Das bedeutet, daß ein mit BASIC 2.0 erstelltes Programm auch unter BASIC 4.0 und unter SIMON's BASIC läuft, d.h. von diesen Sprachinterpretern 'verstanden' wird.

Zur Bezeichnunq der drei BASIC-Versionen in diesem Buch:
Mit BASIC (ohne Zusatz) bzw. mit Commodore-BASIC ist der Befehlsvorrat von BASIC 2.0 als Standardsprache des Commodore 64 gemeint.
Oder anders ausgedrückt: Mit BASIC werden die Sprachmittel bezeichnet, die -wegen der Aufwärts-Kompatibilität- unter allen drei BASIC-Versionen ausführbar sind.
Programme, die auf e i n e bestimmte Sprache angewiesen sind (z.B. Musikprogramme), werden entsprechend mit SIMON's BASIC bzw. mit BASIC 4.0 gekennzeichnet.

Das vorliegende Kapitel 2 ist in die Abschnitte 2.1 bis 2.5 untergliedert.
Wir wollen uns zunächst mit der Tastatur und dem Bildschirm des Commodore 64 vertraut machen. Über die Tastatureingabe können wir dem Personalcomputer (kurz: PC) etwas mitteilen, worauf der PC über die Bildschirmausgabe antwortet. Auf diese Weise wird ein d i r e k t e r D i a l o g zwischen uns und dem PC möglich. In Abschnitt 2.1 wenden wir uns diesem Dialog zu.
In Abschnitt 2.2 erstellen wir das e r s t e P r o g r a m m auf dem Commodore 64 . Als Programmierspache werden wir BASIC verwenden, genauer: BASIC 2.0 als das "COMMODORE 64 BASIC V2". Unser Programm speichern wir auf Diskette ab.
In Abschnitt 2.3 beschreiben wir die Anweisungen und Daten der Sprache BASIC 2.0 . In den Abschnitten 2.4 und 2.5 wenden wir uns den Sprachversionen BASIC 4.0 und SIMON's BASIC zu.

2.1 Direkter Dialog über Tastatur und Bildschirm

Nach dem Einschalten des Commodore 64 und des Bildschirmes (Fernsehgerät oder Monitor) erscheint am Bildschirm diese Meldung:

```
    **** COMMOCORE 64 BASIC V2 ****
 64K RAM SYSTEM  38911 BASIC BYTES FREE
 READY.
 C
```

Im Hauptspeicher RAM (Random Access Memory für Direktzugriff-Speicher) mit insgesamt ca. 64000 Zeichen (K für Kilo = 1000) Speicherplatz stehen uns genau 38911 Zeichen Speicherplatz zur Verfügung (für jedes Zeichen ein Byte wie z.B. Byte "01001101" für das Zeichen "M"). Wir können also Daten und Programme bis zu einer Größe von 38911 Zeichen im Hauptspeicher ablegen. Mit dem READY. als dem Bereitschaftszeichen (Prompt-Zeichen) des Commodore 64 wird uns gemeldet, daß der PC für weitere Eingaben bereit ist (ready für bereit). Unter dem READY. blinkt der C u r s o r (oben mit "C" abgekürzt): an der Stelle des Cursors erscheint das Zeichen, das wir als nächstes eintippen.

2.1.1 Rechnen im direkten Dialog

Wir wollen den Commodore 64 wie ein Tischrechner benutzen und 100+3 ausrechnen lassen. Dazu tippen wir ein:

```
 PRINT 100+3  /RET/
```

Nach dem Tippen von 100+3 drücken wir die RETURN-Taste. Die Schreibweise /RET/ steht also für "RETURN-Taste einmal kurz drücken". Der Commodore 64 antwortet mit dem Ergebnis 103 und meldet wiederum mit READY. , daß er für weitere Tastatureingaben bereit ist. Am Bildschirm steht nun der folgende Dialog:

```
 PRINT 100+3  /RET/      (=Eingabe von uns)
 103                     (=Ausgabe des Computers)
 READY.                  (=Ausgabe: Bereitschaftszeichen)
 C                       (=Ausgabe: C für 'Cursor blinkt')
```

Die PRINT-Anweisung dient hier der Ausgabe von Rechenergebnissen (print für ausdrucken, ausgeben).

Probieren wir einige Rechenoperationen aus:

```
PRINT 100.5*-3  /RET/    (=Eingabe: 100.5 mal -3)
-301.5                   (=Ausgabe einer negativen Zahl)
READY.
PRINT 100/3              (=Eingabe: 100 dividiert durch 3)
33.3333333               (=Ausgabe mit 7 Dezimalstellen)
READY.
PRINT 4↑3                (=Eingabe: 4 hoch 3)
64                       (=Ausgabe: 4 mal 4 mal 4)
READY.
PRINT 300+3*4            (=Eingabe: 300 plus (3 mal 4))
312                      (=Ausgabe: Punkt- vor Strich)
READY.
PRINT (300+3)*4          (=Eingabe: 303 mal 4)
1212                     (=Ausgabe: Klammern zuerst)
READY.
```

Zahlen werden auf 7 Dezimalstellen genau ausgegeben, also z.B. als 33.3333333. Bei Dezimalzahlen wie z.B. bei 100.5 steht der Dezimalpunkt, nicht aber das Komma. Geben wir mehrere Rechenzeichen in einer Zeile ein, dann werden die Rechenoperationen + (plus), - (minus), * (mal), / (geteilt), ↑ (hoch) sowie ( ) (Setzen von Klammern) in der in der Mathematik üblichen Rangfolge ausgeführt. * mit / sowie + mit - sind gleichrangig.

( )	Klammer	↑ Die weiter obenstehende Rechenoperation wird vor der untenstehenden ausgeführt.
-	Negative Zahl (Vorzeichen)	
↑	Potenzieren (Hochzeichen)	
* /	Multiplizieren, Dividieren	
+ -	Addieren, Subtrahieren	

Rangfolge bei der Ausführung von Rechenoperationen

Zahlen bis zu 9 Stellen gibt unser PC in der normalen Darstellung aus. Große Zahlen über 10 Stellen und sehr kleine Zahlen werden in der Exponentialdarstellung ausgegeben. Hierzu drei Beispiele:

```
PRINT 300000000  /RET/   (=Eingabe: Zahl mit 9 Stellen)
300000000                (=Ausgabe unverändert)
READY.
PRINT 3000000000  /RET/  (=Eingabe: Zahl mit 10 Stellen)
3E+09                    (=Ausgabe: 3 mal 10 hoch 9)
READY
PRINT 0.0000000003 /RET/(=Eingabe einer kleinen Zahl)
3E-10                    (=Ausgabe: 3 mal 10 hoch -10)
READY.
```

Das "E" steht für Exponent bzw. Hochzahl (3E+09 gleich "3 mal 10 hoch 9" gleich "eine 3 gefolgt von 9 Nullen"; 3E 10 glcich "3 mal 10 hoch -10" gleich "3 mal 1 dividiert durch 3 hoch 10" gleich "3 mal 0.0000000001").

Das Anweisungswort PRINT läßt sich durch das Fragezeichen abkürzen. "PRINT 3/6" können wir damit kürzer als "? 3/6" eingeben. Auch der PC kürzt ab: so gibt er die Zahl 0.5 kurz als .5 aus. Ein Tip: Geben wir O (Oh) anstelle von 0 (Null) ein, dann verarbeitet der PC dieses Zeichen (Buchstaben O) getrennt.

```
? 3/6                    (=Eingabe mit ? für PRINT)
.5                       (=Ausgabe: .5 gleich 0.5)
READY.
? 3O                     (=Eingabe: keine Null, sondern O)
3  O                     (=Ausgabe: Zeichen 3 und Zeichen O)
READY.
```

2.1.2 Funktionstasten

Funktionstasten sind für besondere Aufgaben vorgesehen. Wir haben bereits eine Funktionstaste kennengelernt: Mit der Taste /RET/ schließen wir die jeweilige Eingabezeile ab.
Wir wollen nun die Funktionstasten /CLR-HOME/, /CRSR/ und /INST-DEL/ ausprobieren.

Bildschirm löschen mit /CLR-HOME/:
Drücken wir die Taste /CLR-HOME/ rechts oben auf der Tastatur, dann bringen wir den Cursor in die linke obere Ecke des Bildschirms. Drücken wir die Tasten /SHIFT/ und /CLR-HOME/ gleichzeitig (wir stellen dies mit /SHIFT/+/CLR-HOME/ dar), so wird zusätzlich noch der Bildschirm gelöscht, d.h. sauber gemacht.

Cursorsteuerung mit /CRSR/:
Durch Drücken der Tasten

```
/CRSR↓/              Cursor nach unten
/SHIFT/+/CRSR↑/      Cursor nach oben
/CRSR→/              Cursor nach rechts
/SHIFT/+/CRSR←/      Cursor nach links
```

können wir mit dem Cursor jede Stelle auf dem Bildschirm ansteuern. Halten wir die Taste länger gedrückt, dann wiederholt sich das Weiterrücken des Cursors automatisch (Auto-Repeat). Damit können eine auf dem Bildschirm stehende Eingabe wiederholt zur Ausführung bringen oder korrigieren. Wir geben ein:

```
/SHIFT/+/CLR-HOME)       (=Eingabe: Bildschirm sauber)
? 100+3  /RET/           (=Eingabe)
103                      (=Ausgabe)
READY.                   (=Ausgabe)
```

Angenommen, wir haben uns vertippt und wünschen 900 statt 100. Mit /SHIFT/+/CRSR↑/ gehen wir mit dem Cursor hoch bis auf das "?". Dann bewegen wir den Cursor mit /CRSR→/ nach rechts bis auf die "1". Abschließend tippen wir 9 /RET/ ; auf dem Bild-Bildschirm steht nun:

```
? 900+3  /RET/           (=korrigierte Eingabe)
903                      (=Ausgabe)
READY.
```

Die Cursorsteuerung mit /CRSR/ werden wir häufig gebrauchen.

Bildschirm löschen mit /INST-DEL/:
Wir drücken die Taste /INST-DEL/ rechts oben auf der Tastatur: der Bildschirm wird 'von hinten aufgerollt' und Zeichen für Zeichen bzw. Zeile für Zeile gelöscht (DELete heißt löschen). Unser Bildschirm ist leer und der Cursor in der HOME-Position links oben.

Korrigieren des letzten Zeichens mit /INST-DEL/:
Wir tippen 100+3 ein und drücken dann einmal kurz /INST-DEL/:

```
? 100+3  /INST-DEL/
```

Die zuletzt eingetippte 3 wird gelöscht; wir können 4 /RET/ eingeben und erhalten dann 104 als Ergebnis der Korrektur. Auf diese Weise kann man mit /INST-DEL/ auch die letzten 2, 3, 4, ... Zeichen korrigieren.

Löschen eines Zeichens inmitten einer Zeile mit /INST-DEL/:
Wir geben

```
? 1234556789
```

ein. Der Cursor steht hinter der 9 . Wir wollen die versehentlich doppelt getippte 5 löschen. Mit /SHIFT/+/CRSR←/ steuern wir den Cursor nach links auf die zweite 5 , um dann diese 5 durch einmaliges Drücken von /INST-DEL/ zu löschen. Die Zeichen 6789 werden dadurch um eine Stelle nach links verschoben.

Einfügen eines mittleren Zeichens mit /SHIFT/+/INST-DEL/:
Nach dem Eintippen von

```
? 124567890
```

steht der Cursor hinter der 0 . Wir wollen die 3 einfügen. Dazu steuern wir den Cursor mit /SHIFT/+/CRSR←/ nach links auf die 4 . Mit /SHIFT/+/INST-DEL/ schieben wir die Zeichenkette 4567890 um eine Stelle nach rechts, um dann in die so entstandene Lücke 3 /RET/ einzutippen: Am Bildschirm erscheint 1234567890 als Antwort.

2.1.3 Text im direkten Dialog

Bislang haben wir nur Zahlen -bestehend aus Ziffern, ggf. mit Dezimalpunkt und Vorzeichen- eingegeben. Zahlen werden oft als n u m e r i s c h e D a t e n bezeichnet.
Neben den numerischen Daten kann der Commodore 64 auch Daten wie "BASIC-WEGWEISER", "LENA IST HIER." und "RABATT 3%" verarbeiten. Sie heißen T e x t d a t e n . Der PC erkennt Textdaten daran, daß sie stets zwischen Gänsefüßchen " " stehen. Welche Buchstaben, Ziffern und/oder Sonderzeichen zwischen " " stehen, spielt keine Rolle.

```
? "WEGWEISER"                (=Eingabe: Text mit 9 Zeichen)
WEGWEISER                    (=Ausgabe ohne die Gänsefüßchen)
READY.
? "      WEGWEISER"          (=Eingabe: Text mit 15 Zeichen)
      WEGWEISER              (=Ausgabe: zuerst die 6 Blancs)
READY.
?      "WEGWEISER"           (=Eingabe: Text mit 9 Zeichen)
WEGWEISER                    (=Ausgabe: Nur Blancs in " " zählen)
READY.
? "BASIC"+"-WEGWEISER"       (=Eingabe: "+" verknüpft zwei Texte)
BASIC-WEGWEISER              (=Ausgabe: Ein Text mit 15 Zeichen)
READY.
? "3" + "100"                (=Eingabe: "+" verknüpft zwei Texte)
3100                         (=Ausgabe: Text mit 4 Zeichen)
READY.
? "3" / "100"                (=Eingabe: Division / unzulässig)
?TYPE MISMATCH ERROR         (=Ausgabe: Fehlermeldung)
READY.
```

```
? LEFT$("WEGWEISER",3)    (=Eingabe: Links 3 Zeichen nehmen)
WEG                       (=Ausgabe: Text mit 3 Zeichen)
READY.
```

- Leerstellen (Blancs, Space) gelten auch als Zeichen und werden nur berücksichtigt, wenn sie innerhalb der " " stehen.
- "100" ist ein Textdatum, kein numerisches Datum. Den Versuch zur Division mittels "/" weist der Commodore 64 mit der Fehlermeldung 'Falscher Datentyp' ab.
- "+" bei Text verknüpft, "+" bei numerischen Daten addiert.
- LEFT$ ist eine spezielle Anweisung zur Textverarbeitung.

Textdaten werden häufig als Zeichendaten, Zeichenkettendaten oder S t r i n g s bezeichnet.
Der Commodore 64 eignet sich zur Verarbeitung von Textdaten sowie numerischen Daten gleichermaßen; wir können ihn rechnen und auch Briefe schreiben lassen.

Tippen wir /SHIFT/+/CLR-HOME/ ein, dann ist der Bildschirm gelöscht. Schalten wir den PC aus, dann ist auch der Hauptspeicher des Commodore 64 gelöscht. .... alle Arbeit umsonst, da nichts dauerhaft (z.B. auf einer Diskette) gespeichert wurde. Wir können Daten abspeichern (z.B. Kundendaten) oder Programme (z.B. ein Programm zur Benzinpreisermittlung). Im nächsten Abschnitt wollen wir ein solches Programm erstellen und abspeichern.
Sollen D a t e n (z.B. Kundendaten) oder ein P r o g r a m m (z.B. ein Programm zur Ermittlung des Benzinpreises) über eine längere Zeit aufbewahrt werden, wird man sie außerhalb des RAM z.B. auf Kassette, Magnetplatte oder Diskette speichern.
Auf das Abspeichern eines Programmes auf Diskette gehen wir im folgenden Abschnitt ein. Wir werden ein kleines Programm am Commodore 64 eingeben und extern speichern.

2.2 Unser erstes Programm in BASIC 2.0

Als erstes eigenes Programm wollen wir ein Programm mit dem Namen VERBRAUCH1 erstellen, d.h. über Tastatur eintippen und auf Diskette abspeichern.
Das Programm VERBRAUCH1 löst das folgende Problem:

"Benzinverbrauch beim Pkw: Ermittlung des Verbrauchs in Liter/100 km für eine Tankfüllung von 60 Litern".

2.2.1 Schritt 1: Leeren Hauptspeicher bereitstellen

Der Hauptspeicher (Arbeitsspeicher) des Commodore 64 befindet sich unter der Tastatur. In dieses 'Gedächtnis' des PCs können wir -ohne Tricks- immer nur e i n Programm abspeichern bzw. eingeben.
Schalten wir den Commodore 64 ein, so zeigt die Meldung

```
     **** COMMODORE 64 BASIC V2 ****
 64 K RAM SYSTEM  38911 BASIC BYTES FREE
 READY.
```

daß ein leerer Hauptspeicher mit einer Speicherkapazität von 38911 Zeichen bzw. Bytes bereitgestellt ist.

Haben wir dem Commodore 64 eine Arbeit 'befohlen' und befinden sich sich ein Programm oder Daten im Hauptspeicher, müssen wir diese Information aus dem Gedächtnis des PCs löschen. Dies geschieht durch die Anweisung NEW. Der Dialog

```
  NEW  /RET/                 (=Eingabe: Speicherinhalt löschen)
  READY.                     (=Ausgabe: Hauptspeicher gelöscht)
```

stellt uns ebenfalls einen leeren Hauptspeicher bereit. Die Anwendung der Anweisung NEW will wohlüberlegt sein: Daten und Programme, die zuvor nicht auf Diskette oder Kassette gespeichert wurden, werden gelöscht und sind endgültig verloren.

2.2.2 Schritt 2: Programm Zeile für Zeile eintippen

Der Hauptspeicher der Commodore 64 ist jetzt leer.
Wir wollen das in Abschnitt 3.1.1.1 wiedergegene Programm mit dem Namen VERBRAUCH1 eintippen: Zeile für Zeile, wobei am Ende jeder Zeile die RETURN-Taste gedrückt wird (abgekürzt: /RET/).
Wir tippen ein:

```
  10 LET T = 60 /RET/
  20 PRINT "EINGABE: GEFAHRENE KM" /RET/
  30 INPUT K /RET/
```

Dann tippen wir ein:

```
  LIST /RET/
```

Der Commodore 64 LISTet die drei Programmzeilen 10-30 auf, wie er sie im Hauptspeicher abgespeichert hat. Der LIST-Befehl dient uns so zur Kontrolle. Sind die drei Programmanweisungen wie gewünscht abgespeichert? Falls nein: bitte nochmals tippen 10 LET T = ... usw. Falls ja: Wir tippen die anderen vier Programmzeilen 40-70 ein:

```
  40 LET D = 100 * T / K /RET/
  50 PRINT "AUSGABE: LITER/100 KM" /RET/
  60 PRINT D /RET/
  70 END /RET/
```

Wenn wir nun erneut den Befehl

```
  LIST /RET/
```

eintippen, so müsste die komplette Anweisungsfolge Zeile 10-70 am Bildschirm erscheinen und dann wieder das READY.-Zeichen als das Bereitschaftszeichen des Commodore-BASIC.

2.2.3 Schritt 3: Programm mit RUN ausführen lassen

Zur Ausführung des nun im Hauptspeicher RAM befindlichen Programms tippen wir den Befehl

```
  RUN /RET/                      (=Eingabe von uns)
```

ein. Unser Programm wird jetzt ausgeführt, wie es dem Commodore 64 durch die 7 Anweisungen in den Zeilen 10-70 befohlen wird.
Tippen wir z.B. 600 km ein, so zeigt sich uns folgender Dialog (auch Ausführung, Dialogprotokoll oder Programmlauf genannt):

```
  RUN /RET/                      (=Eingabe von uns)
  EINGABE: GEFAHRENE KM          (=Ausgabe des Computers)
  ? 600                          (=Eingabe von uns)
  AUSGABE: LITER/100 KM          (=Ausgabe des Computers)
  10                             (=Ausgabe des Computers)
  READY.                         (=Ausgabe des Computers)
```

Die Gegenüberstellung von Codierung und Ausführung zu unserem Programm zeigt, daß die Zeilennummern 10 - 70, die Anweisungsworte LET (berechne), PRINT (gib aus), INPUT (gib ein) u. END, die Gänsefüßchen und die gesamten LET-Anweisungen beim Ausführungsprotokoll nicht am Bildschirm erscheinen.
Wir können das im RAM gespeicherte Programm jetzt wiederholt mittels RUN /RET/ laufen lassen: mit jeweils anderen Zahlen, aber stets in der gleichen Anweisungsfolge Zeile 10,20,30, ...
Ein Hinweis: Der exakte Programmablauf wird in Abschnitt 3.1.1 erklärt.

Im RAM befinden sich e i n Programm namens VERBRAUCH1 sowie die drei Variablen namens T, K und D. Das Programm stellen wir uns als große Schachtel mit einer Anweisungsfolge als Inhalt bzw. Wert (7 Anweisungen) vor, die Variablen als Schachteln mit Zahlen als Inhalt. Die Abbildung zeigt die drei Speicherzustände, in die wir den RAM nach und nach versetzt haben. Dabei ist festzuhalten: in den RAM können wir jeweils nur e i n Programm speichern, aber m e h r e r e Variablen.

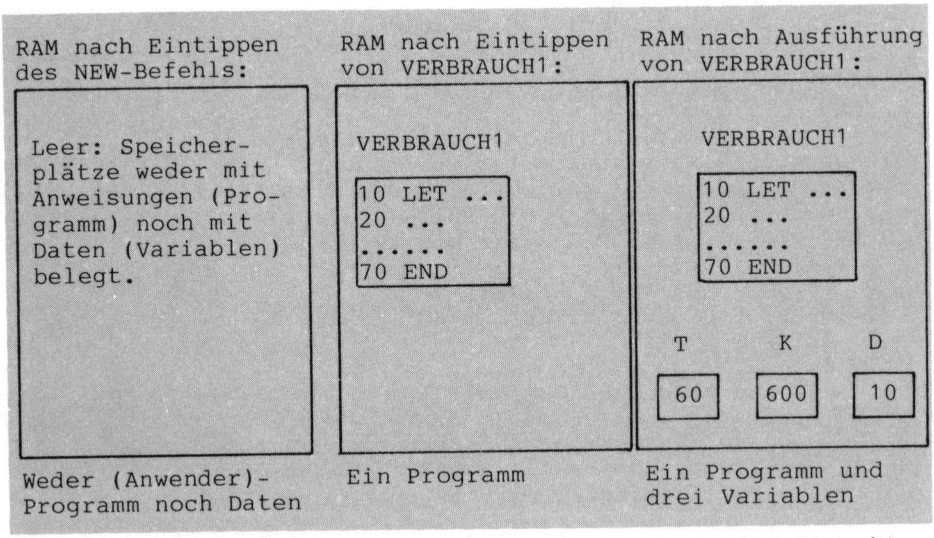

Speicherbelegung des Hauptspeichers (RAM) zu drei Zeitpunkten

Über die PRINT-Anweisung können wir uns die derzeitigen Werte der Variablen im direkten Dialog zeigen lassen:

```
PRINT T /RET/              (=Eingabe von uns)
60                         (=Ausgabe des Computers)
READY.                     (=Ausgabe des Computers)
PRINT K,D  /RET/           (=Eingabe von uns)
600      10                (=Ausgabe des Computers)
READY.                     (=Ausgabe des Computers)
```

In T ist 60 gespeichert und in K bzw. in D genau 600 bzw. 10. Dabei geben wir PRINT ohne vorhergehende Zeilennummern ein, um uns die Variablenwerte direkt PRINTen bzw. ausgeben zu lassen. Da die PRINT-Anweisung nun direkt ausgeführt wird, spricht man von der d i r e k t e n B e t r i e b s a r t oder (wie im vorhergehenden Abschnitt) vom *direkten Dialog*. Geben wir am Zeilenanfang eine Zeilennummer ein, dann wählen wir damit die *indirekte Betriebsart* bzw. den *programmgesteuerten Dialog*. Die Anweisungen hinter den Zeilennummern werden gespeichert und später nach dem Eintippen von RUN gemäß ihrer Numerierung zur Ausführung gebracht.

Betriebsart

DIREKTER DIALOG	PROGRAMMGESTEUERTER DIALOG
(Direktausführung, direkte Betriebsart, Direkt-Modus, Direktanweisung)	(Programmausführung, indirekte Betriebsart, Programm-Modus, Programmanweisung)
Eingabe von Anweisungen direkt. Ausführung <u>sofort</u>.	Eingabe von Anweisungen mit vorangestellten Zeilennummern. Ausführung erst <u>später</u> mittels RUN.
Beispiel: PRINT D	Beispiel: 60 PRINT D

Direkter und programmgesteuerter Dialog

2.2.4 Schritt 4: Programme mit SAVE auf Diskette speichern

Bei Abschalten des Stromes (bitte nicht tun!) wäre unser Programm verloren. Wir speichern deshalb eine Kopie des Programms auf Diskette ab.

Wir schalten das Diskettenlaufwerk (Floppy) "VC1540, VC 1541" ein und legen eine beschriebene Diskette ein. Der Einfachheit halber benutzen wir die der "Floppy 1541" beigefügte Diskette TEST/DEMO, die noch genügend Speicherplatz frei hat (den aufgeklebten Schreibschutz (Silberpapierstreifen) vor dem Einlegen entfernen).
Jetzt geben wir die folgende SAVE-Anweisung zum Speichern des Programms VERBRAUCH ein:

```
SAVE "VERBRAUCH1",8 /RET/      (=Eingabe von uns)
SAVING VERBRAUCH1              (=Ausgabe: es wird gespeichert)
READY.                         (=Ausgabe: Bestätigung)
```

Nach Erlöschen der Hinweis-Lampe am Diskettenlaufwerk ist eine Kopie des im Internspeicher RAM befindlichen Programms unter dem Namen VERBRAUCH1 auf der Diskette als Externspeicher dauerhaft gespeichert. Schalten wir nun den Strom ab, so geht nur das im RAM befindliche Programmoriginal verloren, nicht jedoch die Kopie auf der Diskette (die ja geSAVEd bzw. gerettet ist).

Hinter dem Befehlswort SAVE wird der Programmname (maximal 16 Zeichen lang) und die 8 als Geräteadresse der Floppy angegeben.

Über den folgenden Dialog gibt uns der Commodore 64 ein Inhaltsverzeichnis (Directory) aller gerade auf der eingelegten Diskette gespeicherten Programme aus:

```
LOAD "$",8  /RET/          (=Eingabe: Directory laden)
SEARCHING FOR $            (=Ausgabe: Directory wird gesucht)
READY.                     (=Ausgabe: Directory jetzt im RAM)
LIST  /RET/                (=Eingabe: Directory auflisten)
```

```
0 "1541 TEST/DEMO    " 2X 2A    Inhaltsverzeichnis für:
13    "HOW TO USE"        PRG   - Diskettenlaufwerk 1541
5     "HOW PART TWO"      PRG   - Diskette TEST/DEMO
4     "VIC-20 WEDGE"      PRG   - Mehrere Programme (PRG)
.     ...                 ...
.     weitere Programme   ...
.     ...                 ...
13    "RANDOM FILE"       PRG
1     "VERBRAUCH1"        PRG
557 BLOCKS FREE
READY.
```

Die erste Zeile des Inhaltsverzeichnisses gibt in negativer Schrift (invers) den Namen der Diskette mit TEST/DEMO und ihre Identifikation (ID) mit 2X an.
Nach den Programmen "HOW TO USE", "HOW PART TWO", ... ist das Programm "VERBRAUCH1" jetzt als letztes auf der Diskette gespeichert. Es belegt nur einen Block Speicherplatz (ist also sehr klein). Auf der Diskette sind noch 557 Blöcke zur Speicherung weiterer Programme (PRG) frei.

2.2.5 Schritt 5: Programm mit LOAD von Diskette laden

Zur Zeit befindet sich das Inhaltsverzeichnis bzw. Directory der Diskette im Hauptspeicher RAM des Commodore 64 . Wir wollen nochmals mit dem Programm VERBRAUCH1 arbeiten. Dazu tippen wir die LOAD-Anweisung ein:

```
LOAD "VERBRAUCH1",8  /RET/    (=Eingabe von uns)
SEARCHING FOR VERBRAUCH1      (=Ausgabe des Commodore 64)
READY.
```

Diese Anweisung sucht das Programm VERBRAUCH1 auf der Diskette und lädt eine Kopie davon in den RAM. Das noch im RAM stehende Inhaltsverzeichnis wird durch LOAD dabei überschrieben und somit zerstört.
Genau dieses 'Zerstören' der gerade im Hauptspeicher befindlichen Information ist so 'gefährlich' bei der LOAD-Anweisung. Vor dem Eintippen von LOAD ist also stets zu bedenken, ob die gerade im Hauptspeicher stehende Information (Programm sowie Daten) nicht noch mittels SAVE gerettet bzw. 'geSAVEd' werden muß.
Vergißt man die Geräteadresse 8 der Disketteneinheit, dann ergibt sich dieser Dialog:

```
LOAD "VERBRAUCH1"  /RET/     (=Eingabe von uns: 8 vergessen)
PRESS PLAY ON TAPE           (=Ausgabe des Commodore)
/RUN-STOP/                   (=Eingabe von uns: Stoppen)
? BREAK   ERROR              (=Ausgabe: Fehlermeldung)
READY.                       (=Ausgabe)
```

Beim Fehlen der Gerätenummer nimmt das System automatisch die Gerätenummer 1 des Bandgerätes (Kassette) an. Durch /RUN-STOP/ (Taste links) brechen wir den Ladevorgang von der Kassette ab.

Das Programm VERBRAUCH1 steht uns im RAM wieder zur Verfügung: mit LIST können wir es auflisten und mit RUN laufen lassen.

2.2.6 Schritt 6: Programm geändert auf Diskette speichern

Wir wollen das Programm VERBRAUCH1 durch eine PRINT-Anweisung erweitern und das abgeänderte Programm unter demselben Namen erneut auf Diskette speichern.
Wir geben ein:

```
/SHIFT/+/CLR-HOME/
LIST  /RET/
```

Das Listing von VERBRAUCH1 steht oben am Bildschirm. Nun geben wir die zusätzliche Anweisung

```
15 PRINT "DURCHSCHNITTSVERBRAUCH ERMITTELN"  /RET/
```

ein. Wir testen das Programm mit RUN. Wie die Eingabe von LIST zeigt, wurde die neue Anweisung mit Zeilennummer 15 wie beabsichtigt zwischen die Zeilen 10 und 30 angeordnet.

Durch Eingabe von

```
SAVE "@:VERBRAUCH1",8        (=Eingabe: Klammeraffe für Über-
SAVING @:VERBRAUCH1          (=Ausgabe)              schreiben)
READY.
```

speichern wir das Programm erneut ab. SAVE findet auf Diskette bereits ein Programm namens VERBRAUCH1 vor. Der Klammeraffe @ (Zeichen 'at sign') vor dem Programmnamen sorgt dafür, daß das Programm überschrieben, d.h. die 'alte' Programmversion zerstört und das 'neue' Programm dafür abgespeichert wird.
Ein wichtiger Hinweis: Vergessen wir den Klammeraffen @ , dann meldet sich der PC ebenfalls wieder mit READY. ; das Programm wurde jedoch n i c h t erneut auf Diskette gespeichert.

2.2.7 Eigentlich Schritt 0: Diskette formatieren

Wir sind bislang in diesen sechs Schritten vorgegangen:

Schritt 0: Diskette formatieren
Schritt 1: Leeren Hauptspeicher bereitstellen
Schritt 2: Programm Zeile für Zeile eintippen
Schritt 3: Programm mit RUN ausführen lassen
Schritt 4: Programm mit SAVE auf Diskette speichern
Schritt 5: Programm mit LOAD von Diskette laden.
Schritt 6: Programm geändert auf Diskette speichern

Bei den Schritten 4 bis 6 haben wir mit einer Diskette geargearbeitet: der Einfachheit halber haben wir die zum Commodore mitgelieferte TEST/DEMO-Diskette benutzt. Nun wollen wir eine neue Diskette verwenden.

Das Laufwerk "Commodore VC 1541" arbeitet mit 5.25"-Disketten, auf die es 35 Spuren mit einfacher Schreibdichte schreibt. Es

genügen somit Disketten "ss/sd,35 Tracks" oder "ss/dd, 1D, 40 Tracks, 48 TPI" (ss=single sided, sd=single density, dd=double density).
Solche Disketten können wir kaufen - leer, unbespielt und für PCs unterschiedlicher Fabrikate einsetzbar. Bevor wir auf diese Disketten unsere Programme speichern können, müssen wir sie in eine F o r m bringen (Einteilung der Diskettenoberfläche in 35 Spuren/Tracks mit jeweils 17 bis 21 Sektoren), die genau dem Betriebssystem des Commodore 64 entspricht. Das 'in Form bringen der Diskette' nennt man F o r m a t i e r e n .

Als Diskettenname wählen wir "WEGWEISER C64". Wir schalten das Laufwerk ein und legen eine leere Diskette ein. Dann geben wir im direkten Dialog folgende Befehle ein:

```
  OPEN 1,8,15  /RET/                   (=Eingabe Kanal öffnen)
  READY.                               (=Ausgabe)
  PRINT#1,"NEW:WEGWEISER C64,01" /RET/ (=Eingabe NEW-Befehl)
  READY.                               (=Ausgabe)
  CLOSE 1                              (=Eingabe)
  READY.                               (=Ausgabe)
```

Das Diskettenlaufwerk ist ungefähr 1 1/4 Minuten mit dem Formatieren beschäftigt. Dabei ist 35 mal ein 'Knacken' zu hören, da 35 kreisrunde Spuren geschrieben werden und der Schreib-/Lesekopf 35 mal bewegt wird.
Der NEW-Befehl formatiert eine Diskette namens "WEGWEISER C64" mit der Identifikation (ID) 01.

Systembefehle wie z.B. der NEW-Befehl werden stets mit dem Befehl PRINT# über einen Befehlskanal übermittelt. In unserem Fall spricht PRINT#1 den Kanal 1 an:
Vor dem Formatieren mittels NEW muß stets ein Kanal mit

```
  OPEN 1,8,15  /RET/
```

eröffnet werden, über den sich dann der gesamte Datenverkehr zwischen dem Commodore 64 und der Floppy 1541 abwickelt.
Nach dem Formatieren ist der Kanal wieder mit

```
  CLOSE 1
```

zu schließen (1=logische Dateinummer, wählbar zwischen 1-127; 8=Gerätenummer der Floppy fest; 15=Sekundäradresse für Daten- und Befehlskanal fest). Öffnen wir den Kanal mit OPEN 2,8,15, dann ist er mit CLOSE 2 zu schließen.

Wir lassen uns nun das Inhaltsverzeichnis der neuen Diskette zeigen:

```
  LOAD "$",8  /RET/          (=Eingabe: Directory $ laden)
  SEARCHING FOR $            (=Ausgabe)
  LOADING                    (=Ausgabe: Directory geladen)
  READY.
  LIST  /RET/                (=Eingabe: Directory auflisten)

  0 "WEGWEISER C64    " 01 2A
  664 BLOCKS FREE
  READY.
```

Auf der Diskette WEGWEISER C64 mit der Identifikation 01 ist noch kein Programm gespeichert. Alle 664 Blöcke sind frei.

Wie können wir das Programm VERBRAUCH1 jetzt von der Diskette TEST/DEMO auf unsere Diskette WEGWEISER C64 umspeichern bzw.

kopieren? Wir gehen in vier Schritten wie folgt vor:

1) Diskette TEST/DEMO einlegen.
2) Programm VERBRAUCH1 laden:

```
LOAD "VERBRAUCH1",8  /RET/
SEARCHING FOR VERBRAUCH1
LOADING
READY.
```

3) Diskette WEGWEISER C64 einlegen.
4) Programm VERBRAUCH1 speichern:

```
SAVE "VERBRAUCH1",8  /RET/
SAVING VERBRAUCH1
READY.
```

4) Inhaltsverzeichnis prüfen:

```
LOAD "$",8  /RET/
SEARCHING FOR $
LOADING
READY.
LIST

0 "WEGWEISER C64   " 01 2A
1    "VERBRAUCH1        PRG
663 BLOCKS FREE
READY.
```

Unsere Anwenderdiskette WEGWEISER C64 enthält somit ein Programm.

Ein Hinweis zur Identifikation ID: Wir vergeben für jede neue Diskette eine andere ID (jeweils zweistellig: z.B. 01, 02, 03, 04, ...). Dies hat den Vorteil, daß wir uns bei einem Wechsel der Diskette nicht um die I n i t i a l i s i e r u n g kümmern müssen:

- Initialisieren (Anfang setzen) heißt: Das Verzeichnis der freien und belegten Blöcke BAM (Block Availabiity Map) von Diskette in den Speicher des Laufwerkes einlesen.
- Bei unterschiedlichen IDs der Disketten initialisiert das System automatisch.
  Im obigen Beispiel: Disketten TEST/DEMO und WEGWEISER C64 mit den IDs 2X und 01.
- Bei gleichen IDs müssen wir über den Systembefehl
  `PRINT#1,"INITIALIZE"  /RET/`
  das Initialisieren im direkten Dialog selbst vornehmen.

Bei neueren Versionen des Commodore-DOS muß sich der Benutzer nicht mehr um die Initialisierung kümmern.

2.3 Alle Befehle der Standardsprache BASIC 2.0 an Beispielen

Die folgende Kurzbeschreibung orientiert sich an Beispielen. Die gilt für die Beschreibung der Daten wie der Anweisungen, die die Programmiersprache "Commodore 64 BASIC V2" dem Anwender bereitstellt.
Wir beziehen uns dabei auf die allgemeine Darstellung von Datenstrukturen und Programmstrukturen in Abschnitt 1.3.

"Commodore 64 Basic V2" bzw. BASIC 2.0 ist a u f w ä r t s - k o m p a t i b e l zu BASIC 4.0 und zu SIMON's BASIC.
Das bedeutet: Alle im folgenden an einfachen Beispielen dargestellten Befehle können wir auch unter BASIC 4.0 sowie unter SIMON's BASIC verwenden.

2.3.1 Konstante und variable Daten

2.3.1.1 Konstante

BASIC kennt die Datentypen INTEGER (Ganzzahl), REAL (Dezimalzahl) und STRING (Zeichenkette bzw. Text). Entsprechend gibt es auch drei Typen von K o n s t a n t e n , also drei Typen von Daten, die während des Programmlaufes unverändert bleiben: INTEGER-Konstante, REAL-Konstante und STRING-Konstante.

Datentyp:	Kennzeichen:	Speicherplatz:	Beispiele:
INTEGER	-32767 bis 32767	4 Bytes	321, -10000, -1
REAL	Größer als INTEGER oder E (Exponent) oder Punkt mit max. 7 Stellen	4 Bytes	999182 -111111 3.1E8 = 3.1*10↑8 5543.11 .752 0.00002 -0.097
STRING	Max. 255 Zeichen; zwischen " "	bis 255 Bytes	"DM-BETRAG" "*" "12" "Ergebnis"

Numerische Konstante (INTEGER,REAL) und Textkonstante (STRING)

Zahlen vom Datentyp REAL werden mit 7 Dezimalstellen verarbeitet. Vor der Ausführung von Rechenoperationen werden Zahlen vom Datentyp INTEGER in den Datentyp REAL verwandelt. Oder anders ausgedrückt: INTEGER-Zahlen sind eine Teilmenge der REAL-Zahlen.

2.3.1.2 Variable für einfache Datentypen

Jede Variable hat einen Namen, einen Datentyp und einen Wert, der sich ändern kann und somit variabel ist (Abschnitt 1.3.4). Wie für die Konstanten unterscheidet BASIC auch für die Variablen die drei Typen INTEGER, REAL und STRING.

Datentyp:	Typzeichen:	Beispiele für Variablennamen:			
INTEGER	%	I%	ZINSTEILER%	A33%	SATZNR%
REAL	ohne	DM	SUMME##	A.1 B18554	A33
STRING	$	NAME$	A.1$	BEZEICHNUNG$	FILE$

Numerische Variablen (INTEGER,REAL) und Textvariablen (STRING)

Geben wir keines der beiden Datentypzeichen % und $ am Ende eines Variablennamens an, dann nimmt BASIC automatisch REAL als Datentyp an.
Außer dem Typzeichen können wir unsere Variablennamen beliebig wählen, vorausgesetzt, sie unterscheiden sich in den ersten 2 Zeichen. Dabei muß der Name natürlich mit einem Buchstaben beginnen. Variablennamen können bis zu 255 Zeichen lang sein. Die Namen MEHRWERTSTEUER, ME7715, ME7715$, MELDUNG3, MELDUNG% und MEERESTIEFE werden somit in BASIC als ME, ME, ME$, ME, ME% und ME unterschieden. Viermal taucht der Variablenname ME auf; solche Überschneidungen sind in jedem Fall zu vermeiden. Also beachten: Variablennamen müssen sich in den ersten b e i d e n Zeichen u n d dem Datentypzeichen unterscheiden.

BASIC verfügt über r e s e r v i e r t e Worte wie LIST, FN, GOSUB, TO, ST oder PRINT. In Abschnitt 2.1.3 sind diese Worte für Anweisungen usw. wiedergegeben. Verwenden wir solche Worte als Variablennamen, führt dies zwangsläufig zu Fehlern. Woher soll BASIC auch wissen, wann z.B. LIST als Variablenname zu gelten hat und wann als Befehl zum Auflisten des Programms?

Das Einrichten von Variablen heißt V e r e i n b a r u n g (vgl. Abschnitt 1.3.4.2). In BASIC gibt es nur die sogenannte i m p l i z i t e V e r e i n b a r u n g . Dabei teilt man durch Angabe des Typzeichens den Datentyp mit. So soll z.B. M$ STRINGs aufnehmen können (Typzeichen $), M% aber INTEGER-Zahlen (Typzeichen %).
In den Programmbeispielen von Abschnitt 3 weisen wir über REM-Anweisungen ausdrücklich auf den gewählten Datentyp hin. Damit erreichen wir fast eine e x p l i z i t e Vereinbarungsform.

2.3.1.3 Variable für Datenstrukturen

Bei den Variablen für einfache Datentypen wird jeweils nur e i n Datum als Variable gespeichert, bei den Variablen für strukturierte Datentypen bzw. Datenstrukturen sind es mehrere Daten (vgl. Abschnitt 1.3.2).
In BASIC stehen uns als Datenstrukturen ARRAYs bzw. Tabellen sowie FILEs bzw. Dateien zur Verfügung.

A r r a y s (oft auch Tabellen, Felder, Bereiche, Listen oder Vektoren/Matrizen genannt) umfassen mehrere Elemente vom gleichen Datentyp. Entsprechend können INTEGER-ARRAYs, REAL-ARRAYs und STRING-ARRAYs vereinbart werden.
Zur Vereinbarung der Dimension dient die DIM-Anweisung.

100 DIM L%(30)	1-dimensionaler INTEGER-ARRAY zur Aufnahme von 31 Ganzzahlen an den Stellen 0,1,2,3,...,30. Name des Arrays: L%.
100 DIM S(2,6)	2-dimensionaler REAL-ARRAY zu 3 Zeilen und 7 Spalten, d.h. 21 Elementen.
100 DIM B$(2,3,4)	3-dimensionaler STRING-ARRAY mit 3*4*5 =60 Elementen zu je 255 Zeichen max.
100 DIM M(A%)	1-dimensionaler REAL-ARRAY mit A% Elementen; Index -hier A%- stets INTEGER.

INTEGER-ARRAY, REAL-ARRAY und STRING-ARRAY

In Abschnitt 3.7 gehen wir näher auf Arrays ein.

Zum F i l e (Datei) als zweiter Datenstruktur.
- BASIC 2.0 unterstützt direkt nur die sequentielle Datei. In Abschnitt 3.8.1 gehen wir auf diesen Dateityp ein.
- Die Direktzugriff-Datei bzw. REL-Datei (für RELative Datei) ist in BASIC 2.0 'über Umwege' ebenfalls programmierbar. Wir zeigen dies in Abschnitt 3.8.4.
- Auf die D a t e i v e r a r b e i t u n g mit BASIC 4.0 gehen wir in den Abschnitten 3.8.2 und 3.8.3 ein.

2.3.2 Anweisungen und Funktionen

Im folgenden werden die wichtigsten Anweisungen und Funktionen der Programmiersprache BASIC zusammengefaßt.
Genaue Erklärungen zu den Befehlen finden Sie in Abschnitt 3.

2.3.2.1 Einfache Anweisungen

- C L E A R (Löschen von Variablenwerten):
  CLEAR Alle Variablen INTEGER, REAL und STRING erhalten die Werte 0 bzw. "" (Leerstring).

- C M D (Ausgaben z.B. zum Drucker statt zum Monitor senden):
  OPEN 1,4: CMD1: LIST: PRINT#1: CLOSE Kanal zum Drucker (Gerät 4) öffnen, Programm listen, Kanal schließen).

- C O N T (Ausführung fortsetzen):
  CONT Ausführung fortsetzen mit der Zeile der Unterbrechung. Unterbrechung durch /RUN-STOP/ oder durch Anweisungen STOP bzw. END.

- D A T A (Daten im Programm speichern):
  100 DATA 22,"DM/STD" Daten programmintern in DATA speichern
  110 READ D,D$ und z.B. nach D (22) und D$ ("DM/STD") lesen.

- D E F F N ... (Definieren einer Funktion):
  100 DEF FNDOPPEL(X)=X*2 Definition der Funktion FNDOPPEL, die
  110 PRINT FNDOPPEL(A) bei Aufruf z.B. den Wert A verdoppelt.

- D I M (Dimensionieren von Arrays):
  100 DIM M(3,8) REAL-Array M mit 3 Zeilen/8 Spalten und zwei
  110 DIM A$(9),B$(9) STRING-Arrays (9 Stellen) dimensionieren.

- E N D (Beenden der Programmausführung):
  END Ausführung des Programms beenden.

- F O R - N E X T (Zählerschleife):
  100 FOR I=1 TO 10 STEP 2 Zählerschleife gibt Werte 1,3,5,7,9
  110 PRINT I : NEXT I der Laufvariablen I aus.

- G E T (Einzelnes Zeichen von Tastatur lesen):
  100 GET E$: IF E$="" GOTO 100 Wenn irgendeine Taste gedrückt
  110 ... wird, dann Programmfortsetzung mit Folgezeile 110.

- G O S U B - R E T U R N (Unterprogrammsteuerung):
  100 GOSUB 2000 Unterprogramm ab Zeile 2000 aufrufen, ausführen und mit RETURN in Folgezeile 110 zurück.
  110 ...

- G O T O (Unbedingte Verzweigung):
  100 GOTO 350 Von Zeile 100 (unbedingt) zu 350 verzweigen.

- I F - T H E N (Bedingte Verzweigung):
  100 IF G=3 GOTO 350 Wenn G=3, dann nach 350 verzweigen.
  100 IF G=3 THEN 350 Verzweigung wie mit GOTO.
  100 IF A$="JA" THEN PRINT "Richtig' Ausgabe im Fall "JA".

- I N P U T (Eingabe über Tastatur):
  100 INPUT A Auf Tastatureingabe warten und diese A zuweisen.
  100 INPUT "Welche Zahl";A Eingabeaufforderung zusätzlich.
  100 INPUT N,D,W$ Zwei Zahlen und ein STRING als Eingabe.

- L E T (Wertzuweisung):
  100 LET K=5 Den konstanten Wert 5 der Variablen K zuweisen.
  100 LET K=K+5 Den derzeitigen Wert von K um 5 erhöhen.
  100 LET Z=K*P*T/(100*360) Wert berechnen und nach Z zuweisen.

- L I S T (Auflisten der BASIC-Codierung):
  LIST Alle Zeilen des im RAM befindlichen Programms auflisten.
  LIST 170 Nur die Zeile 170 auflisten.
  LIST 50- LIST -50 LIST 50-300 Auflisten von, bis, von-bis.

- N E W (Löschen des Hauptspeichers):
  NEW Im RAM befindliches Programm und Variablen löschen.

- O N - G O S U B (Fallabfrage mit Unterprogrammaufruf):
  100 ON W GOSUB 1000,2000,3000 Für W=1 in Unterprogramm 1000,
  110 ... für W=2 nach 2000 und für W=3 nach 3000 verzweigen.

- O N - G O T O (Fallabfrage mit Verzweigung):
  100 ON E GOTO 10,30,70 Für E=1 nach 10 verzweigen, für E=2
  110 ... nach 30, für E=3 nach 70, für E=0 nach Folgezeile.

- P E E K (Speicherplatz direkt lesen):
  100 PRINT PEEK(25386) Inhalt von Speicherplatz 25386 zeigen.

- P O K E (Speicherplatz direkt beschreiben):
  100 POKE 25386,255 Wert 255 nach Speicherplatz 25386 bringen.

- P R I N T (Ausgabe auf Bildschirm):
  100 PRINT A,B,C Ausgabe der Werte von Variable A, B und C.
  100 PRINT DM,"DM" Wert der Variablen DM und Text "DM" zeigen.
  100 PRINT DM,"DM"; Das ; am Ende unterdrückt das RETURN.

- R E A D (Lesen von Daten aus DATA-Zeile):
  100 READ T Naechsten Wert aus DATA in Variable T einlesen.
  100 READ T,A$,V(I) Reihenfolge REAL, STRING, REAL in DATA.

- R E M (Bemerkungen in BASIC-Codierung einfügen):
  100 REM AUTOR: X.HOFFMAN Bemerkung (Remark) bei LIST zeigen,

- R E S T O R E (Lesezeiger auf Position 1 zurücksetzen):
  100 READ X,Y,Z Lesezeiger der DATA-Zeile durch RESTORE auf
  110 RESTORE Position 1 zurücksetzen, um erneut mit READ
  120 READ D,E,F lesen zu können.

- R U N (Ausführen eines Programms im Hauptspeicher):
  RUN Das gerade im RAM befindliche Programm ausführen.
  RUN 600 Bei der Ausführung mit Programmzeile 600 beginnen.

- S T O P (Abbrechen der Programmausführung):
  100 STOP Abbrechen und die Meldung "BREAK IN 100" ausgeben.

- S Y S (Sprung in ein Maschinenprogramm)
  SYS(30215) ruft ein Assembler-Programm auf, dessen Anfangsadresse in Speicherplatz 30215 liegt.

- W A I T (Warten, bis eine angegebene Speicherstelle einen bestimmten Wert hat)

2.3.2.2 Funktionen

- ABS(X) (Absolutwert von Zahl X):
  100 PRINT ABS(-5) Absolutwert von -5 ist 5.

- ASC(S$) (ASCII-Codezahl von String S$):
  100 PRINT ASC("MUELLER") ASCII-Codezahl von "M" ist 77.

- ATN(X) (Arcustangens von Zahl X angeben)

- CHR$(A) (Zeichen (character) für ASCII-Codezahl A):
  100 PRINT CHR$(77) Zeichen (String) mit Codezahl 77 ist "M".

- COS(X) (Cosinus von Zahl X angeben)

- EXP(X) (Exponentialfunktion für e):
  100 PRINT EXP(1) e hoch 1 ergibt 2.71828183.

- FRE(0) (Für Anwender verfügbarer Speicherplatz (0=dummy)):
  100 PRINT FRE(0) Frei verfügbar z.B. 12652 Zeichen.

- INT(Z) (Ganzzahliger (integer) Teil von Zahl Z):
  100 PRINT INT(54.67) Ganzzahliger Teil von 54.67 ist 54.

- LEFT$(S$,L) (Linker Teilstring der Länge L in S$):
  100 PRINT LEFT$("BASIC",3) Die 3 linken Stellen sind "BAS".

- LEN(S$) (Länge, d.h. Anzahl der Zeichen von S$):
  100 PRINT LEN("MWST") Länge des Strings "MWST" ist 4.

- LOG(X) (Natürlicher Logarithmus):
  100 PRINT LOG(10) Nat. Logarithmus von 10 ist 2.30258509.

- MID$(S$,S,L) (Mittlerer Teilstring von S$):
  100 PRINT MID$("BASIC",2,3) Ab 2. Stelle 3 St. lang: "ASI"

- POS(0) (Spaltenposition des Cursors; 0 ganz links):
  100 PRINT POS(0) Derzeitige Cursorposition ist z.B. 14.

- RIGHT$(S$,L) (Rechter Teilstring der Länge L in S$):
  100 PRINT RIGHT$("MBASIC",2) Die 2 rechten Zeichen sind "IC".

- RND(X) (Zufallszahl auswählen):
  100 PRINT RND(1) Zufallszahl zwischen 0 und 1 z.B. 0.56223.

- SGN(Z) (Vorzeichen von Zahl Z):
  100 ON SGN(E)+2 GOSUB 100,200,300 Verzweigung nach 100, 200 bzw. 300 für E negativ (-1), null (0), positiv (1).

- SIN(X) (Sinusfunktion)

- SPC(L) (L Leerstellen ausgeben):
  100 PRINT "BASIC";SPC(10);"JA" 10 Blancs zwischen 2 Worten.

- SQR(X) (Quadratwurzel von X):
  100 PRINT SQR(49) Quadratwurzel von 49 ist 7.

- ST (Status z.B. der Floppy bereitstellen):
  100 IF ST<>0 THEN PRINT "FEHLER" (z.B. ST=64 für Dateiende).

- STR$(Z) (Zahl Z in String umwandeln):
  100 LET W$=STR$(45) Zahl 45 als String "45" mit Länge 2.

- TAB(X) (Tabulator-Funktion zur Ausgabe):
  100 PRINT TAB(8);"A" "A" wird in Spalte 8 ausgegeben.

- TAN(X) (Tangensfunktion)

- TI (Interne Uhr lesen (TI jede 1/60stel Sek. um 1 erhöht)):
  100 PRINT TI Ausgabe z.B. 18000, wenn das Gerät 18000 mal 1/60 Sekunden bzw. 5 Minuten angeschaltet war.

- TI$ (Tageszeit als String "hhmmss" (h=Std., m=Min., s=Sek.)

- VAL(S$) (String S$ in numerischen Wert umwandeln):
  100 LET N=VAL("347") "347" wird zu 347 (VAL("347DM") wird 0).

2.3.2.3 Befehle für den Zugriff auf externe Einheiten

Externe (also außerhalb des Hauptspeichers als Internspeicher befindliche) Einheiten werden durch Gerätenummern angesprochen wie:

Gerätenummer:	Externe Einheit:
8 (auch 9-15)	Diskette
4 (auch 5)	Drucker
3	Bildschirm
1	Kassette
0	Tastatur

Diese Nummern müssen in den Befehlen jeweils angegeben werden. Die folgenden Beispiele beziehen sich in erster Linie auf die Diskette, also auf die Gerätenummer 8.

- C L O S E (Schließen einer logischen Datei):
  100 CLOSE 1 Datei mit der logischen Dateinummer 1 schließen.
  100 CLOSE Alle derzeit offenen Dateien schließen.

- C O P Y (Kopieren einer Datei auf einer Diskette):
  OPEN 1,8,15 Befehlskanal öffnen und Pro-
  PRINT#1,"COPY:PROGNEU=PROGALT" gramm PROGALT zusätzlich unter
  CLOSE 1 dem Namen PROGNEU abspeichern.

- G E T # (Ein einzelnes Zeichen von einer Datei lesen):
  100 OPEN 2,8,3,"DATEI,S,R"
  110 GET#2,E$: IFE$="" THEN 110 Zeichen nach E$ einlesen.
  120 CLOSE 2

- I N I T I A L I Z E (Initialisierung bei Diskettenwechsel):
  OPEN 1,8,15 Befehlskanal öffnen, Disketten-BAM
  PRINT#1,"INITIALIZE" (Verzeichnis) in Floppy-Speicher lesen
  CLOSE 1 und Kanal schließen.

- I N P U T # (Daten von einer sequentiellen Datei lesen):
  100 OPEN 2,8,3,"DATEI,S,R"
  110 INPUT#2,B$,U Die nächsten beiden Daten (Trennungszei-
  120 CLOSE 2 chen trennnt sie) nach B$ sowie U einlesen.

- L O A D (Laden eines Programms von Diskette in den RAM):
  LOAD "TEST4",8 Hauptspeicher RAM loeschen und eine Kopie von Programm TEST4 von Diskette in den RAM bringen.

- L O A D "$" (Laden des Disketten-Inhaltsverzeichnisses):
  LOAD "$",8 Inhaltsverzeichnis bzw. Direkctory von Diskette
  LIST in den RAM laden und auflisten (direkter Dialog).

- N E W (Formatieren einer neuen Diskette):
  OPEN 1,8,15 Befehlskanal öffnen, Diskette na-
  PRINT#1,"NEW:DISKNEU,04" mens DISKNEU mit Identifikation 04
  CLOSE 1 formatieren und Kanal schließen.

- O P E N (Öffnen einer logischen Datei zur Vorbereitung des Datenverkehrs mit einem externen Gerät):
  100 OPEN 1,4 Drucker mit Gerätenummer 8 öffnen.
  100 OPEN 1,8,15 Öffnen des Befehls- und Fehlerkanals (Sekundäradresse 15 eigens für diesen Kanal).
  100 OPEN 2,8,3,"DATEI,S,R" Seq. Datei (S) namens DATEI auf
  100 OPEN 2,8,3,"DATEI,S,W" Diskette (8) zum Lesen (R),Schrei-
  100 OPEN 2,8,3,"DATEI,S,A" ben (W), Anhängen (A) eröffnen.

- P R I N T # (Schreiben auf eine sequentielle Datei):
  100 OPEN 2,8,3,"DATEI,S,W"
  110 PRINT#2,B$;",";U Als nächste Daten die Bezeichnung B$
  120 CLOSE 2 und den Umsatz U auf eine UmsatzDATEI speichern.

- R U N (Programm in den RAM laden und ausführen):
  RUN "RECH" Derzeitigen Inhalt des RAM löschen, Programm RECH von Diskette laden und RECH dann ausführen.
  100 RUN "PROG6" Laden und ausführen von einem laufenden Programm aus. Rufendes Programm gelöscht (Overlay).

- R E N A M E (Umbenennen einer Datei auf Diskette):
  OPEN 1,8,15 Befehlskanal öffnen, Datei TEST
  PRINT#1,"RENAME:TEST31=TEST" in TEST31 umbenennen und Kanal
  CLOSE 1 schließen.

- S A V E (Speichern bzw. Retten eines Progamms auf Diskette):
  SAVE "RECH",8 Inhalt des RAM unter dem Programmnamen RECH auf Diskette speichern.
  SAVE "@:RECH",8 Wie oben, aber bereits auf Diskette unter demselben Namen abgelegtes Programm überschreiben.

- S C R A T C H (Löschen einer Datei auf Diskette):
  OPEN 1,8,15 Befehlskanal öffnen, Programm namens
  PRINT#1,"SCRATCH:TEST7" TEST7 löschen (zerstören) und Kanal
  CLOSE 1 schließen.

- V A L I D A T E (Prüfen der vorschriftsmäßigen Speicherung):
  OPEN 1,8,15 Befehlskanal öffnen, Löschen fehler-
  PRINT#1,"VALIDATE" hafter Dateien, Directory neu organi-
  CLOSE 1 sieren und Kanal schließen.

- V E R I F Y (Vergleich eines Progamms im RAM und Diskette):
  VERIFY "RECHNEU",8 Kontrollvergleich des Programms RECHNEU.

2.3.3 Operatoren für Rechnen, Vergleich und Logik

Die BASIC-Anweisung

```
100 PRINT 444*2+3000 /RET/
```

enthält hinter dem Anweisungswort PRINT einen Ausdruck mit den beiden O p e r a t o r e n "*" (mal) und "+" (plus). In der Programmiersprache BASIC sind neben solchen 'Rechenoperatoren' auch 'Vergleichsoperatoren' und 'logische Operatoren' möglich.

Operator-Typ:	Operator in BASIC:	Bedeutung:	Rangfolge der der Ausführung:
	( )	Klammer	hoch, zuerst
	↑	Potenzieren	↑
Rechen-Operatoren	-	Negative Zahl	
	* /	Multiplizieren, Dividieren	
	+ -	Addieren, Subtrahieren	
	=	gleich	
	<>	ungleich	
Vergleichs-Operatoren	>	größer als	
	<	kleiner als	
	>=	größer oder gleich	
	<=	kleiner oder gleich	
	AND	logisch UND	
Logische Operatoren	OR	logisch ODER	niedrig,
	NOT	logisch NICHT	zuletzt

Operatoren in BASIC und Rangfolge ihrer Ausführung

Stehen in einem Ausdruck mehrere Operatoren, dann werden diese entsprechend der in der Übersicht wiedergegebenen Rangfolge ausgeführt: In Klammern gesetzte Operationen werden zuerst zur Ausführung gebracht (höchster Rang), die logische Verneinung dagegen zuletzt (niedrigster Rang). Im obigen Beispiel der Anweisung 100 PRINT 444*2+3000 wird zuerst mit "*" verdoppelt, um dann mit "+" zur Zahl 888 die Zahl 3000 zu addieren (Operator "*" mit höherem Rang als Operator "+").
Auf die 'Rechenoperatoren' sind wir bereits in Abschnitt 2.1.1 eingegangen.

Ein und derselbe Operator kann verschiedene Bedeutungen haben. So kann "+" addieren (3+4 ergibt 7) oder verknüpfen ("LE"+"NA" ergibt "LENA").
"=" kann vergleichen (20 IF X=3 GOTO 90: ist 'X gleich 3'?) oder einer Variablen einen Wert zuweisen (40 LET X=3: weise X den Wert 3 zu).
Auf die Operatoren und deren Bedeutungen gehen wir ausführlich in Abschnitt 3 anhand von Programmbeispielen ein.

2.4 BASIC 4.0 als Zusatzsprache zur Dateiverarbeitung

Das standardmäßig im ROM bereitgestellte BASIC meldet sich mit "Commodore 64 BASIC V2"; es wird auch kurz als "CBM BASIC V2" bezeichnet. Es stimmt genau mit dem BASIC des VC 20 und auch mit dem BASIC 2.0 der '3000er-Serien' von Commodore überein. Nach dem BASIC 2.0 brachte Commodore das BASIC 4.0 heraus, das sich vom BASIC 2.0 in erster Linie in den Anweisungen zum Disketten-Zugriff (Relative Datei als Direktzugriff-Datei) unterscheidet.
Mit entsprechenden softwaremäßigen Erweiterungen kann auch auf dem Commodore 64 mit BASIC 4.0 programmiert werden. Dabei ändern sich die Disketten-Befehle wie folgt.

2.4.1 Wichtige unterschiedliche Befehle von BASIC 4.0 und BASIC 2.0

(1) Abweichende Befehlsworte:

"Commodore 64 BASIC V2" bzw. "BASIC 2.0":	"BASIC 4.0":
CLOSE	DCLOSE
INITIALIZE	entfällt
LOAD	DLOAD
LOAD "$"	DIRECTORY
NEW	HEADER
OPEN	DOPEN
SAVE	DSAVE
VERIFY	auch COLLECT

(2) Abweichender Befehlsaufruf:

Der Befehlskanal wird in BASIC 4.0 automatisch eröffnet. Damit reduziert sich der in BASIC 2.0 erforderliche '3er-Schritt OPEN-PRINT#...-CLOSE' zu einem Befehl:

BASIC 2.0:	BASIC 4.0:
OPEN 1,8,15 PRINT#1,"RENAME: NEU=ALT" CLOSE 1	RENAME "ALT" TO "NEU"

(3) Zusätzliche Befehle:

BASIC 4.0 umfaßt zusätzliche Befehle wie z.B.:
- RECORD für die Direktzugriff-Datei (Random-File)
- DS, DS$ zur Abfrage des Fehlerstatus.
- BACKUP zum Duplizieren von Disketten.

Diskettenzugriff in BASIC 2.0 und BASIC 4.0

BASIC 2.0 ist aufwärtskompatibel zu BASIC 4.0 . Das bedeutet, daß ein "reines" BASIC-Programm, das auf einem Commodore 64 in seiner ROM-Sprachversion 'CBM BASIC V2' geschrieben wurde, auch auf den größeren PCs von Commodore läuft, die inBASIC 4.0 programmierbar sind. Rein beinhaltet, daß das jeweilige Programm ohne Tricks, die speziell auf die Rechnerstruktur des Commodore 64 abheben, arbeiten muß (PEEK, POKE, ...).

In den folgenden Abschnitten gehen wir näher auf das BASIC 4.0 ein:
- 3.8.2 Sequentielle Datei mit BASIC 4.0:
  Eine in BASIC 2.0 geschriebene Dateiverwaltung wird in die Sprache BASIC 4.0 übertragen.
- 3.8.3 Direktzugriff-Datei mit BASIC 4.0:
  Demonstration der BASIC 4.0-Anweisungen DOPEN# und RECORD#, die später dann in BASIC 2.0 simuliert werden.

2.4.2 Ausführung von C64-Programmen auf Commodore-Computern der Serien 2000/3000/4000/8000

Wollen wir ein auf dem Commodore 64 geschriebenes Programm auf einem Commodore-Computer der Serien 2000, 3000, 4000 oder 8000 (z.B. auf einem CBM 8032) laufen lassen, so geht das von den BASIC-Versionen her betrachtet in jedem Falle (Aufwärtskompatibilität).
Gleichwohl kann das C64-Programm nicht gestartet werden, da es an der 'falschen' RAM-Adresse gesucht wird:

Commodore-Computer der Serien 2000/3000/4000 und 8000 suchen den Anfang eines BASIC-Programms bei Adresse 1025 im RAM. Beim Commodore 64 hingegen liegt diese Anfangsadresse bei 2049. Laden wir ein auf dem Commodore 64 geschriebenes Programm z.B. auf einem CBM 8032 , so wird es durch LOAD wieder ab Adresse 2049 abgelegt. Der LOAD-Befehl funktioniert also.
Tippen wir RUN ein, dann sucht der BASIC-Interpreter den Programmanfang an Adresse 1025. Da an diesem Speicherplatz nichts steht, kann das BASIC-Programm nicht zur Ausführung gebracht werden.
Abhilfe schafft folgende Anweisungsfolge, die wir v o r der Eingabe des LOAD-Befehls im direkten Dialog eintippen:

```
POKE 40,1 /RET/
POKE 41,8 /RET/
POKE 8*256,0 /RET/
NEW /RET/
```

Durch diese POKE-Anweisungen setzen wir die Zeiger, die auf den Anfang eines BASIC-Programms zeigen, von ursprünglich 1025 auf 2049 (der CBM-Computer wird also 'angeschwindelt'). Der Anfangszeiger steht als 2-Byte-Adresse in den Adressen 40 und 41 (Lowbyte 1 in 40 plus Highbyte 8*256=2048 in 41 ergibt die Anfangsadresse 2049). Auf 2-Byte-Adressen gehen wir später in Abschnitt 3.5.5.1 genauer ein.

Laden wir Programme in den Commodore 64, die auf Commodore-Computern der Serien 2/3/4/8000 geschrieben wurden, so treten diese Schwierigkeiten mit der Anfangsadresse nicht auf.
Grund: Der Commodore 64 ist etwas intelligenter und lädt die BASIC-Programme automatisch an den Anfang seines Programmspeichers, also in Adresse 2049.
Gleichgültig, ob diese Programme zuvor durch den Befehl DSAVE bzw. SAVE das Adreßvermerk 1025 bzw. 2049 erhielten.

2.5 SIMON's BASIC als Zusatzsprache für Grafik und Musik

SIMON's BASIC wird von Commodore
"BASIC-Erweiterung für Commodore 64"
bezeichnet.

SIMON's BASIC wird als Software auf Diskette (Disketten-BASIC) sowie als Firmware in einem Festwertspeicher bzw. Steckmodul (ROM-BASIC) geliefert.
Nach dem Laden (LOAD) und Starten (RUN) des Disketten-BASIC bzw. nach dem Einschalten (Steckmodul) des ROM-BASIC meldet sich SIMON's BASIC mit:

```
*** EXPANDED CBM V2 BASIC ***
30719 BASIC BYTES FREE
READY.
```

Damit steht dem Benutzer zwar etwas weniger Speicherplatz als beim BASIC 2.0 zur Verfügung (38911 gegenüber 30719 Zeichen). Dies wird jedoch mehr als ausgeglichen durch die über 100 Befehle, die SIMON's BASIC zusätzlich bereitstellt.

Die Spracherweiterungen von SIMON's BASIC betreffen insbesonre folgende Anwendungsgebiete:

- Hochauflösende Grafik (HIRES-Grafik für High Resolution Grafic) mit einer Auflösung von 320*200 Bildpunkten.
  In Abschnitt 3.9.3 gehen wir auf wichtige Grafik-Anweisungen ein.

- Grafik mit Sprites als frei programmierbare Objekte, die bis 24 Bildpunkte breit und 21 Punkte hoch sind.
  In Abschnitt 3.9.4 erklären das Speichern und Bewegen eines Sprite.
  In SIMON's BASIC werden Sprites als 'MOBs' (Moveable Object Blocks für Bewegbare Objekt-Blöcke) bezeichnet.

- Strukturierendes Programmieren durch Anweisungen wie REPEAT-UNTIL für die Wiederholungsstruktur und IF-THEN-ELSE für die Auswahlstruktur.
  In Abschnitt 3.10 werden diese Anweisungen erläutert.

- Musikverarbeitung als Programmieren des SID-Bausteins (Sound Interface Device).
  In Abschnitt 3.11 programmieren wir ein kleines Lied.

- Programmierhilfen (Toolkit) wie RENUMBER (Programmzeilen neu numerieren) und TRACE (Testlauf mit Anzeige aller ausgeführten Zeilennummern).

3

Programmierkurs mit BASIC 2.0, BASIC 4.0 und SIMON's BASIC

3.1 Grundlegende Programmstrukturen an Beispielen

Wie in Abschnitt 1.3.3 dargestellt, lassen sich aus den vier grundlegenden Programmstrukturen

- Folgestrukturen (linear, geradeaus)
- Auswahlstrukturen (vorwärts verzweigend)
- Wiederholungsstrukturen (rückwärts verzweigend, Schleife)
- Unterprogrammstrukturen (unterteilend)

alle nur denkbaren Programmabläufe konstruieren. Im vorliegenden Abschnitt 3.1 wird zu jeder Programmstruktur ein in sich abgeschlossenes Demonstrationsbeispiel angegeben und erklärt. Programmierspache: BASIC auf dem Commodore 64 .

3.1.1 Lineare Programme

3.1.1.1 Codierung und Ausführungen zu einem Programm

Jedes Programm hat einen Namen. Ein Programm namens VERBRAUCH1 ermittelt den durchschnittlichen Benzinverbrauch für einen Pkw mit einem Tankinhalt von 60 Litern.

Codierung zu VERBRAUCH1:

```
10  LET T = 60
20  PRINT "EINGABE: GEFAHRENE KM"
30  INPUT K
40  LET D = 100 * T / K
50  PRINT "AUSGABE: LITER/100 KM"
60  PRINT D
70  END
```

Zwei Ausführungen zu VERBRAUCH1:

```
EINGABE: GEFAHRENE KM
?600
AUSGABE: LITER/100 KM
10

EINGABE: GEFAHRENE KM
?542
AUSGABE: LITER/100 KM
11.0701107
```

Tippt man den Befehl RUN ein, so wird das Programm ausgeführt: Der Computer gibt den Text "EINGABE: GEFAHRENE KM" aus . Der Benutzer gibt 600 ein, der Computer berechnet 10 L als Durchschnittverbrauch, um dann den Text "AUSGABE: LITER/100 KM" und die Zahl 10 auszugeben. Bei der zweiten Ausführung entwickelt sich ein ähnlicher Mensch-Computer-Dialog, nur wird dabei von 542 km ausgegangen. Beide Programmausführungen (auch Programmlauf oder Dialogprotokoll genannt) werden dem Computer durch Anweisungen befohlen, die man sich durch Eintippen des Befehls LIST zeigen lassen kann. Das in der Programmiersprache BASIC codierte Programm VERBRAUCH1 umfaßt sieben Zeilen mit den Zeilennummern 10-70 sowie vier Anweisungsarten LET, PRINT, INPUT und END. Das Programm wird Zeile für Zeile linear ausgeführt:

- 10: Weise die Zahl 60 nach T (wie Tankfüllung) zu.
- 20: Gib am Bildschirm den zwischen " " stehenden Text aus.
- 30: Warte auf eine Tastatureingabe und weise diese Eingabe dann der Variablen K (für Kilometer) zu.
- 40: Rechne 100 mal T durch K aus und weise das Ergebnis dann der Variablen D (für Durchschnittsverbrauch) zu.
- 50: Gib am Bildschirm den zwischen " " stehenden Text aus.
- 60: Gib am Bildschirm den Inhalt der Variablen D aus.
- 70: Beende die Ausführung des Programms VERBRAUH1.

Jede Programmzeile enthält hier die Zeilennummer (z.B. 30) mit Anweisungswort (z.B. INPUT) und Anweisungsargument (z.B. K). Die Codierung (auch Listing oder einfach Programm genannt) besteht aus einer Folge von computerverständlich in BASIC formulierten Anweisungen. Das e i n m a l c o d i e r t e Programm kann dabei m e h r m a l s a u s g e f ü h r t werden, wobei sich die Ausführungen je nach Eingabewerten unterscheiden können, die Codierung aber unverändert bleibt.

Dies wird ermöglicht durch die Verwendung von Variablen (vgl. Abschnitt 1.3.4.2), hier durch die numerischen Variablen K und D. Während K und D ihren Inhalt (Wert) ändern, bleibt dieser bei T mit 60 Litern fest bzw. konstant: T ist eine Konstante. Daten können als V a r i a b l e oder K o n s t a n t e im Programm vorgesehen sein; hier sind beides numerische Daten.

Zu den Anweisungsarten: Die LET-Anweisung berechnet den rechts von "=" angebenenen Ausdruck und weist das Ergebnis der links von "=" stehenden Variablen zu. Bei LET (für (zu)lassen) darf links vom Zuweisungszeichen "=" immer nur e i n e Variable stehen. Die PRINT-Anweisung dient der Ausgabe von Text (alles, was zwischen Gänsefüßchen steht) wie in Zeilen 20 und 50 oder der Ausgabe des Inhaltes einer Variablen wie in Zeile 60. Die INPUT-Anweisung dient der Tastatureingabe von Werten und deren Zuweisung in eine Variable wie etwa K in Zeile 30. Die END-Anweisung hat kein Argument und beendet die Ausführung.

3.1.1.2 Anweisungsfolge Eingabe - Verarbeitung - Ausgabe

Jedes Programm läuft in der Folge Eingabe-Verarbeitung-Ausgabe ab. Man spricht auch vom EVA-Prinzip (vgl. Abschnitt 1.2.2.1). Im folgenden Programm namens PREISSENKUNG1 zeigt sich der 3er-Schritt in den Zeilen 20, 30 und 40.

Codierung zu PREISSENKUNG1:

```
10 REM ======PROGRAMM PREISSENKUNG1
20 INPUT "ALTER PREIS: ";P
30 LET P = P - P * 15 / 100
40 PRINT "NEUER PREIS: ";P
50 END
```

Ausführungen zu PREISSENKUNG1:

```
ALTER PREIS: 300
NEUER PREIS: 255

 RUN
ALTER PREIS: 4925.65
NEUER PREIS: 4186.8025
```

Die REM-Anweisung (engl. remark für Bemerkung) ermöglicht das Einfügen von Bemerkungen, die nur bei LIST erscheinen, nicht aber bei RUN. So erscheint hier der Programmname PREISSENKUNG1 bei den Ausführungen nicht.
Die Zeile 20 hätte man auch umständlicher codieren können als

```
20 PRINT "ALTER PREIS:";
21 INPUT P
```

Da vor jedem INPUT ein PRINT stehen sollte -sonst weiß man ja nicht, was überhaupt einzutippen ist-, kann man mit Anweisung

```
20 INPUT "ALTER PREIS: ";P
```

die Eingabeanforderung mit der Eingabe zusammen in e i n e r INPUT-Anweisung programmieren.

Die LET-Anweisung in Zeile 30 verdeutlicht den Unterschied des Zuweisungszeichens "=" (Zuweisung von links nach rechts) und des Gleichheitszeichens "=" in der Mathematik (links=rechts):

```
30 LET P = P - P*15/100
           |   |   └──────── 1) 200*15/100 ergibt 30  -200 in P
           |   └──────────── 2) 200-30 ergibt 170     -200 in P
           └──────────────── 3) Weise 170 nach P zu   -200 ersetzt
```

Entsprechend bewirkt 180 LET Z=Z+1 eine Werterhöhung von Z um 1 und 230 LET X1=X1/2 eine Halbierung von X1.

Die PRINT-Anweisung in Zeile 40 zeigt, wie man sich konstanten Text und Variableninhalt nebeneinander ausgeben lassen kann: Das ; trennt ohne Leerzeichen (auch Blancs genannt).
Auf die Gänsefüßchen kommt es an: PRINT "P" würde den Buchstaben P am Bildschirm zeigen, PRINT P den Wert der Variablen P.

3.1.1.3 Übersichtliche Programmgliederung

Man gliedert (siehe Abschnitt 1.3.4.3) jedes Anwenderprogramm -unabhängig von der jeweiligen Programmiersprache- übersichtlich in drei Teile:
Programmname, Vereinbarungsteil und Anweisungsteil.
In BASIC ist diese explizite Dreiteilung nicht unbedingt erforderlich. Insbesondere bei umfangreichen, langen Programmen sollte man die Dreiteilung mit REM-Anweisungen aber markieren. Das Programm PREISSENKUNG2 sieht diese Dreiteilung vor, wobei die Teile durch Leerzeilen und REM getrennt werden (der Doppelpunkt ":" dient zur Darstellung einer Leerzeile).Im Vereinbarungsteil ist S% als Ganzzahl-Konstante vereinbart (integer= ganzzahlig) und P als Dezimalzahl-Variable (real = Kommazahl). In BASIC ist es möglich, mehrere Anweisungen durch einen ":" getrennt in e i n e Zeile zu schreiben. Lange Zeilen sind unübersichtlich und schwer korrigierbar, das Zeichen ":" sollte weitgehend vermieden werden. In der letzten Zeile von Programm PREISSENKUNG2 werden mit dem ":" die Anweisungen PRINT und END in einer Zeile programmiert.

Codierung zu Programm PREISSENKUNG2:

```
100  REM  ======PROGRAMM PREISSENKUNG2
110 :
120  REM  ======VEREINBARUNGSTEIL
130  REM  S%: INTEGER (PREISSENKUNG IN % KONSTANT
140  LET S% = 15
150  REM  P: REAL    (PREIS VARIABEL)
160 :
170  REM  ======ANWEISUNGSTEIL
171  PRINT "PREISSENKUNG UM 15% ERMITTELN."
180  INPUT "ALTER PREIS: ";P
190  LET P = P - P * S% / 100
200  PRINT "NEUER PREIS: ";P
210  PRINT "ENDE.": END
```

```
RUN
PREISSENKUNG UM 15% ERMITTELN.
ALTER PREIS: 200
NEUER PREIS: 170
ENDE.
```

PREISSENKUNG1 und PREISSENKUNG2 lösen beide dasselbe Problem. Die Codierungen unterscheiden sich wesentlich, die Ausführungen hingegen kaum.

3.1.1.4 Programmeingabe und Programmspeicherung

Soll das Programm PREISSENKUNG2 erstmalig in den Computer eingegeben werden, geht man folgendermaßen vor:

1. Befehl NEW tippen. Ein ggf. im Hauptspeicher RAM befindliches Programm wird gelöscht.
2. Programm Zeile für Zeile eintippen und am Ende jeder Zeile dabei die RETURN-Taste drücken.
3. Befehl RUN tippen, um das Programm auszuführen und so zu testen. Falls fehlerhaft: Korrektur, weiter mit 2.
4. Befehl LIST tippen und Codierung überprüfen.
5. Befehl SAVE "PREISSENKUNG2",8 tippen: Das namenlos im RAM stehende Programm wird unter dem Namen PREISSENKUNG2 auf Diskette abgespeichert.
   Programm PREISSENKUNG2 befindet sich auf Diskette wie auch im RAM. Beide Programmkopien stimmen vollkommen überein.
6. Zur Kontrolle:
   NEW tippen, RUN tippen: kein Programm ist mehr ausführbar.
   LOAD "PREISSENKUNG2",8 tippen: das Programm PREISSENKUNG2 wird auf Diskette gesucht und eine Kopie in den RAM gela-
   Das Programm kann mit RUN nun ausgeführt werden.
7. Befehle LOAD "$",8 und LIST tippen: die auf Diskette abgelegten Programme werden gezeigt, so auch PREISSENKUNG2.
   Achtung: LOAD "$",8 löscht das im RAM stehende Programm.

Hinweis: Ist mit SAVE ein bereits auf Diskette unter demselben Namen vorhandenes Programm zu überschreiben, so ist der Befehl SAVE "@:PREISSENKUNG2",8 einzugeben (Klammeraffe "@" für das Überschreiben).
Im RAM ist normalerweise nur e i n einziges Programm gespeichert, auf der Diskette aber stets m e h r e r e Programme.

3.1.1.5 Arbeitsschritte zur Programmentwicklung

Je umfangreicher ein Programm, desto sinnvoller erscheint ein geplantes und schrittweises Vorgehen zur Programmentwicklung. In Abschnitt 1.3.7 nannten wir allgemein die Arbeitsschritte PROBLEMSTELLUNG, PROGRAMMENTWURF, PROGRAMMIERUNG, DOKUMENTATION und ANWENDUNG. 'Allgemein' heißt, daß diese Schrittfolge auch zur Entwicklung komplexer Programm-Pakete geeignet ist. Für die in diesem Buch angeführten kleinen Demonstrationsprogramme genügt eine vereinfachte Arbeitsschrittfolge: 1) Problemstellung, 2) Problemanalyse, 3) Darstellungen des Algorithmus, 4) Codierung in BASIC, 5) Anwendung/Ausführung und 6) Dokumentation.
Am Beispiel des ebenfalls linearen Programms KALKULATION1 wollen wir die Arbeitsschritte 1), 2), 4) und 5) darstellen.

Problemstellung zu Programm KALKULATION1:
Es ist ein Dialogprogramm zu erstellen, das ausgehend vom Einstandspreis den Nettoverkaufspreis und den Zuschlagsatz kalkuliert.

Problemanalyse zu Programm KALKULATION1:
In einer V a r i a b l e n l i s t e lassen sich die im Programm verwendeten Variablen so zusammenfassen:

```
  Ausgabedaten (Resultate):
    NET    Nettoverkaufspreis in DM
    KALK   Kalkulationszuschlag in %
  Eingabedaten (von Tastatur):
    EINST  Einstandspreis in DM
    P1     Gemeinkostenzuschlag in % (von Hundert)
    P2     Gewinnzuschlag in % (von Hundert)
    P3     Skontosatz in % (im Hundert)
    P4:    Rabattsatz in % (im Hundert)
  Verarbeitung (Formeln):
    GEMEIN Gemeinkosten in DM (GEMEIN=EINST*P1/100)
    SELBST Selbstkosten in DM (SELBST=EINST+GEMEIN)
    SPANNE Gewinnspanne in DM (SPANNE=SELBST*P2/100)
    BAR    Barverkaufspreis in DM (BAR=SELBST+SPANNE)
    SKO    Skontobetrag in DM (SKO=BAR*P3/(100-P3)
    ZIEL   Zielverkaufspreis in DM (ZIEL=BAR+SKO)
    RAB    Rabattbetrag in DM (RAB=ZIEL*P4/(100-P4))
    NET    Nettoverkaufspreis in DM (NET=ZIEL+RAB)
    KALK   Kalkulationszuschlag (KALK=(NET-EINST)*100/EINST)
```

Der folgende S c h r i t t p l a n zeigt eine grobe Darstellung des Lösungsablaufes vom Programm KALKULATION1:

Schritt 1: Vier Zuschlagsätze P1-P4 eintippen
Schritt 2: Einstandspreis EINST eintippen
Schritt 3: NET und KALK berechnen
Schritt 4: NET und KALK als Resultat ausgeben

Codierung zu Programm KALKULATION1:

```
100 REM ======PROGRAMM KALKULATION1
110 PRINT "WARENKALKULATION"
120 PRINT "EINSTANDSPREIS -> NETTOVERKAUFSPREIS.": PRINT
130 :
140 REM ======VEREINBARUNGSTEIL
150 REM P1,P2,P3,P4: REAL (ZUSCHLAGSAETZE IN %)
160 REM EINST, GEMEIN, SELBST, GEWINN, BAR, SKO, ZIEL,
170 REM RAB, NET:    REAL (EINZELBETRAEGE IN DM)
180 REM  KALK:        REAL (KALKULATIONSZUSCHLAG IN %)
190 :
200 REM ======ANWEISUNGSTEIL
210 REM ***EINGABETEIL (<-TASTATUR) ********************
220 INPUT "GEMEINKOSTEN IN % V.H.:    ";P1
230 INPUT "GEWINNZUSCHLAG IN % V.H.: ";P2
240 INPUT "SKONTO IN % I.H.:          ";P3
250 INPUT "RABATT IN % I.H.:          ";P4
260 INPUT "EINSTANDSPREIS IN DM:      ";EINST
270 REM *** VERARBEITUNGSTEIL (WERTZUWEISUNGEN) *******
280 LET GEMEIN = EINST * P1 / 100
290 LET SELBST = EINST + GEMEIN
300 LET SPANNE = SELBST * P2 / 100
310 LET BAR = SELBST + SPANNE
320 LET SKO = BAR * P3 / (100 - P3)
330 LET ZIEL = BAR + SKO
340 LET RAB = ZIEL * P4 / (100 - P4)
```

```
350  LET NET = ZIEL + RAB
360  LET KALK = (NET - EINST) * 100 / EINST
370  REM  *** AUSGABETEIL (->BILDSCHIRM) ****************
380  PRINT : PRINT "VORWAERTSKALKULATION DURCHGEFUEHRT:"
390  PRINT "NETTOVERKAUFSPREIS IN DM : ";NET
400  PRINT "KALKULATIONSZUSCHLAG IN %: ";KALK
410  END
```

Anwendung bzw. Ausführung zu Programm KALKULATION1:

```
WARENKALKULATION
EINSTANDSPREIS -> NETTOVERKAUFSPREIS.

GEMEINKOSTEN IN % V.H.:    23
GEWINNZUSCHLAG IN % V.H.:  14
SKONTO IN % I.H.:          2
RABATT IN % I.H.:          25
EINSTANDSPREIS IN DM:      100

VORWAERTSKALKULATION DURCHGEFUEHRT:
NETTOVERKAUFSPREIS IN DM : 190.77551
KALKULATIONSZUSCHLAG IN %: 90.7755103
```

Ihre Aufgabe: Erweitern Sie KALKULATION1 so, daß nicht nur das Ergebnis, sondern auch alle Zwischenschritte als Übersichtstabelle ausgegeben werden (PRINT-Anweisungen einfügen).

3.1.2 Programme mit Verzweigungen

Programmabläufe, die nach vorwärts verzweigen, werden als Auswahlstrukturen bezeichnet. Je nach der Anzahl der ausgewählten Fälle spricht man von der Zweiseitigen, Einseitigen oder Mehrseitigen Auswahl(-struktur). Diese in Abschnitt 1.3.3.2 allgemein beschriebenen Abläufe wollen wir in BASIC beispielhaft für den Commodore 64 an kleinen Programmen darstellen.

3.1.2.1 Zweiseitige Auswahl

Dem Programm SKONTOZWEISEITIG liegt folgende Problemstellung zugrunde:
"Erwarte den Rechnungsbetrag R und die Tage T als Tastatureingabe und ermittle den Skontobetrag S. Dabei gelten folgende Zahlungsbedingungen: Bei Zahlung nach 8 Tagen (T>8) 1.5% Skonto, sonst (T<=8) jedoch 4% Skonto".
Die Codierung, die Ausführung und der Programmablaufplan (PAP) zeigen uns die Zweiseitige Auswahl: einerseits 1.5% (Bedingung T>8 erfüllt, JA-Zweig mit THEN) und andererseits 4% (Bedingung T>8 nicht erfüllt, NEIN-Zweig).

Zwei Ausführungen zu SKONTOZWEISEITIG:

```
SKONTO ALS ZWEISEITIGE AUSWAHL.
RECHNUNGSBETRAG IN DM: 200
TAGE NACH ERHALT:      3
8 DM SKONTO UND 192 DM ZAHLUNG.
ENDE.
```

```
SKONTO ALS ZWEISEITIGE AUSWAHL.
RECHNUNGSBETRAG IN DM: 200
TAGE NACH ERHALT:      14
3 DM SKONTO UND 197 DM ZAHLUNG.
ENDE.
```

Codierung zu SKONTOZWEISEITIG:

```
100  REM ======PROGRAMM SKONTOZWEISEITIG1
110  PRINT "SKONTO ALS ZWEISEITIGE AUSWAHL."
120  INPUT "RECHNUNGSBETRAG IN DM: ";R
130  INPUT "TAGE NACH ERHALT:      ";T
140  IF T > 8 THEN 190
150  LET P = 4
160  LET S = R * P / 100: LET R = R - S
170  PRINT S;" DM SKONTO UND ";R;" DM ZAHLUNG."
180  PRINT "ENDE.": END
190  LET P = 1.5
200  GOTO 160
```

PAP zu SKONTOZWEISEITIG:

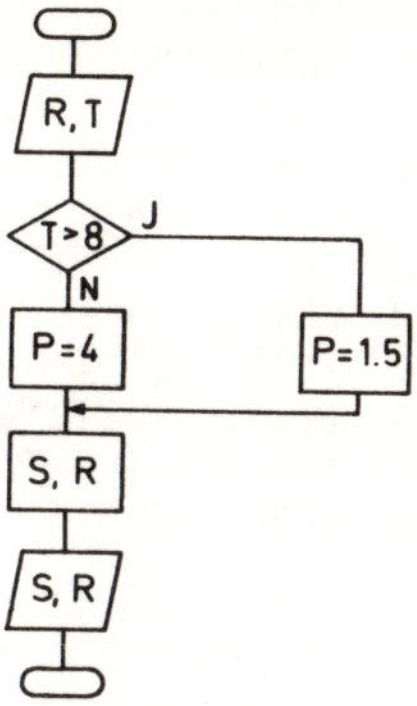

Zur b e d i n g t e n V e r z w e i g u n g wird dabei die IF-Anweisung in ihrer einfachsten Form verwendet:

```
140  IF  T>8  THEN 190
         └──────────┼──────── Verzweigungsbedingung
                    └──────── Sprungadresse
```

Wenn (IF) T größer als 8 ist (T>8), dann verzweige nach Zeile 190 . Wenn nicht, also wenn T kleiner oder gleich 8 ist (T<=8), dann fahre wie sonst mit der Folgezeile 150 fort. Anstelle von THEN kann man auch THEN GOTO oder GOTO schreiben.

Zur u n b e d i n g t e n V e r z w e i g u n g dient die GOTO-Anweisung. Kommt die Ausführung zu Zeile 200, so wird bedingungslos nach Zeile 160 verzweigt (200 GOTO 160).

Hier eine andere Codierung zu Programm SKONTOZWEISEITIG, die genauso abläuft wie die obige Codierungsform:

```
140 IF T>8 THEN 152
150 LET P=4
151 GOTO 160
152 LET P=1.5
160 LET S=...
```

Die END-Anweisung steht zwar als letzte Anweisung im Programm, aber das Zwischenspringen mit GOTO ist nicht gerade übersichtlich.

3.1.2.2 Einseitige Auswahl als Sonderfall

Die Einseitige Auswahl
  "Wenn .., dann tue dies, sonst aber tue nichts"
kann als Sonderfall der Zweiseitigen Auswahl
  "Wenn .., dann tue dies, sonst aber tue das"
aufgefaßt werden.

Programm SKONTOEINSEITIG1 zeigt dies: Die Ausführungen stimmen mit denen von SKONTOZWEISEITIG überein, die Codierung hingegen zeigt eine Einseitige Auswahlstruktur . Dies wurde durch folgenden Trick erreicht: P wird in 140 auf 4% gesetzt und nur im Falle von T>8 um 2.5 auf 1.5% vermindert (190 LET P=P-2.5).

Codierung zu SKONTOEINSEITIG1:

```
100  REM  ======PROGRAMM SKONTOEINSEITIG1
110  PRINT "SKONTO ALS EINSEITIGE AUSWAHL."
120  INPUT "RECHNUNGSBETRAG IN DM: ";R
130  INPUT "TAGE NACH ERHALT:       ";T
140  LET P = 4
150  IF T > 8 THEN 190
160  LET S = R * P / 100: LET R = R - S
170  PRINT S;" DM SKONTO UND ";R;" DM ZAHLUNG."
180  PRINT "ENDE.": END
190  LET P = P - 2.5
200  GOTO 160
```

PAP zu SKONTOEINSEITIG1:

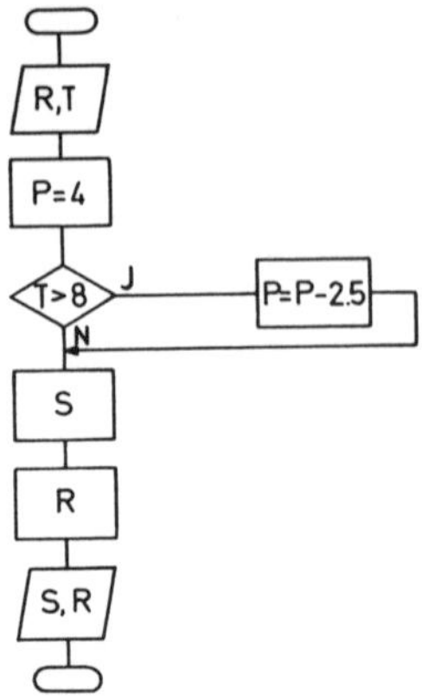

Ausführungen zu SKONTOEINSEITIG1:

```
SKONTO ALS EINSEITIGE AUSWAHL.
RECHNUNGSBETRAG IN DM: 200
TAGE NACH ERHALT:      3
8 DM SKONTO UND 192 DM ZAHLUNG.
ENDE.

SKONTO ALS EINSEITIGE AUSWAHL.
RECHNUNGSBETRAG IN DM: 200
TAGE NACH ERHALT:      14
3 DM SKONTO UND 197 DM ZAHLUNG.
ENDE.
```

Struktogramm:

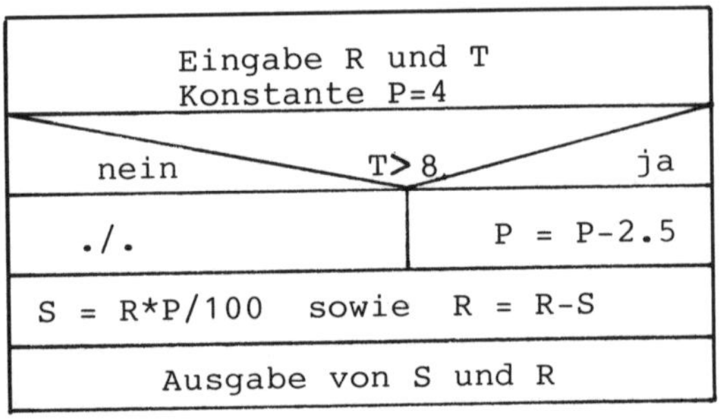

Die Programme SKONTOEINSEITIG1 und SKONTOEINSEITIG2 weichen nur in der Codierung ab. Für die Verzweigungsanweisung IF-THEN wird in SKONTOEINSEITIG2 die Anweisung IF..THEN LET.. verwendet. LET wird aber nur dann ausgeführt, wenn die Verzweigungsbedingung erfüllt ist. IF-Anweisungen wie IF..THEN PRINT.. und IF..THEN INPUT.. sind entsprechend möglich. Soll in Abhängigket der Verzeigungsbedingung aber eine Anweisungsfolge durchlaufen werden, so ist die einfache Form IF..THEN.. immer vorzuziehen, da sie eine besser lesbare Codierung gewährleistet. Anmerkung: Für IF..THEN.. kann auch IF..THEN GOTO.. stehen.

Codierung zu Programm SKONTOEINSEITIG2:

```
100  REM  ======PROGRAMM SKONTOEINSEITIG2
110  PRINT "SKONTO ALS EINSEITIGE AUSWAHL."
120  INPUT "RECHNUNGSBETRAG IN DM: ";R
130  INPUT "TAGE NACH ERHALT:       ";T
138  LET P = 4
140  IF T > 8 THEN  LET P = P - 2.5
160  LET S = R * P / 100: LET R = R - S
170  PRINT S;" DM SKONTO UND ";R;" DM ZAHLUNG."
180  PRINT "ENDE.": END
```

3.1.2.3 Mehrseitige Auswahl als Sonderfall

Bei der Mehrseitigen Auswahl werden mehrere Fälle unterschieden: im Programm DREIFAELLE1 sind es die drei Fälle 'gleich', 'vor' und 'nach'. Der PAP und auch das Struktogramm zeigen uns die geschachtelte Anordnung von zwei 'Zweiseitigen Auswahlen'. Wie die Einseitige Auswahl kann also auch die Mehrseitige Auswahl als Sonderfall der Zweiseitigen Auswahl aufgefaßt werden.

Struktogramm zu DREIFAELLE1:

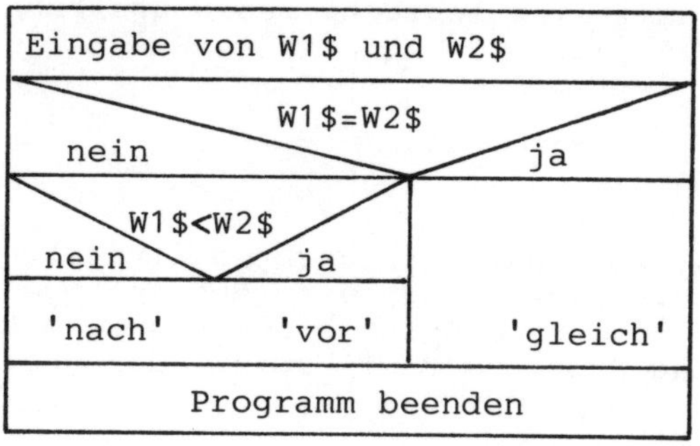

PAP zu DREIFAELLE1:

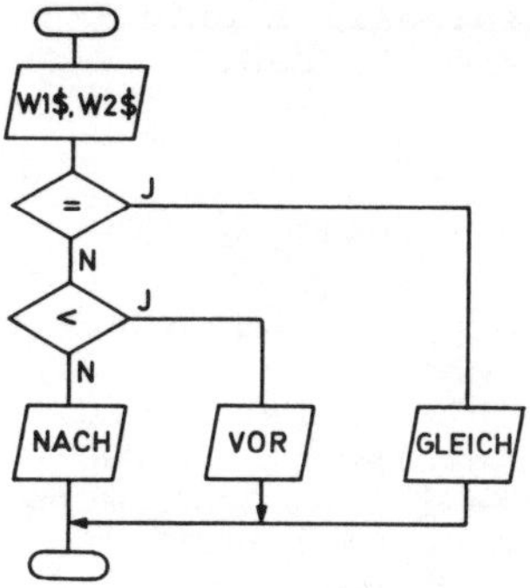

Codierung zu Programm DREIFAELLE1:

```
100  REM  ======PROGRAMM DREIFAELLE1
110  PRINT "TEXTVERGLEICH: 2 WOERTER, 3 FAELLE."
120  INPUT "ZWEI WOERTER: ";W1$,W2$
130  IF W1$ = W2$ THEN  PRINT W1$;" IST GLEICH ";W2$: GOTO 160
140  IF W1$ < W2$ THEN  PRINT W1$;" KOMMT VOR ";W2$: GOTO 160
150  PRINT W1$;" KOMMT NACH ";W2$
160  PRINT "ENDE.": END
```

Zwei Ausführungen zu Programm DREIFAELLE1:

```
TEXTVERGLEICH: 2 WOERTER, 3 FAELLE.
ZWEI WOERTER: 12% , HUNDERT
12%  KOMMT VOR HUNDERT
ENDE.
```

```
TEXTVERGLEICH: 2 WOERTER, 3 FAELLE.
ZWEI WOERTER: PREIS , DM-BETRAG
PREIS  KOMMT NACH DM-BETRAG
ENDE.
```

In den IF-Anweisungen dieses Programms findet kein numerischer Vergleich statt, sondern ein T e x t v e r g l e i c h : Die Verzweigungsbedingung W1$=W2$ (ist der Wert von Variable W1$ gleich dem von Variable W2$) vergleicht die derzeitigen Werte zweier Textvariablen. Textvariablen enden mit einem Dollarzeichen $ (z.B. A$, B$, C$, ..., A1$, A2$, ...). Wie kann der Computer feststellen, ob mit dem Textvergleich W1$<W2$ in Zeile 130 nun der Text "PREIS" kleiner ist (im Sinne von alphabetisch weiter vorne stehend) als der Text "DM-BETRAG"? Wie Ziffern werden auch Buchstaben und Sonderzeichen intern im ASCII dargestellt (Abschnitt 1.2.3.1). Sie erhalten so je eine Codenummer als Ordnungsnummer. Mit den ASCII-Codenummern 80 für P und 68 für D wird W1$<W2$ bzw. "PREIS"<"DM-BETRAG" bzw. 80<68 vom Computer als 'unwahr' erkannt; der Textvergleich führt somit nicht zur Programmverzweigung.
Text ist all' das, 'was zwischen Gänsefüßchen steht' . Andere Bezeichnungen sind S t r i n g , Zeichenkette, Zeichendaten.

Beim Textvergleich kann wie beim numerischen Vergleich mit den Vergleichs-Operatoren =, <> (ungleich), >, <, >= (größer oder gleich) und <= gearbeitet werden.

Beim Commodore 64 kann ein String maximal 255 Zeichen lang sein.

In den Zeilen 130, 140 und 160 von Programm DREIFAELLE1 sind mehrere Anweisungen in e i n e r Zeile angeführt (":" dient als Trennungszeichen). Mit dem ":" sollte sparsam umgegangen werden, weil sich lange Programmzeilen schlecht lesen und korrigieren lassen.

3.1.2.4 Fallabfrage

Die Schachtelung von mehr als zwei Auswahlstrukturen wird allzuleicht unübersichtlich. Zur Vereinfachung der Mehrseitigen Auswahl bietet BASIC deshalb die F a l l a b f r a g e mit der Anweisung ON..GOTO an. Das Programm MWST1 zeigt, daß über die e i n e Anweisung

240 ON WAHL GOTO 250,260,270

d r e i Verzweigungen ausgeführt werden: Für WAHL=1 wird nach Zeile 250 verzweigt, für WAHL=2 nach Zeile 260 und für WAHL=3 nach Zeile 270.
Da die Anweisung ON..GOTO in WAHL ganzzahlige Werte erwartet, müssen entsprechende Eingabefehler zuvor in den Zeilen 220 und 230 abgewiesen werden. INT(WAHL) liefert den ganzzahligen Teil von WAHL (INT(3.45) ergibt 3; INT(2.9) ergibt 2).

Struktogramm zu MWST1:

Eingabe der Auswahl WAHL

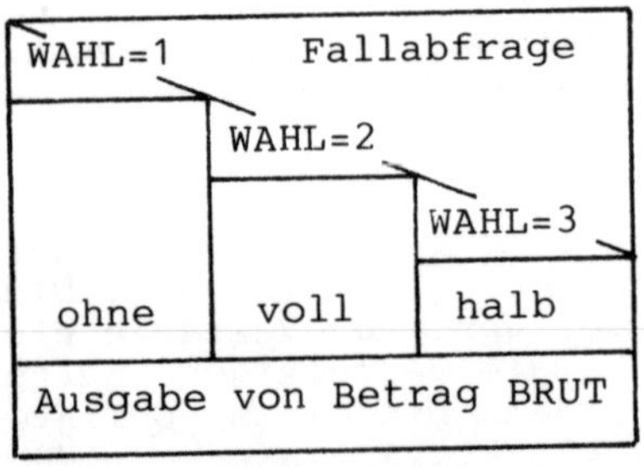

Zwei Ausführungen zu MWST1:

```
BRUTTO EINSCHL. MEHRWERTSTEUER.
NETTOBETRAG TIPPEN: 1500
OHNE  MWST    1
VOLLE MWST    2
HALBE MWST    3
WAHL 1 - 3 TIPPEN: 2
BRUTTOBETRAG: 1710 DM.

RUN
BRUTTO EINSCHL. MEHRWERTSTEUER.
NETTOBETRAG TIPPEN: 1500
OHNE  MWST    1
VOLLE MWST    2
HALBE MWST    3
WAHL 1 - 3 TIPPEN: 3
BRUTTOBETRAG: 1605 DM.
```

Codierung zu Programm MWST1:

```
100 REM  ======PROGRAMM MWST1
110 PRINT "BRUTTO EINSCHL. MEHRWERTSTEUER."
120 REM  ======VEREINBARUNGSTEIL
130 REM  NET, MWST, BRUT:       REAL
140 REM  WAHL:                 INTEGER
150 :
```

```
160  REM  ======ANWEISUNGSTEIL
170  INPUT "NETTOBETRAG TIPPEN: ";NET
180  PRINT "OHNE  MWST    1"
190  PRINT "VOLLE MWST    2"
200  PRINT "HALBE MWST    3"
210  INPUT "WAHL 1 - 3 TIPPEN: ";WAHL
220  IF WAHL < 1 OR WAHL > 3 THEN  PRINT "INTERVALL.": GOTO 180
230  IF WAHL <  >  INT (WAHL) THEN  PRINT "GANZZAHLIG.": GOTO 180
240  ON WAHL GOTO 250,260,270
250  LET MWST = 1: GOTO 280
260  LET MWST = 1.14: GOTO 280
270  LET MWST = 1.07
280  LET BRUT = NET * MWST
290  LET BRUT =  INT (BRUT * 100 + 0.5) / 100
300  PRINT "BRUTTOBETRAG: ";BRUT;" DM."
310  END
```

3.1.3 Programme mit Schleifen

Programme mit Schleifen enthalten Wiederholungsstrukturen, die nach der allgemeinen Darstellung in Abschnitt 1.3.3.3 jetzt in Commodore-BASIC an Beispielen veranschaulicht werden sollen.

3.1.3.1 Abweisende Schleife

Programm KAPITAL1 ermittelt für ein Kapital K bei einem Zinssatz P das verzinste Kapital zum Ende des 1., 2., 3. .. Jahres und endet, sobald sich das Anfangskapital verdoppelt hat. Jede Schleife besteht aus einem Vorbereitungsteil (einmal durchlaufen: Zeilen 180-200) und aus einem Wiederholungsteil (mehrmals durchlaufen: Zeilen 220-250); im Ausführungsbeispiel wird dieser 9mal durchlaufen.
Die Schleife in Programm KAPITAL1 heißt a b w e i s e n d, da die Schleifenabfrage 220 IF K<=KE THEN 270 am Anfang des Wiederholungsteils steht und damit eine versuchte Wiederholung abweisen kann. Andere Bezeichnungen für diesen Schleifentyp: WHILE-DO-Schleife, So-lange-tue-Schleife, Schleife mit vorheriger Abfrage.

```
100  REM  =======KAPITAL1
110  PRINT "KAPITALIEN BIS ZUR VERDOPPLUNG."
120  REM  ======VEREINBARUNGSTEIL
130  REM  K:    REAL (KAPITAL IN DM)
140  REM  KE:   REAL (ENDKAPITAL IN DM)
150  REM  P:    REAL (ZINSSATZ IN %)
160  :
170  REM  ======ANWEISUNGSTEIL
180  INPUT "EINGESETZTES KAPITAL: ";K
190  INPUT "JAHRESZINSSATZ:         ";P
200  LET KE = 2 * K
210  REM  ***BEGINN DER ABWEISENDEN SCHLEIFE*********
220  IF K >  = KE THEN 270
230  LET K = K + K * P / 100
240  PRINT "    ";K
250  GOTO 220
260  REM  ***SCHLEIFENENDE****************************
270  PRINT "ENDE NACH VERDOPPLUNG.": END
```

PAP zu KAPITAL1:

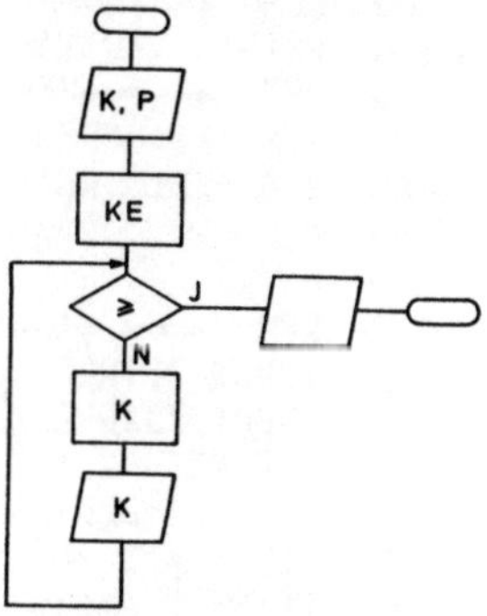

Struktogramm zu KAPITAL1:

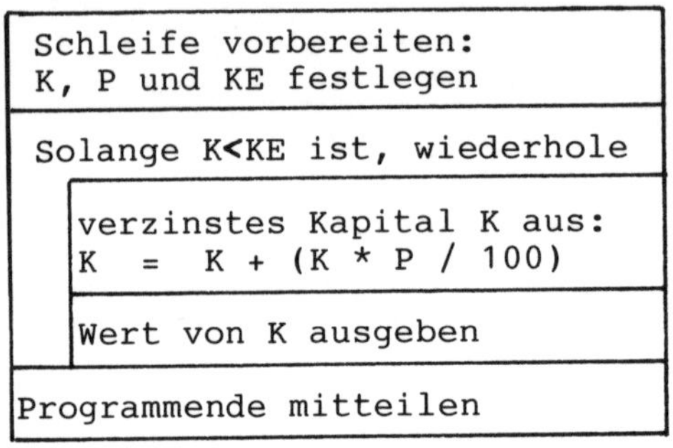

Ausführung zu KAPITAL1:

```
KAPITALIEN BIS ZUR VERDOPPLUNG.
EINGESETZTES KAPITAL: 50000
JAHRESZINSSATZ:       9
   54500
   59405
   64751.45
   70579.0805
   76931.1978
   83855.0056
   91401.9561
   99628.1321
   108594.664
ENDE NACH VERDOPPLUNG.
```

3.1.3.2 Nicht-abweisende Schleife

Die Ausführungen der Programme KAPITAL2 und KAPITAL1 stimmen überein, nicht aber ihre Codierungen: Programm KAPITAL2 hat eine n i c h t - a b w e i s e n d e Schleife, da bei der Codierung die Schleifenabfrage am Ende des Wiederholungsteils in Zeile 240 steht.
Andere Bezeichnungen für die nicht-abweisende Schleife sind: REPEAT-UNTIL-Schleife, Wiederhole-bis-Schleife sowie Schleife mit nachheriger Abfrage.

Struktogramm zu KAPITAL2:

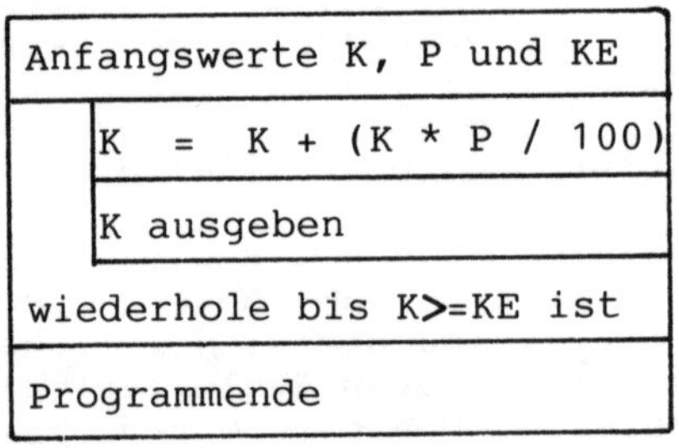

PAP zu KAPITAL2:

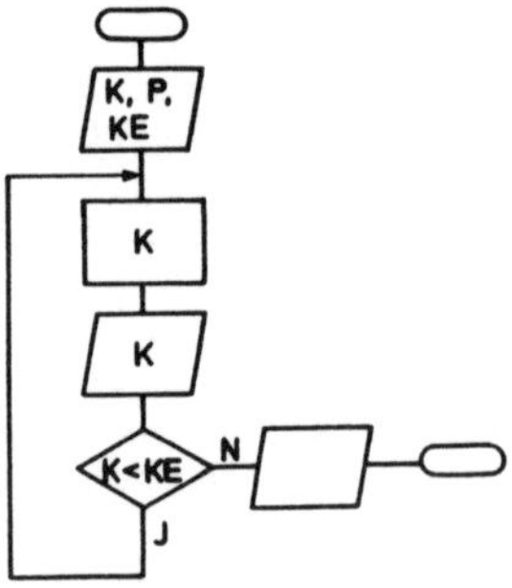

Codierung zu Programm KAPITAL2:

```
100 REM ======KAPITAL2
110 PRINT "KAPITALIEN BIS ZUR VERDOPPLUNG."
120 REM ======VEREINBARUNGSTEIL
130 REM K:   REAL (KAPITAL IN DM)
140 REM KE:  REAL (ENDKAPITAL IN DM)
150 REM P:   REAL (ZINSSATZ IN %)
160 :
170 REM ======ANWEISUNGSTEIL
180 INPUT "EINGESETZTES KAPITAL: ";K
190 INPUT "JAHRESZINSSATZ:       ";P
200 LET KE = 2 * K
210 REM ***BEGINN DER NICHT-ABWEISENDEN SCHLEIFE***
220 LET K = K + K * P / 100
230 PRINT "   ";K
240 IF K < KE THEN 220
250 REM ***SCHLEIFENENDE******************************
260 PRINT "ENDE NACH VERDOPPLUNG.": END
```

3.1.3.3 Schleife mit Abfrage in der Mitte

Am Spielprogramm ZUFALL1 wollen wir den Schleifentyp 'Abfrage in der Mitte des Wiederholungsteils' zeigen: Die Schleifenabfrage 280 IF Z=D GOTO 330 befindet sich inmitten des Wiederholungsteils (Zeile 260 bis Zeile 310). Aus dem Struktogramm sehen wir deutlich, daß innerhalb der Schleife noch eine Zweiseitige Auswahlstruktur eingeschachtelt ist: Wenn Z>D, dann zu groß, sonst zu klein. Dieses Programm ZUFALL1 ist also bereits recht komplex mit drei Programmstrukturen: Folgestruktur (200-240), dann Wiederholungsstruktur (260-310) mit eingeschachtelter Auswahlstruktur (290-310).

Zu den zwei F u n k t i o n e n RND() und INT in Zeile 230: RND() (von Random=Zufall) erzeugt eine Zufallszahl zwischen 0 und 1. Dabei kommt es auf den in Klammern gesetzten Wert an:
- RND(negative Zahl) erzeugt eine Startzahl für eine Zufallsfolge.
- RND(-TI) setzt die Startzahl in Abhängigkeit des internen Zeittaktes TI (vgl. Abschnitt 2.3).
- RND(positive Zahl) liest eine Zahl aus einer mit RND(negative Zahl) gewählten Zufallsfolge. Beispiele: RND(1), RND(A).

Die zusätzliche Anweisung 195 LET D=RND(-TI) würde sicherstellen, daß bei jedem Programmlauf von ZUFALL1 eine 'andere' Zufallszahl gewählt wird.

Die Funktion INT (von Integer=ganzzahlig) schneidet eventuell vorhandene Kommastellen ab. Die hier im Ausführungsbeispiel zu Programm ZUFALL1 vom Computer erzeugte Zahl 108 kann in Zeile

230 LET D = INT(A*RND(A)+N)

zum Beispiel wie folgt nach D zugewiesen worden sein: RND(A) ergibt 0.88249; A bzw. 10 mal 0.88249 ergibt 8.8249;N bzw. 100 plus 8.8249 ergibt 108.8249; INT(108.8249) ergibt 108.

```
100 REM ======PROGRAMM ZUFALL1
110 PRINT "RATEN EINER ZAHL ALS SPIELPROGRAMM."
120 :
130 REM ======VEREINBARUNGSTEIL
140 REM Z:   REAL     (JEWEILIGE BENUTZEREINGABE)
150 REM D: INTEGER    (ZUFALLSZAHL DES COMPUTERS)
160 REM A,N: INTEGER (GRENZEN FUER ZUFALLSAUSWAHL)
170 REM V: INTEGER    (VERSUCHSZAEHLER)
180 :
190 REM ======ANWEISUNGSTEIL
200 PRINT "EINE ZAHL WIRD ZUFAELLIG AUS DEN A"
210 PRINT "AUF N FOLGENDEN ZAHLEN ERZEUGT."
220 INPUT "BITTE A, N EINTIPPEN: ";A,N
230 LET D =  INT (A *  RND (A) + N): LET V = 0
240 PRINT : PRINT "SPIELBEGINN COMPUTER - BENUTZER:"
250 REM ***BEGINN DER RATESCHLEIFE*****************
260 INPUT "IHRE ZAHL BITTE: ";Z
270 LET V = V + 1
280 IF Z = D GOTO 330: REM  SCHLEIFENABFRAGE
290 IF Z > D GOTO 310
300 PRINT "... ZU KLEIN.": GOTO 260
310 PRINT "... ZU GROSS.": GOTO 260
320 REM ***ENDE DER SCHLEIFE*************************
330 PRINT "TREFFER ";D;" NACH ";V;" VERSUCHEN."
340 PRINT "ENDE DES SPIELS."
```

Struktogramm zu ZUFALL1:

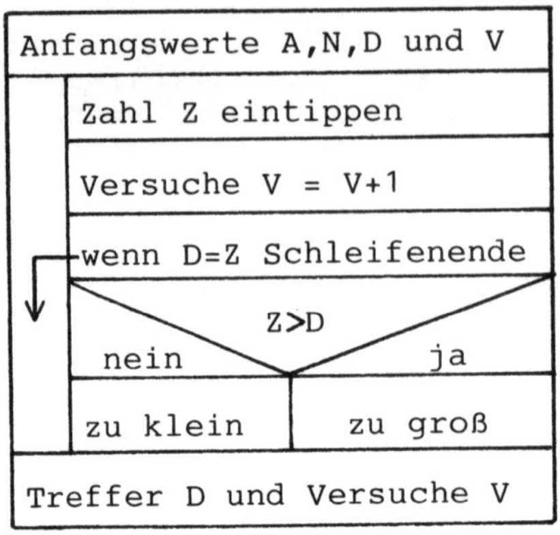

Ausführung zu ZUFALL1:

```
RATEN EINER ZAHL ALS SPIELPROGRAMM.
EINE ZAHL WIRD ZUFAELLIG AUS DEN A
AUF N FOLGENDEN ZAHLEN ERZEUGT.
BITTE A, N EINTIPPEN: 10,100

SPIELBEGINN COMPUTER - BENUTZER:
IHRE ZAHL BITTE: 107
... ZU KLEIN.
IHRE ZAHL BITTE: 109
TREFFER 109 NACH 2 VERSUCHEN.
ENDE DES SPIELS.
```

3.1.3.4 Zählerschleife

Läßt man ein Testprogramm auf verschiedenen Computern laufen, um über den Vergleich der Ergebnisse deren Leistungen zu beurteilen, spricht man von einem Benchmark-Test.
Ein einfacher Test besteht darin, 2000 mal 10 durch 3 zu teilen, um über die hierfür benötigte Zeit dann auf die Verarbeitungsgeschwindigkeit des Computers bzw. der CPU zu schließen. Das Programm BENCHMARK-TEST1 enthält dieses Testverfahren. Der Programmlauf auf einem Commodore 64 benötigte ungefähr 17 Sekunden.

In der Zeile 130 von Programm BENCHMARK-TEST1 ist eine Zählerschleife, die sich genau 2000 mal wiederholt: die Variable Z durchläuft die Werte 1,2,3,...,2000 und heißt deswegen auch *Laufvariable*. Da Z dabei jeweils um 1 hochgezählt wird, nennt man sie Zählervariable und kurz *Zähler*. Zur Kontrolle der *Zählerschleife* stellt Commodore-BASIC die Anweisungen FOR - NEXT zur Verfügung (häufig FOR-Schleife genannt).
Statt in einer Zeile kann man die Zählerschleife von Programm BENCHMARK-TEST1 auch wie folgt in drei Zeilen schreiben:

```
130 FOR Z=1 TO 2000 -Für Z, das von 1 bis 2000 laufen soll
131 LET T=10/3      -Bei jedem Durchlauf 10/3 nach T bringen
132 NEXT Z          -Z um 1 erhöhen und ggf. nach 130 gehen
```

Da die Überprüfung der Schleife am Ende in der NEXT-Anweisung stattfindet, wird eine Schleife mit FOR X=5 TO 5 ... NEXT X *einmal* durchlaufen.
Der PAP zu BENCHMARK-TEST1 zeigt die Sinnbilder für der Zählerschleife:
Zwei 'abgeschrägte' Rechtecke für den Schleifenanfang (FOR) und für das Schleifenende (NEXT).

Codierung zu BENCHMARK-TEST1:

```
100 REM ======BENCHMARK-TEST1
110 PRINT "TEST ZUR VERARBEITUNGSGESCHWINDIGKEIT."
120 PRINT T;" -> TESTBEGINN (BITTE WARTEN)"
130 FOR Z = 1 TO 2000: LET T = 10 / 3: NEXT Z
140 PRINT T;" -> TESTENDE"
150 END
```

Ausführung zu BENCHMARK-TEST1:

```
TEST ZUR VERARBEITUNGSGESCHWINDIGKEIT.
0 -> TESTBEGINN (BITTE WARTEN)
3.33333333 -> TESTENDE
```

Struktogramm zu BENCHMARK-TEST1:

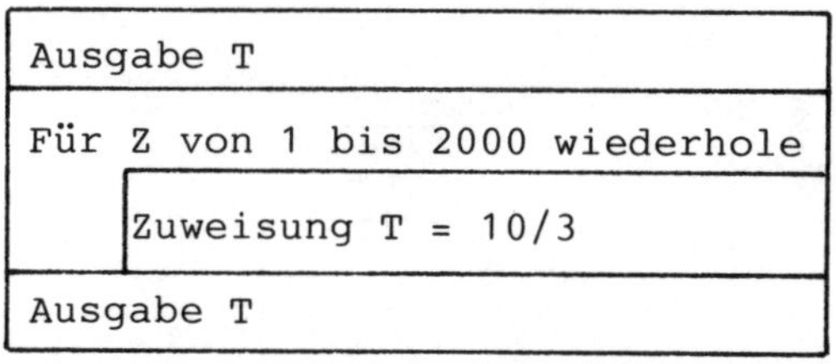

PAP zu BENCHMARK-TEST1:

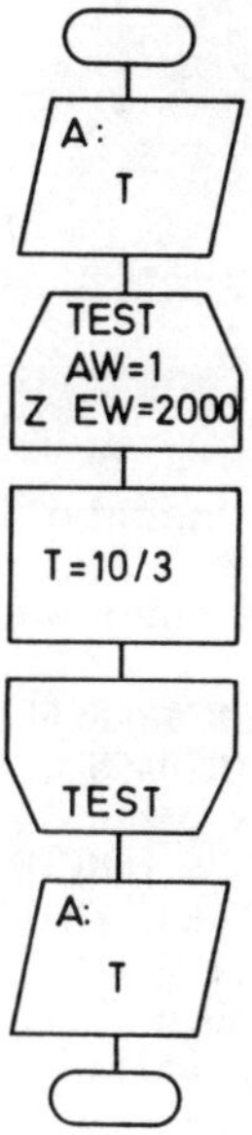

Beispiele für gültige FOR-Anweisungen (Werte der Laufvariablen in Klammern): FOR I=100 TO 102 (100,101,102), FOR S1=3 TO EWER (3,4 bei EWER=4), FOR D=0 TO 6 STEP 2 (0,2,4,6), FOR A=9 TO 13 STEP 3 (9,12), FOR I=8 TO 6 STEP -1 (8,7,6), FOR A=1 TO 1 (1). Mit STEP kann man dabei für die Laufvariable eine von 1 abweichende Schrittweite angeben. Ist STEP negativ, so muß der Angangswert natürlich größer sein als der Endwert.

3.1.3.5 Unechte Zählerschleife

Eine u n e c h t e Zählerschleife liegt vor, wenn mit den Anweisungen FOR-NEXT überhaupt nicht gezählt werden soll, d.h. wenn diese beiden so bequem verwendbaren Anweisungen 'nur' zum Zwecke der Schleifensteuerung programmiert werden. Das folgende Programm FAHRTENBUCH1 zeigt dies anhand einer Kfz-Benzinabrechnung.
In der Zählerschleife (Zeilen 260 - 370) wird in der Anweisung 260 FOR Z = 1 TO 999 mit 999 ein normalerweise nicht erreichbarer Endwert angegeben, weil der eigentliche Schleifenausgang in Zeile 290 vorgesehen ist: Bei Eingabe von Null (K1=0?) wird die Laufvariable auf 999 gesetzt (LET Z=999) und nach 370 zur NEXT-Anweisung verzweigt. Ebenso könnte die Schleife durch eine Verzweigung 290 IF K1=0 THEN 380 direkt verlassen; diese Möglichkeit widerspricht jedoch dem Prinzip der strukturierten Programmierung, für jede Programmstruktur je e i n e n Eingang und Ausgang vorzusehen (vgl. Abschnitt 1.3.7.4).

```
Ein Ausgang (Zeile 370):

260 FOR Z = 1 TO 999
...
290 IF K1=0 THEN Z=999: GOTO 370
...
370 NEXT Z
380 ...

gut: ein Eingang, ein Ausgang
```

```
Zwei Ausgänge (290, 370):

260 FOR Z = 1 TO 999
...
290 IF K1=0 THEN 380
...
370 NEXT Z
380 ...

schlecht: unklare Struktur
```

Unechte Zählerschleife auf zwei Arten programmiert

Ausführung zu Programm FAHRTENBUCH1:

```
KFZ-BENZINVERBRAUCHSWERTE ERMITTELN
AUS EINTRAGUNGEN IM FAHRTENBUCH.

ANFANGSKILOMETERSTAND (TANK=VOLL): 60000
1. TANKEN: KM-STAND, LITER, DM (0=ENDE)
60100,10,14
VERBRAUCH:   10 LITER/100 KM
BENZINPREIS: 1.4 DM/LITER

2. TANKEN: KM-STAND, LITER, DM (0=ENDE)
60260,20,29
VERBRAUCH:   12.5 LITER/100 KM
BENZINPREIS: 1.45 DM/LITER

3. TANKEN: KM-STAND, LITER, DM (0=ENDE)
0,0,0

KILOMETER GESAMT:     260 KM
AUSGABEN GESAMT:      43 DM
VERBRAUCH MITTEL:     11.5384615 LITER/100 KM
BENZINPREIS MITTEL: 1.43333333 DM/LITER
```

PAP zu FAHRTENBUCH1:

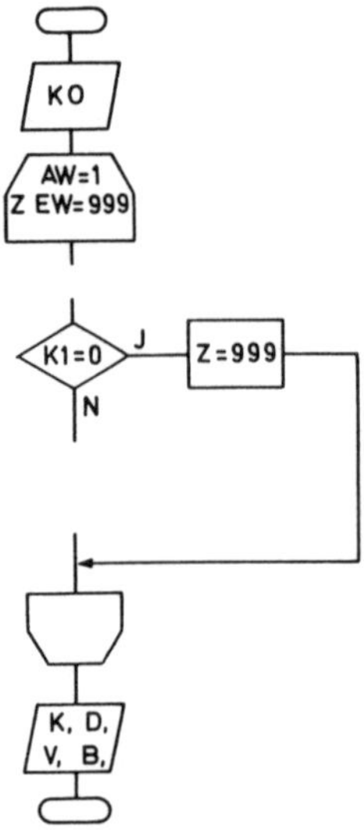

Codierung zu FAHRTENBUCH1 mit einer Schleife in 260-370:

```
100  REM  ======PROGRAMM FAHRTENBUCH1
110  PRINT "KFZ-BENZINVERBRAUCHSWERTE ERMITTELN"
120  PRINT "AUS EINTRAGUNGEN IM FAHRTENBUCH.": PRINT
130 :
140  REM  ======VEREINBARUNGSTEIL
150  REM  K1: REAL (KM-STAND AUS FAHRTENBUCH)
160  REM  L1: REAL (LITERVERBRAUCH AUS F.)
170  REM  D1: REAL (DM-BETRAG FUER TANKEN AUS F.)
180  REM  V1: REAL (VERBRAUCH IN LITER/100 KM)
190  REM  B1: REAL (BENZINPREIS IN DM/LITER)
200  REM  K,L,D,V,B: REAL (ENTSPR. GESAMTWERTE)
210  REM  Z:  INTEGER (LAUFVARIABLE)
220 :
230  REM  ======ANWEISUNGSTEIL
240  INPUT "ANFANGSKILOMETERSTAND (TANK=VOLL): ";KO
250  LET K = 0:L = 0:D = 0
```

```
260 FOR Z = 1 TO 999
270 PRINT Z;". TANKEN: KM-STAND, LITER, DM (0=ENDE)"
280 INPUT "              ";K1,L1,D1
290 IF K1 = 0 THEN  LET Z = 999: GOTO 370
300 LET K1 = K1 - K0:K = K + K1:L = L + L1:D = D + D1
310 LET V1 = 100 * L1 / K1
320 PRINT "VERBRAUCH:   ";V1;" LITER/100 KM"
330 LET B1 = D1 / L1
340 PRINT "BENZINPREIS: ";B1;" DM/LITER"
350 LET K0 = K0 + K1: PRINT
360 NEXT Z
370 LET V = 100 * L / K: LET B = D / L: PRINT
380 PRINT "KILOMETER GESAMT:    ";K;" KM"
390 PRINT "AUSGABEN GESAMT:     ";D;" DM"
400 PRINT "VERBRAUCH MITTEL:    ";V;" LITER/100 KM"
410 PRINT "BENZINPREIS MITTEL: ";B;" DM/LITER"
420 END
```

Offene und geschlossene Schleife:
Zu Beginn jeder Ausführung von Programm FAHRTENBUCH1 ist vollkommen offen, wie oft die Schleife durchlaufen wird. Man nennt diese Schleife deshalb auch eine o f f e n e Schleife. Demgegenüber wurde BENCHMARK-TEXT1 als g e s c h l o s s e n e Schleife jeweils immer 2000 mal durchlaufen. Die Anzahl der Schleifendurchläufe ist dabei konstant.

3.1.3.6 Schachtelung von Zählerschleifen

Mehrere Programmstrukturen können entweder hintereinander oder geschachtelt in e i n e m Programm angeordnet sein (vgl. Abschitt 1.3.3.5). Bei der Schachtelung von Zählerschleifen ist zu beachten, daß die zuerst begonnene äußere Schleife zuletzt beendet wird, daß die innere Schleife somit vollständig eingeschachtelt ist. Im Beispiel mit X-Schleife außen und Y-Schleife innen wird in 400 das Wort TEST 12 mal (3*4=12) ausgegeben.

```
300 FOR X=1 TO 3                 300 FOR X=1 TO 3
310 FOR Y=1 TO 4                 310 FOR Y=1 TO 4
...                              ...
400 PRINT "TEST"                 400 PRINT "TEST"
...                              ...            läuft nicht
590 NEXT Y                       590 NEXT X
600 NEXT X                       600 NEXT Y

vollständige Schachtelung     falsch: teilweise Schachtelung
```

Schachtelung mit innerer Y-Schleife und äußerer X-Schleife

Im Programm RATENSPARTABELLE sind ebenfalls 2 Zählerschleifen geschachtelt angeordnet: Die innere Schleife mit der Laufvariablen I für die Jahre (im Ausführungsbeispiel I=1,2,3,4) sowie die äußere Schleife mit J für die Anzahl der jährl. Zahlungen (im Beispiel J=1,2). Die Beispieltabelle weist damit 8 Druckzeilen auf, da die PRINT-Anweisung in Zeile 340 genau 8 mal (4*2=8) durchlaufen wird.

Codierung zu RATENSPARTABELLE (Schleifen in Zeilen 310-360):

```
100  REM  ======PROGRAMM RATENSPARTABELLE1
110  PRINT "GUTHABENENTWICKLUNG BEIM RATENSPAREN"
120  PRINT "ALS UEBERSICHTSTABELLE."
130 :
140  REM  ======VEREINBARUNGSTEIL
150  REM  S:  REAL (SPARRATE GLEICHBLEIBEND)
160  REM  Z:  INTEGER (ANZAHL DER ZAHLUNGEN PRO JAHR)
170  REM  V:  INTEGER (VERTRAGSLAUFZEIT DES RATENSPARENS)
180  REM  P:  REAL (JAHRESZINSSATZ)
190  REM  F:  REAL (ZINSFAKTOR AUS ZINSFORMEL)
200  REM  K:  REAL (KAPITAL ALS NEUES ENDGUTHABEN)
210  REM  I:  INTEGER (LAUFVARIABLE AEUSSERE JAHRESSCHLEIFE)
220  REM  J:  INTEGER (LAUFVARIABLE INNERE MONATSSCHLEIFE)
230 :
240  REM  ======ANWEISUNGSTEIL
250  INPUT "SPARRATE, ZAHLUNGEN/JAHR:   ";S,Z
260  INPUT "VERTRAGSLAUFZEIT (JAHRE):   ";V
270  INPUT "ZINSSATZ (%/JAHR):          ";P
280  LET K = 0: LET F = 1 + P / Z / 100
290  PRINT : PRINT "JAHR MONAT GUTHABEN"
300  REM  ***BEGINN DER SCHLEIFENSCHACHTELUNG****
310  FOR I = 1 TO V: REM  BEGINN SCHLEIFE 'AUSSEN'
320 : FOR J = 1 TO Z: REM  BEGINN SCHLEIFE INNEN
330 :: LET K = (K + S) * F
340 :: PRINT  TAB( 2);I; TAB( 7);J; TAB( 13); INT (K * 100 + 0.5) / 100
350 : NEXT J: REM  ENDE SCHLEIFE INNEN
360  NEXT I: REM  ENDE SCHLEIFE AUSSEN
370  REM  ***ENDE DER SCHLEIFENSCHACHTELUNG******
380  PRINT "ENDE.": END
```

Struktogramm zu RATENSPARTABELLE:

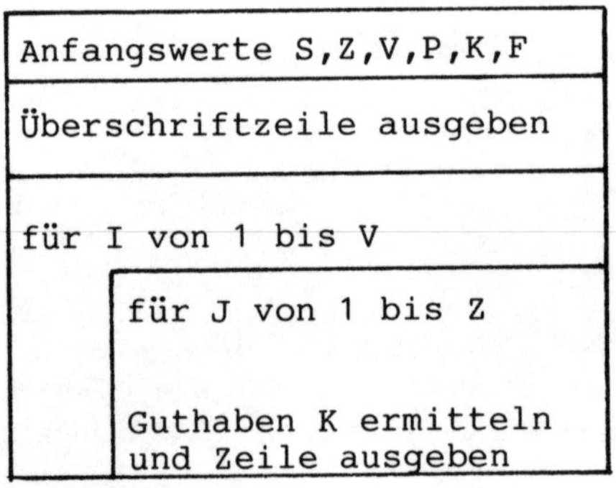

Ausführung zum Programm:

```
GUTHABENENTWICKLUNG BEIM RATENSPAREN
ALS UEBERSICHTSTABELLE.
SPARRATE, ZAHLUNGEN/JAHR:   200,2
VERTRAGSLAUFZEIT (JAHRE):   4
ZINSSATZ (%/JAHR):          12

JAHR MONAT GUTHABEN
 1    1          212
 1    2          436.72
 2    1          674.92
 2    2          927.42
 3    1          1195.06
 3    2          1478.77
 4    1          1779.49
 4    2          2098.26
ENDE.
```

3.1.3.7 Warteschleife bei Zeitverzögerung und GET

Die Programmschleife

```
100 FOR ZEIT=1 TO 1000
110 NEXT ZEIT
```

wird 1000 mal durchlaufen, was seine Zeit braucht. Deshalb sieht man diese Schleife oft als Warteschleife zur Zeitverzögerung vor.
Man schreibt die Warteschleife auch einzeilig in der Form

```
100 FOR ZEIT=1 TO 1000 : NEXT ZEIT .
```

Einem ganz anderen Zweck dient die folgende Warteschleife:

```
300 PRINT "ERKLAERUNG (JA/NEIN)?"
310 GET E$
320 IF E$="J" THEN 350
330 IF E$="N" THEN 500
340 GOTO 310
350 PRINT "ERKLAERUNG: ...."
```

Die GET-Anweisung erwartet *ein* Zeichen als Tastatureingabe, ohne daß die /RET/-Taste gedrückt werden muß. Sobald ein Zeichen eingetippt wurde, wird es mittels 310 GET E$ nach E$ zugewiesen. GET verlangt stets eine Warteschleife (hier: Zeile 310,320,330,340,310, ...), da immer wieder die Tastatur nach einer Eingabe abgefragt wird.
Die Warteschleife können wir auch in einer Zeile schreiben:

```
310 GET E$: IF E$="" THEN 310
320 IF E$="J" THEN 350
330 GOTO 500
```

Die Ablauflogik ist dabei jedoch weniger streng, da für alle Eingaben außer "J" keine Erklärung gegeben wird.

Zur Belegung der *Funktionstasten*:
Die folgende GET-Schleife dient der Belegung bzw. -abfrage der Funktionstaste F2 (ASCII-Codezahlen 133-140 für die Funktionstasten F1, F2, ..., F8):

```
500 PRINT "TASTE F2 DRUECKEN"
510 GET E$: IF E$="" THEN 510
520 IF E$<>CHR$(134) THEN 510
530 PRINT "F2 WURDE GEDRUECKT"
540 ...
```

Das Programm fährt nur dann fort, wenn die Funktionstaste F2 gedrückt wurde.

3.1.4 Programm mit Unterprogramm

Die Verwendung von Unterprogrammen bietet entscheidende Vorteile:

- Ein in Unterprogramme gegliedertes Programm ist stets besser *lesbar* als ein ungegliedertes Gesamtprogramm.
- Einen an mehreren Stellen im Programm benötigten Ablauf muß man nur *einmal* als Unterprogramm codieren.
- Oft benötigte Verfahren können gesammelt und bei Bedarf im neuen Programm wie *Bausteine* eingesetzt werden.
- Bei größeren Vorhaben können Teilabläufe von verschiedenen Personen *getrennt* entwickelt und dann zu einem Programmkomplex zusammengesetzt werden.

In BASIC kann man Unterprogramme durch die Anweisungen GOSUB und RETURN oder durch Funktionen verwirklichen.

3.1.4.1 Unterprogramme mit GOSUB und RETURN

Programm DEMO-UPRO1 demonstriert, wie ein e i n m a l codiertes Unterprogramm (Zeilen 1000, 1010) z w e i m a l aufgerufen wird (Zeilen 140 und 180). Zu trennen ist also die Unterprogrammcodierung (ein oder mehrere Zeilen mit RETURN am Ende) einerseits und der Unterprogrammaufruf (durch GOSUB) andererseits. In BASIC ist das Unterprogramm immer Teil des Hauptprogramms.
Zweck des Unterprogramms ist es, die jeweilige Tastatureingabe um 10 zu erhoehen. Da sich die Eingabe im Hauptprogramm zuerst in X und dann in Y befindet, ist vor jedem Unterprogrammaufruf die Eingabe einer Variablen namens PAR (Parameter) zuzuweisen, um dann das Unterprogramm mit GOSUB 1000 aufzurufen, die Erhöhung mit 1000 LET PAR=PAR+10 auszuführen, mit 1010 RETURN in die jeweilige Folgezeile 150 bzw. 190 zurückzukehren und im Hauptprogramm fortzufahren. Die etwas umständliche Anweisungsfolge 'LET PAR=X : GOSUB 1000 : LET X=PAR' ist erforderlich, da ein Unterprogrammaufruf wie etwa 'GOSUB(X) 1000' mit einer tatsächlichen Parameterübergabe in BASIC nicht Standard ist. Mit SIMON's BASIC können wir Unterprogramme etwas komfortabler programmieren (vgl. Abschnitt 3.10.4).

Codierung zu DEMO-UPRO1:

```
100  REM  ======PROGRAMM DEMO-UPRO1
110  PRINT "EIN UNTERPROGRAMM ZWEIMAL AUFRUFEN."
120  INPUT "WERT VON X <- ";X
130  REM  ***ERSTER UNTERPROGRAMM-AUFRUF*************
140  LET PAR = X: GOSUB 1000
150  LET X = PAR: PRINT "X UM 10 ERHOEHT -> ";X
160  INPUT "WERT VON Y <- ";Y
170  REM  ***ZWEITER UNTERPROGRAMM-AUFRUF************
180  LET PAR = Y: GOSUB 1000
190  LET Y = PAR: PRINT "Y UM 10 ERHOEHT -> ";Y
200  PRINT "ENDE.": END
210 :
220  REM  ***UNTERPROGRAMM 'ERHOEHEN'****************
1000  LET PAR = PAR + 10
1010  RETURN
```

PAP zu DEMO-UPRO1:

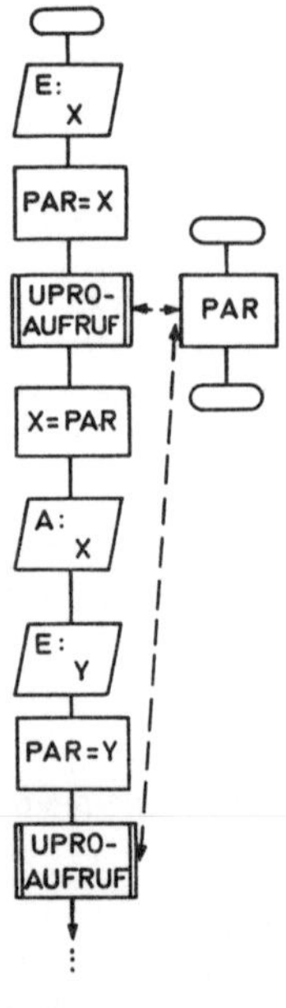

Ausführung zu DEMO-UPRO1:

```
EIN UNTERPROGRAMM ZWEIMAL AUFRUFEN.
WERT VON X <- 28
X UM 10 ERHOEHT -> 38
WERT VON Y <- 77777
Y UM 10 ERHOEHT -> 77787
ENDE.
```

Die Anweisung 140 GOSUB 1000 merkt sich die Folgezeile 150 als Rückkehradresse und verzweigt nach Zeile 1000 zum dort anfangenden Unterprogramm. Die Anweisung 1010 RETURN beendet das Unterprogramm und verzweigt zu der (zuletzt) gemerkten Rückkehradresse. Beispiele für Anweisungen zum Unterprogrammaufruf:

- 140 GOSUB 1000 — unbedingter Aufruf
- 140 IF A=3 THEN GOSUB 1000 — numerisch bedingter Aufruf
- 140 IF B$="JA" THEN GOSUB 1000 — Text-bedingter Aufruf
- 140 ON C GOSUB 1000,2000,3000 — Fallabfrage mit Aufruf

3.1.4.2 Standardfunktionen und selbstdefinierte Funktionen

Funktionen sind besondere Unterprogramme, die stets mit ihrem Namen aufgerufen werden. Für häufig wiederkehrende Probleme sind Funktionen standardmäßig vorgegeben und für spezielle Benutzerprobleme können sie vom Benutzer selbst definiert werden.

```
VORGEGEBENE STANDARDFUNKTIONEN AUFRUFEN:
- Numerische Funktionen:
  Ganzzahl:     INT(3.8) ergibt 3, INT(2.1111) ergibt 2
  Betrag:       ABS(-2) ergibt 2, ABS(2) ergibt 2
  Vorzeichen:   SGN(-2) ergibt -1, SGN(2) ergibt +1
  Zufallszahl:  RND(1) ergibt z.B. 0.8724
  Weitere:      ATN, COS, EXP, LOG, SIN, SQR, TAN
  (vgl. Abschnitt 2.3.2.2)

- String-Funktionen bzw. Text-Funktionen:
  ASC, CHR$, LEFT$, LEN, MID$, STR$, RIGHT$ und VAL
  (vgl. Abschnitte 2.3.2.2 und 3.3)

- System-Funktionen:
  FRE, PEEK und POKE (vgl. Abschnitt 3.5)


FUNKTIONEN SELBST DEFINIEREN UND AUFRUFEN:
- Definition der Funktion mit Anweisung DEF FN ...
- Aufruf der Funktion durch FN ...
```

Zwei Arten von Funktionen

Das in Klammern hinter der Funktion geschriebene Argument kann eine Konstante (INT(9.7)), eine Variable (INT(Z)) oder ein beliebiger Ausdruck sein (INT(9.7+Z)).

Programm DEMO-FUNKTION1 stimmt in der Ausführung mit Programm DEMO-UPRO1 überein, nicht aber in der BASIC-Codierung: Das in DEMO-UPRO1 mittels GOSUB und RETURN geschriebene Unterprogramm wird in DEMO-FUNKTION1 über eine benutzerdefinierte Funktion mit DEF FN programmiert. In der hierfür vorgesehenen Anweisung

```
140 DEF FN ERHOEH(PAR)=PAR+10
```

schreiben wir hinter FN den Funktionsnamen ERHOEH, gefolgt von einem Parameter PAR, dem das Ergebnis von PAR+10 zugewiesen wird. PAR vertritt als f o r m a l e r Parameter beim Unterprogrammaufruf den entspr. a k t u e l l e n Parameter X (1. Aufruf: FN ERHOEH(X)) sowie Y (2. Aufruf: FN ERHOEH(Y)).

Ausführung zum Programm:

```
EINE FUNKTION SELBST DEFINIEREN
UND DANN ZWEIMAL AUFRUFEN.
WERT VON X <- 28
X UM 10 ERHOEHT -> 38
WERT VON Y <- 77777
Y UM 10 ERHOEHT -> 77787
ENDE.
```

Codierung zu Programm DEMO-FUNKTION1:

```
100 REM ======PROGRAMM DEMO-FUNKTION1
110 PRINT "EINE FUNKTION SELBST DEFINIEREN"
120 PRINT "UND DANN ZWEIMAL AUFRUFEN."
130 REM ***FUNKTION DEFINIEREN**********************
140 DEF FN ERHOEH(PAR) = PAR + 10
150 :
160 INPUT "WERT VON X <- ";X
170 REM ***ERSTER FUNKTIONS-AUFRUF*****************
180 PRINT "X UM 10 ERHOEHT -> "; FN ERHOEH(X)
190 INPUT "WERT VON Y <- ";Y
200 REM ***ZWEITER FUNKTIONS-AUFRUF****************
210 PRINT "Y UM 10 ERHOEHT -> "; FN ERHOEH(Y)
220 PRINT "ENDE.": END
```

3.2 Drei Beispiele zur Programmiertechnik

Zu den in Abschnitt 1.3.7.4 dargestellten Programmiertechniken betrachten wir drei Beispiele: Menütechnik, Standardisierung und Verzweigungstechnik mit Wahrheitswerten.

3.2.1 Strukturiert programmieren: Menütechnik

Bei der Ausführung des Programms MENUE1 werden dem Benutzer sieben Wahlmöglichkeiten am Bildschirm angeboten - vergleichbar mit den Gängen eines Menüs auf der Speisekarte. Aus diesem Grunde spricht man in der DV von der M e n ü t e c h n i k . Folgende Punkte kennzeichnen diese Technik:

(1) Auswahl einer Tätigkeit aus dem Menü:
Das Menü wird am Bildschirm gezeigt, bis der Benutzer eine gültige Auswahl getroffen hat (Unterprogramme 'GOSUB 1000' und 'GOSUB 2000' in Programm MENUE1).

(2) Ausführung dieser Tätigkeit in einem Unterprogramm:
Über eine Mehrseitige Auswahl als Fallabfrage wird ein Unterprogramm aufgerufen (Anweisung 140 ON M GOSUB ...) , um die gewählte Tätigkeit dann auszuführen.

(3) Wiederholtes Menüangebot mit Programmende über das Menü:
Nach dieser Ausführung wird das Menü erneut gezeigt. Die Anweisung PRINT CHR$(147); löscht den Bildschirm. Abgebrochen wird der Programmlauf stets über das Menü (Wahl 7) bzw. über das Steuerprogramm (hier Zeile 150), nicht aber über ein Unterprogramm.

Die sieben Tätigkeiten KONTOSTAND, EINZAHLUNG,.. werden in den Zeilen 1030-1040 unter DATA gespeichert. Soll das Menüprogramm für andere Zwecke verwendet werden, müssen ausschließlich diese Zeilen geändert werden.

Die Anweisungen READ mit DATA dienen der Speicherung programminterner Daten. Jede READ-Anweisung rückt dabei einen Lesezeiger um 1 weiter. Die Anweisung RESTORE setzt den Lesezeiger auf Ausgangsposition 1 zurück. Die Daten können auf beliebig viele DATA-Anweisungen verteilt werden; wesentlich ist allein die Reihenfolge: 10 DATA 4,7 entspricht 10 DATA 4, 11 DATA 7.

```
1000 READ N                Nach N wird die Ziffer 7 eingelesen.

1010 FOR I=1 TO N          Nach M$ werden 7 Textworte eingelesen
1011   READ M$(I)          (M$ ist ein String-Array).
1012 NEXT I
                                                 Inhalt von M$:
1030 DATA 7, KONTOSTAND                           KONTOSTAND
1031 DATA EINZAHLUNG,AUSZAHLUNG                   EINZAHLUNG
1032 DATA NEUES KONTO, KONTO LOESCHEN             AUSZAHLUNG
1033 DATA GESAMTLISTE, PROGRAMMENDE               NEUES KONTO
                                                  KONTO LOESCHEN
READ weist einer oder mehreren Variablen          GESAMTLISTE
Werte zu, die unter DATA gespeichert sind.        PROGRAMMENDE
```

Anweisungen READ und DATA zur Datenspeicherung im Programm

Codierung zu Programm MENUE1:

```
100  REM  ======PROGRAMM MENUE1
110  PRINT "MENUE-DEMO MIT WAHL IN DATA.": PRINT
120  GOSUB 1000: REM  MENUE-ANGEBOT EINLESEN
130  GOSUB 2000: REM  MENUE-WAHL BEREITSTELLEN
140  ON M GOSUB 3000,4000,5000,6000,7000,8000,9000
150  IF M = 7 THEN  PRINT "ENDE.": END
160  INPUT ""WEITERMIT RETURN ";W$: PRINT CHR$(147);: GOTO 130
170 :
180  REM   ***MENUE-ANGEBOT NACH M$ LESEN********************
1000  READ N: DIM M$(N)
1010  FOR I = 1 TO N: READ M$(I): NEXT I
1020  RETURN
1030  DATA  7,KONTOSTAND,EINZAHLUNG,AUSZAHLUNG,NEUES KONTO
1040  DATA  KONTO LOESCHEN, GESAMTLISTE, PROGRAMMENDE
1050 :
1060  REM  ***MENUE-AUSWAHL IN M BEREITSTELLEN**************
2000  PRINT "--------MENUE-ANGEBOT------"
2010  FOR I = 1 TO N: PRINT " ";I;"  ";M$(I): NEXT I
2020  PRINT "--------------------------"
2030  INPUT "MENUE-AUSWAHL TIPPEN: ";W$: LET M =  VAL (W$)
2040  IF M <  >  INT (M) THEN  PRINT "GANZZAHLIG": GOTO 2000
2050  IF M < 1 OR M > N THEN  PRINT "AUSSERHALB": GOTO 2000
2060  RETURN
3000  PRINT "UNTERPROGRAMM ";M$(M): RETURN
4000  PRINT "UNTERPROGRAMM ";M$(M): RETURN
5000  PRINT "UNTERPROGRAMM ";M$(M): RETURN
6000  PRINT "UNTERPROGRAMM ";M$(M): RETURN
7000  PRINT "UNTERPROGRAMM ";M$(M): RETURN
8000  PRINT "UNTERPROGRAMM ";M$(M): RETURN
9000  PRINT "UNTERPROGRAMM ";M$(M): RETURN
```

PAP zu MENUE1:

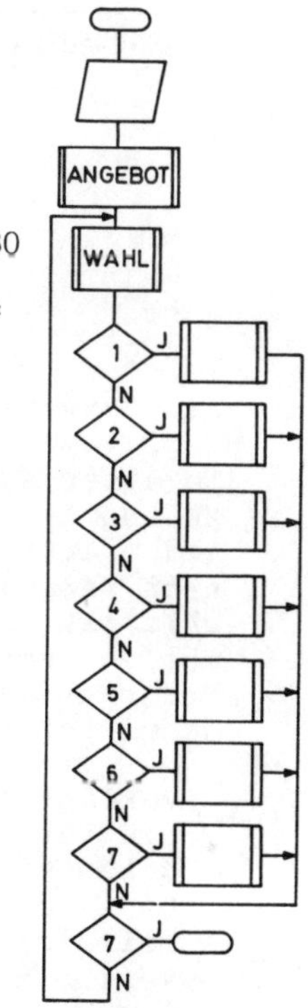

Die Anweisung

 140 ON M GOSUB 3000,4000,5000,6000,7000,8000,9000

ruft für M=1 das Unterprogramm ab Zeile 3000 auf, für M=2 das Unterprogramm ab Zeile 4000 usw, wobei als Rückkehradresse für die RETURNs die Zeile 140 gespeichert wird. Durch die Fehlerabfragen in Zeile 2040-2050 wird sichergestellt, daß in M tatsächlich nur einer der ganzzahligen Werte 1,2,....,7 vorliegt.

In Zeile 2030 wird die Menü-Auswahl des Benutzers bewußt nicht einer numerischen Variablen W, sondern einer Textvariablen W$ zugewiesen. Damit soll ein 'Aussteigen' des Computers bei fehlerhafter Eingabe verhindert werden. Mit dem Funktions-Aufruf VAL(W$) wird der Text in W$ in einen Zahlenwert umgewandelt.

Ausführung zu Programm MENUE1:

```
MENUE-DEMO MIT WAHL IN DATA.

--------MENUE-ANGEBOT------
 1  KONTOSTAND
 2  EINZAHLUNG
 3  AUSZAHLUNG
 4  NEUES KONTO
 5  KONTO LOESCHEN
 6  GESAMTLISTE
 7  PROGRAMMENDE
---------------------------
MENUE-AUSWAHL TIPPEN: 3
UNTERPROGRAMM AUSZAHLUNG
WEITER MIT RETURN
--------MENUE-ANGEBOT------
 1  KONTOSTAND
 2  EINZAHLUNG
 3  AUSZAHLUNG
 4  NEUES KONTO
 5  KONTO LOESCHEN
 6  GESAMTLISTE
 7  PROGRAMMENDE
---------------------------
MENUE-AUSWAHL TIPPEN: 7
UNTERPROGRAMM PROGRAMMENDE
ENDE.
```

3.2.2 Wirtschaftlich programmieren: Standardisierung

In einer Kundendatei soll für jeden Kunden die NUMMER, der NAME und der UMSATZ gespeichert werden, in einer Artikeldatei zu jedem Artikel die BEZEICHNUNG, der PREIS und die MENGE, ... Je nach Dateiart ist das Eingabeproblem ähnlich. Unwirtschaftlich wäre es, für jedes Problem je ein neues Programm schreiben zu müssen. Programm STANDARD1 zeigt die Problemlösung über *ein* Programm auf. *Zwei Variablenebenen* werden dabei unterschieden:

- Variablen mit beschreibenden Daten:
  Die Variablen ND$(), TD$() und LD() nehmen Angaben zu Namen, Datentypen und Längen der Daten auf. Diese Daten sind in der DATA-Zeile gespeichert. Bei Änderung ist somit nur die DATA-Zeile zu überprüfen.
- Variablen mit den eigentlichen Daten:
  Die Variable ID$() steht für den eigentlichen 'Inhalt der zu verarbeitenden Daten', z.B. für die drei Artikelangaben '101 GOLDEN DELICIOUS 3470.50'.

Die Anweisung
  250 DIM ND$(AD)
richtet für die Variable ND$ drei 'Fächer' (da AD=3) zur späteren Speicherung von drei Strings ein. Diese Dimensionierung mittels DIM erklären wir in Abschnitt 3.6 ausführlich.

Programm STANDARD1 verdeutlicht das prinzipielle Vorgehen beim Arbeiten mit zwei Variablenebenen und ist je nach Anwendung zu ergänzen: so fehlt z.B. die Prüfung für das UMSATZ-Format 6.2 (6 Stellen, 2 Dezimalstellen).

Codierung zu Programm STANDARD1:

```
100  REM  ======PROGRAMM STANDARD1
110 :
120  REM  ======VEREINBARUNGSTEIL
130  REM  AD:    INTEGER (ANZAHL DER DATEN)
140  REM  ND$(): FELD (NAMEN DER DATEN)
150  REM  TD$(): FELD (TYPEN DER DATEN)
160  REM  LD():  FELD (LAENGEN DER DATEN)
170  REM  ID$(): FELD (INHALT DER DATEN)
180  REM   BEI AENDERUNG NUR ZEILE 230 AENDERN
190  REM  (I=INTEGER, S=STRING UND R=REALZAHL)
200 :
210  REM  ======ANWEISUNGSTEIL
220  REM  ***BEZEICHNUNGEN SPEICHERN*****************
230  DATA  3,NUMMER,I,3,NAME,S,10,UMSATZ,R,6.2
240  REM  ***LESESCHLEIFE****************************
250  READ AD: DIM ND$(AD),TD$(AD),LD(AD),ID$(AD)
260  FOR Z = 1 TO AD: READ ND$(Z),TD$(Z),LD(Z): NEXT Z
270  REM  ***EINGABESCHLEIFE*************************
280  FOR Z = 1 TO AD
290  PRINT ND$(Z);"       -      ";: INPUT ID$(Z): NEXT Z
300  REM  ***STRING-LAENGE PRUEFEN ALS BEISPIEL******
310  FOR Z = 1 TO AD
320  IF TD$(Z) = "S" AND  LEN (ID$(Z)) > LD(Z) THEN 340
330  PRINT "FEHLERFREI: ";ID$(Z): GOTO 350
340  PRINT "FEHLERHAFT: ";ID$(Z);" UEBER ";LD(Z);" STELLEN."
350  NEXT Z
360  PRINT "ENDE.": END
```

STANDARD1 enthält als Programmstrukturen drei Zählerschleifen, die hintereinander angeordnet sind. In der letzten Schleife ist eine zweiseitige Auswahl geschachtelt angeordnet.

Ausführung zu Programm STANDARD1:

```
NUMMER      -     ?101
NAME      -     ?GOLDEN DELICIOUS
UMSATZ      -     ?3470.50
FEHLERFREI: 101
FEHLERHAFT: GOLDEN DELICIOUS UEBER 10 STELLEN.
FEHLERFREI: 3470.50
ENDE.
```

3.2.3 Einfach programmieren: Verzweigungstechnik

Das Programm BOOLEAN1 verwendet das Zeichen = zur Zuweisung und zum Vergleich. Das erste = in Zeile 120 bewirkt eine Wertzuweisung: nach B1 wird das Ergebnis von X=Y zugewiesen. Dabei ist X=Y ein Vergleichsausdruck mit = als Vergleichszeichen und dem Vergleichsergebnis WAHR oder UNWAHR, das dann der Variablen B1 zugewiesen wird. B1 steht für 'Bedingung 1'. Der THEN-Zweig in Zeile 130 wird nur ausgeführt, wenn B1 den Wert WAHR hat.
Variablen, die nur die Werte WAHR (bzw. TRUE) und UNWAHR (bzw. FALSE) annehmen können, nennt man boolesche Variablen. Damit wird der Mathematiker George Boole geehrt, der um 1850 die Logik erforscht hat. Commodore-BASIC sieht den Datentyp BOOLEAN (vgl. Abschnitt 1.3.2.1) explizit nicht vor. Gleichwohl können wir diesen Typ wie in Programm BOOLEAN1 gezeigt verwenden.

Codierung zu BOOLEAN1:

```
100 REM ======PROGRAMM BOOLEAN1
110 INPUT "ZWEI ZAHLEN EINGEBEN: ";X,Y
120 LET B1 = X = Y
130 IF B1 THEN PRINT "BEIDE ZAHLEN GLEICH."
140 PRINT "ENDE.": END
```

Zwei Ausführungen zu BOOLEAN1:

```
ZWEI ZAHLEN EINGEBEN: 5,6
ENDE.

 RUN
ZWEI ZAHLEN EINGEBEN: 4,4
BEIDE ZAHLEN GLEICH.
ENDE.
```

Vergleichsoperatoren =, >, >=, <, <= und <> :

Vergleichen wir z.B. zwei Zahlen, werden die Vergleichsergebnisse WAHR bzw. UNWAHR in Commodore-BASIC durch die Zahlen -1 (für WAHR) bzw. 0 (für UNWAHR) dargestellt.
Das Programm BOOLEAN2 demonstriert dies. Neben = lassen sich auch die Vergleichszeichen >, >=, <, <= und <> einsetzen. 10>6 z.B. ergibt den Wert WAHR bzw. -1 und 2<>2 den Wert 0.

Codierung zu BOOLEAN2:

```
100 REM ======PROGRAMM BOOLEAN2
110 PRINT "DARSTELLUNG DES DATENTYPS 'BOOLEAN'."
120 PRINT "WAHR BZW. TRUE    -> ";3 = 3
130 PRINT "UNWAHR BZW. FALSE -> ";3 = 4
140 PRINT "ENDE.": END
```

Ausführung zu BOOLEAN2:

```
DARSTELLUNG DES DATENTYPS
WAHR BZW. TRUE    ->-1
UNWAHR BZW. FALSE -> 0
ENDE.
```

Logische Operatoren AND, OR und NOT:

Das Programm BOOLEAN3 zeigt, wie mehrere Vergleichsbedingungen durch logische Operatoren (auch boolesche Operatoren genannt) verknüpft werden können: so durch AND (und), OR (oder) und NOT (nicht). AND, OR und NOT werden in der Booleschen Algebra zur Erklärung logischer Zusammenhänge verwendet. Die Grundlage dazu bilden die sogenannten Wahrheitstafeln.

1 AND 1 = 1	1 OR 1 = 1	NOT 1 = 0
1 AND 0 = 0	1 OR 0 = 1	NOT 0 = 1
0 AND 1 = 0	0 OR 1 = 1	
0 AND 0 = 0	0 OR 0 = 0	

Wahrheitstafeln für logisch 'und', 'oder' sowie 'nicht'

Für X=1 und Y=0 ergibt der boolesche Ausdruck X AND Y den Wert FALSE bzw. 0 und X OR Y den Wert TRUE bzw. -1. Mehrere boolesche Operatoren können in einem Ausdruck auftreten. Zwei Beispiele hierzu: NOT(X OR Y) ergibt den Wert FALSE, während (X>-100)AND(X<100) den Wert TRUE ergibt.
Logische Operatoren arbeiten stets nur mit den Zahlen 0 und 1.

Codierung zu Programm BOOLEAN3:

```
100  REM  ======PROGRAMM BOOLEAN3
110  INPUT "DREI WORTE EINTIPPEN: ";A$,B$,C$
120  LET B1 = A$ = B$
130  LET B2 = B$ = C$
140  IF B1 AND B2 THEN  PRINT "ALLE DREI GLEICH."
150  IF B1 OR B2 THEN  PRINT "DIE ERSTEN ODER LETZTEN BEIDEN GLEICH."
160  IF  NOT B2 THEN  PRINT "DIE LETZTEN BEIDEN UNGLEICH."
170  PRINT "ENDE.": END
```

Drei Ausführungen zu Programm BOOLEAN3:

```
DREI WORTE EINTIPPEN: 1,2,1
DIE LETZTEN BEIDEN UNGLEICH.
ENDE.

 RUN
DREI WORTE EINTIPPEN: JA,NEIN,NEIN
DIE ERSTEN ODER LETZTEN BEIDEN GLEICH.
ENDE.
```

```
DREI WORTE EINTIPPEN: DM,DM,DM
ALLE DREI GLEICH.
DIE ERSTEN ODER LETZTEN BEIDEN GLEICH.
ENDE.
```

In Verzweigungen mittels IF werden oft Vergleichsoperatoren u n d logische Operatoren gemeinsam benutzt. In der Anweisung

570 IF (BETRAG>1000) AND (TAGE<8) THEN 700

z.B. werden zuerst die Vergleichsoperatoren "> größer" sowie "< kleiner" ausgeführt, die -1 bzw. 0 als Ergebnisse liefern. Auf diese Vergleichsergebnisse wird sodann der logische Operator "AND bzw." und) angewandt:

- Für BETRAG=3000 und TAGE=2 erhalten wir IF (-1) AND (-1)... und dann IF (1111) AND (1111)... mit -1 als Binärzahl 1111; IF 1 THEN 700 wird in Commodore-BASIC als Vergleichsausdruck IF 1<>0 THEN 700 behandelt; wir erhalten IF -1 THEN 700 und es wird also nach Zeile 700 verzweigt.
- Für BETRAG=3000 und TAGE=9 erhalten wir IF (-1) AND (0)..., dann IF (1111) AND (0000)..., dann IF 0 THEN 700. Mit der Anweisung IF 0<>0 THEN 700 wird nicht verzweigt, sondern mit der Folgzeile fortgefahren.

Wichtig ist, daß in Commodore-BASIC die beiden Anweisungen

```
... IF V   THEN ...
und
... IF V<>0 THEN ...
```

als gleichbedeutend verarbeitet werden.

Commodore-BASIC stellt die Vergleichsergebnisse -1 bzw. 0 als Binärzahlen 1111 bzw. 0000 dar und führt jede Verknüpfung mit logisch AND b i t w e i s e durch. In Abschnitt 3.5.3 gehen wir auf die bitweise Verarbeitung genauer ein.

Die drei Programmbeispiele BOOLEAN1 - BOOLEAN3 zeigen, daß in BASIC neben den Datentypen INTEGER (Ganzzahl), REAL (Dezimalzahl) sowie STRING (Text, Zeichenkette) auch der Typ BOOLEAN (Wahrheitswert) verwendet werden kann. Dabei sind zwei Punkte festzuhalten:
Das Anweisungswort LET sollte stets beibehalten werden. Sicher ist 20 LET B1 = X=Y besser lesbar als 20 B1=X=Y . Dennoch bewirken die Anweisungen dasselbe: vergleiche X mit Y und weise das Ergebnis WAHR bzw. UNWAHR als -1 bzw. 0 der booleschen Variablen B1 zu.
Die Verwendung des in BASIC nur "um Verborgenen vorhandenen" Datentyps BOOLEAN eröffnet elegante Möglichkeiten zur Ablaufsteuerung über Verzweigungen und Schleifen.

3.3 Textverarbeitung

Mit T e x t v e r a r b e i t u n g ist hier nicht das kaufmännische Standard-Programmpaket gemeint (siehe dazu Abschnitt 1.3.8.3), sondern das Zerlegen und Zusammenfügen einzelner Daten vom Typ 'Text' bzw. 'String'. Man spricht dabei häufig von S t r i n g v e r a r b e i t u n g.

3.3.1 Stringoperationen im Überblick

```
-  Verkettung von Strings: +                      LET X$="6900"
   X$ + " " + Z$ ergibt 6900 HEIDELBERG           LET Y$="HEIDELBERG"
                                                  LET Z = 6900
-  Länge eines Strings: LEN(Y$)
   LEN(X$) ergibt 4;   LEN(Y$) ergibt 10

-  Linker Teilstring: LEFT$(Y$,L)
   LEFT$(Y$,5) ergibt HEIDE;   LEFT$(Y$,2) ergibt HE

-  Rechter Teilstring: RIGHT$(Y$,L)
   RIGHT$(Y$,4) ergibt BERG;   RIGHT$(X$,2) ergibt 00

-  Teilstring von V bis zum Ende: MID$(Y$,V)
   MID$(Y$,7) ergibt BERG;   MID$(X$,2) ergibt 900

-  Teilstring von V mit Länge L: MID$(Y$,V,L)
   MID$(Y$,2,3) ergibt EID;   MID$(Y$,6,1) ergibt L

-  Umwandlung von Zahl in String: STR$(Z)
   STR$(Z) + Y$ ergibt 6900HEIDELBERG;   Z + Y$ ergibt Fehler

-  Umwandlung von String in Zahl: VAL(X$)
   VAL(X$) - 400 ergibt 6500;   X$ - 400 ergibt Fehler

-  Umwandlung von Codezahl in Einzelzeichen: CHR$(X)
   CHR$(49) ergibt 1;   CHR$(82) ergibt R        (ASCII-Zeichen)

-  Umwandlung von Einzelzeichen in Codezahl: ASC(A$)
   ASC("R") ergibt 82;   ASC("=") ergibt 61      (ASCII-Zeichen)
```

Funktionen zur Verarbeitung von Strings

BASIC stellt die Standardfunktionen LEN, LEFT$, RIGHT$, MID$, VAL, STR$, CHR$ sowie ASC bereit.

Diese Stringoperationen wollen wir an Beispielen betrachten.

3.3.2 Einige kleine Programmbeispiele

Programm TEXT0 dient dem Zweck, ein Zeichen Z$ in einem String bzw. Text E$ zu suchen. S dient als Merker bzw. Flagge (Flag). Durch MID$(E$,I,1) wird das 1., 2., ... Element des Texts E$ angesprochen und mit Z$ verglichen.
Die Zählerschleife wird in jedem Fall über 320 NEXT I verlassen (Prinzip: nur e i n Schleifenausgang).
Programm TEXT0 umfaßt zwei Programmstrukturen: eine Wiederholungsstruktur (Zählerschleife) und eine Auswahlstruktur (zweiseitige Auswahl).

Codierung zu Programm TEXT0:

```
100 REM ======PROGRAMM TEXT0
110 PRINT "EIN ZEICHEN IN EINEM TEXT SUCHEN."
120 :
130 REM ======VEREINBARUNGSTEIL
140 REM  E$:  STRING (EINGABETEXT BELIEBIG)
150 REM  Z$:  STRING (ZU SUCHENDES ZEICHEN)
160 REM S:   INTEGER (STELLE MIT ZEICHEN)
170 REM L:   INTEGER (LAENGE DES TEXTES E$)
180 REM I:   LAUFVARIABLE FUER SCHLEIFE
190 :
200 REM ======ANWEISUNGSTEIL
210 INPUT "TEXT EINTIPPEN: ";E$
220 INPUT "ZU SUCHENDES ZEICHEN EINTIPPEN: ";Z$
230 IF LEN (Z$) < > 1 THEN 220: REM MEHR ALS 1 ZEICHEN
240 LET L = LEN (E$): REM LAENGE VON E$
250 LET S = 0: REM ANFANGSWERT SETZEN
260 REM ***BEGINN DER SUCHSCHLEIFE*****************
270 FOR I = 1 TO L
280 PRINT I;". STELLE VON TEXT ";E$: REM KONTROLLAUSGABE
290 IF MID$ (E$,I,1) < > Z$ THEN 320: REM FALLS NICHT GEFUNDEN
300 LET S = I: REM STELLE S MERKEN
310 LET I = L: REM LAUFVARIABLE AUF ENDWERT SETZEN
320 NEXT I
330 REM ***ENDE DER SUCHSCHLEIFE*******************
340 :
350 PRINT : PRINT "SUCHERGEBNIS:"
360 IF S = 0 THEN PRINT Z$;" NICHT GEFUNDEN.": GOTO 380
370 PRINT Z$;" AN ";S;". STELLE IM STRING ";E$
380 PRINT "PROGRAMMENDE."
```

Ausführung zu Programm TEXT0:

```
EIN ZEICHEN IN EINEM TEXT SUCHEN.
TEXT EINTIPPEN: COMMODORE
ZU SUCHENDES ZEICHEN EINTIPPEN: M
1. STELLE VON TEXT COMMODORE
2. STELLE VON TEXT COMMODORE
3. STELLE VON TEXT COMMODORE

SUCHERGEBNIS:
M AN 3. STELLE IM STRING COMMODORE
PROGRAMMENDE.
```

In Programm TEXT1 wird kein Zeichen, sondern ein String in einem Text gesucht. Diese Anweisungsfolge wird häufig zusätzlich als INSTR-Funktion angeboten.
Programmstrukturen: Zählerschleife und Einseitige Auswahl.

Codierung zu Programm TEXT1:

```
100  REM  ======PROGRAMM TEXT1
110  PRINT "EINEN STRING IN EINEM TEXT SUCHEN."
120  INPUT "TEXT EINTIPPEN: ";E$
130  INPUT "ZU SUCHENDEN STRING EINTIPPEN: ";Z$
140  FOR I = 1 TO ( LEN (E$) -  LEN (Z$) + 1)
150  IF  MID$ (E$,I, LEN (Z$)) = Z$ THEN  LET S = I
160  NEXT I
170  IF S > 0 THEN  PRINT Z$;" BEGINNT MIT STELLE ";S
180  PRINT "ENDE.": END
```

Ausführungen zu Programm TEXT1:

```
EINEN STRING IN EINEM TEXT SUCHEN.
TEXT EINTIPPEN: COMMODORE
ZU SUCHENDEN STRING EINTIPPEN: MOD
MOD BEGINNT MIT STELLE 4
ENDE.
```

```
EINEN STRING IN EINEM TEXT SUCHEN.
TEXT EINTIPPEN: COMMODORE
ZU SUCHENDEN STRING EINTIPPEN: MODE
ENDE.
```

Programm TEXT2 kehrt den Text T1$ zu T2$ um. Dabei wird in einer Zählerschleife mit Schrittweite -1 das letzte, vorletzte, ... Element von T1$ entnommen und an den String T2$ angehängt. Dazu wird vor dem Schleifeneintritt ein Leerstring T2$ erzeugt (Zeile 210), an den dann wiederholt Zeichen angehängt werden.

```
PROGRAMM ZUM UMKEHREN VON TEXT.
BELIEBIGEN TEXT EINTIPPEN: COMMODORE
1. SCHLEIFENDURCHLAUF: E
2. SCHLEIFENDURCHLAUF: ER
3. SCHLEIFENDURCHLAUF: ERO
4. SCHLEIFENDURCHLAUF: EROD
5. SCHLEIFENDURCHLAUF: ERODO
6. SCHLEIFENDURCHLAUF: ERODOM
7. SCHLEIFENDURCHLAUF: ERODOMM
8. SCHLEIFENDURCHLAUF: ERODOMMO
9. SCHLEIFENDURCHLAUF: ERODOMMOC

COMMODORE UMGEKEHRT ZU ERODOMMOC
```

```
PROGRAMM ZUM UMKEHREN VON TEXT.
BELIEBIGEN TEXT EINTIPPEN: C 64
1. SCHLEIFENDURCHLAUF: 4
2. SCHLEIFENDURCHLAUF: 46
3. SCHLEIFENDURCHLAUF: 46
4. SCHLEIFENDURCHLAUF: 46 C

C 64 UMGEKEHRT ZU 46 C
```

Ausführung zu Programm TEXT2

Codierung zu Programm TEXT2:

```
100  REM  ======PROGRAMM TEXT2
110  PRINT "PROGRAMM ZUM UMKEHREN VON TEXT."
120  REM  ======VEREINBARUNGSTEIL
130  REM  T1$: TEXT (AUSGANGSTEXT)
140  REM  T2$: TEXT (UMKEHRTEXT)
150  REM  L:   INTEGER (LAENGE VON T1$)
160  REM  I:   INTEGER (LAUFVARIABLE)
170 :
180  REM  ======ANWEISUNGSTEIL
190  INPUT "BELIEBIGEN TEXT EINTIPPEN: ";T1$
200  LET L =  LEN (T1$): REM  LAENGE DES STRINGS T1$
210  LET T2$ = "": REM  STRING T2$ ALS LEERSTRING MIT LAENGE=0
220  FOR I = L TO 1 STEP  - 1: REM  ZAEHLEN VON L BIS 1 HINUNTER
230  LET T2$ = T2$ +  MID$ (T1$,I,1): REM  I. ZEICHEN AN T2$ ANHAENGEN
240  PRINT L - I + 1;". SCHLEIFENDURCHLAUF: ";T2$: REM  KONTROLLAUSGABE
250  NEXT I: REM  NAECHSTES ZEICHEN NEHMEN
260  PRINT : PRINT T1$;" UMGEKEHRT ZU ";T2$
270  END
```

Programm TEXT3 wendet die Funktion STR$ zur Umwandlung einer Zahl Z in einen String Z$ an, um die einzelnen Ziffern auseinanderziehen zu können.
Programm TEXT4 dient zum Unterstreichen von Text.

Codierung zu Programm TEXT3:

```
100  REM  ======PROGRAMM TEXT3
110  PRINT "ZIFFERN AUSEINANDERZIEHEN."
120  INPUT "ZAHL EINGEBEN: ";Z
130  LET Z$ =  STR$ (Z)
140  FOR I = 1 TO  LEN (Z$)
150  PRINT  MID$ (Z$,I,1);" ";
160  NEXT I
170  END
```

Ausführung zu Programm TEXT3:

```
ZIFFERN AUSEINANDERZIEHEN.
ZAHL EINGEBEN: 63792.537
6 3 7 9 2 . 5 3 7
```

Codierung zu Programm TEXT4:

```
100  REM  ======PROGRAMM TEXT4
110  PRINT "TEXT UNTERSTREICHEN."
120  PRINT "TEXT EINGEBEN:"
130  INPUT T$
140  PRINT : PRINT T$
150  FOR I = 1 TO  LEN (T$)
160  PRINT "-";
170  NEXT I
180  END
```

Ausführung zu Programm TEXT4:

```
TEXT UNTERSTREICHEN.
TEXT EINGEBEN:
?DER C 64 VON COMMODORE

DER C 64 VON COMMODORE
----------------------
```

Durch Programm TEXT5 wird Text rechtsbündig ausgegeben. Hierzu wird ein String L$ mit Z Blancs bzw. Leerstellen aufgebaut, an den der Eingabetext E$ angehängt wird, um mit RIGHT$(G$,Z) die Z rechtsstehenden Zeichen auszugeben.
Programm TEXT6 erweitert eine Ganzzahl Z% - in einen String Z$ umgewandelt - um führende Nullen.

Codierung zu Programm TEXT5:

```
100  REM  ======PROGRAMM TEXT5
110  PRINT "TEXT RECHTSBUENDIG AUSGEBEN.": PRINT
120  PRINT "STELLENANZAHL BZW. ZEILENBREITE:"
130  INPUT Z
140  FOR I = 1 TO Z: LET L$ = L$ + " ": NEXT I
150  PRINT "TEXTEINGABE (UNTER ";Z;" STELLEN):"
160  INPUT E$
170  LET G$ = L$ + E$
180  LET A$ =  RIGHT$ (G$,Z)
190  PRINT : PRINT "TEXTAUSGABE RECHTSBUENDIG:"
200  PRINT A$
210  END
```

Ausführung zu Programm TEXT5:

```
TEXT RECHTSBUENDIG AUSGEBEN.

STELLENANZAHL BZW. ZEILENBREITE:
?30
TEXTEINGABE (UNTER 30 STELLEN):
?COMMODORE 64

TEXTAUSGABE RECHTSBUENDIG:
                    COMMODORE 64
```

Ausführung zu Programm TEXT6:

```
ZAHL UM FUEHRENDE NULLEN ERWEITERN.
ANZAHL DER STELLEN INSGESAMT: 10
GANZZAHL:                   : 12
0000000012
ENDE.
```

Codierung zu Programm TEXT6:

```
100  REM  ======PROGRAMM TEXT6
110  PRINT "ZAHL UM FUEHRENDE NULLEN ERWEITERN."
120  INPUT "ANZAHL DER STELLEN INSGESAMT: ";A
130  INPUT "GANZZAHL:                   : ";Z
140  LET Z$ =  STR$ (Z)
150  LET Z$ =  RIGHT$ (Z$, LEN (Z$) - 1)
160  LET Z$ =  RIGHT$ ("000000000000000" + Z$,A)
170  PRINT Z$
180  PRINT "ENDE.": END
```

Programm TEXT7 demonstriert die Funktion LEFT$, um Text durch Blancs zu erweitern (Anwendung z.B., um eine feste Datensatzlänge einer Datei zu erreichen).

Ausführung zu Programm TEXT7:

```
STRING MIT BLANCS ERWEITERN.
ANZAHL DER STELLEN INSGESAMT: 15
ZU ERWEITERNDER STRING:       12.5
-->12.5           <--
ENDE.
```

```
STRING MIT BLANCS ERWEITERN.
ANZAHL DER STELLEN INSGESAMT: 20
ZU ERWEITERNDER STRING:          17150
-->17150               <--
ENDE.
```

Codierung zu Programm TEXT7:

```
100 REM ======PROGRAMM TEXT7
110 PRINT "STRING MIT BLANCS ERWEITERN."
120 INPUT "ANZAHL DER STELLEN INSGESAMT: ";A
130 INPUT "ZU ERWEITERNDER STRING:       ";S$
140 FOR I = 1 TO A: LET B$ = B$ + " ": NEXT I
150 LET S$ =  LEFT$ (S$ + B$,A)
160 PRINT "-->";S$;"<--"
170 PRINT "ENDE.": END
```

3.3.3 Datumsangaben verarbeiten

Angaben zum Datum werden so oft verarbeitet, daß man fast von einem eigenen 'Datentyp' sprechen kann. Programm DATUMINT1 bereitet ein Datum zum Sortieren auf: Das Eingabeformat 'Tag-Monat-Jahr' wird umgekehrt zum Format 'Jahr-Monat-Tag' und könnte so leicht - in eine Ganzzahl umgewandelt - sortiert werden.

Codierung und Ausführung zu Programm DATUMINT1:

```
100 REM ======PROGRAMM DATUMINT1
110 PRINT "DATUM ALS INTEGER-ZAHL ZWECKS SORTIEREN."
120 INPUT "DATUM IM FORMAT TT.MM.JJ: ";D$
130 LET T$ =  LEFT$ (D$,2)
140 LET M$ =  MID$ (D$,4,2): LET J$ =  RIGHT$ (D$,2)
150 LET DI$ = J$ + M$ + T$
160 PRINT "INTEGERZAHL 'UMGEKEHRT':  ";DI$
170 PRINT "ENDE.": END
```

```
DATUM ALS INTEGER-ZAHL ZWECKS SORTIEREN.
DATUM IM FORMAT TT.MM.JJ: 31.08.44
INTEGERZAHL 'UMGEKEHRT':  440831
ENDE.
```

3.3.4 Teilstrings aufbereiten

Aus Gründen der Speicherplatzersparnis speichert man die Sätze einer Datei oft als Strings ab, wobei die Satzkomponenten z.B. durch das Zeichen ";" voneinander getrennt werden. Programm ETIKETTEN1 demonstriert, wie aus dem String S$ die Teilstrings T$ zu einem Drucketikett aufbereitet werden. Das Beispiel bezieht sich also auf eine Artikeldatei mit Sätzen (Strings S$), die aus jeweils 6 Datenfeldern (Teilstrings T$) bestehen. Die Abfrage in Zeile 240 vergleicht mit CHR$(59) und damit mit ";" (59 als Codezahl für das Semikolon im ASCII); man könnte ebenso schreiben: 260 IF (MID$(S$,I,1)=";") OR ...

Codierung zu Programm ETIKETTEN1:

```
100  REM  ======PROGRAMM ETIKETTEN1
110  PRINT "TEILSTRINGS AUS EINEM STRING ENTNEHMEN"
120  PRINT "UND AUS DRUCKETIKETT AUSGEBEN."
130 :
140  REM  ======VEREINBARUNGSTEIL
150  REM  S$:  STRING (DATENSATZ MIT ; GETRENNTEN DATENFELDERN)
160  REM  NS:  INTEGER (LAENGE VON S$)
170  REM  T$:  STRING (TEILSTRING MIT EINEM DATENFELD)
180  REM  NT:  INTEGER (LAENGE VON T$)
190 :
200  REM  ======ANWEISUNGSTEIL
210  PRINT "STRING MIT ; ALS TRENNUNGSZEICHEN:"
220  INPUT S$: LET NS =  LEN (S$)
230  PRINT : PRINT "AUSGABE ALS ETIKETT:"
240  REM   ***TRENNUNGSZEICHEN ; SUCHEN****************
250  FOR I = 1 TO NS
260  IF ( MID$ (S$,I,1) =  CHR$ (59)) OR (NS = I) THEN  LET NT = I:I = NS
270  NEXT I
280  REM  ***TEILSTRING T$ ENTNEHMEN*****************
290  LET T$ =  LEFT$ (S$,NT - 1)
300  PRINT "   ";T$
310  REM  ***GESAMTSTRING S$ UMD T$ KUERZEN**********
320  LET NS = NS - NT
330  IF NS = 0 THEN 350
340  LET S$ =  RIGHT$ (S$,NS): GOTO 250
350  PRINT "ENDE.": END
```

Ausführung zu Programm ETIKETTEN1:

```
TEILSTRINGS AUS EINEM STRING ENTNEHMEN
UND AUS DRUCKETIKETT AUSGEBEN.
STRING MIT ; ALS TRENNUNGSZEICHEN:
?1007;DISKETTE;5.25;SS/DD 48 TPI;10 STK.;48 DM;

AUSGABE ALS ETIKETT:
   1007
   DISKETTE
   5.25
   SS/DD 48 TPI
   10 STK.
   48 DM
ENDE.
```

3.3.5 Stringvergleich mit Joker-Zeichen

Programm JOKER1 veranschaulicht vier wesentliche Möglichkeiten, einen String "MWST" als Ordnungsbegriff mit je einem weiteren String als Suchbegriff zu vergleichen.
1) Verwendet man als Joker das Zeichen = , wird M=, MW= wie MWS= jeweils als 'gleich' mit MWST erkannt. Das = ersetzt also eine Zeichenfolge. Insbesondere bei längeren Strings spart man

sich bei Verwendung des Jokers = viel Tipparbeit.
2) Das Joker-Zeichen ? ersetzt genau ein Einzelzeichen. MW?T wie auch M??T werden so als 'gleich' mit MWST erkannt.
3) Der Gesamtvergleich vergleicht beide Strings Zeichen für Zeichen in voller Länge.
4) Der Teilvergleich faßt den Suchbegriff als Teilmenge auf.

Ausführung zu Programm JOKER1:

```
VIER ARTEN DES STRINGVERGLEICHS.
--> ZU PRUEFENDER ORDNUNGSBEGRIFF: MWST
--> SUCHBEGRIFF (0 FUER ENDE): MW=
VERGLEICH MIT JOKER '=': MW= IN MWST
--> SUCHBEGRIFF (0 FUER ENDE): MW??
VERGLEICH MIT JOKER '?': MW?? GLEICH MWST
--> SUCHBEGRIFF (0 FUER ENDE): MW?T
VERGLEICH MIT JOKER '?': MW?T GLEICH MWST
--> SUCHBEGRIFF (0 FUER ENDE): MW
TEILVERGLEICH: MW LINKS IN MWST
--> SUCHBEGRIFF (0 FUER ENDE): MWST
GESAMTVERGLEICH: MWST GLEICH MWST
TEILVERGLEICH: MWST LINKS IN MWST
VERGLEICH MIT JOKER '?': MWST GLEICH MWST
--> SUCHBEGRIFF (0 FUER ENDE): 0
ENDE.
```

Codierung zu Programm JOKER1:

```
100  REM  ======PROGRAMM JOKER1
110  PRINT "VIER ARTEN DES STRINGVERGLEICHS."
120 :
130  REM  ======VEREINBARUNGSTEIL
140  REM  O$:   STRING (ORDNUNGSBEGRIFF)
150  REM  S$:   STRING (SUCHBEGRIFF)
160  REM  NO:   INTEGER (STELLENANZAHL VON O$)
170  REM  NS:   INTEGER (STELLENANZAHL VON S$)
180  REM  S:    INTEGER (STELLE BZW. MERKER)
190 :
200  REM  ======ANWEISUNGSTEIL
210  INPUT "--> ZU PRUEFENDER ORDNUNGSBEGRIFF: ";O$: LET NO =  LEN (O$)
220  INPUT "--> SUCHBEGRIFF (0 FUER ENDE): ";S$: LET NS =  LEN (S$)
230  LET S = 0: REM  STELLE SOWIE FLAGGE
240  IF S$ = "0" THEN  PRINT "ENDE.": END
250  REM  *** GESAMTVERGLEICH *****************************************
260  LET S1$ =  LEFT$ (S$ + "                                  ",NO)
270  IF S1$ = O$ THEN 290
280  GOTO 310
290  PRINT "GESAMTVERGLEICH: ";S$;" GLEICH ";O$
300  REM  *** TEILVERGLEICH *******************************************
310  IF S$ < > LEFT$ (O$,NS) THEN 340
320  PRINT "TEILVERGLEICH: ";S$;" LINKS IN ";O$
330  REM   *** VERGLEICH MIT JOKER = ***********************************
340  FOR I = 1 TO NS
350  IF "=" =  MID$ (S$,I,1) THEN  LET S = I: LET I = NS
360  NEXT I
370  IF S = 0 THEN 410
```

```
380  IF  LEFT$ (S$,S - 1) < > LEFT$ (O$,S - 1) THEN 410
390  PRINT "VERGLEICH MIT JOKER '=': ";S$;" IN ";O$
400  REM   *** VERGLEICH MIT JOKER ? ***********************************:
410  LET S = 1: REM   S ALS FLAGGE
420  FOR I = 1 TO NO
430  IF "?" =  MID$ (S$,I,1) THEN 450
440  IF  MID$ (S$,I,1) < > MID$ (O$,I,1) THEN  LET S = 0: LET I = NO
450  NEXT I
460  IF S = 0 THEN 480
470  PRINT "VERGLEICH MIT JOKER '?': ";S$;" GLEICH ";O$
480  GOTO 220
```

3.3.6 Verschlüsselung zwecks Datenschutz

In Klartext gespeicherte Daten kann jeder lesen, verschlüsselte Daten hingegen zumindest nicht so leicht. Die Kryptographie als Lehre von der Textverschlüsselung kennt drei wichtige Verfahren: Die Umcodierung (z.B. Information im ASCII schreiben), die Versatz-Verfahren und die Ersetzungs-Verfahren. Versatz bedeutet, daß das zugrundeliegende Alphabet versetzt und umgestellt wird; ein Beispiel haben wir mit dem 'von hinten nach vorne schreiben' in Programm TEXT2 (Abschnitt 3.3.2) schon behandelt. Bei den Ersetzungs-Verfahren wird das zugrundeliegende Alphabet ersetzt; das Programm VERSCHLUESSELUNG zeigt ein einfaches auf Julius Cäsar zurückgehendes Verfahren. Wie geht man dabei vor? Jedes Zeichen des Klartextes E$ wird durch das S-te nachfolgende Zeichen ersetzt. Dabei geben die Codezahlen des ASCII die Reihenfolge vor. Die ASC-Funktion stellt uns mit dem Aufruf ASC(MID$(E$,I,1)) die Codezahl des I. Zeichens im Klartext E$ zur Verfügung; addieren wir S hinzu, so kommen wir zur Codezahl des verschlüsselten Zeichens.

Ausführung zu Programm VERSCHLUESSELUNG:

```
TEXTVERSCHLUESSELUNG 'ERSETZUNG CAESAR'.
EINGABETEXT: 1298560 DM BILANZSUMME
SCHLUESSEL: 10

1. VERSCHLUESSELUNG:
AUSGABETEXT:
;<CB?@:*NW*LSVKXd]_WWO

2. ENTSCHLUESSELUNG:
EINGABETEXT JETZT:
;<CB?@:*NW*LSVKXd]_WWO
AUSGABETEXT WIEDERUM:
1298560 DM BILANZSUMME
ENDE.
```

```
TEXTVERSCHLUESSELUNG 'ERSETZUNG
EINGABETEXT: COMMODORE 64
SCHLUESSEL: 2

1. VERSCHLUESSELUNG:
AUSGABETEXT:
EQOOQFQTG"86

2. ENTSCHLUESSELUNG:
EINGABETEXT JETZT:
EQOOQFQTG"86
AUSGABETEXT WIEDERUM:
COMMODORE 64
ENDE.
```

Codierung zu Programm VERSCHLUESSELUNG:

```
100  REM  ======PROGRAMM VERSCHLUESSELUNG
110  PRINT "TEXTVERSCHLUESSELUNG 'ERSETZUNG CAESAR'."
120 :
130  REM  ======VEREINBARUNGSTEIL
140  REM  E$:  STRING (EINGABETEXT)
150  REM  A$:  STRING (AUSGABETEXT)
160  REM  S:   INTEGER (SCHLUESSEL ZUM ERSETZEN)
170  REM  H:   INTEGER (ASCII-CODEZAHL)
180 :
190  REM  ======ANWEISUNGSTEIL
200  INPUT "EINGABETEXT: ";E$
210  INPUT "SCHLUESSEL: ";S
220  PRINT : PRINT "1. VERSCHLUESSELUNG:"
230  GOSUB 330: REM  UPRO 'ERSETZUNG'
240  PRINT "AUSGABETEXT: ": PRINT A$
250  PRINT : PRINT "2. ENTSCHLUESSELUNG: "
260  LET E$ = A$: LET S =  - S
270  PRINT "EINGABETEXT JETZT:": PRINT E$
280  GOSUB 330: REM  2. AUFRUF VON UPRO 'ERSETZUNG'
290  PRINT "AUSGABETEXT WIEDERUM:": PRINT A$
300  PRINT "ENDE.": END
310 :
320  REM  ***UNTERPROGRAMM 'ERSETZUNG'***************
330  LET A$ = ""
340  FOR I = 1 TO  LEN (E$)
350  LET H =  ASC ( MID$ (E$,I,1)) + S
360  IF H > 127 THEN  LET H = H - 127
370  IF H < 0 THEN H = H + 127
380  LET A$ = A$ +  CHR$ (H)
390  NEXT I
400  RETURN
410  REM  ***ENDE UNTERPROGRAMM**********************
```

3.3.7 Ein Spiel zum Erraten von Text

Im WORTSPIEL1 muß ein Wort erraten werden, von dem zuerst nur die Länge bekannt ist. Wird ein passendes Zeichen getippt, so setzt das Programm dieses Zeichen an die zugehörige Stelle. Die bei der Ausführung zum Programm WORTSPIEL1 untereinanderstehenden Buchstaben E,B,A,R,I ... wurden über Tastatur eingetippt. COMMODORE 64 als zu erratendes Wort haben wir der Einfachheit halber eingetippt. Man könnte es z.B. in einer Datei zusammen mit weiteren Worten speichern und zufällig auswählen.
Zur Codierung von WORTSPIEL1:
Die Zählerschleife in 120 baut einen Ausgabestring A$ mit zunächst ausschließlich nur Sternen auf. In 160 wird eine Eingabe (e i n Zeichen) für E$ erwartet. Je nach Übereinstimmung dieses Zeichens mit dem ersten, dem letzten oder einem sonstigen Zeichen im Ratewort W$ wird das erste Sternchen (in Zeile 190), das letzte Sternchen (in 200) oder ein mittleres Sternchen (in 210) vom Ausgabetext A$ durch E$ ersetzt, d.h. E$ mit A$ neu verkettet.
Anstelle von INPUT könnte man auch eine Warteschleife mit GET programmieren (vgl. Abschnitt 3.1.3.7).

Codierung zu Programm WORTSPIEL1:

```
100 REM ======PROGRAMM WORTSPIEL1
110 PRINT "ZU ERRATENDES WORT:": INPUT W$: LET LW =  LEN (W$)
120 LET A$ = "": FOR I = 1 TO LW: LET A$ = A$ + "*": NEXT I
130 PRINT  CHR$ (147);: PRINT "NUN EINZELZEICHEN TIPPEN:": PRINT
140 PRINT A$;"   ";
150 IF A$ = W$ THEN 240
160 INPUT E$
170 FOR I = 1 TO LW
180 IF  MID$ (W$,I,1) <  > E$ THEN 220
190 IF I = 1 THEN  LET A$ = E$ +  RIGHT$ (A$,LW - I): GOTO 220
200 IF I = LW THEN  LET A$ =  LEFT$ (A$,I - 1) + E$: GOTO 220
210 LET A$ =  LEFT$ (A$,I - 1) + E$ +  RIGHT$ (A$,LW - I)
220 NEXT I
230 GOTO 140
240 PRINT "SPIELENDE.": END
```

Zwei Ausführungen zu Programm WORTSPIEL1:

```
ZU ERRATENDES WORT:
?COMMODORE64
NUN EINZELZEICHEN TIPPEN:

***********   O
*O**O*O****   4
*O**O*O***4   A
*O**O*O***4   C
CO**O*O***4   E
CO**O*O*E*4   F
CO**O*O*E*4   M
COMMO*O*E*4

COMMO*O*E*4   R
COMMO*ORE*4   6
COMMO*ORE64   D
COMMODORE64   SPIELENDE.
```

```
ZU ERRATENDES WORT:
?MIKRO
NUN EINZELZEICHEN TIPPEN:

*****   K
**K**   M
M*K**   W
M*K**   O
M*K*O   U
M*K*O   I
MIK*O   R
MIKRO   SPIELENDE.
```

Das Programm WORTSPIEL1 umfaßt eine nicht-abweisende Schleife, die eine Zählerschleife einschachtelt, in der eine mehrseitige Auswahl ebenfalls geschachtelt angeordnet ist.

3.4 Bildschirmausgabe und Druckausgabe

3.4.1 Steuerung des Cursors am Bildschirm

Programm CURSORPOSITION1 zeigt, wie der Cursor als blinkendes Zeichen am Bildschirm frei positioniert werden kann. Das Ausführungsbeispiel positioniert das Zeichen "+" in Zeile 4 und Spalte 23.

Codierung zu Programm CURSORPOSITION1:

```
100  REM  ======PROGRAMM CURSORPOSITION1
110  PRINT "CURSOR UEBER STEUERZEICHEN POSITIONIEREN."
120 :
130  REM  ======VEREINBARUNGSTEIL
140  LET C$ =  CHR$ (147): REM  BILDSCHIRM SAUBER
150  LET CU$ =  CHR$ (17): REM  CURSOR NACH UNTEN
160  REM   CR$=CHR$(29) : REM CURSOR NACH RECHTS
170  FOR I - 1 TO 6: REM  STRINGS FUER CURSORSCHRITTE
180  LET CU$ = CU$ + CU$: LET CR$ = CR$ + CR$: NEXT I
190 :
200  REM  ======ANWEISUNGSTEIL
210  INPUT "ZEILE (0-24 OBEN -> UNTEN)";Z
220  INPUT "SPALTE (0-39 LINKS -> RECHTS)";S
230  PRINT C$;
240  PRINT  LEFT$ (CU$,Z); LEFT$ (CR$,S);"+"
250  END
```

Bei einer Unterteilung des Bildschirms in 25 waagerechte Zeilen und 40 senkrechte Spalten kann dieser maximal 1000 Zeichen darstellen. Dementsprechend gibt es 1000 verschiedene Cursorpositionen.

Die Zeilen werden von 0 bis 24 und die Spalten von 0 bis 39 gezählt.
Den Cursor können wir durch Steuerzeichen an jede beliebige Position bringen.

```
00 01 02 03      ......      37 38 39
01 ┌──────────────────────────────────┐
02 │                          +       │
.  │                                  │
.  │       Cursorposition:            │
.  │       Zeile 2, Spalte 37         │
23 │                                  │
24 └──────────────────────────────────┘
```

Druckbare Zeichen

Ziffer, Buchstabe, Sonderzeichen:

z.B. CHR$(77) für Buchstabe M
CHR$(63) für Fragezeichen
CHR$(32) für Leerstelle

Grafik-Zeichen:

z.B. CHR$(115) für
CHR$(113) für
CHR$(127) für

Nicht - druckbare Zeichen

Cursorsteuerung:

CHR$(19) Home
CHR$(17) Cursor runter
CHR$(145) Cursor hoch
CHR$(29) Cursor rechts
CHR$(157) Cursor links
CHR$(13) Wagenrücklauf
CHR$(18) Revers ein

Druckersteuerung:

abhängig vom jeweiligen Drucker

Sonst. Ausgabesteuerung sowie interne Kontrolle:

CHR$(142) Großbuchst.
CHR$(14) Kleinbuchstabe umschalten
CHR$(133)-CHR$(140) für Funktionstasten 1-8.
CHR$(44) Farbe schwarz

Druckbare Zeichen und Steuerzeichen mit Beispielen

Druckbare und nicht-druckbare Zeichen:

Es gibt druckbare Zeichen und solche Zeichen, die eine ganz bestimmte Funktion zur Steuerung eines Ausgabegerätes auslösen (Zeichen CHR$(13) mit ASCII-Codezahl 13 löst RETURN aus), oder die der internen Kontrolle dienen.

Jedem Steuerzeichen ist im ASCII-Code eine Zahl zugeordnet. Durch die Anweisung PRINT CHR$(Codezahl) können wir ein bestimmtes Steuerzeichen absenden bzw. 'ausgeben'. Geben wir an der Tastatur PRINT CHR$(19) ein, wird der Cursor in die obere linke Bildschirmecke gebracht. Mit PRINT CHR$(147) können wir zusätzlich noch den Bildschirm löschen.
Nun zu Programm CURSORPOSITION1 im einzelnen:
140 LET C$=CHR$(147) weist das Steuerzeichen 'Home sowie Bildschirm löschen' der Variablen C$ zu (C wie Cursor). Wir können nun vereinfacht durch PRINT C$ den Bildschirm sauber machen. Entsprechend vereinbaren wir die Steuerzeichen CU$ (Cursor um eine Position nach unten) und CR$ (Cursor um eine Stelle nach rechts).
PRINT CR$;CR$;CR$;CR$; rückt den Cursor um vier Stellen nach rechts. Da dieses Vorgehen sehr umständlich ist, verketten wir in Zeile 180 die Variable CR$ zu einem 64-Zeichen-String. Mit PRINT LEFT$(CR$,4); bringen wir jetzt den Cursor um vier Stellen und mit PRINT LEFT$(CR$,37); um 37 Stellen nach rechts. ";" am Ende der PRINT-Anweisung unterdrückt den anschließenden Wagenrücklauf bzw. RETURN, der Cursor verbleibt an Stelle 37.

Die Zeichen zur Cursorsteuerung sind in gewissem Sinne auch 'druckbar'. Hierauf wie auf weitere Möglichkeiten der Cursorsteuerung in Commodore-BASIC gehen wir in Abschnitt 3.9 ein.

3.4.2 Ausgabezeile mit PRINT

Programm DEMO-PRINT1 demonstriert die Wirkung der Trennungszeichen "," und ";" sowie der Funktionen TAB (Tabulator) und SPC (Space, Leerschritt) auf die am Bildschirm gerade ausgegebene Zeile.

```
DEMONSTRATION ZUR AUSGABEFORMATIERUNG MIT PRINT.
ZAHL EINTIPPEN: 196.25
TEXT EINTIPPEN: BETRAG
1234567890123456789012345678901234567890
BETRAG     196.25
BETRAG               196.25
BETRAG 196.25
BETRAG  196.25
    BETRAG          196.25
    BETRAG                   196.25
1234567890123456789012345678901234567890
```

Das ";" bewirkt eine Ausgabe auf der nächsten Zeilenposition, während das "," eine 10-spaltige Ausgabe vornimmt und zur Position 1, 11, 21 bzw. 31 vorrückt.
Die Zahl 196.25 wird in Zeile 160 'erst' in Position 12 ausgegeben, da in Position 11 die Vorzeichenstelle steht (unsichtbar, da positiv).

Ausführung zu Programm DEMO-PRINT1:

```
100  REM  ======PROGRAMM DEMO-PRINT1
110  PRINT  CHR$ (147);
120  PRINT "DEMONSTRATION ZUR AUSGABEFORMATIERUNG MIT PRINT."
130  INPUT "ZAHL EINTIPPEN: ";R
140  INPUT "TEXT EINTIPPEN: ";R$
150  PRINT "1234567890123456789012345678901234567890"
160  PRINT R$,R
170  PRINT R$,,R
180  PRINT R$;R
190  PRINT R$;" ";R
200  PRINT  TAB( 5);R$; TAB( 20);R
210  PRINT  SPC( 5);R$; SPC( 20);R
220  PRINT "1234567890123456789012345678901234567890"
230  END
```

Eine A u s g a b e f o r m a t i e r u n g mit Anweisungen des Typs PRINT USING sieht das BASIC 2.0 standardmäßig nicht vor.
Mit SIMON's BASIC hingegen ist eine formgerechte Ausgabe möglich (vgl. USE-Anweisung in Abschnitt 3.10.5).

3.4.3 Verwendung des Füllstrings

Mit einem Füllstring können wir die Druckzeile mit Leerstellen bzw. Blancs auf eine gewünschte Länge bringen. Bei der Ausführung zu Programm FUELLSTRING1 hat die Zeile 25 Zeichen. In der Programmzeile 160 wird ein Füllstring B$ mit Länge R aufgebaut, der mit T1$ und T2$ auf 25 Stellen Länge verkettet wird.

Codierung zu FUELLSTRING1:

```
100  REM  ======PROGRAMM FUELLSTRING1
110  PRINT "TEXT RECHTSBUENDIG MITTELS"
120  PRINT "FUELLSTRING FORMATIEREN."
130  INPUT "1. TEXTZEILE: ";T1$
140  INPUT "2. TEXTZEILE: ";T2$
150  INPUT "STELLE BEGRENZUNG RECHTS: ";R
160  FOR I = 1 TO R: LET B$ = B$ + " ": NEXT I
170  LET T1$ =  RIGHT$ (B$ + T1$,R)
180  LET T2$ =  RIGHT$ (B$ + T2$,R)
190  PRINT T1$: PRINT T2$
200  PRINT "ENDE.": END
```

Ausführung zu FUELLSTRING1:

```
TEXT RECHTSBUENDIG MITTELS
FUELLSTRING FORMATIEREN.
1. TEXTZEILE: COMMODORE 64
2. TEXTZEILE: STETS NEU
STELLE BEGRENZUNG RECHTS: 25
             COMMODORE 64
                STETS NEU
ENDE.
```

3.4.4 Ausgabe runden

Der Kaufmann fordert eine gerundete und formatierte Zahlenausgabe. Das Runden einer Zahl Z auf S Dezimalstellen genau kann in *einer* Anweisung als 100 LET Z = (Z*10↑S+0.5)/(10↑S) geschrieben werden (10↑S für '10 hoch S'). Daraus erhalten wir für das Runden auf 2 Stellen 100 LET Z = (Z*100+0.5)/100. Das Programm RUNENZAHL1 löst den Rundungsablauf in vier Schritte auf und gibt sie zur Veranschaulichung aus.

Codierung zu RUNDENZAHL1:

```
100  REM  ======PROGRAMM RUNDENZAHL1
110  PRINT "EINE ZAHL ZUR DRUCKAUSGABE RUNDEN."
120  INPUT "ZU RUNDENDE ZAHL: ";Z
130  INPUT "KOMMASTELLEN:      ";S
140  LET Z = Z * 10 ↑ S: PRINT Z
150  LET Z = Z + 0.5: PRINT Z
160  LET Z =  INT (Z): PRINT Z
170  LET Z = Z / (10 ↑ S): PRINT Z
180  PRINT "ENDE.": END
```

Ausführung zu RUNDENZAHL1:

```
EINE ZAHL ZUR DRUCKAUSGABE RUNDEN.
ZU RUNDENDE ZAHL: 23.745
KOMMASTELLEN:     2
2374.5
2375
2375
23.75
ENDE.
```

Das Programm KOMMERZZAHL1 stellt Zahlen als Übersicht formgerecht untereinander, ergänzt fehlende Dezimalstellen, ersetzt Dezimalpunkte durch Kommata und setzt 1000er-Punkte.
Zur Umformung wird die Zahl Z in einen String Z$ umgewandelt.

Codierung zu Programm KOMMERZZAHL1:

```
100  REM  ======PROGRAMM KOMMERZZAHL1
110  PRINT "EINE ZAHL BIS ZU 7 VORKOMMASTELLEN"
120  PRINT "ZUR KOMMERZIELLEN AUSGABE AUFBEREITEN."
130  :
140  INPUT "BELIEBIGE ZAHL: ";Z: LET Z$ =  STR$ (Z): LET N =  LEN (Z$)
150  IF  LEN ( STR$ ( INT (Z))) > 8 THEN  PRINT "MAXIMAL 7 VORKOMMASTELLEN":
160  REM    *** NACHKOMMA-NULLEN ANFUEGEN ***********************************
170  IF  MID$ (Z$,N - 1,1) = "." THEN  LET Z$ = Z$ + "0": GOTO 200   GOTO 140
180  IF  MID$ (Z$,N - 2,1) < > "." THEN  LET Z$ = Z$ + ".00"
190  REM      *** AUF LAENGE 7+3=10 BRINGEN ********************************
200  LET Z$ =  RIGHT$ ("          " + Z$,10)
210  REM   *** DEZIMALPUNKT DURCH KOMMA ERSETZEN **************************
220  LET Z$ =  LEFT$ (Z$,7) + "," +  RIGHT$ (Z$,2)
230  REM   *** TAUSENDER-PUNKTE SETZEN ***********************************
240  IF Z > = 1000 THEN  LET Z$ =  LEFT$ (Z$,4) + "." +  RIGHT$ (Z$,6)
250  IF Z > = 1000000 THEN  LET Z$ =  LEFT$ (Z$,1) + "." +  RIGHT$ (Z$,10)
260  PRINT "ZAHL AUFBEREITET: ";Z$
270  END
```

Ausführungen zu Programm KOMMERZZAHL1:

```
EINE ZAHL BIS ZU 7 VORKOMMASTELLEN
ZUR KOMMERZIELLEN AUSGABE AUFBEREITEN.
BELIEBIGE ZAHL: 100238.4
ZAHL AUFBEREITET:  100.238,40
```

```
EINE ZAHL BIS ZU 7 VORKOMMASTELLEN
ZUR KOMMERZIELLEN AUSGABE AUFBEREITEN.
BELIEBIGE ZAHL: 6125005
ZAHL AUFBEREITET: 6.125.005,00
```

3.4.5 Druckausgabe

3.4.5.1 Gesamte Ausgabe auf den Drucker leiten

Die CMD-Anweisung leitet alle Ausgaben des Commodore 64 vom Bildschirm zum Drucker um.
Geben wir im direkten Dialog ein

```
OPEN 1,4  /RET/          Kanal 1 zum Gerät 4 (Drucker) öffnen
CMD 1  /RET/             Alle Daten über Kanal 1 zum Drucker,
```

so werden alle nachfolgend auszugebenden Daten auf dem Drucker erscheinen.
Mit der Befehlsfolge

```
OPEN 1,4: CMD 1: /RET/
LIST  /RET/
...
RUN /RET/
...
PRINT#1 /RET/
CLOSE 1
```

wird das gerade im RAM befindliche Programm auf dem Drucker gelistet. Anschließend wird auch die Ausführung ausgedruckt. Vor dem Schließen von Kanal 1 (bzw. logischer Datei 1) muß zumindest ein PRINT#1 gesendet werden.
Für die Informationsverbindung zwischen Commodore 64 und Drukker haben wir die Kanalnummer 1 gewählt. Ebenso können wir eine andere Nummer 1,2,...,14 wählen. CMD kann auch innerhalb eines Programms stehen. So gibt z.B. das Programm

```
100 OPEN 2,4 : CMD 2
110 PRINT "DRUCK"
120 PRINT #2 : CLOSE 2
```

bei RUN das eine Wort DRUCK auf dem Drucker aus.

3.4.5.2 Einzelne Zeilen ausdrucken

Die Anweisung CMD übergibt alle Daten an den Drucker, die Anweisung PRINT# hingegen jeweils nur eine Ausgabezeile.
Das Programm

```
100 OPEN 1,4
110 PRINT#1,"COMMODORE 64"
120 PRINT#1
130 PRINT#1,"HAT 64K RAM"
140 CLOSE 1
150 END
```

gibt zwei Druckzeilen getrennt von einer Leerzeile aus. Die PRINT#1-Anweisung sendet die Ausgabe über den Kanal 1, der zuvor als Informationsverbindung zum Drucker (=Gerätenummer 4) eröffnet wurde.

Ersetzen wir die Anweisung 100 OPEN 1,4 durch 100 OPEN 1,3, dann wird die Ausgabe auf dem Bildschirm (=Gerätenummer 3) erscheinen.
Auf diese Art können wir Programme, die Druckausgaben aufweisen, ohne Einsatz des Druckers am Bildschirm testen.

3.5 Maschinennahe Programmierung

Arbeiten wir mit der Programmiersprache BASIC , dann bewegen wir uns auf einer 'mittleren' Sprachebene zwischen unserer Umgangssprache einerseits und der 011011001...-Sprache des Computers andererseits, also der Maschinensprache.
Wenden wir uns einer Programmiersprache wie PASCAL zu, so entfernen wir uns noch mehr vom Computerkern: PASCAL ist stärker strukturiert und hat komplexere Sprachelemente als BASIC. Wenden wir uns umgekehrt der Maschinensprache (Assembler) zu, so befinden wir uns auf der 'untersten' Sprachebene des PCs, d.h. auf der Ebene seiner aus Bitmustern wie 01101011 bestehenden 'Muttersprache'.
In diesem Abschnitt wollen wir einen kleinen Schritt in Richtung auf die 'unterste' Sprachebene wagen: wir betrachten die Zeichendarstellung und -codierung, die bitweise Verarbeitung, den unmittelbaren Zugriff auf Speicherplatzinhalte und den Umgang mit Maschinenprogrammen.

3.5.1 Zeichendarstellung im ASCII

Alle Zeichen - seien es Ziffern, Buchstaben oder auch Sonderzeichen - werden im ASCII dargestellt, d.h. es wird z.B. nicht der Buchstabe A gespeichert, sondern dessen ASCII-Codezahl 65. Die Funktion CHR$ haben wir bereits in Abschnitt 3.3 (Textverarbeitung) verwendet; sie gibt uns für eine Codezahl zwischen 0 - 255 das zugehörige ASCII-Zeichen an. Programm CHR$-TEST1 ermöglicht uns, diese Funktion zu testen.

	0	1	2	3	4	5	6	7	8	9	10	11	12	13	14	15
0		von 0-31 Steuerzeichen,														
16		z.B. für CHR$(19) /CLR-HOME/														
32		!	"	#	$	%	&	'	(	)	*	+	,	-	.	/
48	0	1	2	3	4	5	6	7	8	9	:	;	<	=	>	?
64	§	A	B	C	D	E	F	G	H	I	J	K	L	M	N	O
80	P	Q	R	S	T	U	V	W	X	Y	Z	ä	ö	ü	↑	-
96		ab 96: Grafik-Zeichen														
112																

Bsp: Codezahl 64+1=65 für A; Codezahl 48+13=61 für =

ASCII-Zeichenvorrat von 0 bis 127

Codierung und zwei Ausführungen zu Programm CHR$-TEST1:

```
100 REM ======PROGRAMM CHR$-TEST1
110 PRINT "TEST DER FUNKTION CHR$( )."
120 PRINT "A,E TIPPEN FUER CHR$(A,..,E):"
130 INPUT A,E
140 FOR I = A TO E: PRINT  CHR$ (I);: NEXT I
150 END
```

```
TEST DER FUNKTION CHR$( ).
A,E TIPPEN FUER CHR$(A,..,E):
?32,95
 !"#$%&'()*+,-./0123456789:;<=>?@ABCDEFGHIJKLMNOPQRSTUVWXYZ[\]↑_

TEXT DER FUNKTION CHR$().
A,E TIPPEN FUER CHR$(A,..,E):128,255
```

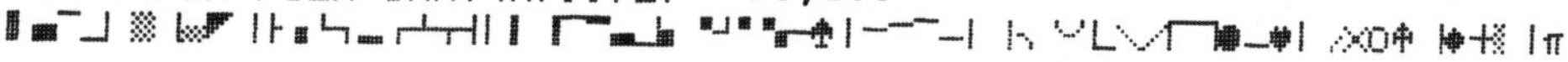

Funktion ASC liefert als Umkehrung der Funktion CHR$ die entsprechende Codezahl. Das Zeichen ! wird als Codezahl 33 und das Zeichen 0 als Codezahl 48 intern gespeichert. Das ! kommt vor der 0, es gilt !<0 . Die Wertigkeiten der Codezahlen bestimmen demnach die Sortierfolge; wir werden bei den Sortierverfahren in Abschnitt 3.7 darauf zurückkommen.
Das Programm ASCII-TEST1 dient dem Testen der Funktion ASC.

Codierung zu Programm ASCII-TEST1:

```
100  REM  ======PROGRAMM ASCII-TEST1
110  PRINT "ASCII-WERTE VON ZEICHEN TESTEN (0=ENDE):"
120  INPUT "EINGABE EINES ZEICHENS NORMAL <- ";Z$
130  PRINT "DARSTELLUNG IM ASCII INTERN   -> "; ASC (Z$)
140  IF  ASC (Z$) <  > 48 THEN 120
150  PRINT "TESTENDE.": END
```

Ausführung zu Programm ASCII-TEST1:

```
ASCII-WERTE VON ZEICHEN TESTEN (0=ENDE):
EINGABE EINES ZEICHENS NORMAL <- !
DARSTELLUNG IM ASCII INTERN   -> 33
EINGABE EINES ZEICHENS NORMAL <- 1
DARSTELLUNG IM ASCII INTERN   -> 49
EINGABE EINES ZEICHENS NORMAL <- #
DARSTELLUNG IM ASCII INTERN   -> 35
EINGABE EINES ZEICHENS NORMAL <- 0
DARSTELLUNG IM ASCII INTERN   -> 48
TESTENDE.
```

3.5.2 Umwandlung dezimal, binär und hexadezimal

Programm DEZIMALBINAER1 wandelt eine Dezimalzahl D in eine Binärzahl B um, die als 16-Elemente-Array vereinbart ist (Anweisung 140 DIM B(16) reserviert für B genau 16 Zahlkomponenten). Zur Umwandlung in der Schleife 160 FOR I ... 190 NEXT I wird D wiederholt halbiert, um bei Teilbarkeit ohne Rest eine 0 und sonst eine 1 nach B zu schreiben. Diese Binärzeichen 0 bzw. 1 schreibt DEZIMALBINAER1 in Richtung der höheren Wertigkeit von rechts nach links nach B; deshalb auch die Schrittweite STEP-1 in der FOR-Anweisung (Stelle 16, 15, 14, ...).

Ausführungen zu Programm DEZIMALBINAER1:

```
UMWANDLUNG DEZIMAL --> BINAER
(BINAERMUSTER ALS ARRAY BZW. FELD).
DEZIMALZAHL EINGEBEN: 51

UMWANDLUNG BINAER:
0 0 0 0 0 0 0 0 0 0 1 1 0 0 1 1

UMWANDLUNG DEZIMAL --> BINAER
(BINAERMUSTER ALS ARRAY BZW. FELD).
DEZIMALZAHL EINGEBEN: 65535

UMWANDLUNG BINAER:
1 1 1 1 1 1 1 1 1 1 1 1 1 1 1 1
```

Codierung zu Programm DEZIMALBINAER1:

```
100 REM ======PROGRAMM DEZIMALBINAER1
110 PRINT "UMWANDLUNG DEZIMAL --> BINAER"
120 PRINT "(BINAERMUSTER ALS ARRAY BZW. FELD)."
130 :
140 DIM B(16): INPUT "DEZIMALZAHL EINGEBEN: ";D
150 IF D < > INT (D) THEN PRINT "GANZZAHLIG.": GOTO 140
160 IF D > 65536 THEN PRINT "KLEINERE ZAHL.": GOTO 140
170 FOR I = 16 TO 1 STEP - 1
180 IF D / 2 = INT (D / 2) THEN B(I) = 0
190 IF D / 2 < > INT (D / 2) THEN B(I) = 1
200 LET D = INT (D / 2)
210 NEXT I
220 PRINT : PRINT "UMWANDLUNG BINAER:"
230 FOR I = 1 TO 16: PRINT B(I);" ";: NEXT I
240 END
```

Programm BINAERDEZIMAL1 unterscheidet sich in zwei Punkten vom Programm DEZIMALBINAER1: Einserseits wird umgekehrt umgewandelt (binär - dezimal), und andererseits liegt das Binärmuster als String B$ vor, nicht aber als Array B( ). Mit MID$(B$,I,1) nimmt man das jeweils nächste Zeichen von B$; da es stets eine 0 oder 1 ist, kann dieses Zeichen mit VAL in einen numerischen Wert verwandelt und nach S zugewiesen werden (S für Stelleninhalt). Dann wird 'S mal (2 hoch (L-I))' multipliziert und der so errechnete Stellenwert in Zeile 170 zur Dezimalzahl D hinzuaddiert.

Codierung und Ausführungen zu Programm BINAERDEZIMAL1:

```
UMWANDLUNG BINAER --> DEZIMAL
(BINAERMUSTER ALS STRING).
BINAERMUSTER TIPPEN:
?1111111111111111
UMWANDLUNG DEZIMAL: 65535
ENDE.
```

```
UMWANDLUNG BINAER --> DEZIMAL
(BINAERMUSTER ALS STRING).
BINAERMUSTER TIPPEN:
?110011
UMWANDLUNG DEZIMAL: 51
ENDE.
```

```
100  REM  ======PROGRAMM BINAERDEZIMAL1
110  PRINT "UMWANDLUNG BINAER --> DEZIMAL"
120  PRINT "(BINAERMUSTER ALS STRING)."
130  PRINT "BINAERMUSTER TIPPEN:": INPUT B$
140  LET D = 0: LET L =  LEN (B$)
150  FOR I = 1 TO L
160  LET S =  VAL ( MID$ (B$,I,1))
170  LET D = D + S * (2 ↑ (L - I))
180  NEXT I
190  PRINT "UMWANDLUNG DEZIMAL: ";D
200  PRINT "ENDE.": END
```

Hexadezimalziffern sind 0,1,2,3,4,5,6,7,8,9,A,B,C,D,E,F. Diese 16 Ziffern werden auch kurz Hex-Ziffern oder Sedezimal-Ziffern genannt (vgl. Abschnitt 1.2.3.2)..
Programm HEXDEZIMAL1 demonstriert den Umwandlungsvorgang von hex nach dez. In Teil 1 des Programms prüfen wir, ob die Eingabe H1$ nur aus den 16 Hex-Zeichen 0123456789ABCDEF besteht. In Teil 2 geschieht die Umwandlung: Die Hex-Zeichen A-F werden durch die Dez-Zeichen 10-15 ersetzt und in Z abgelegt. Daraufhin wird Z mit den jeweiligen Stellenwerten 1 (=16 hoch 0), 16 (=16 hoch 1), 256 (=16 hoch 2), ... multipliziert und zur Dezimalzahl D hinzuaddiert.

Ausführungen zu Programm HEXDEZIMAL1:

```
UMWANDLUNG HEX --> DEZIMAL.
WERT HEX TIPPEN: 6D

PRUEFUNG AUF GUELTIGKEIT:
1. ZEICHEN IN  6D  KORREKT.
2. ZEICHEN IN  6D  KORREKT.

UMWANDLUNG:
FUER D: 0 UM 13 ERHOEHT.
FUER 6: 13 UM 96 ERHOEHT.

ERGEBNIS:
6D HEX ERGIBT 109 DEZIMAL.
```

```
UMWANDLUNG HEX --> DEZIMAL.
WERT HEX TIPPEN: FFFF

PRUEFUNG AUF GUELTIGKEIT:
1. ZEICHEN IN  FFFF  KORREKT.
2. ZEICHEN IN  FFFF  KORREKT.
3. ZEICHEN IN  FFFF  KORREKT.
4. ZEICHEN IN  FFFF  KORREKT.

UMWANDLUNG:
FUER F: 0 UM 15 ERHOEHT.
FUER F: 15 UM 240 ERHOEHT.
FUER F: 255 UM 3840 ERHOEHT.
FUER F: 4095 UM 61440 ERHOEHT.

ERGEBNIS:
FFFF HEX ERGIBT 65535 DEZIMAL.
```

Codierung zu Programm HEXDEZIMAL1:

```
100  REM  ======PROGRAMM HEXDEZIMAL1
110  PRINT "UMWANDLUNG HEX --> DEZIMAL."
120 :
130  REM  ======VEREINBARUNGSTEIL
140  REM  H0$: TEXT (16 HEX-ZEICHEN)
150  REM  H1$: TEXT (UMZUWANDELNDER EINGABETEXT)
160  REM  L:   INTEGER (LAENGE VON H1$)
170  REM  F:   INTEGER (FLAGGE FUER EINGABEFEHLER)
180  REM  D:   INTEGER (ERGEBNIS IM DEZIMALSYSTEM)
190  REM  Z$:  TEXT (NAECHSTES ZEICHEN VON H1$)
200  REM   I,J: INTEGER (LAUFVARIABLEN)
210 :
```

```
220 REM ======ANWEISUNGSTEIL
230 LET HO$ = "0123456789ABCDEF": REM  16 HEX-ZEICHEN
240 INPUT "WERT HEX TIPPEN: ";H1$: PRINT
250 LET L =  LEN (H1$)
260 REM  ***TEIL 1: EINGABE AUF GUELTIGKEIT PRUEFEN*******
270 PRINT "PRUEFUNG AUF GUELTIGKEIT:"
280 FOR I = 1 TO L
290 LET F = 1: REM  FLAGGE F AUF 1=FEHLER SETZEN
300 FOR J = 1 TO 16
310 IF  MID$ (HO$,J,1) =  MID$ (H1$,I,1) THEN  LET F = 0
320 NEXT J
330 IF F = 1 THEN 540
340 PRINT I;". ZEICHEN IN  ";H1$;"  KORREKT."
350 NEXT I
360 REM  ***TEIL 2: UMWANDLUNG HEX --> DEZIMAL************
370 PRINT : PRINT "UMWANDLUNG:"
380 FOR I = 1 TO L
390 LET Z$ =  MID$ (H1$,(L - I + 1),1)
400 IF Z$ <  = "9" THEN  LET Z =  VAL (Z$)
410 IF Z$ = "A" THEN Z = 10
420 IF Z$ = "B" THEN Z = 11
430 IF Z$ = "C" THEN Z = 12
440 IF Z$ = "D" THEN Z = 13
450 IF Z$ = "E" THEN Z = 14
460 IF Z$ = "F" THEN Z = 15
470 LET Z = Z * (16 ↑ (I - 1))
480 PRINT "FUER ";Z$;": ";D;" UM ";Z;" ERHOEHT."
490 LET D = D + Z
500 NEXT I
510 PRINT : PRINT "ERGEBNIS:"
520 PRINT H1$;" HEX ERGIBT ";D;" DEZIMAL.": GOTO 550
530 GOTO 550
540 PRINT I;". ZEICHEN IN  ";H1$;" FEHLERHAFT."
550 END
```

Programm DEZIMALHEX1 wandelt umgekehrt Dezimalzahlen in Hexadezimalzahlen um und läuft entsprechend dem 'Vorgehen 2' der Abbildung ab.
Zur Bestimmung der Hexadezimalziffer HZI$ gehen wir dabei wie folgt vor: Hat HZI einen Wert 0,1,2,...,9, so erhalten wir mit CHR$(48+HZI) die entspr. Ziffer 0,1,2,...9. Hat HZI aber einen Wert zwischen 10 und 15, ermittelt CHR$(55+HZI) die zugehörige Ziffer A,B,..,F. Beispiele: CHR$(55+11) ergibt CHR$(66) ergibt B; CHR$(48+4) ergibt CHR$(52) ergibt 4. Dabei wird berücksichtigt, daß die Dezimalziffern im ASCII mit Codezahl 48 beginnen und die Großbuchstaben mit Codezahl 65. Die Variable CODE enthält deshalb 48 oder aber 55 (55+10 für A ergibt dann 65).

Ausführungen zu Programm DEZIMALHEX1:

```
DEZIMALZAHL <- 23973
 HEX-ZIFFER: 5
 HEX-ZIFFER: A
 HEX-ZIFFER: D
 HEX-ZIFFER: 5
HEXADEZIMALZAHL -> 5DA5
```

```
DEZIMALZAHL <- 266
 HEX-ZIFFER: A
 HEX-ZIFFER: 0
 HEX-ZIFFER: 1
HEXADEZIMALZAHL -> 10A
```

```
VORGEHEN1: HEX-ZIFFERN FALLEN IN RICHTIGER FOLGE 5C8F AN

              3          2          1          0
23695 = 5*16    +  12*16   +    8*16   +   15*16     5C8F hex
                                                     abgelesen
      = 5*4096 +  12*256   +    8*16   +   15*1

      = 20480  +  3072     +    128    +   15


VORGEHEN 2: HEX-ZIFFERN FALLEN IN UMGEKEHRTER FOLGE F8C5 AN

 DEZ  = (TEIL=INT(DEZ/16) * 16)  +  HZI=DEZ-(TEIL*16)    HE$

23695 =      (1480        * 16)  +          15             F
 1480 =      (  92        * 16)  +           8             8
   92 =      (   5        * 16)  +          12             C
    5 =      (   0        * 16)  +           5             5
```

Zwei Vorgehensweisen zur Umwandlung von 23695 dez in 5C8F hex

Codierung zu Programm DEZIMALHEX1:

```
100  REM  ======PROGRAMM DEZIMALHEX1
110  REM  ======VEREINBARUNGSTEIL
120  REM  DEZ:     INTEGER (DEZIMALZAHL)
130  REM  HEX$:    STRING (HEXADEZIMALZAHL)
140  REM  HZI:     INTEGER (HEXADEZIMALZIFFER)
150  REM  HZI$:    STRING (... FUER HZI)
160  REM  TEIL     INTEGER (GANZZAHL-TEIL VON DEZ)
170  REM   CODE:    INTEGER (ASCII-ZAHL FUER HZI)
180 :
190  REM  ======ANWEISUNGSTEIL
200  LET HEX$ = "": REM  LEERSTRING ZUM VERKETTEN MIT +
210  INPUT "DEZIMALZAHL <- ";DEZ
220  LET TEIL =  INT (DEZ / 16)
230  LET HZI = DEZ - (TEIL * 16)
240  LET CODE = 48: IF HZI > 9 THEN  LET CODE = 55
250  LET HZI$ =  CHR$ (CODE + HZI)
260  PRINT " HEX-ZIFFER: ";HZI$
270  LET HEX$ = HZI$ + HEX$
280  LET DEZ = TEIL: IF DEZ > 0 THEN 220
290  PRINT "HEXADEZIMALZAHL -> ";HEX$: END
```

3.5.3 Daten Bit für Bit verarbeiten

Ergänzend zu DEZIMALBINAER1 wollen wir zur "Umwandlung von Dezimalzahlen in Dualzahlen" die Programme DEZIMALBINAER2-4 betrachten.
Diese drei Programme demonstrieren den Einsatz des logischen Operators AND zur Verarbeitung e i n z e l n e r Bits. Die logischen Operatoren haben wir bereits in Abschnitt 3.2.3 im Zusammenhang mit der Verzweigungstechnik (Programme BOOLEAN 1-3) kennengelernt.

Im Ausführungsbeispiel zu Programm DEZIMALBINAER2 wird die 200 in die Dualzahl 11001000 umgewandelt. Die Codierung zeigt, daß die Umwandlung in einer abweisenden Schleife über die Anweisungsfolge

```
170 IF I=1 THEN 210
180   LET I=I/2
190   PRINT ABS( (I AND D) = I);
200 GOTO 170
```

mit den Zahlen D=200 und I=256 als Anfangswerten erfolgt. Anweisung 190 führt mit I AND D eine logische Operation über "logisch UND" durch. Dabei werden die INTEGER-Zahlen in I und D binär dargestellt und Bit für Bit mit AND (logisch UND) verknüpft. Für die Anfangswerte I=128 und D=200 wird demnach die Operation (I AND D) als (128 AND 200) computerintern binär als (10000000 AND 11001000) bitweise ausgeführt. Nur die 8. Stelle ergibt 1 als Stellenergebnis (1 AND 1 ergibt 1), während alle anderen Stellenergebnisse 0 ergeben. (10000000 AND 11001000) ergibt somit 10000000 bzw. 128 als Ergebnis.
In Zeile 190 wird jetzt der Vergleich (128=128)? ausgeführt und als Ergebnis WAHR (TRUE bzw. -1) festgestellt.
Dann wird in 190 der Absolutbetrag ABS(-1) gleich 1 ermittelt und mit PRINT 1; ausgegeben.
Diese bitweise Manipulation mittels AND wiederholt sich bis I den Wert 1 erreicht hat. Die ersten drei Schleifendurchläufe werden in der Abbildung wiedergegeben.

```
Anweisung 190 PRINT ABS((I AND D)=I);  von Programm
DEZIMALBINAER2 in Einzelschritten:

Schleifendurchlauf:               Bitweise Verknüpfung (I AND D):

1. DURCHLAUF: I=128 und D=200.   1 0 0 0 0 0 0 0     =128
(I AND D) ergibt I                1 1 0 0 1 0 0 0     =200
(I = I) ergibt -1 bzw. TRUE.     -------------------------
ABS(-1) ergibt 1.                 1 0 0 0 0 0 0 0     =128

2. DURCHLAUF: I=64 und D=200.    0 1 0 0 0 0 0 0     = 64
(I AND D) ergibt I.               1 1 0 0 1 0 0 0     =200
(I = I) ergibt -1 bzw. TRUE.     -------------------------
ABS(-1) ergibt 1.                 0 1 0 0 0 0 0 0     = 64

3. DURCHLAUF: I=32 und D=200.    0 0 1 0 0 0 0 0     = 32
(I AND D) ergibt 0.               1 1 0 0 1 0 0 0     =200
(0 AND I) ergibt 0 bzw. FALSE.   -------------------------
ABS(0) ergibt 0.                  0 0 0 0 0 0 0 0     =  0
```

Beispiel zur bitweisen Verknüpfung mittels AND

Ausführung zu Programm DEZIMALBINAER2:

```
UMWANDLUNG EINER DEZIMALZAHL IN EINE DUALZAHL
(METHODE: VERGLEICHEN MIT LOGISCH 'UND'.
ERGEBNIS: BINAERMUSTER AUS 8 EINZELZAHLEN).
GANZZAHL UNTER 256? 200
 200  ALS 8-STELLIGE DUALZAHL:
 1  1  0  0  1  0  0  0
ENDE.
```

Codierung zu Programm DEZIMALBINAER2:

```
100 REM ======PROGRAMM DEZIMALBINAER2
110 PRINT "UMWANDLUNG EINER DEZIMALZAHL IN EINE DUALZAHL"
120 PRINT "(METHODE: VERGLEICHEN MIT LOGISCH 'UND'."
130 PRINT "ERGEBNIS: BINAERMUSTER AUS 8 EINZELZAHLEN)."
131 :
140 INPUT "GANZZAHL UNTER 256"; D
150 LET I=256
160 PRINT D;" ALS 8-STELLIGE DUALZAHL:"
170 IF I=1 THEN 210
180   LET I=I/2
190   PRINT ABS( (I AND D) = I);
200 GOTO 170
210 PRINT: PRINT "ENDE.": END
```

I als Filter bzw. als Maske:
Die logische Operation (I AND D) wird in einer Schleife wiederholt ausgeführt. Dabei bleibt D=200 konstant, während I die 8 Werte 128=10000000, 64=01000000, 32=00100000, 16=00010000, 8=00001000, 4=00000100, 2=00000010 und 00000001 annimmt.
I wirkt wie ein F i l t e r , der mittels UND bei jedem neuen Schleifendurchlauf eine ggf. vorhandene "1" in einer anderen Bitposition herausfiltert: in Position 8, 7, 6, ..., 1.
Ebenso kann man I als M a s k e auffassen, die über eine zu prüfende Variable (hier über D) gelegt wird.

Die Programme DEZIMALBINAER3 und DEZIMALBINAER2 bezwecken dasselbe, nur wird jetzt die AND-Operation als

```
170 PRINT SGN(D AND (2 hoch I));
```

geschrieben. Als Filter bzw. Maske dient wieder 128 (2 hoch 7 ergibt 128), 64 (2 hoch 6 ergibt 64), ...

Codierung und Ausführung zu Programm DEZIMALBINAER3:

```
100 REM ======PROGRAMM DEZIMALBINAER3
110 PRINT "UMWANDLUNG EINER DEZIMALZAHL IN EINE DUALZAHL"
120 PRINT "(METHODE: EXPONENT SOWIE LOGISCH 'UND'."
130 PRINT "ERGEBNIS: BINAERMUSTER AUS 8 EINZELZAHLEN)."
131 :
140 INPUT "GANZZAHL UNTER 256"; D
150 PRINT "8-STELLIGE DUALZAHL:"
160 FOR I=7 TO 0 STEP -1
170   PRINT SGN(D AND 2^I);
180 NEXT I
190 PRINT: PRINT "ENDE." : END
Ok
```

```
UMWANDLUNG EINER DEZIMALZAHL IN EINE DUALZAHL
(METHODE: EXPONENT SOWIE LOGISCH 'UND'.
ERGEBNIS: BINAERMUSTER AUS 8 EINZELZAHLEN).
GANZZAHL UNTER 256? 200
8-STELLIGE DUALZAHL:
 1  1  0  0  1  0  0  0
ENDE.
```

DEZIMALBINAER2 sowie DEZIMALBINAER3 wandeln nur Dezimalzahlen bis max. 256 in Binärzahlen umwandeln. Programm DEZIMALBINAER4 hebt die Begrenzung bis 256 (=2 hoch 8) auf und wandelt Zahlen bis maximal 65536 (=2 hoch 16) um.
Dazu wird der Zahlenwert in ein BYTELINKS und ein BYTERECHTS aufgeteilt.

Auf Zwei-Byte-Adressen mit einem niederwertigen Byte (hier als BYTELINKS benannt) und einem höherwertigen Byte (BYTERECHTS) gehen wir in Abschnitt 3.5.5.1 ausführlich ein).

Codierung und Ausführungen zu Programm DEZIMALBINAER4:

```
100 REM ======PROGRAMM DEZIMALBINAER4
110 PRINT "UMWANDLUNG EINER DEZIMALZAHL IN EINE DUALZAHL"
120 PRINT "(METHODE: EXPONENT SOWIE LOGISCH 'UND'; ZERLEGEN."
130 PRINT "ERGEBNIS: BINAERMUSTER AUS 16 EINZELZAHLEN)."
131 :
140 INPUT "GANZZAHL UNTER 65536"; ZAHL : PRINT
150 BYTELINKS = INT (ZAHL/256)
160 PRINT "HOEHERWERTIGES LINKES BYTE"; BYTELINKS
170 PRINT "ALS DUALZAHL: ";
180 LET D=BYTELINKS : GOSUB 1000
190 LET BYTERECHTS = ZAHL - BYTELINKS*256 : PRINT

191 :
200 PRINT "NIEDERWERTIGES RECHTES BYTE"; BYTERECHTS
210 PRINT "ALS DUALZAHL: ";
220 LET D=BYTERECHTS : GOSUB 1000
230 END

240 :
1000 FOR I=7 TO 0 STEP -1
1010   PRINT SGN(D AND 2↑I);
1020 NEXT I
1030 RETURN

RUN
UMWANDLUNG EINER DEZIMALZAHL IN EINE DUALZAHL
(METHODE: EXPONENT SOWIE LOGISCH 'UND'; ZERLEGEN.
ERGEBNIS: BINAERMUSTER AUS 16 EINZELZAHLEN).
GANZZAHL UNTER 65536? 32267

HOEHERWERTIGES LINKES BYTE 126
ALS DUALZAHL:  0  1  1  1  1  1  1  0
NIEDERWERTIGES RECHTES BYTE 11
ALS DUALZAHL:  0  0  0  0  1  0  1  1

RUN
UMWANDLUNG EINER DEZIMALZAHL IN EINE DUALZAHL
(METHODE: EXPONENT SOWIE LOGISCH 'UND'; ZERLEGEN.
ERGEBNIS: BINAERMUSTER AUS 16 EINZELZAHLEN).
GANZZAHL UNTER 65536? 65000

HOEHERWERTIGES LINKES BYTE 253
ALS DUALZAHL:  1  1  1  1  1  1  0  1
NIEDERWERTIGES RECHTES BYTE 232
ALS DUALZAHL:  1  1  1  0  1  0  0  0
```

3.5.4 Unmittelbarer Zugriff auf Speicherinhalte

3.5.4.1 Stufe 1: Freien Speicherplatz überprüfen

Der wiedergegebene direkte Dialog gibt ein Beispiel, wie durch Anwendung der Funktion FRE(0) der noch freie Speicherplatz abgefragt werden kann.
Zunächst löschen wir den Hauptspeicher RAM mittels NEW.
Vor dem Laden des Programms VERBRAUCH1 sind noch 38908 Bytes frei, das sind die 38911 Bytes RAM nach dem Systemstart abzüglich 3 Bytes für die Direktanweisung PRINT FRE(0). Nach Laden von VERBRAUCH1 verbleiben noch 38791 Bytes und nach Ausführung noch 38770 Bytes.
Die Anweisungen des Programms VERBRAUCH1 beanspruchen demnach 117 Bytes an Speicherplatz (38908-38791).
Während der Ausführung werden Zahlenwerte in die Variablen T (60), K (346) und D (17.3410405) zugewiesen. Dafür belegt der Computer genau 21 Bytes an Speicherplatz (38791-38770).
In Abschnitt 3.5.5 gehen wir auf die Speicherung der Daten und Anweisungen eines BASIC-Programms näher ein.

Direkter Dialog zur Demonstration der Funktion FRE(0):

```
NEW /RET/
READY.
PRINT FRE(0)  /RET/
-26627
READY.
PRINT FRE(0)+65535 /RET/
38908

LOAD "VERBRAUCH1",8
SEARCHING FOR VERBRAUCH1
LOADING
READY.

PRINT FRE(0)+65535 /RET/
38791
READY.
```

```
RUN /RET/
EINGABE: GEFAHRENE KM
346 /RET/
AUSGABE: LITER/100 KM
17.3410405

PRINT FRE(0)+65535 /RET/
38770
READY.
```

/RET/ bedeutet "RETURN-Taste drücken.
Programm VERBRAUCH1: siehe Abschnitte 2.2 sowie 3.1.1.

Warum antwortet die Funktion FRE(0) mit negativen Zahlen?
FRE(0) wird als Ganzzahl (INTEGER-Zahl) gespeichert. Da Daten des Typs "Ganzzahl" nur Zahlen bis maximal 32767 sein können, werden bei größeren Zahlen negative Zahlen angezeigt. Addieren wir 65535 hinzu, erhalten wir den 'richtigen' Wert.

3.5.4.2 Stufe 2: Speicherplatzinhalte mit PEEK lesen

PEEK(30000) gibt den Inhalt des Speicherplatzes mit der Adresse 30000 wieder - mit PRINT PEEK(30000) als Direktanweisung oder aber mit

```
20 PRINT "INHALT VON PLATZ 30000: ";PEEK(30000)
```

als Programmanweisung.
Die Anweisung 50 LET F=PEEK(30000) ordnet den Wert der Variablen F zu und 70 IF PEEK(30000)=9 THEN.. fragt, ob in dieer Adresse der Zahlenwert 9 gespeichert ist.

Anmerkung: Negative Adressen legt das System als komplementäre Zahlen zu 65536 als der größten durch ein Byte (8 Bits) darstellbare Zahl an.

Die Zählerschleife

```
FOR I=2048 TO 3071 : PRINT I;": ";PEEK(I); : NEXT I /RET/
```

gibt den Inhalt der Speicherplätze 2048 bis 3071 aus. Dieser dezimalen Adressenangabe entspricht die hexadezimale Angabe von 800 bis BFF, die zur Unterscheidung auch als $800 - $BFF geschrieben wird . Lassen wir die im direkten Dialog eingegebene Schleife ablaufen, dann werden ASCII-Codezahlen zwischen 0 und 255 gezeigt. Warum? 255 dezimal = $FF ist die größte in einem Byte bzw. einem Speicherplatz unterzubringende Zahl.

Die Zählerschleife

```
30 FOR Z=1 TO 7: LET A(Z)=PEEK(10767+Z) : NEXT Z
```

speichert die Inhalte der Speicherplätze 10768, 10769, ... in den Array A() ab.

Arbeitet man mit PEEK (Adressinhalte direkt lesen) sowie POKE (direkt schreiben), so sind häufig Umrechnungen von hexadezimalen in dezimale Adressangaben vorzunehmen.
Diese Umrechnungen von HEX nach DEZ können mit der umseitigen Tabelle wie folgt vorgenommen werden:

1. Beispiel: $FF69 - dezimal 65385
   FF (Zeile unten, Spalte rechts) ergibt 65280 als unteren Tabellenwert, da FF das 1. Ziffernpaar ist.
   69 (Zeile 6 und Spalte 9) ergibt 105 als oberen Wert, da 69 das 2. Paar ist.
   65280+105 ergibt dezimal 65385.

2. Beispiel: $800 - dezimal 2048
   08 (obere Zeile 0 und Spalte 8) ergibt 2048 als unteren Tabellenwert, da 08 das 1. Paar ist.
   00 (obere Zeile und linke Spalte) ergibt 0.
   2048+0 ergibt dezimal 2048.

Statusvariable ST als Beispiel für PEEK:
Die Statusvariable ST ist in Adresse 144 abgelegt und enthält einen Wert ungleich null, wenn Ein-/Ausabefehler auftauchen.
Der direkte Dialog

```
LOAD "XXX",8 /RET/
FILE NOT FOUND ERROR
READY.
PRINT PEEK (144) /RET/        (Adresse 144 mit PEEK abfragen)
66
READY.
```

zeigt, daß unter dieser Adresse 144 nach dem Versuch, das gar nicht existierende Programm XXX zu laden, der Wert 66 als Fehlerart gespeichert worden ist.
Gerade bei der Fehlerbehandlung sind derartige Abfragen über PEEK sehr nützlich.

$	0	1	2	3	4	5	6	7	8	9	A	B	C	D	E	F
0	0	1	2	3	4	5	6	7	8	9	10	11	12	13	14	15
	0	256	512	768	1024	1280	1536	1792	2048	2304	2560	2816	3072	3328	3584	3840
1	16	17	18	19	20	21	22	23	24	25	26	27	28	29	30	31
	4096	4352	4608	4864	5120	5376	5632	5888	6144	6400	6656	6912	7168	7424	7680	7936
2	32	33	34	35	36	37	38	39	40	41	42	43	44	45	46	47
	8192	8448	8704	8960	9216	9472	9728	9984	10240	10496	10752	11008	11264	11520	11776	12032
3	48	49	50	51	52	53	54	55	56	57	58	59	60	61	62	63
	12288	12544	12800	13056	13312	13568	13824	14080	14336	14592	14848	15104	15360	15616	15872	16128
4	64	65	66	67	68	69	70	71	72	73	74	75	76	77	78	79
	16384	16640	16896	17152	17408	17664	17920	18176	18432	18688	18944	19200	19456	19712	19968	20224
5	80	81	82	83	84	85	86	87	88	89	90	91	92	93	94	95
	20480	20736	20992	21248	21504	21760	22016	22272	22528	22784	23040	23296	23552	23808	24064	24320
6	96	97	98	99	100	101	102	103	104	105	106	107	108	109	110	111
	24576	24832	25088	25344	25600	25856	26112	26368	26624	26880	27136	27392	27648	27904	28160	28416
7	112	113	114	115	116	117	118	119	120	121	122	123	124	125	126	127
	28672	28928	29184	29440	29696	29952	30208	30464	30720	30976	31232	31488	31744	32000	32256	32512
8	128	129	130	131	132	133	134	135	136	137	138	139	140	141	142	143
	32768	33024	33280	33536	33792	34048	34304	34560	34816	35072	35328	35584	35840	36096	36352	36608
9	144	145	146	147	148	149	150	151	152	153	154	155	156	157	158	159
	36864	37120	37376	37632	37000	30144	30400	30656	30712	39160	39424	39680	39936	40192	40448	40704
A	160	161	162	163	164	165	166	167	168	169	170	171	172	173	174	175
	40960	41216	41472	41728	41984	42240	42496	42752	43008	43264	43520	43776	44032	44288	44544	44800
B	176	177	178	179	180	181	182	183	184	185	186	187	188	189	190	191
	45056	45312	45568	45824	46080	46336	46592	46848	47104	47360	47616	47872	48128	48384	48640	48896
C	192	193	194	195	196	197	198	199	200	201	202	203	204	205	206	207
	49152	49408	49664	49920	50176	50432	50688	50944	51200	51456	51712	51968	52224	52480	52736	52992
D	208	209	210	211	212	213	214	215	216	217	218	219	220	221	222	223
	53248	53504	53760	54016	54272	54528	54784	55040	55296	55552	55808	56064	56320	56576	56832	57088
E	224	225	226	227	228	229	230	231	232	233	234	235	236	237	238	239
	57344	57600	57856	58112	58368	58624	58880	59136	59392	59648	59904	60160	60416	60672	60928	61184
F	240	241	242	243	244	245	246	247	248	249	250	251	252	253	254	255
	61440	61696	61952	62208	62464	62720	62976	63232	63488	63744	64000	64256	64512	64768	65024	65280

3.5.4.3 Stufe 3: Speicherplatzinhalte mit POKE schreiben

PEEKen können wir Speicherplätze des RAM und des ROM, während umgekehrt nur Speicherplätze des RAM gePOKEt und damit neu beschrieben werden können.
POKE 650,0 speichert die 0 in den Speicherplatz mit der Adresse 650 ab. Man sagt: "poke die 0 nach 650" (nicht schön, aber kurz). Das zweite Argument muß zwischen 0 und 255 liegen. Die Anweisung POKE PLATZ,ZAHL speichert den Inhalt von ZAHL an die Adresse von PLATZ ab. Die Ausgabeschleife

```
100 FOR I=1 TO 7 : READ C : POKE (10767+Z),C : NEXT I
110 DATA 101,6,101,6,133,8,96
```

speichert die 7 in der DATA-Zeile angegebenen Zahlen in die Speicherplätze mit den Adressen 10768, 10769,... ab.

Vor jedem Poken muß überlegt werden, ob nicht Speicherinhalte verändert werden, die für die Ablaufsteuerung wichtig sind.
Zum "Üben" sei empfohlen, nur den Speicherplatz mit den Adressen 2048 - 40959 zu benutzen, d.h. den für die BASIC-Programme zur Verfügung stehenden Benutzerspeicher.

Zum POKEn in den vom Betriebssystem beanspruchten Speicherbereich ein Beispiel:
Durch Eingabe von

```
POKE 650,128 /RET/
```

speichern wir die Zahl 128 in Adresse 650. Dadurch belegen wir alle Tasten mit der Repeatfunktion. Durch POKE 650,64 schalten wir das 'Repeat' ganz ab und durch POKE 650,0 wird unser System wieder in seinen Normalzustand gebracht, d.h. 'Repeat' gilt nur für die Cursorsteuerung.
Das Betriebssystem verwendet also 650 als Adresse zum Umschalten der Repeatfunktion.

Ein anderes Beispiel zum POKEn hatten wir in Abschnitt 3.9.2.5 kennengelernt: Adressen 211 und 214 mit der Cursorposition im Programm BEFEHLSZEILE1.

3.5.4.4 Stufe 4: Aufruf von Maschinenprogrammen

Mit der Anweisung

```
SYS 64738
```

rufen wir ein Maschinenprogramm auf, dessen erster Befehl im Hauptspeicher unter der Adresse 64738 steht.
Unter der Adresse 64738 beginnt beim Commodore 64 eine Routine, die einen Warmstart bzw. ein RESET durchführt, die also den Commodore 64 in den Urzustand direkt nach dem Anschalten vesetzt.
Das Handbuch nennt mehrere solche vom Betriebssystem bereitgestellte Maschinenprogramme.
Auch der Anwender kann Routinen in Maschinensprache (Assembler genannt) schreiben, im RAM ablegen und später mit SYS zur Ausführung bringen.

Die Funktion USR() unterscheidet sich in zwei Punkten von der Funktion SYS:

- Sprung in ein Maschinenprogramm, dessen Startadresse stets in den SPeicherstellen 785 und 786 (2-Bytes-Adresse, siehe Abschnitt 3.5.5) abgelegt ist.
- USR(P) übergibt den Inhalt von P als Parameter an das Maschinenprogramm, um von diesem über den Parameter P ein bestimmtes Ergebnis zu erhalten.

Auf das Erstellen von Maschinenprogrammen in Assembler können wir in dieser BASIC-Einführung nicht eingehen.

3.5.5 Speicherung eines BASIC-Programms im RAM

Bei Inbetriebnahme meldet sich der Commodore 64 mit:

"64 K RAM SYSTEM 38911 BASIC BYTES FREE"

Von diesen 64 K Bytes stehen uns als Anwender also 38911 Bytes zur Verfügung, und zwar in den Adressen 2048 - 40959. In diesem Benutzerspeicher wird das BASIC-Programm sowie die zu verarbeitenden Daten (Variablen) zur Ausführungszeit abgelegt.
Eine detaillierte Erklärung der Speicherorganisation würde den Umfang dieses Buchs sprengen. Gleichwohl wollen wir anhand des Beispielprogramms VERBRAUCH1 versuchen, die folgenden Fragen zu beantworten:

- Wo ist das BASIC-Programm und wo sind die Variablen gespeichert?
- Wie sind die Anweisungen des Programms gespeichert?
- Wie sind die Daten der Variablen gespeichert?

3.5.5.1 Organisation des Anwenderspeichers

In der Übersicht sind wichtige Adressen des Anwenderspeichers wiedergegeben.
Durch Versetzen der Adresszeiger lassen sich Größe sowie Lage der Speicherbereiche verändern.

Zunächst laden wir das Programm VERBRAUCH1 von der Diskette in den RAM.
Über den direkten Dialog

```
PRINT PEEK(43) + 256*PEEK(44)  /RET/
2049
READY.
```

erfahren wir, daß das Programm VERBRAUCH1 ab Adresse 2049 im RAM gespeichert ist.
Eine mittels PEEK gelesene Adresse kann kann den Zahlenbereich 0-255 nicht übersteigen (Byte mit 8 Bits). Aus diesem Grunde werden 2 Bytes verwendet, um auch auf höhere Adressen zeigen zu können.

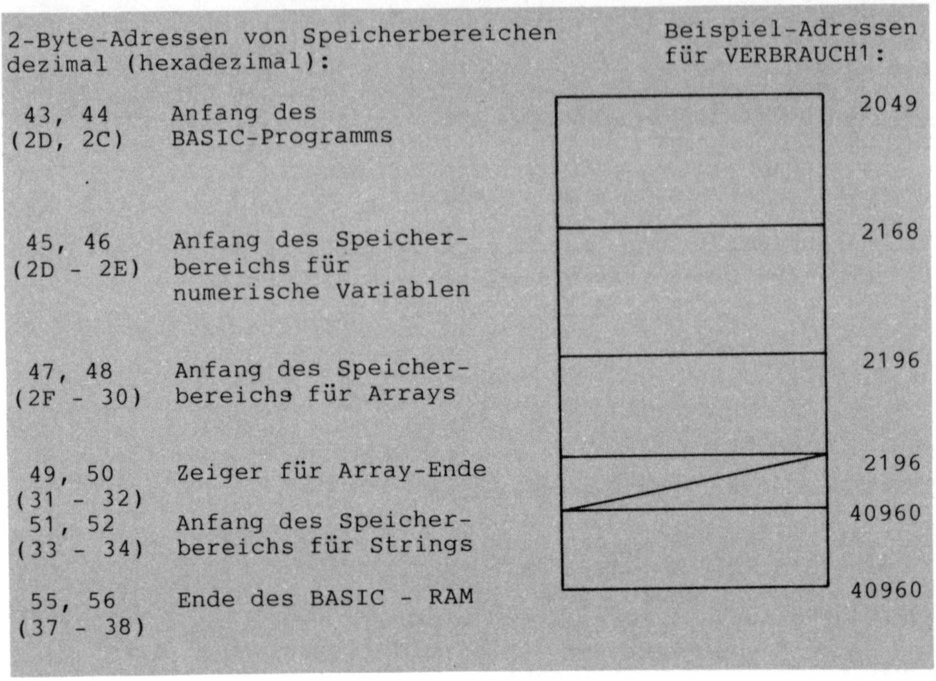

Wichtige Adresszeiger für den Speicherbereich des Anwenders

Begriff der *2-Byte-Adresse*:
Zeiger der Form (Byte1,Byte2) sind 2-Byte-Adressen, die im Zahlenbereich 0-65535 liegen. (43,44) ist z.B. eine solche 2-Byte-Adresse, bei der in Adresse 43 die niederwertigen Stellen und in Adresse 44 die höherwertigen Stellen abgelegt sind. Um den dezimalen Wert der Speicheradresse zu erhalten, müssen wir den Inhalt des höherwertigen Bytes mit 256 multiplizieren. Grund: 256 (dezimal) entspricht $FF (hexadezimal) und damit dem binären Maximalwert 11111111 eines Bytes.

Die Speicherbereiche für Arrays (Felder, Bereiche) sowie für Strings (Text, Zeichenketten) sind leer; Programm VERBRAUCH1 vereinbart ja auch keine Variablen der Datentypen String und Array. Die Adressen 2196 wie auch 40960 sind zugleich Anfangs- und Endeadressen der betreffenden Speicherbereiche.

Alle Speicherbereiche werden von 'unten' nach 'oben' aufgebaut, d.h. in Richtung immer höherer Adressen. Eine Ausnahme bildet der String-Speicher, der von 'oben' nach 'unten' aufgebaut wird (deshalb im Beispiel die Anfangsadresse 40960, die mit dem Ende des BASIC-Anwenderspeichers zusammenfällt).

3.5.5.2 Speicherung der Daten (Variablen)

Im Variablen-Speicher ab Adresse 2168 sind die drei REAL-Variablen T, K und D gespeichert.
Im direkten Dialog schauen wir nach, wie diese Variablen abgelegt sind:

```
FOR I=2168 TO 2200: PRINT PEEK(I);: NEXT I  /RET/
84 0 134 112 0 0 0 75 0 137 45 0 0 0 68 0 133 10 186 115 108
(T)                 (K)                 (D)
73 0 140 9 16 0 0  78 78 78 78 78
(I)                 (N) ...
READY.
```

Die Variablennamen T, K, D, I und N erscheinen nicht; sie wurden nur zur Erklärung eingefügt (in Klammern gesetzt).
In Adresse 2168 steht die ASCII-Codezahl 84 bzw. der Buchstabe "T" (CHR$(84) ergibt T). In den Adressen 2175, 2182 sowie 2189 finden wir die Variablennamen K, D und I (I als Laufvariable der von uns im direkten Dialog getippten FOR-Schleife).
Jede Zahl vom Typ 'REAL bzw. Dezimalzahl' wird vom Commodore in einem 7-Byte-Format gespeichert:
- Bytes 1 und 2 für die ersten beiden Zeichen des Variablennamens (falls kein zweites Zeichen, dann 0).
- Bytes 3 bis 7 speichern den Wert in einer normalisierten Exponentialdarstellung als Gleitpunktzahl.

Eine Zahl vom Typ 'INTEGER bzw. Ganzzahl' beansprucht ebenso sieben Bytes:
- Bytes 1 und 2 für die ersten beiden Zeichen des Namens (deren ASCII-Codezahlen jeweils um 128 erhöht).
- Bytes 3 und 4 enthalten die Ganzzahl in der Darstellungsart (LowByte, HighByte).
- Bytes 5 bis 7 unbenutzt bzw. 0.

Mit dem folgenden Programm namens PEEKLESEN1 können wir das Speicherungsformat einer Real-Variablen namens T ausgeben lassen. Da T die erste im Programm angesprochene Variable ist, wird sie auch unmittelbar am Anfang des Variablen-Speichers abgelegt.

Bei Programm VERBRAUCH1 lag der Beginn des Variablen-Speichers bei der Adresse 2168, während er bei Programm PEEKLESEN1 nun bei Adresse 2467 liegt. Grund: PEEKLESEN1 als das größere Programm beansprucht mehr Speicherplatz.

Codierung zu Programm PEEKLESEN1:

```
100 REM ======PROGRAMM PEEKLESEN1
110 PRINT "SPEICHERUNG EINER REAL-VARIABLEN ZEIGEN."
120 INPUT "WERT EINER VARIABLEN T"; T
130 :
140 LET ADR=PEEK(45)+256*PEEK(46)
150 PRINT "T AB ADRESSE";ADR;"GESPEICHERT."
160 PRINT "VARIABLENNAME IN";ADR;"UND";ADR+1;":"
170 PRINT PEEK(ADR);PEEK(ADR+1)
180 PRINT "ZAHLENWERT IN";ADR+2;"BIS";ADR+6;":"
190 PRINT PEEK(ADR+2);PEEK(ADR+3);PEEK(ADR+4);PEEK(ADR+5);PEEK(ADR+6)
200 PRINT "(WERT IN EXPONENTIALDARSTELLUNG 5 BYTES)"
210 PRINT "ENDE." : END
```

Ausführung zu Programm PEEKLESEN1:

```
LOAD "PEEKLESEN1", 8 /RET/
RUN /RET/
SPEICHERUNG EINER REAL-VARIABLEN ZEIGEN.
WERT EINER VARIABLEN T ?  1 /RET/
T AB ADRESSE 2467 GESPEICHERT.
VARIABLENNAME IN 2467 UND 2468:
84 0
ZAHLENWERT IN 2469 BIS 2473:
129 0 0 0 0
ENDE.

RUN /RET/
SPEICHERUNG EINER REAL=VARIABLEN ZEIGEN.
WERT EINER VARIABLEN T ?  60 /RET/
T AB ADRESSE 2467 GESPEICHERT.
VARIABLENNAME IN 2467 UND 2468:
84 0
ZAHLENWERT IN 2469 BIS 2473:
134 112 0 0 0
ENDE.
```

3.5.5.3 Speicherung der Anweisungen (Programm)

Nach der Ablage der Daten von Programm VERBRAUCH1 wenden wir uns jetzt den Anweisungen dieses BASIC-Programms zu. Wie wir bereits wissen, sind die Anweisungen ab Adresse 2049 abgespeichert. Im direkten Dialog erfahren wir, daß die Anweisungen gemäß ihrer Numerierung nach Zeilennummern 10, 20, .. fortlaufend gespeichert sind:

```
  FOR I=2049 TO 2079: PRINT PEEK(I);: NEXT I  /RET/
  14 8 10 0 136 32 84 32 178 32 54 48 0 44 8
 (     10  LET b  T  b   =  b  6  0    ,   )          (b=Blanc)

       20 0 153 32 34 69 73 78 71 65 66 69 58 32 71 69 ...
      (20  PRINT b "  E  I  N  G  A  B  E  :  b  G  E  ...)
  READY.
```

Die Übersetzung der Codezahlen (in Klammern gesetzt) ist eingefügt. Sie zeigt, wie die ersten beiden Anweisungen LET sowie PRINT im RAM untergebracht sind.
Die Zeilennummern 10 und 20 sind als 2-Byte-Adressen abgelegt (Zeilennummer 10 in Adressen 2051 (LowByte) sowie 2052 (High-Byte)).
CHR$(153) steht für PRINT und CHR$(136) für LET, während der Zuweisungsoperator "=" durch die ASCII-Codezahl 178 verschlüsselt ist. Auf diese Art werden alle Schlüsselworte von BASIC-Anweisungen (=reservierte Worte, Operatoren und Zeichen) abgespeichert.
Ein 0-Byte markiert das Ende einer BASIC-Anweisung (hier unter Adresse 2061).

Wir sind jetzt in der Lage, über PEEK und POKE unmittelbar die BASIC-Codierung eines im RAM befindlichen Programms zu ändern. Am Beispiel des Programms POKESCHREIBEN1 wollen wir die Zeilennummer 320 (=letzte Zeile) in 400 abändern.

```
Direkter Dialog:
  LOAD "POKESCHREIBEN1",8  /RET/
  READY.
  PRINT PEEK(45)+256*PEEK(46)  /RET/
  2791
  READY.
  FOR I=2700 TO 2791: PRINT PEEK(I);: NEXT I  /RET/
  ... in Adressen 2773 und 2774 stehen 64 (LowByte) und
      1 (HighByte) ....
  READY.
```

Der Programmspeicher endet also in 2791. Die Zeilennummer 320 steht als (64,1) in den Adressen 2773 und 2774:

```
  PRINT PEEK(2773)+256*PEEK(2774)  /RET/
  320
  READY.
```

Wir führen nun das Programm POKESCHREIBEN1 aus, um die Zeilen-

Codierung zu Programm POKESCHREIBEN1:

```
100 REM ======PROGRAMM POKESCHREIBEN1
110 PRINT "DEMONSTRATION: 2-BYTE-ADRESSE SCHREIBEN."
111 :
120 REM ======VEREINBARUNGSTEIL
130 REM LB: LOWBYTE FUER NIEDERWERTIGE STELLEN
140 REM HB: HIGHBYTE FUER HOEHERWERTIGE STELLEN
150 REM DEZ: ZAHLENWERT
160 REM ADR: SPEICHERADRESSE FUER DEZ
161 :
170 REM ======ANWEISUNGSTEIL
180 INPUT "ZAHLENWERT (0-65535)";DEZ
190 LET HB=INT(DEZ/256)
200 LET LB=DEZ-256*HB
210 PRINT DEZ;" IN DER FORM (LOWBYTE,HIGHBYTE):
220 PRINT LB;",";HB
230 INPUT "... AB WELCHER ADRESSE SPEICHERN";ADR
240 POKE ADR,LB : POKE ADR+1,HB
250 PRINT "ZAHL ALS 2-BYTE-ADRESSE GESPEICHERT."
260 :
270 PRINT:PRINT "LESEN ZUR KONTROLLE:"
280 LET LB=PEEK(ADR) : LET HB=PEEK(ADR+1)
290 LET DEZ=LB + 256*HB
300 PRINT "UNTER DER ADRESSE (";ADR;",";ADR+1;")"
310 PRINT "STEHT DER ZAHLENWERT";DEZ
320 PRINT "ENDE." : END
```

nummer 320 durch die Nummer 400 zu ersetzen:

```
RUN /RET/
DEMONSTRATION: 2-BYTE-ADRESSE SCHREIBEN.
ZAHLENWERT (0-65535)?  400 /RET/
400 IN DER FORM (LOWBYTE,HIGHBYTE):
144,1
... AB WELCHER ADRESSE SPEICHERN?  2773 /RET/
ZAHL ALS 2-BYTE-ADRESSE GESPEICHERT.

LESEN ZUR KONTROLLE:
UNTER DER ADRESSE (2773,2774)
STEHT DER ZAHLENWERT 400
ENDE.
READY.

LIST /RET/
... Auflistung von Programm POKESCHREIBEN1 mit
400 PRINT "ENDE." : END
als letzter Anweisung ....
```

Das Programm POKESCHREIBEN1 hat sich sozusagen 'selbst umprogrammiert': die Zeilennummer 400 hat die Nummer 320 ersetzt.

3.5.6 Schnelle BASIC-Programme

Bei rechenintensiven Programmen wie z.B. Sortierprogrammen ist Geschwindigkeit eines Programmlaufs von großer Bedeutung. Dazu drei Anmerkungen:

1) Das 'normale' BASIC-Programm läuft schneller ab, wenn man REM-Anweisungen und Leerstellen wegläßt und die am häufigsten verwendeten Variablen am Programmanfang definiert (da die Variablentabelle sequentiell durchsucht wird). Ebenso sollte man die am häufigsten aufgerufenen Unterprogramme am Anfang stehen haben.

2) Läßt man das Programm durch einen C o m p i l e r übersetzen, kann später bei jedem Programmlauf auf das bereits in Maschinenbefehle übersetzte Programm zurückgegriffen werden. Das Programm wird dadurch noch schneller.

3) Ist auch das compilierte Programm zu langsam, kann man in Maschinensprache programmieren. Häufig kombiniert man 1) und 3), in dem man im BASIC-Programm die rechenintensiven Routinen in der Maschinensprache (Assembler) programmiert, während die Ein- und Ausgabe in BASIC geschrieben bleibt.

3.6 Tabellenverarbeitung (Felder, Arrays)

Mit der Tabellenverarbeitung wenden wir uns einer komplexeren Datenstruktur zu, die als Tabelle, Feld, Array, Bereich, Liste oder Matrix/Vektor bezeichnet wird.

3.6.1 Tabellenverarbeitung im Überblick

In Abschnitt 1.3.2.2 hatten wir als wichtige Datenstruktur den Array kennengelernt. Einen Array können wir uns als Regal mit mehreren Schubfächern als Elementen vorstellen. Je nach Inhalt der Fächer gibt es den Integer-Array (Ganzzahl; Name endet mit %-Zeichen wie M%), den Real-Array (Dezimalzahl; Name wie M) und den String-Array (Text; Name endet mit $-Zeichen wie M$). Eine am Programmbeginn stehende DIM-Anweisung legt den Array-Typ fest (durch %, $ bzw. ohne Typzeichen am Ende des Namens) sowie die Ausdehnung bzw. Dimension.
DIM M(4) richtet einen Real-Array namens M mit 5 Elementen zur späteren Aufnahmen von Dezimalzahlen ein, wobei die Fächer mit M(0), M(1), M(2), M(3), M(4) durchnumeriert sind.

```
                      Arrays (Felder, Bereiche)
              ┌─────────────────────┼──────────────────────┐
      Integer-Array M%:      Real-Array M:        String-Array M$:

           DIM M%(4)           DIM M(4)              DIM M$(4)
           ---------           --------              ---------
          │ 121│ M%(0)      │65.01  │ M(0)        │ZANGE │  M$(0)
Eine      │ 105│ M%(1)      │  3.25 │ M(1)        │HAMMER│  M$(1)
Dimen-    │ 199│ M%(2)      │12.50  │ M(2)        │MEISEL│  M$(2)
sion:     │  50│ M%(3)      │  7.752│ M(3)        │KELLE │  M$(3)
          │2508│ M%(4)      │99.00  │ M(4)        │BOHRER│  M$(4)

           DIM M%(3,2)         DIM M(3,2)            DIM M$(3,2)
           -----------         ----------            -----------
Zwei      │ 1  2  3│   │ 1.4  2.5  1.1 │   │HANS   MAX    EMIL │
Dimen-    │ 9  9  9│   │17.1  0.7  1.0 │   │EVA    KLAUS  CARLA│
sionen:   │34  5  9│   │ 0.3  7.5  8.75│   │ERNST  MARIA  JULIA│
          │ 1 11  7│   │11.1  0.1  0.3 │   │MAX    LENA   TILL │
```

Drei Grundtypen von Arrays

3.6.2 Eindimensionale Tabellen

Eine eindimensionale Tabelle kann man sich waagerecht als Zeile o d e r senkrecht als Spalte angeordnet vorstellen, also immer in einer Richtung ausgedehnt. Man spricht dabei auch von Feld, Bereich, Vektor, Liste und natürlich Array. Das Programm LAGERREGAL1 veranschaulicht uns diese Datenstruktur:
Mit 140 DIM R(7) vereinbaren wir ein Regal mit 8 Regalfächen 0,1,...,7. Das 0. Fach lassen wir unberücksichtigt (man reserviert es -wie später im Programm ABSATZTABELLE1 gezeigt- meist für ganz besondere Eintragungen). Über die Eingabeschleife von

Zeile 210 bis 240 geben wir mittels 230 INPUT R(I) der Reihe nach 7 Zahlen in die Fächer 1,2,..,7 ein; dies können z.B. die Absatzmengen an den Wochentagen sein.
Die Variable I bezeichnet man als indizierende Variable oder I n d e x variable, da sie das jeweilige Element des Arrays R anzeigt. R(I) bedeutet: I. Stelle von R, I. Element von R bzw. R an der Stelle I. I ist zugleich auch Laufvariable der Zählerschleife 210 FOR I=1 TO 7.
Über die Schleife von Zeile 280 bis 300 wird als Übersicht die jeweilige Fachnummer (Index) samt der im Fach abgelegten Menge (Inhalt des Array-Elements) ausgegeben, wobei jeder Fachinhalt nach M aufsummiert wird.

Index:	R(0)	R(1)	R(2)	R(3)	R(4)	R(5)	R(6)	R(7)
Wert:	0	12	23	11	88	24	17	5
	leer	Fächer 1-7 mit je einer Zahl als Wert (Inhalt)						

- 140 DIM R(7) Reserviere 8 Fächer für einen Array R.
- 149 LET R(2)=23 Weise die Zahl 23 ins 2. Regalfach zu.
- 159 PRINT R(4) Gib die 88 als Wert des 4. Faches aus.
- 169 INPUT R(6) Weise die Tastatureingabe ins 6. Fach zu.
- 230 INPUT R(I) Weise die Tastatureingabe ins I. Fach zu, wenn I den Wert 3 hat, dann ins 3. Fach.
- 291 LET M=M+R(Z) Erhöhe M um den Wert des Z. Faches.

Eindimensionale Tabelle bzw. Vektor R() als Beispiel

Codierung zu LAGERREGAL1:

```
100 REM ======PROGRAMM LAGERREGAL1
110 PRINT "LAGERREGAL ALS 1-DIM. FELD."
120 :
130 REM ======VEREINBARUNGSTEIL
140 DIM R(7): REM  FELD(1..7) ALS REGAL
150 REM  I   : INTEGER (LAUF-/INDEXVARIABLE)
160 REM   M   : REAL (SUMME DER 7 FAECHER)
170 :
180 REM ======ANWEISUNGSTEIL
190 REM ***TASTATUREINGABE INS REGAL*******
200 PRINT : PRINT "EINGABE IN REGALFAECHER:"
210 FOR I = 1 TO 7
220 PRINT "MENGE FUER FACH ";I;": ";
230 INPUT R(I)
240 NEXT I
250 :
260 REM ***VERARBEITUNG UND AUSGABE********
270 PRINT : PRINT "FACH:          MENGE:"
280 FOR I = 1 TO 7
290 PRINT I,R(I): LET M = M + R(I)
300 NEXT I
310 PRINT "SUMME:",M
320 END
```

Ausführung zu LAGERREGAL1:

```
LAGERREGAL ALS 1-DIM. FELD.

EINGABE IN REGALFAECHER:
MENGE FUER FACH 1: ?12
MENGE FUER FACH 2: ?23
MENGE FUER FACH 3: ?11
MENGE FUER FACH 4: ?88
MENGE FUER FACH 5: ?24
MENGE FUER FACH 6: ?17
MENGE FUER FACH 7: ?5

FACH:           MENGE:
1                 12
2                 23
3                 11
4                 88
5                 24
6                 17
7                 5
SUMME:            180
```

Das folgende Programm VOKABELDRILL1 weist wie LAGERREGAL1 eine eindimensionale Tabelle auf.
In den Fächern werden keine Zahlen aufbewahrt (Real-Array M), sondern Vokabeln als Texte (String-Arrays D$ und F$). Außerdem richtet die Anweisung 150 DIM D$(A) keine feste Zahl von Fächern ein, sondern soviele, wie über die vorausgegangene Anweisung 140 INPUT A durch Tastatureingabe festgelegt wurde. In der Ausführung sind es A=3 Fächer für je drei deutsche und französische Vokabeln (Fächer 0 bleiben leer). Man bezeichnet INPUT A: DIM D$(A) als d y n a m i s c h e Dimensionierung.

Das Programm VOKABELDRILL1 ist natürlich erweiterungsbedürftig (Zufallsauswahl von Vokabeln; Antwortanalyse für Fehlerhinweis und Ablaufmodifikation; Ablage von Vokabeln in Dateien; ...). Vielleicht versuchen Sie es einmal mit einer Erweiterung?

Codierung zu VOKABELDRILL1:

```
100 REM ======PROGRAMM VOKABELDRILL1
110 PRINT "DRILL FRANZOESISCH-DEUTSCH."
120 :
130 REM ======VEREINBARUNGSTEIL
140 INPUT "ANZAHL DER VOKABELN: ";A
150 DIM D$(A): REM   STRING-ARRAY FUER D
160 DIM F$(A): REM   STRING-ARRAY FUER F
170 REM  A$:   STRING (JEWEILIGE ANTWORT)
180 :
190 REM ======ANWEISUNGSTEIL
200 PRINT "PAARWEISE TIPPEN: D , F"
210 FOR I = 1 TO A
220 INPUT D$(I),F$(I)
230 NEXT I
240 PRINT : PRINT "BEGINN DER UEBUNG:"
250 FOR I = 1 TO A
260 PRINT D$(I);" <- ";: INPUT A$
270 IF A$ = F$(I) THEN  PRINT "GUT.": GOTO 290
280 PRINT "FALSCH. ";D$(I);" -> ";F$(I)
290 NEXT I
300 PRINT "ENDE.": END
```

Ausführung zu VOKABELDRILL1:

```
DRILL FRANZOESISCH-DEUTSCH.
ANZAHL DER VOKABELN: 3
PAARWEISE TIPPEN: D , F
?MANN,HOMME
?FRAU,FEMME
?KIND,ENFANT

BEGINN DER UEBUNG:
MANN <- ?HOMME
GUT.
FRAU <- ?DAMME
FALSCH. FRAU -> FEMME
KIND <- ?ENFANT
GUT.
ENDE.
```

3.6.3 Zweidimensionale Tabellen

Eine zweidimensionale Tabelle dehnt sich waagerecht in Zeilen und senkrecht in Spalten aus. Am Beispiel der durch DIM R(Z,S) dynamisch vereinbarten Tabelle wollen wir diese Datenstruktur im Programm ABSATZTABELLE1 näher betrachten.

R(5,4) kann man sich als Schrank vorstellen zur Aufnahme der Absatzmengen von 5 Kunden (=Zeilen 1 bis 5) in den 4 Quartalen (=Spalten 1 bis 4). So hat Kunde 5 im 1. Jahresquartal 50 Stk. gekauft und Kunde 3 im 3. Quartal 90 Stk.

Die Tastatureingabe der 5*4=20 Absatzmengen vollzieht sich in den Zeilen 210-270 über zwei geschachtelte Zählerschleifen mit

```
  210 FOR I=1 TO Z      Äussere Schleife 'Kunden 1,2,3,4,5'
  230   FOR J=1 TO S      Innere Schleife  'Quartale 1,2,3,4'
  250     INPUT R(I,J)      Eingabe nach Fach Zeile I, Spalte J
  260   NEXT J            Innere Schleife beenden
  270 NEXT I            Äussere Schleife beenden
```

viermaligem Durchlaufen der inneren Schleife für jeden Kunden.

Codierung zu ABSATZTABELLE1:

```
100 REM ======PROGRAMM ABSATZTABELLE1
110 PRINT "TABELLENVERARBEITUNG:"
120 PRINT "KUNDE-VIERTELJAHR ALS 2-DIM. FELD."
130 :
140 REM ======VEREINBARUNGSTEIL
150 INPUT "ANZAHL DER ZEILEN (WAAGERECHT):";Z
160 INPUT "ANZAHL DER SPALTEN (SENKRECHT: ";S
170 DIM R(Z,S): REM  REGAL
180 :
190 REM ======ANWEISUNGSTEIL
200 PRINT : PRINT "EINGABE ZEILENWEISE:"
210 FOR I = 1 TO Z
220 PRINT "NAECHSTE ZEILE, NAECHSTER KUNDE:"
230 FOR J = 1 TO S
240 PRINT "KUNDE ";I;", VIERTELJAHR ";J;": ";
250 INPUT R(I,J)
260 NEXT J
270 NEXT I
280 :
290 REM  ***ZEILENWEISE SUMMIEREN*******************
300 FOR I = 1 TO Z
310 FOR J = 1 TO S
320 LET R(I,0) = R(I,0) + R(I,J)
330 NEXT J
340 NEXT I
350 :
360 REM  ***GESAMTSUMME******************************
370 FOR I = 1 TO Z:R(0,0) = R(0,0) + R(I,0): NEXT I
380 :
390 REM  ***SPALTENWEISE SUMMIEREN******************
400 FOR J = 1 TO S
410 FOR I = 1 TO Z
420 LET R(0,J) = R(0,J) + R(I,J)
430 NEXT I
440 NEXT J
450 :
460 PRINT : REM  ***AUSGABE ALS UEBERSICHT***********
470 PRINT "UEBERSICHT ";Z;" -> UND ";S;" ^:"
480 FOR I = 0 TO Z
490 FOR J = 0 TO S
500 PRINT R(I,J);"  ";
510 NEXT J
520 PRINT
530 NEXT I
540 PRINT "ENDE.": END
```

Das Verarbeiten von zweidimensionalen Tabellen (auch Matrizen genannt) führt stets zur Schleifenschachtelung .
Die Fächer mit 0 als Index werden häufig zur Ablage besonderer Werte verwendet. In Programm ABSATZTABELLE1 werden in Zeile 0 die Quartalssummen 150,300,450,600 abgelegt, also die 4 Spaltensummen. In Spalte 0 finden wir die Kundenabsatzmengen 100, 200,300,400,500 als die 5 Zeilensummen. Im Fach R(0,0) ist die Gesamtjahresabsatzmenge 1500 gespeichert. Das zeilen- wie auch das spaltenweise Summieren läuft wieder über Schleifenschachtelungen ab.

R(0,0) 1500	R(0,1) 150	R(0,2) 300	R(0,3) 450	R(0,4) 600
R(1,0) 100	R(1,1) 10	R(1,2) 20	R(1,3) 30	R(1,4) 40
R(2,0) 200	R(2,1) 20	R(2,2) 40	R(2,3) 60	R(2,4) 80
R(3,0) 300	R(3,1) 30	R(3,2) 60	R(3,3) 90	R(3,4) 120
R(4,0) 400	R(4,1) 40	R(4,2) 80	R(4,3) 120	R(4,4) 160
R(5,0) 500	R(5,1) 50	R(5,2) 100	R(5,3) 150	R(5,4) 200

DIM R(5,4) richtet Tabelle mit 6 Zeilen (waagerecht) und 5 Spalten (senkrecht) ein, also 20 Fächer.

R als Regalschrank.

LET R(4,3)=120 weist dem Fach in Zeile 4 und Spalte 3 die 120 zu.

PRINT R(I,2) gibt Spalte 2 aus, wenn I von 0 bis 5 läuft.

Zweidimensionale Tabelle bzw. Matrix R(5,4) als Beispiel

Ausführung zu ABSATZTABELLE1:

```
TABELLENVERARBEITUNG:
KUNDE-VIERTELJAHR ALS 2-DIM. FELD.
ANZAHL DER ZEILEN (WAAGERECHT):5
ANZAHL DER SPALTEN (SENKRECHT: 4

EINGABE ZEILENWEISE:
NAECHSTE ZEILE, NAECHSTER KUNDE:
KUNDE 1, VIERTELJAHR 1: ?10
KUNDE 1, VIERTELJAHR 2: ?20
KUNDE 1, VIERTELJAHR 3: ?30
KUNDE 1, VIERTELJAHR 4: ?40
NAECHSTE ZEILE, NAECHSTER KUNDE:
KUNDE 2, VIERTELJAHR 1: ?20
KUNDE 2, VIERTELJAHR 2: ?40
KUNDE 2, VIERTELJAHR 3: ?60
KUNDE 2, VIERTELJAHR 4: ?80
NAECHSTE ZEILE, NAECHSTER KUNDE:
KUNDE 3, VIERTELJAHR 1: ?30
KUNDE 3, VIERTELJAHR 2: ?60
KUNDE 3, VIERTELJAHP 3: ?90
KUNDE 3, VIERTELJAHR 4: ?120
NAECHSTE ZEILE, NAECHSTER KUNDE:
KUNDE 4, VIERTELJAHR 1: ?40
KUNDE 4, VIERTELJAHR 2: ?80
KUNDE 4, VIERTELJAHR 3: ?120
KUNDE 4, VIERTELJAHR 4: ?160
NAECHSTE ZEILE, NAECHSTER KUNDE:
KUNDE 5, VIERTELJAHR 1: ?50
KUNDE 5, VIERTELJAHR 2: ?100
KUNDE 5, VIERTELJAHR 3: ?150
KUNDE 5, VIERTELJAHR 4: ?200

UEBERSICHT 5 → UND 4 ↑:
1500   150   300   450   600
100   10   20   30   40
200   20   40   60   80
300   30   60   90   120
400   40   80   120   160
500   50   100   150   200
ENDE.
```

Neben ein- und zweidimensionalen Tabellen lassen sich auch Tabellen mit mehr als zwei Ausdehnungen in Commodore-BASIC behandeln.
Hier ein Beispiel zu einem dreidimensionalen Array: Bundesligatabelle(n) mit 18 Zeilen (=18 Vereine), 7 Spalten (=7 Eintragungen je Verein wie Name, Tore, Punkte ...) und mit 34 'Tiefen' (=34 Spieltagen).

Die T a b e l l e n v e r a r b e i t u n g wird häufig mit der D a t e i v e r a b e i t u n g wie folgt kombiniert:
- Aus einer Datei werden Datensätze in den Hauptspeicher eingelesen und in einem eindimensionalen (Vektor) oder zweidimensionalen Array (Matrix) abgelegt.
- Diese Datensätze können nun bequem im Direktzugriff bearbeitet werden.
  'Direktzugriff' bedeutet, daß auf jedes Datenelement eines Arrays über den I n d e x d i r e k t zugegriffen werden kann.
- Abschließend schreibt man die Daten aus dem (den) Array(s) wieder auf die Disketten-Datei zurück.

In Abschnitt 3.8 werden wir diese Verbindung von Tabelle bzw. Array einerseits und Datei bzw. File andererseits näher erklären.

3.7 Suchen, Sortieren, Mischen und Gruppieren von Daten

3.7.1 Verfahren im Überblick

Legt man einen größeren Datenbestand als D a t e i auf einem Externspeicher ab, dann stellen sich immer wieder Probleme des Suchens, Sortierens, Mischens sowie Gruppierens von Datensätzen der Datei. Aus diesem Grunde bezeichnet man diese vier Verfahren oft als Hilfsmittel der Dateiverarbeitung. Ob man Sätze einer Datei sortiert oder Komponenten eines Arrays - am jeweiligen zu demonstrierenden Verfahren ändert dies meist nichts; aus diesem Grunde verarbeiten die folgenden Beispiele Arrays.

SUCHEN:	Absatzmengen Mo - So: 45,100,95,78,90,76,80. An welchem Tag wurden 78 Stück abgesetzt?
SORTIEREN:	Absatzmengen in aufsteigende Sortierfolge 45,76,78,80,90,95,100 bringen.
MISCHEN:	Mengen 45,76,78,80,90,95,100 von Filiale 1 und Mengen 30,47,55,57,61,80,103 von Filiale 2 zu 30,45,47,55,57,61,76,78,80,80,90,95,100,103 als Gesamtliste mischen.
GRUPPIEREN:	Gruppensummen MO-MI=240 und DO-SO=324 bilden.

Vier Hilfsverfahren der Dateiverarbeitung

3.7.2 Suchverfahren

Das einfachste Suchverfahren besteht darin, die Datei Satz für Satz in der Reihenfolge der Speicherung zu durchsuchen. Dieses s e r i e l l e Suchen ist typisch für die Datentäger Magnetband bzw. Kassette. Eine Adreßdatei nach ZIMMERMANN zu durchsuchen kann ggf. sehr lange dauern. Im Programm SUCHBINAER1 wird das b i n ä r e Suchen als schnelles Suchverfahren dargestellt.

- Die Daten müssen stets sortiert und auf einem Direktzugriffspeicher vorliegen (hier die 7 Werte 45,76,78,80,90,95,100).
- Das Wort 'binär bzw. zweiwertig' deutet an, daß man stets die Hälfte bildet. Um die Menge 90 zu suchen (siehe Ausführungsbeispiel), wird zunächst die Menge 80 als Mitte genommen (7 Mengen, 3.5 ergibt gerundet die 80 als die 4. Menge).
- Der Vergleich 80<90 zeigt, daß in der oberen Hälfte 90 - 100 weiterzusuchen ist. Man nimmt wieder die Mitte und der Vergleich 95>90 zeigt, daß jetzt in der unteren Hälfte weiterzusuchen ist. Da in dieser Hälfte nur noch der Suchbegriff 90 steht, wird die Suche als 'positiv' beendet.

Bei diesem kleinen Beispiel mag das binäre Suchen umständlich wirken. Das Leistungsvermögen dieses Suchverfahrens zeigt das folgende Beispiel: Um aus den über 60 Millionen Bundesbürgern e i n e n Namen herauszufinden, werden nur 26 Zugriffe benötigt (6 Zugriffe für 64 Bürger (2 hoch 6 gleich 64) und 26 Zugriffe für über 60 Mio Bürger (2 hoch 26 gleich 67108864)).

Codierung zu Programm SUCHBINAER1:

```
100 REM ======PROGRAMM SUCHBINAER1
110 PRINT "METHODE DES BINAEREN SUCHENS."
120 :
130 REM ======VEREINBARUNGSTEIL
140 REM A:      INTEGER (ANZAHL DER DATEN)
150 REM D():    FELD (DATEN ALS SUCHGEGENSTAND)
160 REM UNTEN,MITTE,OBEN: INTEGER (GRENZEN)
170 REM  GEFUNDEN: BOOLEAN (-1 ODER 0 FUER DAS ERGEBNIS)
180 :
190 REM ======ANWEISUNGSTEIL
200 INPUT "ANZAHL DER DATEN: ";A: DIM D(A)
210 PRINT A;" DATEN EINZELN EINTIPPEN:"
220 FOR I = 1 TO A: INPUT D(I): NEXT I
230 LET GEFUNDEN = 0:UNTEN = 1:OBEN = A
240 INPUT "SCHLUESSEL ALS SUCHBEGRIFF: ";S
250 PRINT : PRINT "SUCHPROTOKOLL:"
260 REM  ***NICHT-ABWEISENDE SUCHSCHLEIFE***********
270 LET MITTE =  INT ((UNTEN + OBEN) / 2)
280 PRINT "UNTEN: ";UNTEN;", MITTE: ";MITTE;", OBEN: ";OBEN
290 IF S > D(MITTE) THEN UNTEN = MITTE + 1
300 IF S < D(MITTE) THEN OBEN = MITTE - 1
310 LET GEFUNDEN = S = D(MITTE)
320 IF (UNTEN < = OBEN) AND (GEFUNDEN = 0) THEN 270
330 REM  ***ZWEISEITIGE AUSWAHL********************
340 PRINT : PRINT "SUCHERGEBNIS: ";
350 IF GEFUNDEN THEN  PRINT "GEFUNDEN.": GOTO 370
360 PRINT "NICHT GEFUNDEN."
370 PRINT "ENDE.": END
```

PAP zu SUCHBINAER1:

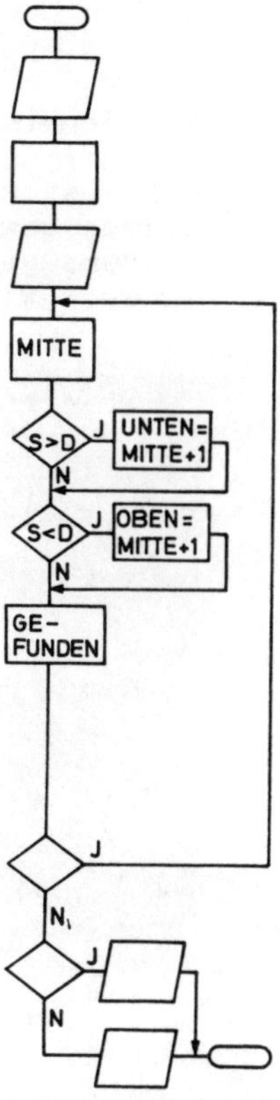

Zur Codierung von SUCHBINAER1:
In der rechten Hälfte des jeweiligen Suchbereichs wird weitergesucht, indem man die Hälfte-Grenze UNTEN auf die MITTE vorrückt (in Zeile 290). Die Variable GEFUNDEN dient der Ablaufsteuerung. Ist in Zeile 310 S gleich D(MITTE), dann wird '-1' als Vergleichsergebnis 'wahr' nach GEFUNDEN zugewiesen. Im anderen Fall behält GEFUNDEN den Wert '0'.

Ausführungen zu Programm SUCHBINAER1:

```
METHODE DES BINAEREN SUCHENS.
ANZAHL DER DATEN: 7
7 DATEN EINZELN EINTIPPEN:
?45
?76
?78
?80
?90
?95
?100
SCHLUESSEL ALS SUCHBEGRIFF: 90

SUCHPROTOKOLL:
UNTEN: 1, MITTE: 4, OBEN: 7
UNTEN: 5, MITTE: 6, OBEN: 7
UNTEN: 5, MITTE: 5, OBEN: 5

SUCHERGEBNIS: GEFUNDEN.
ENDE.
```

```
METHODE DES BINAEREN SUCHENS.
ANZAHL DER DATEN: 5
5 DATEN EINZELN EINTIPPEN:
?1000
?2000
?3000
?5000
?9000
SCHLUESSEL ALS SUCHBEGRIFF: 1000

SUCHPROTOKOLL:
UNTEN: 1, MITTE: 3, OBEN: 5
UNTEN: 1, MITTE: 1, OBEN: 2

SUCHERGEBNIS: GEFUNDEN.
ENDE.
```

3.7.3 Sortierverfahren

Die ersten Programme der Datenverarbeitung sollen Sortierprogramme gewesen sein. Dies unterstreicht die Bedeutung des Sortierens gerade für die kaufmännische DV. Es läßt aber auch erahnen, wie raffiniert heutige Sortieralgorithmen sein können.

Sortieren ...:	... bedeutet:
INTERN - EXTERN	Daten im Internen Speicher (HS) oder auf einem Externen Speicher.
NUMERISCH - STRING	Daten als Zahlen (1 < 4 < 8.5) oder als Text ($ < DM < LIRE).
DATEN - ADRESSEN	Daten selbst sortieren oder nur deren Adressen bzw. Speicherplätze.
EINFACH - KOMPLEX	Einfache Sortierverfahren wie Auswahl, Bubble Sort, Einfügen oder komplexe Verfahren wie Sortieren durch Mischen, Binär-Baum-Sort, Quick Sort mittels Rekursion.

Vier Begriffspaare zum Sortieren

Die folgenden Beispiele gehen weder auf das Externe Sortieren ein (erforderlich, wenn Datenumfang den Speicherplatz des Internspeichers übersteigt) noch auf komplexere Sortierverfahren ein.

3.7.3.1 Zahlen unmittelbar sortieren

'Unmittelbar' heißt, daß wir die zu sortierenden Zahlen selbst umordnen und nicht - wie im nächsten Abschnitt - ihre Plätze. Das Programm SORTDATEN1 wendet das Sortierverfahren "Austausch nach Auswahl" an.

```
PROBLEM: 6 Zahlen in Array D() sortieren.
ABLAUF:
  1. Suche das Minimum in D() und speichere es in MINSTELLE
  2. Tausche D(I) mit D(MINSTELLE) aus.
  3. Weiter mit 1), aber jetzt mit D(I+1) beginnen.
WERTE IN D():
102     101     109     106     104     105     Beginn: In D() 6 Zahlen
101 I   102     109     106     104     105     I=1: Tausch 102-101
101     102 I   109     106     104     105     I=2: Kein Tausch
101     102     104 I   106     109     105     I=3: Tausch 109 - 104
101     102     104     105 I   109     106     I=4: Tausch 105 - 106
101     102     104     105     106 I   109     I=5: Tausch 109 - 106
```

Sortierverfahren "Austausch nach Auswahl" ein einem Beispiel

Die Markierung "I" soll anzeigen, daß bei jedem Durchlauf mit D(I+1) begonnen wird, daß D() also verkürzt wird; programmiert wird das Verkürzen durch den Anfangswert I+1 in der Anweisung

```
190 FOR J = I+1 TO 6 .
```

Das Tauschen von D(I) mit D(MINSTELLE) vollzieht sich über die Methode des D r e i e c k s t a u s c h e s . Dabei verwenden wir die Stelle 0 des Arrays D() als Hilfsvariable.

Austausch von A und B über Hilfsvariable H: | Austausch von D(I) und D(MINSTELLE) über Hilfsvariable D(0):

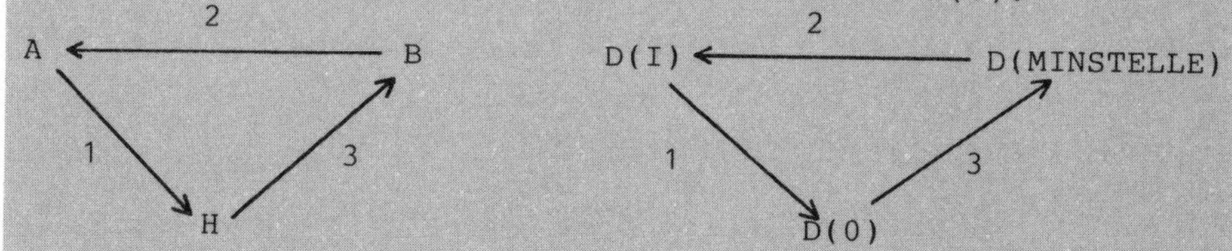


```
100 LET H = A
110 LET A = B
120 LET B = H
```

```
220 LET D(0) = D(I)
221 LET D(I) = D(MINSTELLE)
222 LET D(MINSTELLE) = D(0)
```

Methode des Dreieckstausches an zwei Beispielen

Struktogramm zu Programm SORTDATEN1:

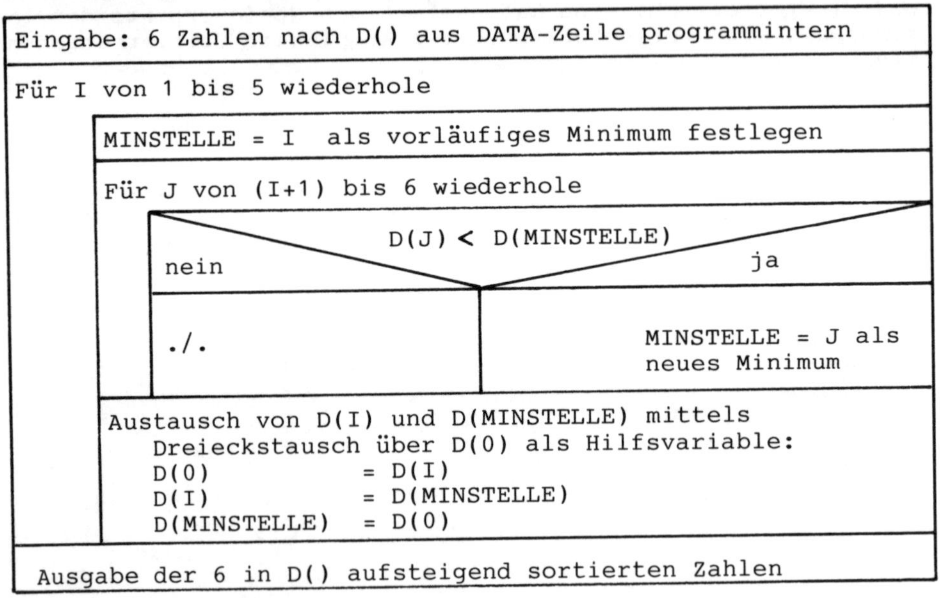

Ausführung zu SORTDATEN1:

```
SORTIEREN DURCH AUSTAUSCH NACH AUSWAHL
(SORTIEREN DER DATEN SELBST).
DATEN:
102 101 109 106 104 105

SORTIERPROTOKOLL:
102 101 109 106 104 105
101 102 109 106 104 105
101 102 109 106 104 105
101 102 104 106 109 105
101 102 104 105 109 106

DATEN SORTIERT:
101 102 104 105 106 109
ENDE.
```

Codierung zu SORTDATEN1:

```
100  REM  ======PROGRAMM SORTDATEN1
110  PRINT "SORTIEREN DURCH AUSTAUSCH NACH AUSWAHL"
120  PRINT "(SORTIEREN DER DATEN SELBST)."
130  PRINT "DATEN:"
140  FOR I = 1 TO 6: READ D(I): PRINT D(I);" ";: NEXT I
150  DATA  102,101,109,106,104,105
160 :
161  PRINT : PRINT : PRINT "SORTIERPROTOKOLL:"
170  FOR I = 1 TO 5
171  FOR Y = 1 TO 6: PRINT D(Y);" ";: NEXT Y: PRINT
180  LET MINSTELLE = I
190  FOR J = I + 1 TO 6
200  IF D(J) < D(MINSTELLE) THEN  LET MINSTELLE = J
210  NEXT J
220  LET D(0) = D(I):D(I) = D(MINSTELLE):D(MINSTELLE) = D(0)
230  NEXT I
240 :
250  PRINT : PRINT "DATEN SORTIERT:"
260  FOR I = 1 TO 6: PRINT D(I);" ";: NEXT I
270  PRINT : PRINT "ENDE.": END
```

3.7.3.2 Zahlen über Zeiger sortieren

Im Programm SORTDATEN1 haben wir sechs Zahlen selbst mehrfach umgeordnet. Bei umfangreicheren Datenbeständen kann es günstiger sein, nur die Speicherplätze dieser Zahlen über Zeigervariablen bzw. P o i n t e r zu sortieren, die Zahlen selbst unbewegt zu lassen. Programm SORTZEIGER1 demonstriert dies mit denselben Daten und demselben Sortierverfahren wie in Programm SORTDATEN1:

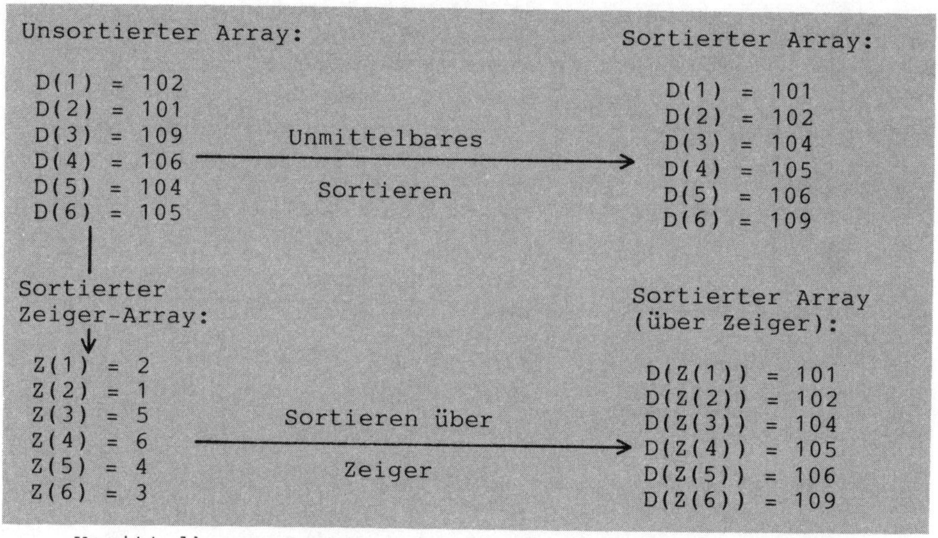

Unmittelbares Sortieren sowie Sortieren über Zeiger

Ausführung zu SORTZEIGER1:

```
SORTIEREN DURCH AUSTAUSCH NACH AUSWAHL
(SORTIEREN UEBER ZEIGER).
DATEN:
102 101 109 106 104 105
ZEIGER:
1 2 3 4 5 6

SORTIERPROTOKOLL DER ZEIGER:
1 2 3 4 5 6
2 1 3 4 5 6
2 1 3 4 5 6
2 1 5 4 3 6
2 1 5 6 3 4

ZEIGER SORTIERT:
2 1 5 6 4 3
DATEN SORTIERT:
101 102 104 105 106 109
ENDE.
```

Datenflußplan zu SORTZEIGER1:

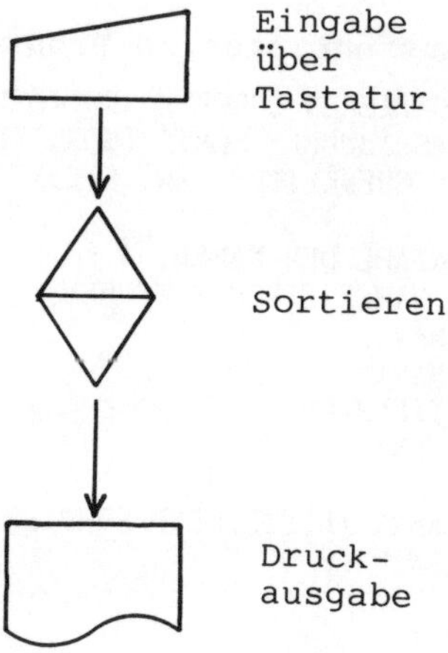

Codierung zu Programm SORTZEIGER1:

```
100  REM  ======PROGRAMM SORTZEIGER1
110  PRINT "SORTIEREN DURCH AUSTAUSCH NACH AUSWAHL"
120  PRINT "(SORTIEREN UEBER ZEIGER)."
130  PRINT "DATEN:"
140  FOR I = 1 TO 6: READ D(I): PRINT D(I);" ";: NEXT I
150  DATA  102,101,109,106,104,105
160  PRINT : PRINT "ZEIGER:"
170  FOR I = 1 TO 6: LET Z(I) = I: PRINT Z(I);" ";: NEXT I
180 :
181  PRINT : PRINT : PRINT "SORTIERPROTOKOLL DER ZEIGER:"
190  FOR I = 1 TO 5
191  FOR Y = 1 TO 6: PRINT Z(Y);" ";: NEXT Y: PRINT
200  LET STELLEMIN = I
210  FOR J = I + 1 TO 6
220  IF D(J) < D(Z(STELLEMIN)) THEN STELLEMIN = J
230  NEXT J
240  LET Z(0) = Z(I):Z(I) = Z(STELLEMIN):Z(STELLEMIN) = Z(0)
250  NEXT I
260 :
270  PRINT : PRINT "ZEIGER SORTIERT:"
280  FOR I = 1 TO 6: PRINT Z(I);" ";: NEXT I
290  PRINT : PRINT "DATEN SORTIERT:"
300  FOR I = 1 TO 6: PRINT D(Z(I));" ";: NEXT I
310  PRINT : PRINT "ENDE.": END
```

3.7.3.3 Strings unmittelbar sortieren

Programm SORTDATEN2 veranschaulicht das Sortieren von Strings anhand des "Sortierens durch paarweisen Austausch", das häufig auch Bubble Sort genannt wird. Die zu sortierenden Namen sind im String-Array N$() abgelegt und werden paarweise verglichen, um bei falscher Sortierfolge ausgetauscht zu werden. Dazu das

Ausführungen zu Programm SORTDATEN2:

```
SORTIEREN DURCH PAARWEISEN AUSTAUSCH
ALS 'BUBBLE SORT' (SORTIEREN VON TEXT,
ZEICHENKETTEN BZW. STRINGS SELBST).

ANZAHL DER NAMEN: 4
4 NAMEN EINZELN TIPPEN:
?MAX
?MARIA
?TILLMANN
?LENA

NAMEN AUFSTEIGEND SORTIERT:
LENA
MARIA
MAX
TILLMANN
```

```
ANZAHL DER NAMEN: 5
5 NAMEN EINZELN TIPPEN:
?126 DM
?FILTER MIT
?$26.50
?25500 LIRE
?%-SAETZE

NAMEN AUFSTEIGEND SORTIERT:
$26.50
%-SAETZE
126 DM
25500 LIRE
FILTER MIT
```

erste Ausführungsbeispiel zu SORTDATEN2: MAX<MARIA falsch und Austausch, MAX<TILLMANN wahr, TILLMANN<LENA falsch und Austausch. Jetzt MARIA,MAX,LENA,TILLMANN gespeichert. Wie Blasen (=bubble) werden Worte 'hochgesprudelt', d.h. an das Ende des Arrays N$() gerückt.
Die Variable F steuert als Flagge (Flag) den Ablauf: 'Flagge oben' bedeutet 'Wort ist ausgetauscht'. Die Schleife wird solange durchlaufen, bis F unten bleibt.
Wie die zweite Ausführung zu SORTDATEN2 zeigt, kann Text mit beliebigen Zeichen sortiert werden. Warum kommt z.B. String "%-SAETZE" vor String "126 DM"? Da die ASCII-Codezahl 37 (für das %) vor der ASCII-Codezahl 49 (für die 1) angeordnet ist.

Codierung zu Programm SORTDATEN2:

```
100  REM  ======PROGRAMM SORTDATEN2
110  PRINT "SORTIEREN DURCH PAARWEISEN AUSTAUSCH"
120  PRINT "ALS 'BUBBLE SORT' (SORTIEREN VON TEXT,"
130  PRINT "ZEICHENKETTEN BZW. STRINGS SELBST)."
140 :
150  PRINT : INPUT "ANZAHL DER NAMEN: ";A
160  DIM N$(A)
170  PRINT A;" NAMEN EINZELN TIPPEN:"
180  FOR I = 1 TO A: INPUT N$(I): NEXT I
190  LET F = 0: REM  FLAGGE F GESENKT
200  FOR I = 1 TO (A - 1)
210  IF N$(I) <  = N$(I + 1) THEN 240
220  LET H$ = N$(I):N$(I) = N$(I + 1):N$(I + 1) = H$
230  LET F = 1: REM  FLAGGE F OBEN
240  NEXT I
250  IF F <  > 0 THEN 190
260 :
270  PRINT : PRINT "NAMEN AUFSTEIGEND SORTIERT:"
280  FOR I = 1 TO A: PRINT N$(I): NEXT I
290  END
```

Struktogramm zu SORTDATEN2:

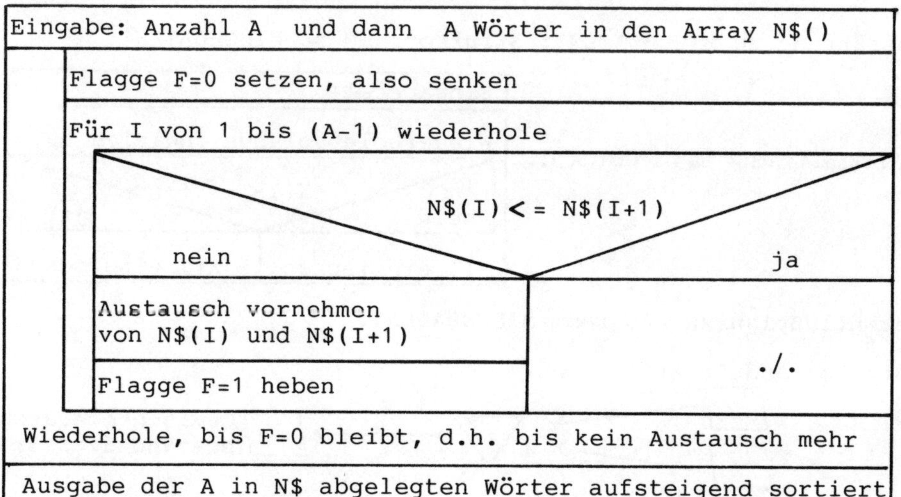

3.7.4 Zwei Arrays mischen

Mischen heißt, Daten unter Berücksichtigung ihrer Sortierfolge zu e i n e r Datenstruktur zusammenzufügen. Im Beispielprogramm MISCHDATEN1 wird der 5-Elemente-Aray X() und der 4-Elemente-Array Y() zum 9-Elemente-Array Z() gemischt. Ein Problem beim Mischen besteht in der Ende-Verarbeitung, wenn ein Array bereits vollständig eingemischt ist. In MISCHDATEN1 wird dann in ein zusätzliches 6. (für X) bzw. 5. (für Y) Element die 999 als große Zahl gespeichert, um den Array für das weitere Einmischen zu sperren. Die Anweisung dazu heißt:

```
  LET X(6) = ABS(999 * (I=6))
```

Hat I den Wert 6, so wird der Vergleich I=6? zu -1 (also wahr) und X(6) erhält den Wert ABS(999*-1), d.h. 999. Für die übrigen Werte von I bleibt X(6) Null, da der Vergleich I=6? zu 0 (also unwahr) führt.

Codierung zu Programm MISCHDATEN1:

```
100  REM  ======PROGRAMM MISCHDATEN1
110  DIM X(6): DIM Y(5): DIM Z(9)
120  FOR I = 1 TO 5: READ X(I): NEXT I
130  FOR I = 1 TO 4: READ Y(I): NEXT I
140  LET I = 1: LET J = 1: LET K = 1
150  REM  *** SCHLEIFENBEGINN ZUM MISCHEN ***************************************
160  IF X(I) = 999 AND Y(J) = 999 THEN 210
170  IF X(I) <  = Y(J) THEN Z(K) = X(I):I = I + 1:X(6) =  ABS ((I = 6) * 999):
                                                                       GOTO 190
180  LET Z(K) = Y(J):J = J + 1:Y(5) =  ABS ((J = 5) * 999)
190  LET K = K + 1: GOTO 160
200  REM  *** SCHLEIFENENDE *****************************************************
210  PRINT "DATENBESTAENDE 1 UND 2 GEMISCHT:"
220  PRINT : FOR K = 1 TO 9: PRINT Z(K);" ";: NEXT K
230 :
240  DATA   10,20,30,40,50: REM   DATENBESTAND1
250  DATA     15,20,25,45 : REM   DATENBESTAND2
260  END
```

Ausführung zu MISCHDATEN1: Struktogramm zu MISCHDATEN1:

```
RUN
DATENBESTAENDE 1 UND 2 GEMISCHT:
```

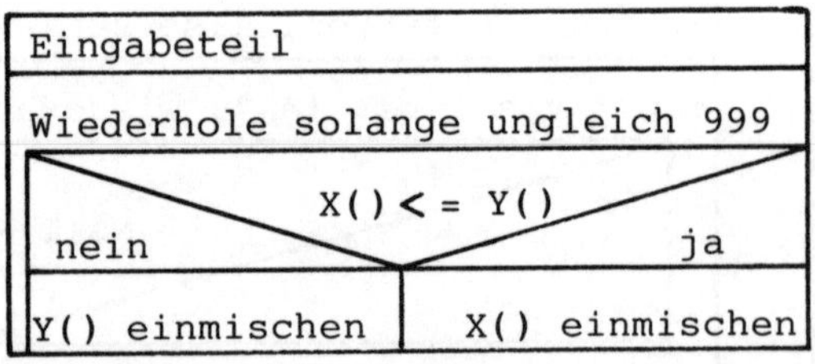

Datenflußplan zu Programm MISCHDATEN1:

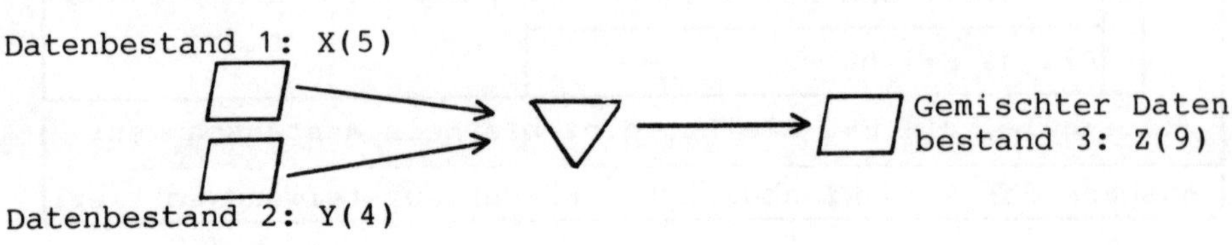

3.7.5 Gruppieren von Daten (Gruppenwechsel)

Das Programm GRUPPDATEN1 erwartet über Tastatur die Mengenangaben zu Aufträgen, um bei Wechsel der Auftragsnummer deren Summe auszugeben. Aufträge mit gleicher Nummer werden zu Gruppen zusammengefaßt, um bei Gruppenwechsel deren Summe auszugeben. Solche Probleme bezeichnet man als V e r d i c h t e n von Daten oder als G r u p p e n w e c h s e l . Wie wird der Gruppenwechsel in GRUPPDATEN1 festgestellt? Wir unterscheiden A2 für 'Auftrag neu' und A1 für 'Auftrag alt', um für (A2<>A1) dann die jeweils nach S1 aufaddierte Summe auszugeben und mit 220 LET S1=0 : LET A1=A2 zum nächsten Datensatz überzugehen.

Codierung zu GRUPPDATEN1:

```
100  REM  ======PROGRAMM GRUPPDATEN1
110  REM  *** ERSTER SATZ ***************
120  INPUT "AUFTRAG, MENGE? ";A2,M
130  LET A1 = A2
140  REM  *** GLEICHE GRUPPE ***********
150  IF A2 < > A1 THEN 200
160  LET S1 = S1 + M
170  INPUT "AUFTRAG, MENGE? ";A2,M
180  GOTO 150
190  REM  *** GRUPPENWECHSEL ***********
200  PRINT A1;" MIT GRUPPENSUMME ";S1
210  IF A2 = 0 THEN  PRINT "ENDE.": END
220  LET S1 = 0: LET A1 = A2: GOTO 150
```

Ausführung zu GRUPPDATEN1:

```
AUFTRAG, MENGE? 221,10
AUFTRAG, MENGE? 221,35
AUFTRAG, MENGE? 221,14
AUFTRAG, MENGE? 229,3
221 MIT GRUPPENSUMME 59
AUFTRAG, MENGE? 230,70
229 MIT GRUPPENSUMME 3
AUFTRAG, MENGE? 230,55
AUFTRAG, MENGE? 0,0
230 MIT GRUPPENSUMME 125
ENDE.
```

Im Programm GRUPPDATEN1 liegt ein einstufiger Gruppenwechsel vor.
Daneben können Gruppenwechsel auch m e h r s t u f i g sein. Dazu dieses Beispiel: Es wird nicht nur nach Aufträgen gleicher Nummer gruppiert (=Untergruppe), sondern zusätzlich noch nach Vertreternummern (=Hauptgruppe). Auch ein solcher Hauptgruppenwechsel wird durch den Vergleich (V2<>V1) bzw. 'Vertreter neu<> Vertreter alt' festgestellt.

Verfahren des Suchens, Mischens, Sortierens und Gruppierens (Gruppenwechsel) von Daten werden häufig im Zusammenhang mit der Verarbeitung großer Datenbestände in D a t e i e n bzw. F i l e s angewendet.
Der D a t e i v e r a b e i t u n g wenden wir uns nächsten Abschnitt 3.8 zu.

3.8 Dateiverarbeitung

In Abschnitt 1.3.5 hatten wir vier Formen zur Organisation von Dateien bzw. Files erläutert:

- sequentielle Datei (Zugriff in Speicherungsfolge)
- Direktzugriff-Datei (Auf den Datensatz direkt)
- Index-sequentielle Datei (Inhaltsverzeichnis als Index)
- Verkettete Dateien (Zeiger weist auf andere Datei)

In Abschnitt 3.8.1 demonstrieren wir die sequentielle Dateiorganisation am Beispiel einer Telephon-Datei. Das Programm mit Namen TELEPHON-SEQ1 ist mit BASIC 2.0 programmiert, das dem "Commodore 64 BASIC V2" entspricht.

In Abschnitt 3.8.2 ändern wir das Programm zur Verwaltung der sequentiellen Telephon-Datei so ab, daß es in der Programmiersprache BASIC 4.0 läuft. BASIC 4.0 als die Standardsprache der Commodore-Serien 4000 und 8000 läuft - über entsprechende Zusatz-Software - auch auf dem Commodore 64 .

In Abschnitt 3.8.3 zeigen wir den Direktzugriff am Beispiel einer Artikeldatei.

3.8.1 Sequentielle Datei mit BASIC 2.0

Programm TELEPHON-SEQ1 verwaltet eine sequentielle Telephondatei. Zur Orientierung sehen wir uns das wiedergegebene Ausführungsbeispiel an.

3.8.1.1 Menügesteuerte Dateiverwaltung

Nach Eingabe von RUN wird ein Menü mit zehn Wahlmöglichkeiten gezeigt. Nach dem Eintippen von 1 als Menüwahl sowie TELDATEI als Dateiname wird diese (derzeit nur neun Einträge umfassende) Datei komplett in den Hauptspeicher geladen. Dann werden 3 zusätzliche Einträge eingebenen (Menüwahl 4), der Eintrag von STROMANN geändert (Menüwahl 6), der Eintrag von RUMMEL aus der Datei gelöscht (Menüwahl 7), die verbliebenen elf Datensätze nach Namen sortiert (Menüwahl 9) und ausgegeben (Menüwahl 3). Abschließend werden die elf Telephoneinträge unter dem Namen TELDATEI auf Diskette abgespeichert.

3.8.1.2 Dateiweiser Datenverkehr

Die Datei wird komplett in den Hauptspeicher eingelesen (Menüwahl 1), um sie dort in den Arrays N$() (für die Namen) sowie T$() (für die Telephonnummern) abzulegen und zu verarbeiten (Menüwahl 3-9). Abschließend werden alle Einträge komplett Datensatz für Datensatz auf Diskette als externe Datei abgespeichert (Menüwahl 2). Der Datentransport zwischen Externspeicher

(Diskette) und Internspeicher (Hauptspeicher) erfaßt immer die ganze Datei als Einheit. Der sequentielle Dateizugriff erfolgt somit allein bei Menüwahl 1 und 2. Da er einmalig die komplette Datei umfaßt, spricht man vom d a t e i w e i s e n Datenverkehr. Dem Vorteil der bequemen, schnellen (da internen) Verarbeitung steht der Nachteil gegenüber, daß die Datei grössenmäßig durch den Hauptspeicherplatz begrenzt ist.
Die Direktzugriff-Datei in Abschnitt 3.8.3 demonstriert den d a t e n s a t z w e i s e n Datenverkehr als Gegenstück zum dateiweisen Datenverkehr.

Ausführung zur Verwaltung einer Telephondatei über Programm TELEPHON-SEQ1:

Ein Hinweis:
Das Menü wird wiederholt ausgegeben: jeweils nach dem Eintippen von WEITER MIT RETURN.

In der vorliegenden Ausführung wird (aus Platzgründen) nur die erste Menü-Ausgabe wiedergegeben.

```
 RUN
TELEPHONLISTE ALS SEQUENTIELLE DATEI.

MENUE ZUR VERWALTUNG DER TELEPHON-DATEI
---------------------------------------
  0      BEENDEN
  1      LADEN     DER DATEI -> INTERN
  2      SPEICHERN DER DATEI -> EXTERN
  3      DRUCKEN   GESAMTVERZEICHNIS
  4      EINGEBEN  VON EINTRAEGEN
  5      SUCHEN    EINES EINTRAGS
  6      AENDERN   EINES EINTRAGS
  7      LOESCHEN  EINES EINTRAGS
  8      EINFUEGEN EINES EINTRAGS
  9      SORTIEREN DER GESAMTDATEI
---------------------------------------
WAHL 0-9: 1
NAME DER DATEI: TELDATEI
9 EINTRAEGE TELDATEI --> HAUPTSPEICHER.
WEITER MIT RETURN
MENUE ZUR VERWALTUNG DER TELEPHON-DATEI
---------------------------------------
WAHL 0-9: 3
NAME:                  TELEPHONNUMMER:
---------------------------------------
STROMANN                  06262/3332
WEBER                     0721/1300165
TREIBER                   0611/232323
KOEPFLE                   06221/44421
SCHOENFELDER              06203/5541
SCHMIDTBORN               06221/332000
RUMMEL                    089/4413998
MAUCHER                   06204/1210
RUDOLFS                   06221/33125
DATEIENDE NACH 9 EINTRAEGEN.
WEITER MIT RETURN
MENUE ZUR VERWALTUNG DER TELEPHON-DATEI
---------------------------------------
WAHL 0-9: 4
NAME (0=ENDE):   DOMBERG
TELEPHONNUMMER: 07622/163390
NAME (0=ENDE):   HOFFMANN
TELEPHONNUMMER: 0621/1199110
```

Fortsetzung der Ausführung zu Programm TELEPHON-SEQ1:

```
NAME (0=ENDE):  KRAEMER
TELEPHONNUMMER: 06227/1971
NAME (0=ENDE):  0
WEITER MIT RETURN
MENUE ZUR VERWALTUNG DER TELEPHON-DATEI
---------------------------------------
WAHL 0-9: 6
NAME DES ZU AENDERNDEN EINTRAGS: STROMANN
STROMANN AENDERN IN: ?STROMANN-KRAEMER
06262/3332 AENDERN IN: ?06262/3332
STROMANN-KRAEMER 06262/3332 KORREKT (JA/NEIN): ?JA
WEITER MIT RETURN
MENUE ZUR VERWALTUNG DER TELEPHON-DATEI
---------------------------------------
WAHL 0-9: 7
NAME DES ZU LOESCHENDEN EINTRAGS: RUMMEL
RUMMEL TATSAECHLICH LOESCHEN (JA/NEIN): ?JA
WEITER MIT RETURN
MENUE ZUR VERWALTUNG DER TELEPHON-DATEI
---------------------------------------
WAHL 0-9: 9
SORTIEREN VON 11 DATENSAETZEN DER DATEI TELDATEI BEGINNT.
SORTIEREN IM HAUPTSPEICHER BEENDET.
WEITER MIT RETURN
MENUE ZUR VERWALTUNG DER TELEPHON-DATEI
---------------------------------------
WAHL 0-9: 3
NAME:                     TELEPHONNUMMER:
---------------------------------------
DOMBERG                          07622/163390
HOFFMANN                         0621/1199110
KOEPFLE                          06221/44421
KRAEMER                          06227/1971
MAUCHER                          06204/1210
RUDOLFS                          06221/33125
SCHMIDTBORN                      06221/332000
SCHOENFELDER                     06203/5541
STROMANN-KRAEMER                 06262/3332
TREIBER                          0611/232323
WEITER BLAETTERN
WEBER                            0721/1300165
DATEIENDE NACH 11 EINTRAEGEN.
WEITER MIT RETURN
MENUE ZUR VERWALTUNG DER TELEPHON-DATEI
---------------------------------------
WAHL 0-9: 2
NAME DER AUSGABEDATEI: TELDATEI
BISHERIGE DATEI ZERSTOEREN (JA/NEIN): JA
11 EINTRAEGE HAUPTSPEICHER --> TELDATEI
WEITER MIT RETURN
MENUE ZUR VERWALTUNG DER TELEPHON-DATEI
---------------------------------------
WAHL 0-9: 0
PROGRAMMENDE.
```

3.8.1.3 Datei öffnen, verarbeiten und schließen

Zum Steuerprogramm in den Zeilen 240-300: Wie auch das Struktogramm zu TELEPHON-SEQ1 zeigt, besteht das Programm aus einer Wiederholungsstruktur (Schleife), in die eine Auswahlstruktur (Fallabfrage in Zeile 270) eingeschachtelt ist.

Zum Unterprogramm LADEN in den 1000er Zeilen: Hier erkennt man den für die Dateiverarbeitung typischen 3er-Schritt (vgl. Abschnitt 1.3.5.4) 'Öffnen - Verarbeiten - Schließen':

1. Datei öffnen: In 1030 die Datei unter dem in F$ abgelegten Namen auf Kanal 2 eröffnen.

   ```
   1030 OPEN 2,8,3," 0:"+F$+",S,R"
   ```

   - 2: Kanalnummer 2
   - 8: Gerätenummer 8 (Diskette)
   - 3: Sekundäradresse 3
   - 0: Diskettenlaufwerk 0
   - F$: Dateiname in F$
   - +: + verknüpft Strings
   - S: S für Sequentielle Datei
   - R: R für Read (Lesen)

   Auf den mit 1000 OPEN1,8,15 eröffneten Fehlerkanal 1 gehen wir in Abschnitt 3.8.1.5 ein.

2. Datei verarbeiten: In 1050-1070 alle 2-Komponenten-Sätze der Datei nach N$() und T$() einlesen. Der erste Dateieintrag ist die Satzanzahl N.

   ```
   1050 INPUT #2,N
   ```

   - #2: Über Kanal 2 den ersten
   - N: Eintrag nach N lesen

3. Datei schließen: In 1080 wird die Datei mit CLOSE 2 unverändert geschlossen (es wurde ja nur gelesen).

Zum Unterprogramm SPEICHERN in den 2000er Zeilen: Als erstes wird die Satzanzahl N auf die Datei geschrieben, dann die N Datensätze jeweils mit den zwei Datenfeldern Name und Telephonnummer.
In der OPEN-Anweisung in Zeile 2050 steht nun anstelle von "R" für Read (Lesen) der Parameter "W" für Write (Schreiben). Anstelle der Leseanweisung INPUT #2 verwenden wir die Schreibanweisung PRINT #2. Da die Einträge in der Datei durch RETURN bzw. CHR$(13) getrennt gespeichert sind, müssen wir die Trennungszeichen über PRINT #2 auch schreiben:

```
1060 INPUT #2,N$(I),T$(I) Alle  Zeichen bis zum nächsten RE-
                          TURN nach N$(I) lesen und die Zei-
                          che  bis zum dann folgenden RETURN
                          nach T$(I) lesen.
2080 PRINT #2,N$(I) : PRINT #2,T$(I)   N$(I) speichern, dann
                          RETURN, dann T$(I) und dann erneut
                          RETURN speichern.
2080 PRINT #2,N$(I),CHR$(13),T$(I)                Zweite Form.
2080 PRINT #2,N$(I);CHR$(13);T$(I);CHR$(13)       Dritte Form.
```

Bei allen drei Formen der Anweisung 280 PRINT #2 werden die Datenfelder jeweils durch CHR$(13) bzw. RETURN getrennt.

Codierung zu Programm TELEPHON-SEQ1:

```
100  REM  ======PROGRAMM TELEPHON-SEQ1
110  PRINT "TELEPHONLISTE ALS SEQUENTIELLE DATEI.": PRINT
120 :
130  REM  ======VEREINBARUNGSTEIL
140  DIM N$(100): REM  100-ELEMENTE-FELD FUER NAMEN
150  DIM T$(100): REM   100-ELEMENTE-FELD FUER TELEPHONNUMMERN
160  REM  W, W$:        INTEGER BZW. TEXT (MENUEWAHL)
170  REM   F$:           NAME DER SEQUENTIELLEN TELEPHON-DATEI
180  REM  N:            INTEGER (ANZAHL VON SAETZEN IN DER DATEI)
190  REM  I, Z:         INTEGER (LAUFVARIABLEN)
200  REM    F:           INTEGER (FLAGGE BZW. FLAG)
210  REM  HINWEIS: DATEI-ANWEISUNGEN IN COMMODORE-BASIC 2.0
220 :
230  REM  ======ANWEISUNGSTEIL
240  GOSUB 500: REM  UNTERPROGRAMM MENUEANGEBOT
250  IF W = 0 THEN  PRINT "PROGRAMMENDE.": END
260  PRINT  CHR$ (147);
270  ON W GOSUB 1000,2000,3000,4000,5000,6000,7000,8000,9000
280  PRINT "WEITER MIT RETURN"
290  GET W$: IF W$ = "" THEN  GOTO 290
300  PRINT  CHR$ (147);: GOTO 240
310 :
320  REM  ***UNTERPROGRAMM MENUEANGEBOT***************************
500  PRINT "MENUE ZUR VERWALTUNG DER TELEPHON-DATEI"
510  PRINT "---------------------------------------"
520  PRINT "  0      BEENDEN"
530  PRINT "  1      LADEN     DER DATEI -> INTERN"
540  PRINT "  2      SPEICHERN DER DATEI -> EXTERN"
550  PRINT "  3      DRUCKEN   GESAMTVERZEICHNIS"
560  PRINT "  4      EINGEBEN  VON EINTRAEGEN"
570  PRINT "  5      SUCHEN    EINES EINTRAGS"
580  PRINT "  6      AENDERN   EINES EINTRAGS"
590  PRINT "  7      LOESCHEN  EINES EINTRAGS"
600  PRINT "  8      EINFUEGEN EINES EINTRAGS"
610  PRINT "  9      SORTIEREN DER GESAMTDATEI"
620  PRINT "---------------------------------------"
630  INPUT "WAHL 0-9: ";W$: LET W =  VAL (W$)
640  IF W < 0 OR W > 9 THEN  PRINT "ZWISCHEN 0 UND 9.": GOTO 630
650  IF W < > INT (W) THEN  PRINT "GANZZAHLIG.": GOTO 630
660  RETURN
670 :
680  REM  ***UNTERPROGRAMM LADEN************************************
1000 OPEN1,8,15,"IO"
1010  GOSUB 1500
1020  INPUT "NAME DER DATEI";F$
1030 OPEN2,8,3,"O:" + F$ + ",S,R"
1040  GOSUB 1500
1050  INPUT #2,N
1060  FOR I = 1 TO N: INPUT #2,N$(I),T$(I): NEXT I
1070  PRINT N;" EINTRAEGE ";F$;" --> HAUPTSPEICHER."
1080 CLOSE2:CLOSE1
1090  RETURN
1100 :
```

Codierung zu Programm TELEPHON-SEQ1 (erste Fortsetzung):

```
1500  REM  ***FEHLER DISK I/O*******
1510  INPUT #1,EN,EM$,ET,ES
1520  IF EN = 0 THEN  RETURN
1530  PRINT "FEHLER DISK I/O: ";EN;EM$;ET;ES
1540 CLOSE2: STOP
1550 :
1560  REM  ***UNTERPROGRAMM SPEICHERN ***********************************
2000 OPEN1,8,15,"IO": REM  FEHLERKANAL
2010  GOSUB 1500: REM  FEHLERABFRAGE
2020  INPUT "NAME DER AUSGABEDATEI";F$
2030  INPUT "BISHERIGE DATEI ZERSTOEREN (JA/NEIN):";W$
2040  IF W$ <  > "JA" THEN 2110
2050 OPEN2,8,3," 0:" + F$ + ",S,W"
2060  GOSUB 1500: REM  FEHLERABFRAGE
2070  PRINT #2,N: REM  ANZAHL DER EINTRAEGE
2080  FOR I = 1 TO N: PRINT #2,N$(I): PRINT #2,T$(I): NEXT I
2090  PRINT N;" EINTRAEGE HAUPTSPEICHER --> ";F$
2100 CLOSE2:CLOSE1
2110  RETURN
2120 :
2130  REM   ***UNTERPROGRAMM DRUCKEN***************************
3000  PRINT "NAME:                       TELEPHONNUMMER:"
3010  PRINT "---------------------------------------"
3020  FOR I = 1 TO N
3030  PRINT N$(I); TAB( 24);T$(I)
3040  IF  INT (I / 10) <  > I / 10 THEN 3060
3050  INPUT "WEITER BLAETTERN ";W$
3060  NEXT I
3070  PRINT "DATEIENDE NACH ";N;" EINTRAEGEN.": RETURN
3080 :
3090  REM  ***UNTERPROGRAMM EINGEBEN**********************************
4000  LET N = N + 1
4010  INPUT "NAME (0=ENDE):  ";N$(N)
4020  IF N$(N) = "0" THEN  LET N = N - 1: RETURN
4030  INPUT "TELEPHONNUMMER: ";T$(N): GOTO 4000
4040 :
4050  REM  ***UNTERPROGRAMM SUCHEN*************************************
5000  INPUT "ZU SUCHENDER NAME: ";W$
5010  LET F = 0: REM  FLAGGE GESENKT
5020  FOR I = 1 TO N
5030  IF  LEFT$ (N$(I), LEN (W$)) <  > W$ THEN 5060
5040  PRINT "GEFUNDENE NUMMER:  ";T$(I)
5050  LET I = N: LET F =  - 1
5060  NEXT I
5070  IF  NOT F THEN  PRINT W$;" NICHT GEFUNDEN."
5080  RETURN
5090 :
5100  REM  ***UNTERPROGRAMM AENDERN************************************
6000  INPUT "NAME DES ZU AENDERNDEN EINTRAGS: ";W$: LET F = 0
6010  FOR I = 1 TO N
6020  IF  LEFT$ (N$(I), LEN (W$)) <  > W$ THEN 6080
6030  PRINT N$(I);" AENDERN IN: ";: INPUT N$(I)
6040  PRINT T$(I);" AENDERN IN: ";: INPUT T$(I)
6050  PRINT N$(I);" ";T$(I);" KORREKT (JA/NEIN): ";: INPUT W$
6060  IF W$ <  > "JA" THEN 6030
6070  LET I = N: LET F =  - 1
6080  NEXT I
6090  IF  NOT F THEN  PRINT "EINTRAG ";W$;" NICHT GEFUNDEN."
6100  RETURN
```

Codierung zu Programm TELEPHON-SEQ1 (zweite Fortsetzung):

```
6110 :
6120  REM  ***UNTERPROGRAMM PHYSISCH LOESCHEN ***************************
6221  / 99991
7000  INPUT "NAME DES ZU LOESCHENDEN EINTRAGS: ";W$: LET F = 0
7010  FOR I = 1 TO N
7020  IF  LEFT$ (N$(I), LEN (W$)) <  > W$ THEN 7100
7030  PRINT N$(I);" TATSAECHLICH LOESCHEN (JA/NEIN): ";: INPUT W$
7040  IF W$ <  > "JA" THEN 7090
7050  FOR Z = I TO N - 1
7060  LET N$(Z) = N$(Z + 1): LET T$(Z) = T$(Z + 1)
7070  NEXT Z
7080  LET N = N - 1
7090  LET I = N: LET F =  - 1
7100  NEXT I
7110  IF  NOT F THEN  PRINT W$;" NICHT GEFUNDEN. KEIN LOESCHEN MOEGLICH."
7120  RETURN
7130 :
7140  REM  *** UNTERPROGRAMM EINFUEGEN ********************************
8000  PRINT "DATEI ";F$;" HAT ";N;" EINTRAEGE. NACH WELCHEM"
8010  INPUT "EINTRAG EINFUEGEN (SATZNUMMER TIPPEN): ";W
8020  LET N = N + 1
8030  FOR Z = N TO W + 2 STEP  - 1
8040  LET N$(Z) = N$(Z - 1): LET T$(Z) = T$(Z - 1)
8050  NEXT Z
8060  PRINT "NACHFOLGENDE EINTRAEGE SIND VERSCHOBEN."
8070  INPUT "EINZUFUEGENDER NAME:  ";N$(W + 1)
8080  INPUT "EINZUFUEGENDE NUMMER: ";T$(W + 1): GOTO 280
8090 :
8100  REM  *** UNTERPROGRAMM SORTIEREN-DURCH-AUSTAUSCH-NACH-AUSWAHL ******
9000  PRINT "SORTIEREN VON ";N;" DATENSAETZEN DER DATEI ";F$;" BEGINNT."
9010  FOR I = 1 TO N - 1
9020  LET MINSTELL = I:NAMMIN$ = N$(I):TELMIN$ = T$(I)
                                                        TELMIN$ = T$(Z)
9030 : FOR Z = (I + 1) TO N
9040 :: IF (N$(Z) < NAMMIN$) THEN  LET MINSTELL = Z:NAMMIN$ = N$(Z):
9050 : NEXT Z
9060 : LET N$(MINSTELL) = N$(I):N$(I) = NAMMIN$:T$(MINSTELL) = T$(I):
9070  NEXT I                                              T$(I) = TELMIN$
9080  PRINT "SORTIEREN IM HAUPTSPEICHER BEENDET.": RETURN
```

3.8.1.4 Verarbeitung von Arrays in Unterprogrammen

Zum Unterprogramm SUCHEN in den 5000er Zeilen: Hier wird rein sequentiell gesucht. Die Zählerschleife hat nur einen Ausgang. Flagge F dient der Ablaufsteuerung.

Zum Unterprogramm PHYSISCH LÖSCHEN in den 7000er Zeilen: Physisch löschen bedeutet tatsächlich löschen. Die Zählerschleife 7050-7070 bewirkt, daß alle Einträge ab dem zu löschenden Eintrag um eine Position bzw. um ein Element in den Arrays N$() und T$() vorgerückt werden.

Zum Unterprogramm EINFÜGEN in den 8000er Zeilen: Die Zählerschleife 8030 FOR Z=N TO W+2 STEP -1 rückt vom letzten Satz N ausgehend Einträge um jeweils eine Position nach hinten, um in Zeile 8070-8080 den neuen Eintrag einzufügen.
Zum Unterprogramm SORTIEREN in den 9000er Zeilen: Wie in Programm SORTDATEN1 (vgl. Abschnitt 3.7.3.1) wird das "Sortieren durch Austausch nach Auswahl" verwendet, jedoch mit folgenden Abweichungen: 1) Anstelle von Zahlen werden Strings sortiert.
2) Die Anzahl der Sortierbegriffe ist variabel.

SEQ. TELEPHONDATEI AUF DISKETTE (GGF. AUF KASSETTE):

```
12,STROMANN,06262/3332,WEBER,0721/1300165,TREIBER,0611/23
2323,KOEPFLE,06221/44421,SCHOENFELDER,06203/5541,SCHMIDTB
ORN,06221/332000,...
```

Wir erkennen:
- Variable Datensatzlänge bei der sequentiellen Datei möglich.
- Trennungszeichen , für CHR$(13) bzw. RETURN zwischen den Datenfeldern.

SEQ. TELEPHONDATEI INTERN IM HAUPTSPEICHER (ARRAY N$, T$):

Index:	N$():	T$():
(1)	STROMANN	06262/3332
(2)	WEBER	0721/1300165
(3)	TREIBER	0611/232323
(4)	KOEPFLE	06221/44421
(5)	SCHOENFELDER	06203/5541
(6)	SCHMIDTBORN	06221/332000
(7)	...	...

N: 12

Im dateiweisen Datenverkehr wird die gesamte Datei komplett in die Arrays N$() und T$() eingelesen.

Am Ende wird der Inhalt der Arrays komplett auf die Datei geschrieben.

Dateiweiser Datenverkehr: Gesamtdatei intern in Arrays ablegen

3.8.1.5 Fehlerbehandlung beim Dateizugriff

Die Abfrage der Floppy nach Fehlermeldungen vollzieht sich in einem 3er-Schritt:
- Mit 1000 OPEN 1,8,15 unter der Sekundäradresse 15 den Kanal 1 als Fehlerkanal zur Floppy mit Gerätenummer 8 öffnen.
- Nach jedem Datei- bzw. Diskettenzugriff mit GOSUB 1500 ein Unterprogramm aufrufen und mit 1510 INPUT#1,EN,EM$,ET,ES die vom DOS automatisch bereitgestellte Fehlerinterpretation in die vier Variablen EN (Fehlernummer, Error Number), EM$ (Fehlermeldung, Error Message), ET (Spurnummer, Error Track) sowie ES (Sektornummer, Error Sector) einlesen. Dazu können wir auch andere Variablennamen wählen. Für EN=0 erfolgte ein fehlerfreier Diskettenzugriff. Für EN<>0 wird die Fehlerinterpretation ausgegeben und der Programmlauf gestoppt.
- Mit 1080 CLOSE 1 wird der Befehlskanal wieder geschlossen.

Im folgenden Abschnitt 3.8.2 werden wir sehen, daß die Fehlerbehandlung in BASIC 4.0 einfacher durchzuführen ist als in BASIC 2.0 .

Struktogramm zu Programm TELEPHON-SEQ1:

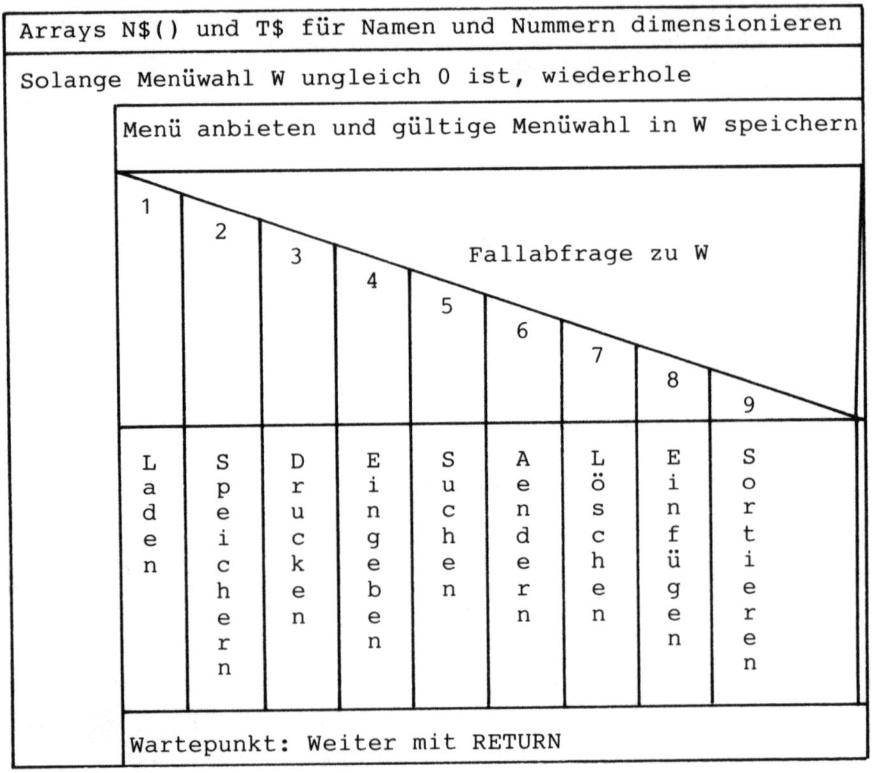

3.8.1.6 Speicherung der Datei im Hauptspeicher

Es gibt mehrere Möglichkeiten, eine Datei bzw. deren Datenfelder im RAM bzw. Hauptspeicher zu speichern.

1) Jedes Datenfeld erhält einen eigenen String zugewiesen. 100 Sätze zu je 2 Feldern beanspruchen 100*2*5=1000 Bytes allein zur Speicherorganisation (5 Bytes je Variable). Diese Lösung ist nicht ökonomisch.
2) E i n String für die gesamte Datei. Dies ist kaum möglich, da ein String maximal 255 Zeichen lang sein kann.
3) Ein String mit fester (konstanter) Länge für jeden Satz: Das längste Feld der Datei bestimmt die für jedes Feld im String zu reservierende Stellenzahl. Dies führt leicht zur Verschwendung von Speicherplatz.
4) Ein String mit variabler Länge für jeden Satz: Zwischen den Feldern stehen Trennungszeichen (z.B. ,). Damit ergibt sich eine gute Speicherausnutzung.

Bei den Möglichkeiten 1), 3) und 4) wird man die Strings meist in einem Array anordnen.

3.8.2 Sequentielle Datei mit BASIC 4.0

Das Programm TELEPHON-SEQ2 läuft genauso ab wie das Programm TELEPHON-SEQ1, die Listings dagegen unterscheiden sich in den Unterprogrammen LADEN (1000er Zeilen) sowie SPEICHERN (2000er Zeilen). Warum? Programm TELEPHON-SEQ2 benutzt die Diskettenbefehle von BASIC 4.0 anstelle von der von BASIC 2.0 .

Folgende BASIC 4.0-Anweisungen werden verwendet:

- 1010 DOPEN#2,(F$),D0
  Als logische Datei 2 in Laufwerk D0 wird eine Telephondatei eröffnet, deren Dateiname TELDATEI in F$ gespeichert ist. F$ wird als Eingabedatei zum Lesen eröffnet.

- 1020 IF DS<>0 THEN PRINT "FEHLER: ";DS$: STOP
  Statusvariablen DS bzw. DS$ abfragen. Die Fehlerbehandlung sollte nach jedem Diskettenzugriff durchgeführt werden. STOP meldet die Zeile, in der der Fehler entstanden ist.

Codierung der Unterprogramme LADEN und SPEICHERN von Programm TELEPHON-SEQ2 in BASIC 4.0 (alle anderen Zeilen stimmen mit Programm TELEPHON-SEQ1 genau überein):

```
999 REM *** UNTERPROGRAMM LADEN ******************************
1000 INPUT "NAME DER DATEI"; F$
1010 DOPEN#2,(F$),DO
1020 IF DS<>0 THEN PRINT "FEHLER BEIM OEFFNEN: ";DS$: STOP
1030 INPUT#2,N
1040 IF DS<>0 THEN PRINT "LESEFEHLER ANZAHL: ";DS$ : STOP
1050 FOR I=1 TO N: INPUT#2,N$(I),T$(I)
1060 IF DS<>0 THEN PRINT "LESEFEHLER: ";DS$ : STOP
1070 PRINT N;" EINTRAEGE ";F$;" --> HAUPTSPEICHER."
1080 DCLOSE#2
1090 RETURN
1100 :
1110 REM ***UNTERPROGRAMM SPEICHERN**************************
2000 INPUT "NAME DER AUSGABEDATEI"; F$
2010 INPUT "BISHERIGE DATEI ZERSTOEREN (JA/NEIN)"; W$
2020 IF W$<>"JA" THEN 2140
2030 SCRATCH DO,(F$)
2040 DOPEN#2,(F$),W,DO
2050 IF DS<>0 THEN PRINT "FEHLER BEIM OEFFNEN: ";DS$ : STOP
2060 PRINT#2,N
2070 IF DS<>0 THEN PRINT "FEHLER SCHREIBEN ANZAHL: ";DS$ : STOP
2080 FOR I-1 TO N
2090 PRINT#2,N$(I),CHR$(13),T$(I)
2100 IF DS<>0 THEN PRINT "SCHREIBFEHLER: ";DS$ : STOP
2110 NEXT I
2120 PRINT N;" EINTRAEGE HAUPTSPEICHER --> ";F$
2130 DCLOSE#2
2140 RETURN
2150 :
```

- 2040 DOPEN#2,(F$),W,D0
  Sequentielle Datei als Ausgabedatei zum Schreiben öffnen. Parameter "W" für Write.

- 2030 SCRATCH D0,(F$)
  Datei namens F$ in Laufwerk D0 zerstoeren.
  SCRATCH hier nicht unbedingt erforderlich, da Parameter "W" in Zeile 2040 ein Schreiben von Dateia n f a n g an bewirkt.

- 2090 PRINT#2,N$(I),CHR$(13),T$(I)
  Schreibanweisung in BASIC 4.0 und BASIC 2.0 gleich: CHR$(13) bzw. RETURN als Trennungszeichen zwischen den Datenfeldern.
  Hinweis: Hinter Datenfeld T$(I) wird automatisch ein RETURN gesendet (PRINT X sendet RETURN, PRINT X; dagegen nicht).

- DCLOSE#2
  Datei 2 wieder schließen.

Das "D" am Anfang von DOPEN und DCLOSE steht für Diskette.

3.8.3 Direktzugriff-Datei mit BASIC 4.0

Die Programme ART-DIRSCHREIB1 und ART-DIRLES1 dienen zur Verwaltung einer Artikeldatei, die als Direktzugriff-Datei bzw. relative Datei organisiert ist.
Gegenüber der Telephondatei (Abschnitte 3.8.1 und 3.8.2) weist diese Artikeldatei folgende Neuerungen auf:
- Datensätze mit k o n s t a n t e r Satzlänge .
- D i r e k t zugriff über einen Satzzeiger S (RECORD#,(S)).
- Satzweiser Datenverkehr, kein dateiweiser Datenverkehr.hr.
- Direkte Adressierung des Datensatzes.
- Bequeme Programmierung in BASIC 4.0 .

Diese Punkte wollen wir nun im einzelnen erläutern.

3.8.3.1 Datei mit konstanter Datensatzlänge

Die Datensätze der Artikeldatei namens ARTIKELDATEI haben alle eine feste Satzlänge von L=36 Stellen und bestehen aus jeweils vier Datenfeldern. Jeder Satz ist demnach gleich lang.

Inhalt:	Artikelnummer:	Bezeichnung:	Menge:	Stückpreis:
Stellen: (DATENTYP)	4 STRING	20 STRING	4 STRING	8 STRING
Var.-Name:	A$(1)	A$(2)	A$(3)	A$(4)
Beispiel:	1002	DISKETTE	200	7.50

Datensatz-Beschreibung (36 Stellen) für die ARTIKELDATEI

Eine Direktzugriff-Datei hat im Gegensatz zur sequentiellen Datei stets eine *feste Datensatzlänge*, die in der DOPEN-Anweisung angegeben werden muß:

```
190 DOPEN#1,"ARTIKELDATEI",L36,D0
```

- #1 — Kanalnummer 1
- "ARTIKELDATEI" — Dateiname
- L36 — Datensatzlänge fest
- D0 — Laufwerknummer 0

Gibt man die Parameter als Variable ein, so lautet die DOPEN-Anweisung z.B. so:

```
190 DOPEN#(KN),(F$),L(SL),D(LN)
```

Eine einmal für die Datei namens ARTIKELDATEI angegebene Satznummer von 36 Stellen kann nicht mehr verändert werden und muß bei jedem späteren Dateizugriff angegeben werden (eine andere Länge ergibt eine Fehlermeldung).
Das Lesen und Schreiben von Sätzen kann in beliebiger Reihenfolge geschehen, d.h. wir können zuerst den 51. Satz schreiben (Satzbeginn ab Stelle 50*36=1800) und dann erst den 2. Satz (Satzbeginn ab Stelle 1*36=36). Über die feste Satzlänge ermittelt das Betriebssystem die Stelle (relativ zum Dateianfang gesehen), an welcher der Satz beginnt; der oft verwendete Begriff der *relativen Datei* weist darauf hin. In der Directory steht die ARTIKELDATEI als REL (für RELative Datei). Kurz: Es liegt eine REL-Datei vor.

In Commodore-BASIC werden leere Datensätze durch das Zeichen CHR$(255) markiert. *Vor* dem Arbeiten empfiehlt es sich, eine *Leerdatei* mit der ungefähr benötigten Anzahl von Datensätzen anzulegen. Eine einfache Möglichkeit hierzu besteht darin, an die Stelle des letzten Satzes das Zeichen CHR$(255) zu schreiben. Alle vorangehenden CHR$(255) fügt das DOS dann selbst ein.
Für unsere ARTIKELDATEI erhalten wir bei einer Satzanzahl von 40 folgenden Ablauf zum Anlegen einer Leerdatei:

```
100 REM ======PROGRAMM ART-DIRANLEG1
110 DOPEN#1,"ARTIKELDATEI",L36,D0
120 RECORD#1,(40)
130 PRINT#1,CHR$(255)
140 DCLOSE#1
```

3.8.3.2 Direktzugriff über einen Satzzeiger

Die RECORD#-Anweisung RECORD#1,(S) positioniert den Satzzeiger S auf den gewünschten Datensatz, um ihn mittels PRINT# zu beschreiben bzw. mittels INPUT#1 zu lesen.

In Programm ART-DIRANLEG1 zeigt RECORD#1,(40) auf den 40. Datensatz.

Struktogramm zum Schreibprogramm ART-DIRSCHREIB1:

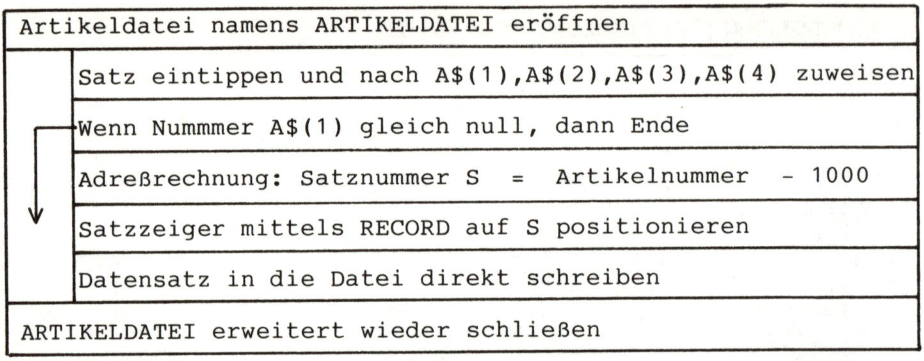

Im Struktogramm wird deutlich, daß sich das Schreiben von Datensätzen in die Datei über eine Ausgabeschleife mit der Endeabfrage A$(1)="0" vollzieht.
Die untenstehende BASIC-Codierung zeigt, daß nach j e d e m Dateizugriff eine Fehlerabfrage (DS<>0) programmiert wird. Im Gegensatz zu BASIC 2.0 stehen uns in BASIC 4.0 dabei die Variablen DS und DS$ zur Verfügung.

Codierung zu Programm ART-DIRSCHREIB1:

```
100 REM ======PROGRAMM ART-DIRSCHREIB1
110 PRINT "SAETZE DIREKT SCHREIBEN."
120 :
130 REM ======VEREINBARUNGSTEIL
140 DIM A$(4): REM    ARTIKELSATZ MIT 4 DATENFELDERN
150 REM ARTIKELDATEI: DIREKTZUGRIFF-DATEI
160 REM S:            RELATIVE SATZNUMMER
170 REM S=A1-1000   : ADRESSRECHNUNG
180 :
190 REM ======ANWEISUNGSTEIL
200 REM ***1. DATEI OEFFNEN************************
210 DOPEN#1,"ARTIKELDATEI",L36,D0
220 IF DS<>0 THEN PRINT "FEHLER OEFFNEN:";DS$: STOP
230 REM ***2. SAETZE SCHREIBEN*********************
240 PRINT "SAETZE SCHREIBEN (0=ENDE)."
250 PRINT "NUMMER, BEZ., BESTAND, PREIS:"
260 INPUT A$(1),A$(2),A$(3),A$(4)
270 IF A$(1)="0" THEN 340
280 LET S = VAL(A$(1))-1000 : REM ADRESSRECHNUNG
290 RECORD#1,(S) : REM SATZZEIGER AUF SATZ S STELLEN
300 PRINT#1,A$(1);CHR$(44);A$(2);CHR$(44);A$(3);CHR$(44);A$(4)
310 IF DS<>0 THEN PRINT "SCHREIBFEHLER:";DS$ : STOP
320 GOTO 250
330 REM ***3. DATEI SCHLIESSEN*********************
340 DCLOSE#1
350 PRINT "AUSGABEDATEI GESCHLOSSEN.": END
```

Struktogramm zum Leseprogramm ART-DIRLES1:

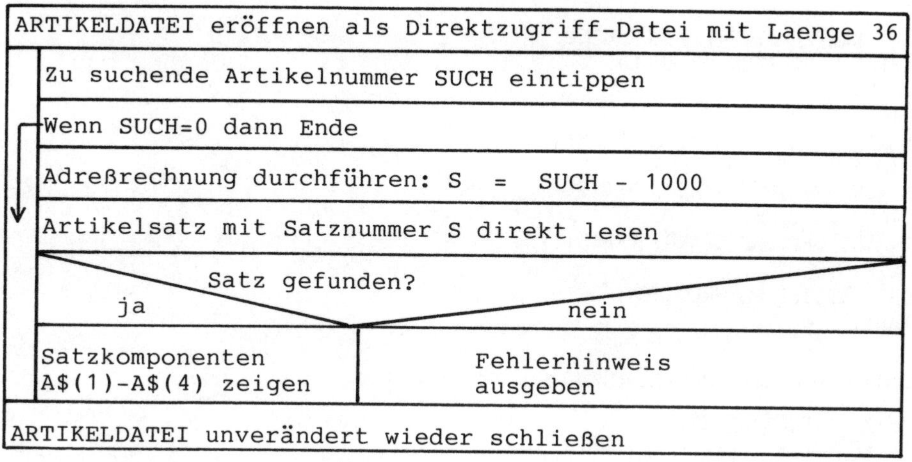

Ein Hinweis zur Zeile 290 in der BASIC-Codierung: Das Zeichen CHR$(255) wird vom DOS als Kennzeichen für einen 'leeren Satz' verwendet.

Codierung zu Programm ART-DIRLES1:

```
100 REM ======PROGRAMM ART-DIRLES1
110 PRINT "SAETZE DIREKT LESEN."
120 :
130 REM ======VEREINBARUNGSTEIL
140 DIM A$(4): REM    ARTIKELSATZ MIT 4 DATENFELDERN
150 REM ARTIKELDATEI: DIREKTZUGRIFF-DATEI
160 REM S, SUCH :     SATZNUMMER, SUCHBEGRIFF
170 REM S=SUCH-1000   : ADRESSRECHNUNG
180 :
190 REM ======ANWEISUNGSTEIL
200 REM ***1. DATEI OEFFNEN************************
210 DOPEN#1,"ARTIKELDATEI",L36
220 IF DS<>0 THEN PRINT "FEHLER OEFFNEN:";DS$: STOP
230 REM ***2. SAETZE DIREKT LESEN*****************
240 INPUT "ZU SUCHENDER ARTIKEL (0=ENDE)"; SUCH
250 IF SUCH=0 THEN 370
260 LET S = SUCH-1000
270 RECORD#1,(S)
280 INPUT#1,A$(1),A$(2),A$(3),A$(4)
290 IF DS=50 OR A$(1)=CHR$(255) THEN 350
300 IF DS<>0 THEN PRINT "LESEFEHLER:";DS$ : STOP
310 PRINT "ARTIKELNUMMER: ";A$(1)
320 PRINT "BEZEICHNUNG:   ";A$(2)
330 PRINT "BESTANDSMENGE: ";A$(3)
340 PRINT "STUECKPREIS:   ";A$(4) : GOTO 240
350 PRINT "... NICHT GEFUNDEN." : GOTO 240
360 REM ***3. EINGABEDATEI SCHLIESSEN**************
370 DCLOSE#1
380 PRINT "DATEI UNVERAENDERT GESCHLOSSEN.": END
```

Ausführung zu Programm ART-DIRSCHREIB1:

```
    SAETZE DIREKT SCHREIBEN.
SAETZE SCHREIBEN (0=ENDE).
NUMMER, BEZ., BESTAND, PREIS:
? 1019,ERDBEERE,200,1.95
NUMMER, BEZ., BESTAND, PREIS:
? 1034,TOMATE,100,2.25
NUMMER, BEZ., BESTAND, PREIS:
? 1007,RETTICH,50,0.70
NUMMER, BEZ., BESTAND, PREIS:
? 0,0,0,0
AUSGABEDATEI GESCHLOSSEN.
READY.
```

Ausführung zu ART-DIRLES1:

```
SAETZE DIREKT LESEN.
ZU SUCHENDER ARTIKEL (0=ENDE)? 1007
ARTIKELNUMMER: 1007
BEZEICHNUNG:   RETTICH
BESTANDSMENGE: 50
STUECKPREIS:   0.70
ZU SUCHENDER ARTIKEL (0=ENDE)? 1025
... NICHT GEFUNDEN."
ZU SUCHENDER ARTIKEL (0=ENDE)? 0
DATEI UNVERAENDERT GESCHLOSSEN.
```

Der Zusammenhang
"Satznummer S ergibt sich aus Artikelnummer minus 1000"
260 LET S=SUCH-1000 (im Leseprogramm)
280 LET S=VAL(A$(1))-1000 (im Schreibprogramm)
wird als Adreßrechnung bezeichnet. Diese Adreßrechnung stellt einen umkehrbaren Zusammenhang zwischen der Artikelnummer als Ordnungsbegriff einerseits und der relativen Satznummer als Speicherort andererseits her; "umkehrbar", weil aus der Satznummer (z.B. 119. Satz) die zugehörige Artikelnummer abgeleitet werden kann (also 1119). Man bezeichnet diese umkehrbare Adreßrechnung als direkte Adressierung.

Die Adreßrechnung muß vor dem Dateizugriff vorgenommen werden, d.h. vor jeder PRINT#- oder INPUT#-Anweisung:

- In Programm ART-DIRSCHREIB1 bewirken die Anweisungen
  280 LET S=VAL(A$(1))-1000
  290 RECORD#1,(S),
  daß nach Berechnung der Satznummer S in Zeile 280 (für Artikelnummer A1=1019 z.B. wird S=19) der Datensatz als 19. Satz direkt in die ARTIKELDATEI geschrieben wird.
- In Programm ART-DIRLES1 bewirkt die Anweisungsfolge
  260 LET S=SUCH-1000
  270 RECORD#1,(S)
  dementsprechend, daß nach Ermittlung der Satzadresse S aus dem Suchbegriff SUCH der S. Datensatz direkt gelesen wird.

In Programm ART-DIRSCHREIB1 bewirken die Anweisungen

```
290 RECORD#1,(S)
300 PRINT#1,A$(1);CHR$(44);A$(2);CHR$(44);A$(3);CHR$(44);A$(4)
```

daß die 4 Datenfelder Nummer A$(1), Bezeichnung A$(2), Menge A$(3) und Stückpreis A$(4) als S. Datensatz gespeichert werden (für S=25 wird also der 25. Satz geschrieben und für S=3 der 3. Satz). Intern im RAM legen wir den Datensatz also in einem 4-Elemente-Array namens A$() ab.
Die Datenfelder trennen wir mittels Komma bzw. CHR$(44) voneinander. Als Trennungszeichen ist auch RETURN bzw. CHR$(13) möglich.
Hinter der letzten Variablen (hier hinter A$(4)) schreibt die PRINT#-Anweisung automatisch ein RETURN.

Im Programm ART-DIRLES1 dienen die Anweisungen

```
270 RECORD#1,(S)
280 INPUT#1,A$(1),A$(2),A$(3),A$(4)
```

dazu, die vier Datenfelder des S. Datensatzes in die genannten Variablen einzulesen
Die INPUT#-Anweisung liest ab der 1. Stelle des S. Satzes alle Zeichen bis zum nächsten Trennungszeichen und weist diese Zeichen dann der jeweils genannten Variablen zu.
Die Trennungszeichen (hier: CHR$(44) und CHR$(13)) sind in der Datei abgelegt und müssen hinter PRINT# deshalb nicht angegeben werden.

3.8.3.3 Datensatzweiser Datenverkehr

Programm TELEPHON-SEQ1 hat im dateiweisen Datenverkehr zu Beginn die gesamte Datei in den Hauptspeicher eingelesen und in Arrays abgelegt. Bei der durch die Programme ART-DIRSCHREIB1 und ART-DIRLES1 angesprochenen ARTIKELDATEI wird jeweils unmittelbar nach der Anforderung ein Satz geschrieben oder aber gelesen. Wir sprachen vom "datensatzweisen Datenverkehr" (Abschnitt 3.8.1.2).
Die Artikeldatei kann somit jetzt größer sein als der verfügbare Hauptspeicherplatz, da zwischen dem externen und dem interne Speicher stets nur ein Datensatz transportiert wird. Wie zeigt sich der datensatzweise Datenverkehr in der Codierung? In j e d e m Programm findet sich mindestens eine Anweisung mit einem Dateizugriff (PRINT# oder INPUT#).

3.8.3.4 Direkte Adressierung des Datensatzes

Artikel 1019 ist als 19. Satz in der Artikeldatei gespeichert, Artikel 1001 als 1. Satz, Artikel 1034 als 34. Satz. Die zeitliche Reihenfolge der Speicherung spielt keine Rolle. Solange z.B. für den 'dazwischengehörenden' Artikel 1007 kein Satz gespeichert ist, bleibt der entsprechende Speicherplatz auf der Diskette eben leer - es entstehen L ü c k e n . Die schlechte Ausnutzung der Speicherplatzes ist sicher ein Nachteil der Direktzugriff-Datei.

3.8.3.5 Indirekte Adressierung des Datensatzes

Das Adreßrechnungsverfahren der d i r e k t e n Adressierung ist ungeeignet, wenn der Ordnungsbegriff einer Datei streut. Betrachten wir dazu als Beispiel eine Artikeldatei:

Kleinste Artikelnummer 1, größte Artikelnummer 300000, total 2000 Artikel im Sortiment, "SatzNr=ArtNr" als Adreßrechnung. Für die nur 2000 Artikel müssten 300000 Artikelsätze in der Datei bereitgestellt werden.

Günstiger ist die i n d i r e k t e Adressierung. Ein Beispiel für dieses Verfahren ist das Divisions-Rest-Verfahren. Allerdings kann das Problem entstehen, daß für zwei Ordnungsbegriffe dieselbe Satznummer berechnet wird; damit kommt es zu Doppelbelegungen bzw. Überläufern, die gesondert zu speichern sind. Im Zusammenhang mit der indirekten Adressierung spricht man auch von H a s h i n g ('Mischmasch') und vom Hash-Code.

```
DIREKTE ADRESSIERUNG:
- Adreßrechnung "SatzNr = ArtNr - 1000" ergibt für ArtNr
  1010, 1045, 1002, ...  die SatzNr 10, 45, 2 ...
- Adreßrechnung "SatzNr = PersNr" ergibt für die PersNr
  100187, 6745, 23, ...  die Satznr 100187, 6745, 23, ...
- Aus dem Ordnungsbegriff läßt sich die Satznummer errechnen
  und umgekehrt aus der Satznummer der Ordnungsbegriff.
- Lücken im Ordnungsbegriff führen zu Lücken auf der Datei.

INDIREKTE ADRESSIERUNG:
- Adreßrechnung "Divisions-Rest-Verfahren" als Beispiel:
  Ordnungsbegriff durch Satzanzahl der Datei (=1200) teilen.
  ArtNr 10800 ergibt SatzNr 1 / ArtNr 1453 ergibt SatzNr 254
  10800:1200=9 Rest 0+1 = 1   / 1453:1200=1 Rest 253+1 = 254
- Aus der Satznummer läßt sich der Ordnungsbegriff nicht
  eindeutig zurückrechnen (Problem der Überläufer).
- Ziel: Weit verstreute Ordnungsbegriffe (z.B. ArtNr) zu eng
  beieinanderliegenden Satzadressen (SatzNr) verdichten.
```

Zwei Adreßrechnungs-Arten: Direkte und indirekte Adressierung

Die indirekte Adressierung ist auch stets dann angezeigt, wenn ein k l a s s i f i z i e r e n d e r Ordnungsbegriff angewendet wird. Als Beispiel betrachten wir eine Artikelnummer.

Position:	Inhalt:	Bedeutung:
1 - 2	AA-ZZ	Zwei Anfangsbuchstaben des Artikelnamens.
3 - 4	Zahl	Lagerstelle
5 - 7	Zahl	Nummer des Lieferanten
8	Ziffer	Nummer für identische Positionen 1-7

Die Artikelnummern HA093320 (Hammer, Lagerstelle 9, Lieferantennummer 332) und ME421000 (Meisel, Lagerstelle 42, Lieferantennummer 100) können nur indirekt adressiert gelesen werden.

Artikelnummer als klassifizierender Ordnungsbegriff

3.8.4 Direktzugriff-Datei mit BASIC 2.0

Im Gegensatz zu BASIC 4.0 verfügt BASIC 2.0 nicht über die Anweisungen DOPEN# (Parameter L legt Satzlänge für Direktzugriff fest) und RECORD# (Satzzeiger direkt positionieren). Gleichwohl lassen sich auch in BASIC 2.0 REL-Dateien verwalten: man simuliert dazu die Anweisungen DOPEN# und RECORD#.

Am Beispiel des Programms ART-DIRVERWALT1 wollen wir erklären, wie die Anweisungen DOPEN# und RECORD# in BASIC 2.0 simuliert werden können.

3.8.4.1 Direktzugriff-Datei über Menüprogramm verwalten

Das Programm ART-DIREKTVERWALT1 verwaltet eine Artikeldatei, die ebenso aufgebaut ist wie die Datei im vorangegangenen Abschnitt 3.8.3 (Datensatzlaenge 36; vier Datenfelder Artikelnummer, Bezeichung, Menge, Preis).
Das Menü bietet die drei Wahlmöglichkeiten 'Schreiben (=1)', 'Lesen (=2)' und 'Anlegen (=3)' und läßt sich leicht erweitern (z.B. durch 'Ändern (=4)').
Da die Fehlerabfrage und das Positionieren des Satzzeigers mit BASIC 2.0 um vieles aufwendiger ist als mit BASIC 4.0, schreiben wir diese beiden Anweisungsfolgen als Unterprogramme: Zeilen 500-530 zur Fehlerabfrage und Zeilen 700-730 zur Positionierung des Satzzeigers.

Codierung zu Programm ART-DIRVERWALT1:

```
100 REM ======PROGRAMM ART-DIRVERWALT1
110 PRINT "VERWALTUNG EINER ARTIKELDATEI"
120 PRINT "UEBER DIREKTZUGRIFF IN BASIC 2.0.":PRINT
130 :
140 REM ======VEREINBARUNGSTEIL
150 DIM A$(4): REM   ARTIKELSATZ MIT 4 DATENFELDERN
160 REM F$, SL:   FILE-NAME, KONSTANTE SATZLAENGE
170 REM S, SUCH:  SATZNUMMER, SUCHBEGRIFF
180 REM LOWB, HIGHB: LOWBYTE,HIGHBYTE FUER SATZNUMMER
190 REM EN,EM$,ET,ES: VARIABLEN FUER FEHLERMELDUNG
200 :
210 REM ======ANWEISUNGSTEIL
220 OPEN 15,8,15,"IO" : CLOSE 15 : REM FEHLERKANAL
230 INPUT "DATEINAME, SATZLAENGE"; F$,SL
240 PRINT "]MENUE ARTIKELVERWALTUNG BASIC 2.0"
250 PRINT "0 = ENDE DES PROGRAMMS"
260 PRINT "1 = DATENSAETZE DIREKT SCHREIBEN"
270 PRINT "2 = DATENSAETZE DIREKT LESEN"
280 PRINT "3 = RELATIVE DATEI LEER ANLEGEN"
290 INPUT E$: LET E=VAL(E$)
300 ON E+1 GOTO 320,1000,2000,3000
310 PRINT "0,1,2 ODER 3": GOTO 290
320 PRINT "ENDE." : END
330 :
340 :
```

```
500 REM ***SCHREIB-/LESEFEHLER ABFRAGEN***********
510 INPUT#15,EN,EM$,ET,ES
520 IF EN=0 OR EN=50 THEN RETURN
530 PRINT "FEHLER: ";EN;EM$;ET;ES: STOP
540 :
550 REM ***SIMULATION DER ANWEISUNG 'RECORD#'******
700 LET HIGHB=INT(S/256) : LET LOWB=S-HIGHB*256
710 PRINT#15,"P"+CHR$(96+2)+CHR$(LOWB)+CHR$(HIGHB)+CHR$(1)
715 IF E=3 THEN 730 : REM FALLS NEU ANLEGEN
720 GOSUB 500 : REM FEHLERABFRAGE
730 RETURN
740 :
750 :
760 REM ***SAETZE SCHREIBEN*************************
1000 OPEN 15,8,15 : REM BEFEHLSKANAL OEFFNEN
1010 REM ***SIMULATION VON DOPEN#******
1020 OPEN 1,8,2,F$
1030 GOSUB 500 : REM FEHLERABFRAGE
1040 PRINT "SAETZE SCHREIBEN (0=ENDE)."
1050 PRINT "NUMMER, BEZ., BESTAND, PREIS:"
1060 INPUT A$(1),A$(2),A$(3),A$(4)
1070 IF A$(1)="0" THEN GOTO 1120
1080 LET S=VAL(A$(1))-1000
1090 GOSUB 700: REM ANWEISUNG RECORD#
1100 PRINT#1,A$(1);CHR$(13);A$(2);CHR$(13);A$(3);CHR$(13);A$(4)
1110 GOTO 1050
1120 CLOSE 15: CLOSE 1
1130 PRINT "DATEI GESCHLOSSEN."
1140 INPUT "WEITER MIT RETURN";E$: GOTO 240
1150 :
1160 REM ***SAETZE LESEN***************************
2000 OPEN 15,8,15 : OPEN 1,8,2,F$
2010 GOSUB 500 : REM FEHLERABFRAGE
2020 INPUT "ARTIKELNUMMER (0=ENDE)"; SUCH
2030 IF SUCH=0 THEN GOTO 2130
2040 LET S=SUCH-1000
2050 GOSUB 700 : REM SATZZEIGER RECORD#
2060 INPUT#1,A$(1),A$(2),A$(3),A$(4)
2070 IF A$(1)=CHR$(255) THEN 2120
2080 PRINT "ARTIKELNUMMER: ";A$(1)
2090 PRINT "BEZEICHNUNG:   ";A$(2)
2100 PRINT "BESTANDSMENGE: ";A$(3)
2110 PRINT "STUECKPREIS:   ";A$(4) :GOTO 2020
2120 PRINT "... NICHT GEFUNDEN.": GOTO 2020
2130 CLOSE 1 : CLOSE 15
2140 PRINT "DATEI UNVERAENDERT GESCHLOSSEN."
2150 INPUT "WEITER MIT RETURN": E$: GOTO 240
2160 :
2170 :
2180 REM ***DATEI ANLEGEN**************************
3000 INPUT "ANZAHL DER DATENSAETZE"; S
3010 REM ***SIMULATION DOPEN# ******
3020 OPEN 15,8,15 : OPEN 1,8,2,"0:"+F$+",L,"+CHR$(SL)
3030 PRINT "DATEI ";F$;" EROEFFNET."
3040 GOSUB 700 : REM SATZZEIGER RECORD# AUF S STELLEN
3050 PRINT#1,CHR$(255);
3060 PRINT "LETZTER SATZ ";S;" LEER GESCHRIEBEN."
3070 CLOSE 1 : CLOSE 15
3080 PRINT "DATEI GESCHLOSSEN."
3090 INPUT "WEITER MIT RETURN"; E$ : GOTO 240
```

Ausführung zu Programm ART-DIREKTVERWALT1:

```
RUN /RET/                                          /RET/ für RETURN
VERWALTUNG EINER ARTIKELDATEI
UEBER DIREKTZUGRIFF IN BASIC 2.0.

DATEINAME, SATZLAENGE?  DIREKTDATEI, 36 /RET/

MENUE ARTIKELVERWALTUNG BASIC 2.0
0 = ENDE DES PROGRAMMS
1 = DATENSAETZE DIREKT SCHREIBEN
2 = DATENSAETZE DIREKT LESEN
3 = RELATIVE DATEI LEER ANLEGEN
? 3 /RET/

ANZAHL DER DATENSAETZE?  20 /RET/
DATEI DIREKTDATEI EROEFFNET.
LETZTER SATZ 20 LEER GESCHRIEBEN.
DATEI GESCHLOSSEN.
WEITER MIT RETURN /RET/

MENUE ARTIKELVERWALTUNG BASIC 2.0
0 = ENDE DES PROGRAMMS
1 = DATENSAETZE DIREKT SCHREIBEN
2 = DAENSAETZE DIREKT LESEN
3 = RELATIVE DATEI LEER ANLEGEN
? 1 /RET/

SAETZE SCHREIBEN (0=ENDE)
NUMMER, BEZ., BESTAND, PREIS:
? 1019,STUHL,21,79.50 /RET/
NUMMER, BEZ., BESTAND, PREIS:
? 1002,SESSEL,12,260.90 /RET/
NUMMER, BEZ., BESTAND, PREIS:
0,0,0,0 /RET/
DATEI GESCHLOSSEN.
WEITER MIT RETURN /RET/

MENUE ARTIKELVERWALTUNG BASIC 2.0
0 = ENDE DES PROGRAMMS
1 = DATENSAETZE DIREKT SCHREIBEN
2 = DAENSAETZE DIREKT LESEN
3 = RELATIVE DATEI LEER ANLEGEN
? 2 /RET/

ARTIKELNUMMER (0=ENDE)? 1004 /RET/
... NICHT GEFUNDEN.
ARTIKELNUMMER (0=ENDE)? 1019 /RET/
ARTIKELNUMMER: 1019
BEZEICHNUNG:   STUHL
BESTANDSMENGE: 21
STUCKPREIS:    79.50
ARTIKELNUMMER (0=ENDE)? 0 /RET/
DATEI UNVERAENERT GESCHLOSSEN.
WEITER MIT RETURN ...
```

3.8.4.2 Simulation der Anweisung DOPEN# mit BASIC 2.0

Der Commodore 64 übergibt der Disketteneinheit (z.B. Floppy CBM 1541) einen Befehlsstring für Aufgaben wie das Eröffnen einer Datei oder das Setzen des Satzzeigers.
Der String zum Erzeugen der Anweisung DOPEN# ist so aufgebaut:

```
3020 OPEN 1,8,2,"0:"+F$+",L,"+CHR$(SL)
```

- Dateinummer 1.
- Gerätenummer 8 (Floppy)
- Sekundäradresse 2.

Befehlsstring mit:

- Diskettenlaufwerk 0.
- Dateiname in F$.
- Parameter L für Länge.
- Datensatzlaenge in SL.

Die Satzlänge darf maximal 254 betragen. Wollen wir eine Datei n e u anlegen, muß der gesamte Befehlsstring gesendet werden.
Soll die Datei später (zum Lesen oder Schreiben) geöffnet werden, so ist lediglich der Filename in F$ im String anzugeben (vgl. OPEN in den Zeilen 1020 und 2000).

3.8.4.3 Simulation der Anweisung RECORD# mit BASIC 2.0

Der String zum Erzeugen der Anweisung RECORD# lautet:

```
700 LET HIGHB=INT(S/256) : LET LOWB=S-HIGHB*256
710 PRINT#15,"P"+CHR$(96+2)+CHR$(LOWB)+CHR$(HIGHB)+CHR$(1)
```

- Dateinummer 15 als Befehlskanal.

Befehlsstring mit:

- Parameter P (Pointer).
- 96 + Sekundäradresse 2.
- Satznummer S in Lowbyte und Highbyte zerlegt.

Das Positionieren des Satzzeigers wird über den Befehlskanal 15 gesendet. Die Sekundäradresse 2 entspricht der unter OPEN angegebenen Adresse.
Wichtig ist, daß die Satznummer (hier in S) als 2-Byte-Adresse in ein nieder- und ein höherwertiges Byte aufgeteilt wird (Abschnitt 3.5.5.1).

3.9 Grafikverarbeitung

3.9.1 Grafik im Überblick

Beim Commodore 64 sind drei Grafik-Formen möglich: Die normale Block- bzw. Liniengrafik, die hochauflösende Grafik (auch HIRES-Grafik oder High Resolution Graphics genannt) und die Sprite-Grafik.

1. Normale Grafik	25 Zeilen waagerecht mit je 40 Spalten senkrecht; 25*40=1000 Zeichen auf dem Bildschirm. Grafik-Zeichensatz (Tastensymbole auf der Vorderseite der Tastatur).
2. Hochauflösende Grafik	200 Zeilen mit je 320 Spalten ergeben eine maximale Auflösung von 64000 Bildpunkte (auch Pixels genannt). BASIC 2.0 hat kein speziellen Grafik-Anweisungen; deshalb ist Bitmapping erforderlich (Bildschirmspeicher mit entspr. Bitmuster belegen). SIMON's BASIC hingegen unterstützt die HIRES-Grafik mit speziellen Befehlen.
3. Grafik mit Sprites	Sprites sind grafische Darstellungen bzw. Figuren, die sich frei bewegen lassen und die maximal 21*24 Bildpunkte groß sein können. In BASIC 2.0 müssen Sprites als Bitmuster in den Speicherbereich gepoked werden. SIMON's BASIC hat eigene Befehle für Sprites.

Drei Grafik-Darstellungsformen auf dem Commodore 64

Die Bildschirmaufteilung unterstreicht, daß Computergrafik immer sehr viel Speicherplatz erfordert. So braucht man zum Ablegen eines Rasterbildes mit 64000 Bildpunkten in HIRES-Grafik 8K an Speicherplatz.
Wir gehen auf die zahlreichen Grafik - Programmpakete, die komfortabel Linien-, Säulen- und Kuchengrafik (Pie-Chart) darstellen (vgl. Abschnitt 1.3.8.3), in diesem Buch nicht ein.
Die folgenden elementaren Beispiele sollen einen ersten Eindruck vermitteln, Probleme durch eigene Programmentwicklungen grafisch zu veranschaulichen.

3.9.2 Normale Grafik

3.9.2.1 Balkendiagramm

Programm BALKENDIAGRAMM1 löst das Problem der grafischen Veranschaulichung von Meßwerten als Balkendiagramm bestimmt nicht sehr elegant und trickreich, hoffentlich jedoch klar und verständlich.

Die Eingabeschleife (200-250) stellt in MAX und MIN die extremen Meßwerte fest, damit sich die Grafikausgabe (280-310) dann über die Balkenausdehnung BA daran ausrichten kann.

Codierung zu Programm BALKENDIAGRAMM1:

```
100  REM  ======PROGRAMM BALKENDIAGRAMM1
110  PRINT "BALKENDIAGRAMM ERSTELLEN."
120 :
130  REM  ======VEREINBARUNGSTEIL
140  DIM M(20): REM  MAXIMAL 20 MESSWERTE
150  REM    ANZ:    INTEGER (ANZAHL DER MESSWERTE)
160  REM   MAX,MIN:  REAL (MAXIMUM,MINIMUM)
170  REM     B$:     STRING (BALKEN)
180  REM    BA:     REAL (BALKENAUSDEHNUNG)
190  REM    BL:     INTEGER (BALKENLAENGE/ZEILE)
200 :
210  REM  ======ANWEISUNGSTEIL
220  REM  ***ANFANGSWERTE*****************************
230  LET MAX =  - 9999999999: LET MIN = 9999999999
240  LET B$ = "HHHHHHHHHHHHHHHHHHHH"
250  REM  ***MESSWERTE EINGEBEN**********************
260  FOR I = 1 TO 20
270  PRINT I;". MESSWERT (0=ENDE): ";: INPUT M(I)
280  IF M(I) = 0 THEN ANZ = I:I = 20: GOTO 310
290  IF (M(I) < MIN) THEN MIN = M(I): GOTO 310
300  IF M(I) > MAX THEN MAX = M(I)
310  NEXT I: PRINT
320  LET BA = (MAX - MIN) / 19
330  REM  ***BALKENDIAGRAMM***************************
340  FOR I = 1 TO ANZ - 1
350  LET BL =  INT (((M(I) - MIN) / BA)) + 1
360  PRINT I; TAB( 4); LEFT$ (B$,BL)
370  NEXT I
380  PRINT "MAXIMUM: ";MAX;"  MINIMUM: ";MIN
390  PRINT "ENDE.": END
```

Zwei Ausführungen zu Programm BALKENDIAGRAMM1:

```
BALKENDIAGRAMM ERSTELLEN.
1. MESSWERT (0=ENDE): ?12000
2. MESSWERT (0=ENDE): ?14000
3. MESSWERT (0=ENDE): ?11500
4. MESSWERT (0=ENDE): ?10000
5. MESSWERT (0=ENDE): ?14000
6. MESSWERT (0=ENDE): ?13500
7. MESSWERT (0=ENDE): ?0

1   HHHHHHHHHH
2   HHHHHHHHHHHHHHHHHHHH
3   HHHHHHHH
4   H
5   HHHHHHHHHHHHHHHHHHHH
6   HHHHHHHHHHHHHHHHHH
MAXIMUM: 14000  MINIMUM: 10000
ENDE.
```

```
BALKENDIAGRAMM ERSTELLEN.
1. MESSWERT (0=ENDE): ?103
2. MESSWERT (0=ENDE): ?95
3. MESSWERT (0=ENDE): ?15
4. MESSWERT (0=ENDE): ?55
5. MESSWERT (0=ENDE): ?187
6. MESSWERT (0=ENDE): ?0

1   HHHHHHHHHH
2   HHHHHHHHH
3   H
4   HHHHH
5   HHHHHHHHHHHHHHHHHHHH
MAXIMUM: 187  MINIMUM: 15
ENDE.
```

3.9.2.2 Gerade Y= M*X + B zeichnen

Zur grafischen Darstellung von mathematischen Kurven werden die Achsen häufig vertauscht: die x-Achse nach unten und die y-Achse nach rechts. Die Funktion TAB() hat dabei die Aufgabe, die Werte der Geraden richtig zu positionieren.

Codierung zu Programm GERADE1:

```
100 REM ======PROGRAMM GERADE1
110 PRINT "GERADE Y = M*X + B ZEICHNEN."
120 INPUT "GERADENSTEIGUNG  M: ";M
130 INPUT "Y-ACHSENABSCHITT B: ";B
140 INPUT "VON .?. BIS .?. AUF X-ACHSE: ";X0,X1
150 PRINT "0123456789012345678901234567890123456789Y"
160 FOR X = X0 TO X1
170 LET Y = M * X + B
180 PRINT X; TAB( Y);"*"
190 NEXT X
200 PRINT "X": END
```

Ausführung zu Programm GERADE1:

```
GERADE Y = M*X + B ZEICHNEN.
GERADENSTEIGUNG  M: 2
Y-ACHSENABSCHITT B: 3
VON .?. BIS .?. AUF X-ACHSE: 0,13
0123456789012345678901234567890123456789Y
0  *
1    *
2      *
3        *
4          *
5            *
6              *
7                *
8                  *
9                    *
10                     *
11                       *
12                         *
13                           *
X
```

3.9.2.3 Linie und Bewegung

Das Programm LINIE1 zeigt, wie eine Linie vom Anfangspunkt SA (SA für S)palte A)nfang) zum Endpunkt SE waagerecht gezeichnet werden kann.
Die Anweisung PRINT CR$; steht in einer FOR-Schleife (220) und rückt den Cursor bei jedem Schleifendurchlauf um eine Position nach rechts bis SA.
Ist SA kleiner als SE, wird von links nach rechts gezeichnet: 260 PRINT Z$; rückt das in Z$ abgelegte Zeichen um eine Position weiter nach rechts (das ";" unterdrückt das normalerweise am Ende der PRINT-Anweisung gesendete RETURN).

Ist umgekehrt SA größer als SE, wird von rechts nach links gezeichnet: Mit 320 PRINT Z$;CL$;CL$; geben wir das Zeichen in Z$ aus, um dann mittels CL$ den Cursor um z w e i Positionen nach links zu setzen (mit Z$ hatten wir den Cursor ja einmal nach rechts gesetzt).
Die Warteschleife in Zeile 330 verlangsamt den Ablauf, damit das Zeichnen der Linie am Bildschirm überhaupt sichtbar wird.

Das Programm BEWEGUNG1 läuft im Prinzip wie das Programm GERADE1 ab, nur tritt an die Stelle des Befehls 'Linie zeichnen' jetzt der Befehl 'Punkt wandern lassen'.
Der Punkt besteht wiederum aus dem Zeichnen, das wir in Z$ ablegen.
Mit der Anweisung
260 PRINT SP$+Z$+CL$;
inmitten einer FOR-Schleife bewegen wir den Punkt Z$ von links nach rechts: Mit SP$ geben wir eine Leerstelle aus (Space), um nach dem Punkt Z$ dann mit CL$ den Cursor wieder um eins nach links zu setzen. Beim nächsten Schleifendurchlauf wird dadurch

Ausführung zu Programm LINIE1:

```
RUN
SPALTE ANFANG (0), ENDE (39)? 5,30
WELCHES ZEICHEN? -
                                  (Linie erscheint oben am
      -------------------------    Bildschirm nach Löschen
                                   des Textes)
```

Codierung zu Programm LINIE1:

```
100 REM ======PROGRAMM LINIE1
110 PRINT "EINE LINIE ZWISCHEN ZWEI PUNKTE ZEICHNEN."
120 :
130 REM ======VEREINBARUNGSTEIL
140 LET C$=CHR$(147) : REM HOME
150 LET CR$=CHR$(29) : REM CURSOR NACH RECHTS
160 LET CL$=CHR$(157): REM CURSOR NACH LINKS
180 :
190 REM ======ANWEISUNGSTEIL
200 INPUT "SPALTE ANFANG (0), ENDE (39)"; SA,SE
210 INPUT "WELCHES ZEICHEN"; Z$ : PRINT C$;
220 FOR I=0 TO SA-1 : PRINT CR$:: NEXT I
230 IF SA>SE THEN 310
240 REM ***LINIE VON LINKS NACH RECHTS************
250 FOR I=SA TO SE
260 PRINT Z$;
270 FOR ZEIT=1 TO 50: NEXT ZEIT
280 NEXT I
290 GOTO 350
300 REM ***LINIE VON RECHTS NACH LINKS************
310 FOR I=SA TO SE STEP -1
320 PRINT Z$;CL$;CL$;
330 FOR ZEIT=1 TO 50: NEXT ZEIT
340 NEXT I
350 PRINT : END
```

der Punkt mittels SP$ gelöscht usw. ... . Der Punkt Z$ wandert somit von links nach rechts.
Die Anweisung zum Rückwärtsbewegen
  320 PRINT SP$+CL$+CL$+Z$+CL$;
des Punktes Z$ ist etwas komplizierter: Zusätzlich setzen wir vor der Ausgabe des Punktes Z$ den Cursor mittels CL$+CL$ um zwei Stellen nach links. Damit erreichen wir einen umgekehrten Bewegungsablauf.

Codierung zu Programm BEWEGUNG1:

```
100 REM ======PROGRAMM BEWEGUNG1
110 PRINT "EIN ZEICHEN ZWISCHEN ZWEI PUNKTEN BEWEGEN."
120 :
130 REM ======VEREINBARUNGSTEIL
140 LET C$=CHR$(147)+CHR$(13): REM HOME
150 LET CR$=CHR$(29) : REM CURSOR NACH RECHTS
160 LET CL$=CHR$(157): REM CURSOR NACH LINKS
170 LET SP$=CHR$(32) : REM SPACE (LEERSTELLE)
180 :
190 REM ======ANWEISUNGSTEIL
200 INPUT "SPALTE ANFANG (0), ENDE (39)"; SA,SE
210 INPUT "WELCHES ZEICHEN"; Z$ : PRINT C$;
220 FOR I=1 TO SA : PRINT CR$;: NEXT I
230 IF SA>SE THEN 310
240 REM *** REM WANDERT NACH RECHTS ****************
250 FOR I=SA TO SE-1
260 PRINT SP$+Z$+CL$;
270 FOR ZEIT=1 TO 50: NEXT ZEIT
280 NEXT I
290 GOTO 350
300 REM ***DAS + WANDERT NACH LINKS ZURUECK
310 FOR I=SA TO SE STEP -1
320 PRINT SP$+CL$+CL$+Z$+CL$;
330 FOR ZEIT=1 TO 50: NEXT ZEIT
340 NEXT I
350 PRINT : END
```

3.9.2.4 Grafik-Zeichensatz

Das Programm BEFEHLSZEILE1 demonstriert den Grafik-Zeichensatz und die Aufteilung des Bildschirmes in eine Befehlszeile am oberen Rand auf der einen und den 'normalen' Bildschirmdialog auf der anderen Seite.
Wenden wir uns zunächst dem Zeichensatz zu.

Der Grafik-Zeichensatz des Commodore 64 erweitert den Zeichensatz der Commodore-Serien 2/3/4/8000 um die Darstellung in 16 Farben.
Durch gleichzeitiges Drücken der Tasten /SHIFT/+/C=/ (mit /C=/ ist die neben /SHIFT/ befindliche "Commodore-Taste" gemeint) können wir vom "Groß/Kleinschrift-Modus" in den "Großschrift-/Grafik-Modus" überwechseln.

Im "Großschrift/Grafik-Modus" erscheinen alle Buchstaben in Großschreibung und alle sonstigen Zeichen entsprechend der Beschriftung der Oberseite der Tasten.
Durch gleichzeitiges Drücken von /SHIFT/ und einer Buchstabentaste bringen wir die Grafik-Zeichen auf den Bildschirm, die rechts auf der Tastenvorderseite stehen. Sehr bekannt sind die vier Kartenfarben /SHIFT/+ + für Kreuz, /SHIFT/+X für Pik, /SHIFT/+S für Herz und /SHIFT/+Z für Karo.

```
  Bildschirm löschen:          100 PRINT "ℷ"
  4 Kartenfarben ausgeben:     111 PRINT "+♠♥♦"
```

Gleichzeitiges Drücken von /C=/ und einer Buchstabentaste ergibt die links auf der Tastenvorderseite stehende Grafikzeichen.
  Untere Tastenreihe links:

Alle Zeichen des Grafik-Zeichensatzes können wir innerhalb einer PRINT- oder INPUT-Anweisung eingeben.

Codierung zu Programm BEFEHLSZEILE1:

```
100 REM ======PROGRAMM BEFEHLSZEILE1
110 REM ======VEREINBARUNGSTEIL
160 REM T$ : TEXT FUER BEFEHLSZEILE
170 REM L$ : LEERSTRING FUER BEFEHLSZEILE
180 :
190 REM ======ANWEISUNGSTEIL
200 PRINT "ℷ▮▮▮▮▮▮▮▮▮▮"; : REM CURSOR 10 MAL NACH UNTEN
210 PRINT "SCHRITT 1: PROGRAMM BEGINNT."
220 PRINT "DEMONSTRATION: ERGAENZEND ZUM"
230 PRINT "BILDSCHIRMINHALT ERSCHEINT OBEN"
240 PRINT "EINE BEFEHLSZEILE."
250 PRINT "TEXT FUER BEFEHLSZEILE TIPPEN:": INPUT T$
260 PRINT: PRINT "SCHRITT 2: BEFEHLSZEILE OBEN ZEIGEN."
270 REM ***BEFEHLSZEILE ANFANG*********************
280 LET SPALTE=PEEK(211): LET ZEILE=PEEK(214)
290 POKE 211,0: POKE 214,0: REM CURSOR NACH SPALTE 0, ZEILE 0
300 SYS 58640
310 GOSUB 1000
320 POKE 211,SPALTE: POKE 214,ZEILE : REM CURSOR ZURUECK
330 SYS 58640
340 REM ***BEFEHLSZEILE ENDE***********************
350 PRINT: PRINT "SCHRITT 3: PROGRAMM FAEHRT FORT."
360 END
370 :
380 :
390 REM ***UNTERPROGRAMM BEFEHLSZEILE DRUCKE*******
1000 PRINT "┌──────────────────────────────────────┐";
1010 PRINT "│                                      │";
1020 PRINT "└──────────────────────────────────────┘";
1030 LET L$="                                      "
1050 PRINT "▮▮▮";L$ : REM RAHMENINHALT LOESCHEN
1060 PRINT "▮▮▮";T$ : REM BEFEHLSZEILE IN RAHMEN SCHREIBEN
1070 FOR I=1 TO 1000: NEXT I
1080 RETURN
```

Im Programm BEFEHLSZEILE1 verwenden wir folgende Grafikzeichen zum Zeichnen eines Rahmens:

```
/C=/ + A        obere links Ecke des Rahmens
/C=/ + S        obere rechte Ecke des Rahmens  (+ bedeutet
/C=/ + Z        untere linke Ecke des Rahmens  gleichzeiti-
/C=/ + X        untere rechte Ecke des Rahmens ges Drücken
/SHIFT/ + *     waagerechtes Linienstück       der Tasten)
/SHIFT/ + -     senkrechtes Linienstück
```

Wie die Grafik-Zeichen geben wir auch die Zeichen zur Cursorsteuerung dabei innerhalb der PRINT-Anweisung als String ein.

3.9.2.5 Aufteilung des Bildschirmes in zwei Teile

Das Programm BEFEHLSZEILE1 läuft in drei Schritten wie folgt ab:

In Schritt 1 erscheint - beginnend mit Zeile 10 - dieser Text am Bildschirm:

```
SCHRITT 1: PROGRAMM BEGINNT.          (Programmausgabe)
DEMONSTRATION: ERGAENZEND ZUM                 "
BILDSCHIRMINHALT ERSCHEINT OBEN               "
EINE BEFEHLSZEILE.                            "
TEXT FUER BEFEHLSZEILE TIPPEN:                "
 1=HYPOTHEK  2=DARLEHEN  3=ENDE       (dies tippen wir ein)
```

Dann gibt das Programm in der nächst tieferen Zeile den Text

```
SCHRITT 2: BEFEHLSZEILE OBEN ZEIGEN.
```

aus, um anschließend am oberen (derzeit noch leeren) Bildschirmrand einen Rahmen zu zeichnen und in diesen Rahmen die zuvor festgelegte Befehlszeile zu schreiben. O b e n am Bildschirm erscheint also:

```
┌──────────────────────────────────┐
│ 1=HYPOTHEK  2=DARLEHEN  3=ENDE   │
└──────────────────────────────────┘
```

Der Rahmen wird mit dem Grafik-Zeichensatz ausgegeben.

Abschließend steht nach dem Durchlaufen einer Warteschleife in Zeile 1070 unten am Bildschirm die Ausgabe:

```
SCHRITT 3: PROGRAMM FAEHRT FORT.
```

In die Befehlszeile oben wechseln:

In den Speicherstellen 211 und 214 des Commodore 64 steht die Spalte und die Zeile, in der sich der Cursor gerade befindet. In Zeile 280 von Programm BEFEHLSZEILE1 retten wir die augenblickliche Cursorposition in den Variablen SPALTE und ZEILE. Dann bringen wir in die Adressen 211 und 214 jeweils die Cursorposition 0 (290 POKE 211,0: POKE 214,0), da die Befehlszeile oben am Bildschirm erscheinen soll. Mit 300 SYS 58640 rufen wir eine in Adresse 58640 beginnende Routine auf, über die das Betriebssystem die neue Cursorposition verankert. Das mit Zeile 1000 beginnende Unterprogramm kann nun die Befehlszeile zeichnen.

Befehlszeile zeichnen:

Die Zeilen 1000-1020 enthalten die Grafikzeichen für den Rahmen. Die ersten drei Zeichen der Strings in Zeilen 1050-1060 dienen der Cursorsteuerung: CHR$(19) für 'Home', CHR$(17) für 'Cursor nach unten' und CHR$(29) für 'Cursor nach rechts'.

Fortführung des Programms unten am Bildschirm:
Nach der Rückkehr aus dem Unterprogramm (Zeile 320) POKEn wir die alte in den Variablen SPALTE und ZEILE festgehaltene Position des Cursors wieder in die Adressen 211 und 214, um nach dem Maschinenprogrammaufruf 330 SYS 58640 mit dem Programm unten am Bildschirm weiterzumachen.

Durch diese Technik können wir den Bildschirm in einen unveränderten Teil (Befehlszeile oben bleibt stehen, gibt z.B. die zur Verfügung stehenden Kommandos an) und in einen durchlaufenden Teil (Dialog zwischen Benutzer und Computer) aufteilen. Auch das Aufteilen des Bildschirmes in mehrere Fenster als sogenannte W i n d o w s vollzieht sich im Grunde nach demselben Muster.

3.9.2.6 Zeichen für Grafik und Cursorsteuerung im Listing

Im Programm BEFEHLSZEILE1 haben wir die Grafikzeichen wie auch die Cursorbewegungen in PRINT-Anweisungen zwischen Gänsefüßchen gesetzt. Der Vorteil dieser als "Gänsefüßchen-Modus" bezeichneten Möglichkeit liegt in der einfachen Programmierbarkeit.
Das hier wiedergegebene Beispiel 'Herz in Zeile 1/Spalte 1 am Bildschirm zeigen' verdeutlicht diese Vereinfachung: e i n e PRINT-Anweisung in Zeile 100 genügt.
Dem steht der Nachteil der schlechten Lesbarkeit des Listings gegenüber. Auf Typenraddruckern können diese Zeichen zudem überhaupt nicht dargestellt werden. Man benötigt dazu Matrixdrucker.

Zeichendarstellung am Beispiel
'Herz in Zeile 1/Spalte 1 am Bildschirm zeigen'

Gänsefüßchen-Modus:	CHR$()-Modus:
In PRINT-Anweisungen zwischen " " gesetzt.	In PRINT-Anweisungen über CHR$() erreicht.
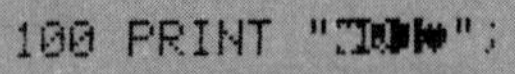	100 LET C$=CHR$(147) 110 LET CU$=CHR$(17) 120 LET CR$=CHR$(29) 130 LET HERZ$=CHR$(115) 140 PRINT C$;CU$;CR$;HERZ$;
/SHIFT/+/CLR-HOME/ getippt, dann /CRSR↓/, /CRSR→/ und /SHIFT/+S .	

Darstellung von Zeichen für Grafik und Cursorsteuerung

Beim 'CHR$()-Modus' als alternativer Möglichkeit geben wir die entsprechenden Zeichen über die CHR$()-Funktion an. Wie unser

Beispiel 'Herz links oben ausgeben' zeigt, ist die Programmierung umständlicher, aber besser lesbar. Das 'Herz' als Grafik-Zeichen können wir dabei z.B. wie folgt ausgeben:

```
(1) 140 PRINT CHR$(115);                CHR$() jeweils direkt.

(2) 130 LET HERZ$=CHR$(115)             Stringvariable.
    140 PRINT HERZ$;

(3) 130 LET HERZ=115                    Numerische Variable.
    140 PRINT CHR$(HERZ);
```

Soll das 'Herz' wiederholt ausgegeben werden, so bieten sich Vorgehensweisen (2) oder (3) an.

Neben diesen beiden Möglichkeiten des 'Gänsefüßchen-Modus' und 'CHR$()-Modus' gibt es eine dritte Möglichkeit über spezielle Routinen, die zumeist die Zeichen zur Cursorsteuerung in Kürzel umwandeln, so z.B. in 100 PRINT "'CLEAR''UNTEN''RECHTS'".

3.9.3 Hochauflösende Grafik mit SIMON's BASIC

Das standardmäßig im ROM des Commodore 64 bereitgestellte BASIC 2.0 enthält keine Anweisungen, die die hochauflösende Grafik unterstützen. Das bedeutet, daß wir die 200*320=64000 Bildpunkte des Grafikspeichers über PEEKs und POKEs belegen müssen. Die Grafikprogrammierung wird kompliziert, da wir dabei Bit für Bit vorgehen müssen und ein Bitmapping notwendig ist (Map für Karte; Grafikspeicher als Grafikkarte vorstellbar).
SIMON's BASIC hingegen verfügt über zahlreiche Grafikbefehle, die das Programmieren in HIRES-Grafik wesentlich vereinfachen. Aus diesem Grunde verwenden wir in den folgenden Beispielen die Anweisungen von SIMON's BASIC.

3.9.3.1 Zwei Punkte durch Linie verbinden

Mit Programm HIRESLINIE-SIMON können wir zwei Punkte mit einer Linie verbinden. Drei Unterschiede zum Programm LINIE1 von Abschnitt 3.9.2.3 sind wichtig:
- HIRES-Grafik; Punkte der Geraden liegen enger beieinander.
- Gerade muß nicht waagerecht sein.
- Grafik-Anweisungen HIRES und LINE von SIMON's BASIC.

Mit der Anweisung
  240 HIRES 1,0
legen wir für die zu zeichnenden Punkte eine weiße Farbe (1) und für den Hintergrund eine schwarze Farbe (=0) fest.
HIRES 0,1 würde umgekehrt schwarze Punkte auf weißen Hintergrund ausgeben.
HIRES schaltet dabei den Bildschirm auf hochauflösende Grafik mit 200*320=64000 Bildpunkten um.

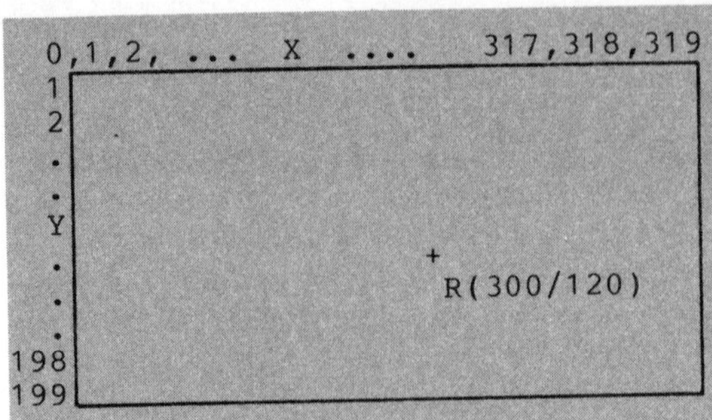

-200 Zeilen waagerecht mit Y-Koordinate, von 0 bis 199 gezählt.
-320 Spalten senkrecht mit X-Koordinate, von 0 bis 319 gezählt.
-64000 Bildpunkte.
-Punkt P(0/0) links oben.
-Punkt Q(0/199) links unten.

Bildschirmaufbau für hochauflösende Grafik

Zum Zeichnen einer Verbindungslinie zwischen dem Anfangspunkt P1(X1/X2) und dem Endpunkt (X2/Y2) verwenden wir die Grafik-Anweisung
250 LINE X1,Y1,X2,Y2,1 ,
wobei der letzte Parameter "1" den Zeichentyp angibt:
- Zeichentyp 0: Punkt löschen

Ausführung zu Programm HIRESLINIE-SIMON:

```
RUN
ANFANGSPUNKT X1,Y1? 50,180
ENDPUNKT     X2,Y2? 319,0
/TASTE/ FUER ZEICHENBEGINN
```

(Bei Drücken einer Taste verschwindet der Textdialog und am Bildschirm erscheint die nebenstehende Linie von P1(50/180) bis P2(Eckpunkt rechts oben).

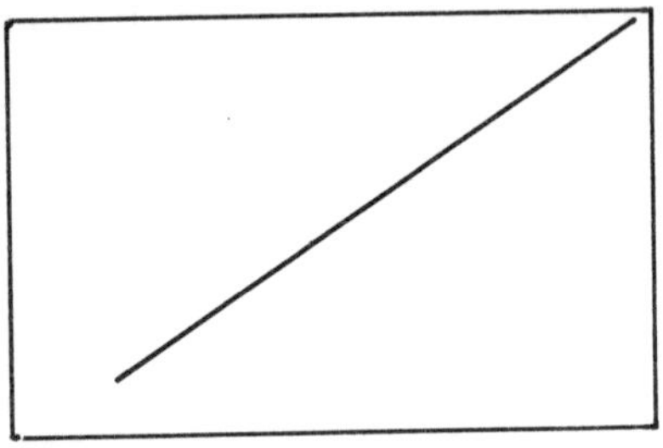

Codierung zu Programm HIRESLINIE-SIMON:

```
100 REM ======PROGRAMM HIRESLINIE-SIMON
110 PRINT "DEMONSTRATION: LINIE ZEICHNEN"
120 REM (SIMON'S BASIC, HIRES-GRAFIK)
130 :
140 REM ======VEREINBARUNGSTEIL
150 REM X1,Y1: KOORDINATEN DES ANFANGSPUNKTES
160 REM X2,Y2: KOORDINATEN DES ENDPUNKTES
170 :
180 REM ======ANWEISUNGSTEIL
190 PRINT "(WAAGERECHT 0<X<319, SENKRECHT 0<Y<199)"
200 INPUT "ANFANGSPUNKT X1,Y1"; X1,Y1
210 INPUT "ENDPUNKT     X2,Y2"; X2,Y2
220 PRINT "/TASTE/ FUER ZEICHENBEGINN"
230 GET E$: IF E$="" THEN 230
240 HIRES1,0 : REM PUNKT WEISS (1) HINTERGRUND DUNKEL (0)
250 LINE X1,Y1,X2,Y2,1 : REM LINIE ZEICHNEN
260 GOTO 260 : REM GRAFIK BLEIBT BIS /RUN-STOP/
270 END
```

- Zeichentyp 1: Punkt zeichnen
- Zeichentyp 2: Punkt umkehren (gelöschten Punkt zeichnen bzw. existierenden Punkt löschen)

Die Endlosschleife 260 GOTO 260 dient dazu, daß die gezeichnete Linie solange am Bildschirm erhalten bleibt, bis z.B. die Taste /RUN-STOP/ gedrückt wird. Wir können die Grafik so z.B. ausdrucken.

3.9.3.2 Kurve plotten

Das Programm HIRESKURVE-SIMON zeichnet bzw. plottet eine Kurve mit der Grafik-Anweisung PLOT in einem Koordinatenkreuz.

Ausführung zu Programm HIRESKURVE-SIMON:

```
RUN
PARAMETER A,B,C? 0.5,-1,-50
```

(Dieser Text verschwindet. Links erscheint die X-Achse, dann von oben nach unten der linke Parabel-Ast, dann die Y-Achse, dann wird mit der X-Achse und dem rechten Ast fortgefahren. Das Koordinatenkreuz steht auf Bildschirmmitte, die Parabel ist nach rechts unten verschoben).

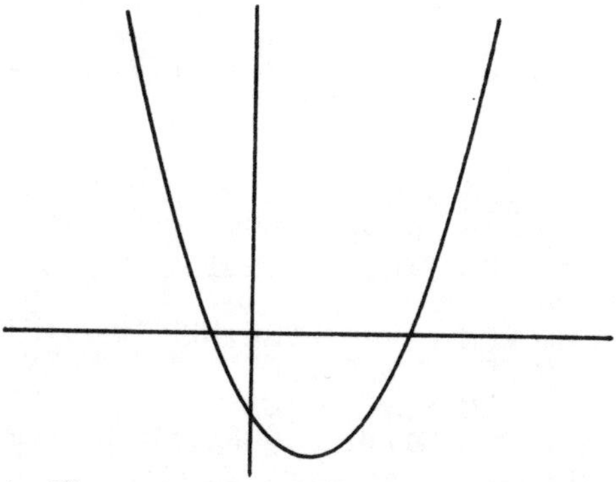

Die X-Achse zeichnen wir Schritt für Schritt zusammen mit der Kurve durch die Anweisung

```
370 PLOT X1,100,1
```

PLOT zeichnet einen Punkt.
- X1 als X-Koordinate.
- 100 als Y-Koordinate (Zeile auf Bildschirmmitte).
- 1 als Zeichentyp (zeichnen).

Mit 100 wählen wir für die X-Achse die mittlere Position zwischen oben (Zeile 0) und unten (Zeile 199).

Die Y-Achse ziehen wir mittels

```
350 LINE 160,199,160,0,1
```

, sobald wir beim Plotten der Kurve die mittlere Spaltenposition erreicht haben (Position X=0 bzw. X1=160 ; deshalb die Abfrage 340 IF X<>0 THEN 360). Die LINE-Anweisung haben wir bereits in Abschnitt 3.9.3.1 kennengelernt.
Häufig zeichnet man zuerst das Koordinatenkreuz und erst anschließend die Kurve.

Das eigentliche Zeichnen der Kurvenpunkte geschieht durch die Anweisung

```
360 PLOT X1,Y1,1
```

mit (X1/Y1) als Koordinaten und "1" als Zeichentyp 'zeichnen'.

Da der Nullpunkt der HIRES-Grafik links oben im Bildpunkt N(X=0/Y=0) liegt, unser Nullpunkt des Koordinatenkreuzes hingegen im Punkt N1(X=160/Y=100), müssen wir die Koordinaten verschieben:

```
310 LET X1=X+160 : LET Y1=100-Y
```

Die Abfragen in den Zeilen 320 sowie 330 verhindern, daß das Programm die Ausführung mit einer Fehlermeldung abbricht, wenn Y-Werte auftreten, die über 199 oder unter 0 liegen, die also außerhalb des Grafik-Speichers gezeichnet würden.

Mit dem Programm können wir beliebige Parabeln der Form

```
Y = A*X*X + B*X + C
```

zeichnen - je nach der Eingabe von A, B und C. Am schnellsten wird man mit dem Programm vertraut, wenn man einige Kurvendiagramme erprobt und das Programm modifiziert. Ersetzen wir die Schrittweite STEP 1 in Zeile 290 z.B. durch STEP 0.5 , so werden die Bildpunkte enger beieinander liegen.

Codierung zu Programm HIRESKURVE-SIMON:

```
100 REM ======PROGRAMM HIRESKURVE-SIMON
110 REM PARABEL DER FORM Y=A*X↑2+B*X+C ZEICHNEN.
120 REM SIMON'S BASIC, HOCHAUFLOESENDE GRAFIK.
130 :
140 REM ======VEREINBARUNGSTEIL
150 REM A,B,C: PARAMETER FUER KURVE
160 REM X,Y:   KOORDINATEN FUER KURVE
170 REM X1,Y1: KOORDINATEN VERSCHOBEN FUER GRAFIKAUSGABE
180 :
190 :
200 REM ======ANWEISUNGSTEIL
210 REM PARAMETER FUER KURVE Y = A*X*X + B*X + C FESTLEGEN
220 INPUT "PARAMETER A,B,C";A,B,C
230 :
240 REM PUNKTE=WEISS (1), HINTERGRUND=SCHWARZ (0)
250 HIRES 1,0
260 :
270 :
280 REM SCHLEIFE: ZEICHNEN VON LINKS(X=-160) NACH RECHTS(X=159)
290 FOR X=-160 TO 159 STEP 1
300 LET Y = + A*X*X + B*X + C    : REM Y-KOORDINATE
310 LET X1=X+160 : LET Y1=100-Y : REM NULLPUNKT VERSCHIEBEN
320 : IF X1<0 OR X1>319 THEN 370
330 : IF Y1<0 OR Y1>199 THEN 370
340 :     IF X<>0 THEN 360
350 :     LINE160,199,160,0,1   : REM Y-ACHSE
360 PLOTX1,Y1,1  : REM PUNKT FUER KURVE
370 PLOTX1,100,1 : REM PUNKT FUER X-ACHSE
380 NEXT X
390 :
400 :
410 REM WARTESCHLEIFE: GRAFIK VERSCHWINDET BEI /RUN-STOP/
420 GOTO 420
```

3.9.4 Sprite-Grafik mit SIMON's BASIC

Ein Sprite ist ein programmierbares Objekt in hochauflösender Grafik, das maximal 24 Punkte breit (X-Richtung waagerecht) und 21 Punkte hoch (Y-Richtung senkrecht) sein kann und als eine Einheit am Bildschirm bewegt wird.
Jedes Sprite belegt damit 63 Bytes an Speicherplatz: 3 Bytes für die jeweils 24 (=3*8) Bildpunkte einer waagerechten Zeile sowie 21 Bytes für die 21 untereinanderstehenden Zeilen.

Verwendet man BASIC 2.0, muß jeder Punkt bzw. sein Bitmuster in den RAM gePOKEd werden. Die Sprite-Programmierung wird damit sehr aufwendig.
SIMON's BASIC stellt spezielle Anweisungen bereit, wodurch das Konstruieren von Sprites wesentlich vereinfacht wird. Aus diesem Grunde verwenden wir das SIMON's BASIC.
An einem einfachen Beispiel wollen wir erklären, wie man ein Sprite konstruiert und dann während der Programmausführung auf dem Bildschirm hin und her bewegt.

3.9.4.1 Ausführung eines Programms mit einem Sprite

Lassen wir das Programm DEMO-SPRITE1 mit RUN laufen, erscheint zunächst folgender Text am Bildschirm:

```
RUN /RET/
TASTATURGESTEUERTES BEWEGEN EINES SPRITE.

ALS TASTEN ZUR STEUERUNG VEREINBART:
TASTE A: SPRITE NACH LINKS
TASTE S: SPRITE NACH RECHTS
TASTE W: SPRITE NACH OBEN
TASTE Z: SPRITE NACH UNTEN
ENDE DURCH /RUN-STOP/ UND /RESTORE/
WEITER MIT RETURN.
```

Die links auf der Tastatur angeordneten Tasten A, S, W sowie Z dienen der Steuerung des Sprite (drücken wir die Taste A, bewegt sich das Sprite also nach links).
Das Progamm weist eine Endlosschleife auf; die Programmausführung beenden wir durch gleichzeitiges Drücken der beiden angegebenen Tasten.

Tippen wir RETURN, so wird der Bildschirm gelöscht und oben in der Mitte des Bildschirmes erscheint ein Sprite, das - je nach Phantasie - wie das Gesicht eines Affen, Bit-Beißers oder einnes Geistes aussieht. Sobald das Sprite ganz aufgetaucht ist, bleibt es stehen.
Nach kurzer Zeit wandert es nach unten, um bei Erreichen des unteren Bildschirmrandes mit der Mitteilung

```
ENDE, DA BILDSCHIRMRAND BERUEHRT.
```

zu verschwinden.
Kurze Zeit später erscheint das Sprite von neuem oben am Bildschirm und derselbe Vorgang beginnt von neuem.

Diesen sich endlos wiederholenden Vorgang können wir unterbrechen, in dem wir Steuertasten drücken.
Durch Drücken der Steuertasten A, S, W bzw. Z bewegen wir das Sprite nach links, rechts, oben bzw. (beschleunigt) auch nach unten. Halten wir eine Taste gedrückt, dann wandert das Sprite solange in die befohlene Richtung, bis es den Bildschirmrand berührt.
Dieses Steuerungsprinzip ist typisch für alle Programme, bei denen der Benutzer die Möglichkeit hat, Objekte am Bildschirm hin und her zu bewegen.
Betätigen wir irgendeine andere Taste, bleibt das Sprite stehen, bis wir die Taste wieder loslassen.
Durch /RUN-STOP/ brechen wir die Programmausführung ab.
Ein Hinweis: Falls überhaupt kein Sprite am Bildschirm sichtbar wird, müssen wir die Hintergrund- und Zeichenfarbe ändern (z.B.: POKE 53281,1 setzt Hintergrund hell).

3.9.4.2 Sprite speichern und auf den Bildschirm bringen

Wenden wir uns nun der Codierung von Programm DEMO-SPRITE1 zu, die in fünf Punkte gegliedert ist.

"1. Definition des Sprite (MOB)":
Zunächst wird mit der DESIGN-Anweisung ein Speicherbereich für das Sprite reserviert.

```
210 DESIGN 0,13*64
           |  |
           |__|___Sprite in HIRES-Grafik (1 für Mehrfarben).
              |___Anfangsadresse 13*64=832 für die Abspei-
                  cherung des Sprite.
```

Jedes Sprite benötigt 64 Bytes Speicherplatz: 63 Bytes für die insgesamt 24*21 Bildpunkte zuzüglich 1 Byte, das aus Gründen der Speicherorganisation hinzugefügt werden muß. Das 1. Sprite kann im 13. Block abgelegt werden (ab Adresse 832) und das 2. Sprite in Block 14 (ab Adresse 14*64=896) usw.
Bis zu acht Sprites lassen sich gleichzeitig auf dem Monitor bewegen. Im RAM dagegen können wir soviele Sprites speichern, wie Platz vorhanden ist.
Das Mehrfarbensprite (erster Parameter gleich 1) ist nur halb so groß (12*21-Matrix) wie das Sprite in hochauflösender Grafik (24*21-Matrix)

Nach dem Bereitstellen von Speicherplatz können wir mithilfe des Klammeraffen das Sprite konstruieren.
In jeder der 21 Programmzeilen 220-420 stehen hinter dem Klammeraffen 24 Zeichen. Hier ein Beispiel für eine Sprite-Zeile:

```
600 @..BB..CBSDD......BBDD..B
     |  |  |  |
     |__|__|__|_____________Punkt für Hintergrundfarbe.
        |__|__|_____________B für Farbe in CMOB genannt.
           |__|_____________C für Farbe in MOB SET.
              |_____________D für 2. Farbe in CMOB.
```

Die Zeilen mit dem Klammeraffen müssen stets nach der DESIGN-Anweisung stehen.

Wir kommen nun zum nächsten Gliederungspunkt der Codierung, zu "2. Sprite-Aufbau festlegen":
Diesen Aufbau geben wir mit der Anweisung MOB SET an. Mit dem Kürzel MOB (Movable Object Block für beweglicher Objekt-Block) wird in SIMON's BASIC das Sprite bezeichnet.

```
460 MOB SET 0,13,0,0,0
```

- Sprite-Nummer 0, unter der das Sprite aufgerufen wird (möglich: 0,1,...,7).
- Sprite in Block 13 (ab 13*64=832 gespeichert.
- Farbe 0=schwarz (möglich: 0,1,..,15).
- Sprite erscheint vor (0) den normalen Zeichen, nicht aber dahinter (1).
- Sprite in hochauflösender Grafik (0), kein Mehrfarben-Sprite (1)

Nach Ausführung dieser MOB SET-Anweisung ist dem Sprite eine Nummer zugeordnet (Nummer 0), unter der es später aufgerufen werden kann. Nun müssen wir es vom Speicherblock 13 auf den Bildschirm bringen.
Dies geschieht durch die MMOB-Anweisung, die im Gliederungspunkt "3. Sprite erscheint" so codiert ist:

```
490 MMOB 0,160,0,160,50,0,255
```

- Sprite mit Nummer 0 wird dargestellt.
- X1=160 Y1=0 Startkoordinaten: Sprite bewegt sich von diesem Punkt.
- X2=160 Y2=50 Zielkoordinaten: Sprite bewegt sich zu diesem Punkt.

0 für normale Größe des Sprite.
255 für langsamste Geschwindigkeit (1 für schnellste Geschwindigkeit).

Der Nullpunkt (0,0) ist links oben am Bildschirm. Das Sprite bewegt sich somit von der ungefähren oberen Bildschirmmitte (160,0) senkrecht um 50 Einheiten nach unten nach (160,50). In diesem Punkt bleibt das Sprite für einige Zeit stehen (Warteschleife in Zeile 500).
Der vorletzte Parameterwert legt die Größe des Sprite fest:

0 - normale Größe (hier gewählt) 24*21
1 = Verdopplung der X-Ausdehnung 48*21 (breiter).
2 = Verdopplung der Y-Ausdehnung 24*42 (schmaler).
3 = Verdopplung von X wie Y 48*42 (extrem)

Eine etwaige Verdopplung des Sprite muß bei den Punktkoordinaten natürlich berücksichtigt werden.

3.9.4.3 Tastaturgesteuertes Bewegen eines Sprite

Im Mittelpunkt des Gliederungspunktes "4. Sprite-Bewegung über Tastatur" steht die RLOCMOB-Anweisung:

```
650 RLOCMOB 0,X,Y,0,1
            |  | | | |
            |  | | | +-1 als schnellste Geschwindigkeit.
            |  | | +---0 als normale Größe des Sprite.
            |  +-+-----Vom derzeitigen Punkt bewegt sich das
            |          Sprite zum Punkt (X,Y) als Zielpunkt.
            +----------Sprite mit Nummer 0 wird bewegt.
```

Während die Anweisung MMOB das Sprite erstmalig auf den Bildschirm bringt, bewegt es die Anweisung RLOCMOB zu den durch X und Y angegebenen Koordinaten.
Die Werte von X und Y ändern wir in Abhängigkeit der jeweils gedrückten Steuertasten

Steuertaste:	PEEK(203):	Bewegung des Sprite:
Taste W	9	um 3 nach oben: Y=Y-3
Taste A	10	um 3 nach links: X=X-3
Taste S	13	um 3 nach rechts: X=X+3
Taste Z	12	um 3 nach unten: Y=Y+3

ab.
Dazu fragen wir mit der Anweisung

```
540 LET TA = PEEK(203)
```

die gerade gedrückte Taste ab und weisen ihren Tastenwert der Variablen TA zu.
Ist TA=64, d.h. wurde überhaupt keine Taste gedrückt, erhöhen wir Y um 3. Damit wird erreicht, daß das Sprite einen 'Drang nach unten' bzw. eine 'gewisse Schwere' erhält.
In einer Schleife (Zeilen 540 bis 700) fragen wir wiederholt über PEEK(203) die Tastatureingabe des Benutzers ab, um entweder das Sprite entsprechend zu bewegen (RLOCMOB-Anweisung in Zeile 650), oder um im Falle des Anstoßens am Bildschirmrand die Bewegung zu beenden (IF-Anweisungen in Zeilen 680-690).

Durch das Testprogramm

```
1 LET TA=PEEK(203)
2 PRINT TA
3 GOTO 10
```

können wir sehr schnell prüfen, welche Tastenwerte der Commodore 64 in Adresse 203 ablegt.

Stößt das Sprite am Bildschirmrand an, lassen wir es durch die Anweisung MOB OFF 0 verschwinden (0 als Spritenummer).

Codierung zu Programm DEMO-SPRITE1:

```
100 REM ======PROGRAMM DEMO-SPRITE1
110 PRINT "□TASTATURGESTEUERTES BEWEGEN EINES SPRITE": PRINT
120 :
130 PRINT "ALS TASTEN ZUR STEUERUNG VEREINBART:"
140 PRINT "TASTE A: SPRITE NACH LINKS": PRINT "TASTE S: SPRITE NACH RECHTS"
150 PRINT "TASTE W: SPRITE NACH OBEN": PRINT "TASTE Z: SPRITE NACH UNTEN"
160 PRINT "ENDE DURCH /RUN-STOP/ UND /RESTORE/"
170 PRINT "WEITER MIT RETURN."
180 GET E$: IF E$="" THEN 180
190 :
200 REM ***1. DEFINITION DES SPRITE (MOB)**********
210 DESIGN 0,13*64
220 @BBBBBBBBBBBBBBBBBBBBBBBB
230 @BBBBBBBBBBBBBBBBBBBBBBBB
240 @BBBBBBBBBBBBBBBBBBBBBBBB
250 @BBBBB    BBBBBB    BBBBB
260 @BBBBB    BBBBBB    BBBBB
270 @BBBBB    BBBBBB    BBBBB
280 @BBBBB    BBBBBB    BBBBB
290 @BBBBBBBBBBBBBBBBBBBBBBBB
300 @BBBBBBBBBBBBBBBBBBBBBBBB
310 @BBBBBBBBBBB  BBBBBBBBBBB
320 @BBBBBBBBBBB  BBBBBBBBBBB
330 @BBBBBBBBBBB  BBBBBBBBBBB
340 @BBBBBBBBBBB  BBBBBBBBBBB
350 @BBBBBBBBBB    BBBBBBBBBB
360 @BBBBBBBBBB    BBBBBBBBBB
370 @BBBBBBBBBBBBBBBBBBBBBBBB
380 @BBBBBBBBBBBBBBBBBBBBBBBB
390 @BBB                  BBB
400 @BBB                  BBB
410 @BBBBBBBBBBBBBBBBBBBBBBBB
420 @BBBBBBBBBBBBBBBBBBBBBBBB
430 :
440 REM ***2. SPRITE-AUFBAU FESTLEGEN*************
450 PRINT "□"
460 MOB SET 0,13,0,0,0
470 :
480 REM ***3. SPRITE ERSCHEINT********************
490 MMOB 0,160,0,160,50,0,255
500 FOR ZEIT=1 TO 1000: NEXT ZEIT
510 LET X=160 : LET Y=50
520 :
530 REM ***4. SPRITE-BEWEGUNG UEBER TASTATUR*******
540 LET TA=PEEK(203)
550 REM ***KEINE TASTE: FALLEN******
560 IF TA=64 THEN LET Y=Y+3
570 REM ***TASTE W: HOCH************
580 IF TA=9 THEN LET Y=Y-3
590 REM ***TASTE A: LINKS***********
600 IF TA=10 THEN LET X=X-3
610 REM ***TASTE S: RECHTS**********
620 IF TA=13 THEN LET X=X+3
630 REM ***TASTE Z: UNTEN***********
640 IF TA=12 THEN LET Y=Y+3
650 RLOCMOB 0,X,Y,0,1
660 :
```

```
670 REM ***ENDE AM BILDSCHIRMRAND***
680 IF Y<50 OR Y>230 THEN 740
690 IF X<27 OR X>316 THEN 740
700 GOTO 540
710 :
720 :
730 REM ***5. BILDSCHIRMRAND BEENDET ABLAUF********
740 MOB OFF 0
750 PRINT "♥ENDE, DA BILDSCHIRMRAND BERUEHRT."
760 FOR ZEIT=1 TO 1000: NEXT ZEIT
770 GOTO 450
```

3.10 Programmstrukturen mit SIMON's BASIC

Auf die grundlegenden Programmstrukturen (Folge, Auswahl, Wiederholung und Unterprogramm) sind wir mehrfach eingegangen: in Abschnitt 1.3.3 allgemein und in Abschnitt 3.1 an Programmbeispielen mit BASIC 2.0 .
SIMON's BASIC stellt uns Anweisungen zur Verfügung, welche das Programmieren insofern vereinfachen, als eine Anweisung genau jeweils einer bestimmten Programmstruktur entspricht. Das oft recht umständliche Arbeiten mit GOTO- und IF-Anweisungen wird durch klare und übersichtliche Kontrollanweisungen ersetzt. SIMON's BASIC erreicht damit eine gewisse Ähnlichkeit mit den höher strukturierenden Programmiersprachen wie MODULA-2 oder PASCAL.

3.10.1 Auswahlstruktur mittels IF-THEN-ELSE

Das Programm SKONTOZWEI-SIMON stimmt in der Ausführung (RUN) genau mit dem Programm SKONTOZWEISEITIG von Abschnitt 3.1.2.1 überein.
Die BASIC-Codierung hingegen ist anders: muß in BASIC 2.0 mit GOTO- und IF-Anweisungen programmiert werden, so steht uns in SIMON's BASIC die IF-THEN-ELSE-Anweisung zur Verfügung. Anders als z.B. bei PASCAL muß das Befehlswort ELSE stets zwischen Doppelpunkten ":" stehen.
E i n e IF-THEN-ELSE-Anweisung entspricht genau e i n e r zweiseitigen Auswahlstruktur. Das Struktogramm veranschaulicht dies.

Struktogramm zu Programm SKONTOZWEI-SIMON:

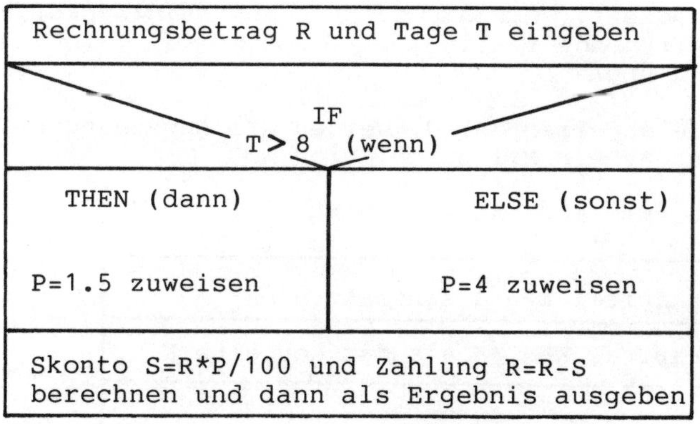

Beispiele für IF-THEN-ELSE-Anweisungen:
- IF ... THEN PRINT "GROSS" : ELSE : GOTO 400
- IF ... THEN GOSUB 200 : ELSE : END
- IF ... THEN PRINT LET MARKE=1 : ELSE : EXEC UNTERPROG4
- IF ... THEN LET A=9 : ELSE : CALL ERKLAERUNG

Auswahlstrukturen lassen sich hintereinander oder geschachtelt anordnen. Dasselbe gilt für IF-THEN-ELSE-Anweisungen.

Codierung zu Programm SKONTOZWEI-SIMON:

```
100 REM ======PROGRAMM SKONTOZWEISIMON
101 REM (SIMON'S BASIC, MIT IF-THEN-ELSE
102 REM SIEHE PROGRAMM SKONTOZWEISEITIG)
103 :
104 REM ======ANWEISUNGSTEIL
110 PRINT "SKONTO ALS ZWEISEITIGE AUSWAHL."
120 INPUT "RECHNUNGSBETRAG IN DM";R
130 INPUT "TAGE NACH ERHALT      ";T
140 IF T>8 THEN LET P=1.5 :ELSE: LET P=4
160 LET S=R*P/100 : LET R=R-S
170 PRINT S;"DM SKONTO UND";R;"DM ZAHLUNG."
180 PRINT "ENDE." : END
```

3.10.2 Nicht-abweisende Schleife mittels REPEAT-UNTIL

Drei der vier Arten von Wiederholungsstrukturen werden durch SIMON's BASIC durch spezielle Anweisungen unterstützt:

- Nicht-abweisende Schleife (REPEAT-UNTIL)
- Schleife mit Abfrage in der Mitte (LOOP-EXIT-END LOOP)
- Zählerschleife (FOR-NEXT)
- Abweisende Schleife (Konstruktionen mit IF und GOTO nötig)

Wir wenden uns zunächst der Anweisung REPEAT-UNTIL zu.

Die Ausführungen der Programme KAPITAL2-SIMON sowie KAPITAL2 (Abschnitt 3.1.3.2) sind gleich, die BASIC-Codierungen jedoch weichen voneinander ab.
In Programm KAPITAL2-SIMON wird die Wiederholungsstruktur mittels REPEAT-UNTIL codiert: REPEAT setzt den Schleifenanfang und UNTIL das Schleifenende fest.
Da die Endebedingung über

```
240 UNTIL K>=KE
```

am Ende der Schleife abgefragt wird, werden die Anweisungen in der Schleife mindestens ein Mal durchlaufen.

Struktogramm zu Programm KAPITAL2-SIMON:

```
Eingabe: Anfangskapital K und Zinssatz P
Berechnung: Endkapital KE=2*K als das doppelte K
    Erhöhung von K um die Zinsen K*P/100
    Ausgabe: derzeitiges Kapital K
Wiederhole .... bis K größer oder gleich KE ist
211 REPEAT .... 240 UNTIL K>=KE
Ausgabe: Ende nach Verdopplung des Anfangskapitals
```

Codierung zu Programm KAPITAL2-SIMON:

```
100 REM ======PROGRAMM KAPITAL2-SIMON
101 REM (SIMON'S BASIC, REPEAT-UNTIL),
102 REM  SIEHE PROGRAMM KAPITAL2)
110 PRINT "KAPITALIEN BIS ZUR VERDOPPLUNG."
120 REM ======VEREINBARUNGSTEIL
130 REM K:   REAL (KAPITAL IN DM)
140 REM KE:  REAL (ENDKAPITAL IN DM)
150 REM P:   REAL (ZINSSATZ IN DM)
160 :
170 REM ======ANWEISUNGSTEIL
180 INPUT "EINGESETZTES KAPITAL";K
190 INPUT "JAHRESZINSSATZ       ";P
200 LET KE = 2 * K
210 REM ***BEGINN DER NICHT-ABWEISENDEN SCHLEIFE****
211 REPEAT
220 LET K=K+K*P/100
230 PRINT "   ";K
240 UNTIL K>=KE
250 REM ***SCHLEIFENENDE****************************
260 PRINT "ENDE NACH VERDOPPLUNG." : END
```

3.10.3 Schleife mittels LOOP-EXIT-END LOOP

Das Programm ZEITSTOP-SIMON umfaßt eine 'Schleife mit Abfrage in der Mitte' als Wiederholungsstruktur, die durch die Anweisung LOOP-EXIT-END LOOP programmiert wird:

- 180 LOOP — setzt den Schleifenbeginn.
- 210 END-LOOP — setzt das Schleifenende.
- 200 EXIT IF E$<>"" — fagt die Bedingung zum Verlassen der Schleife (irgendeine Taste gedrückt) ab.

In der Variablen TI (für TIme, Zeit) speichert der Commodore die Zeit ab (TI=0 beim Anschalten des Computers, TI=TI+1 alle 1/60 Sekunden).
Mit 160 LET UHR=TI halten wir die Startzeit in UHR fest, um später nach dem Verlassen der Schleife mit 220 LET UHR=TI-UHR die abgelaufene Zeitspanne in UHR abzuspeichern. Auf diese Art können wir den Computer als 'Stoppuhr' verwenden. Die Schleife dient dabei als Warteschleife (vgl. Abschnitt 3.1.3.7). GET E$ wird wiederholt durchlaufen; sobald eine Taste gedrückt wurde, ist der String E$<>"" (d.h. nicht mehr leer) und die Schleife kann über EXIT verlassen werden.
Die Anweisung EXIT IF E$<>"" verzweigt in die Programmzeile, die der Anweisung END LOOP folgt.

Struktogramm zu Programm ZEITSTOP-SIMON:

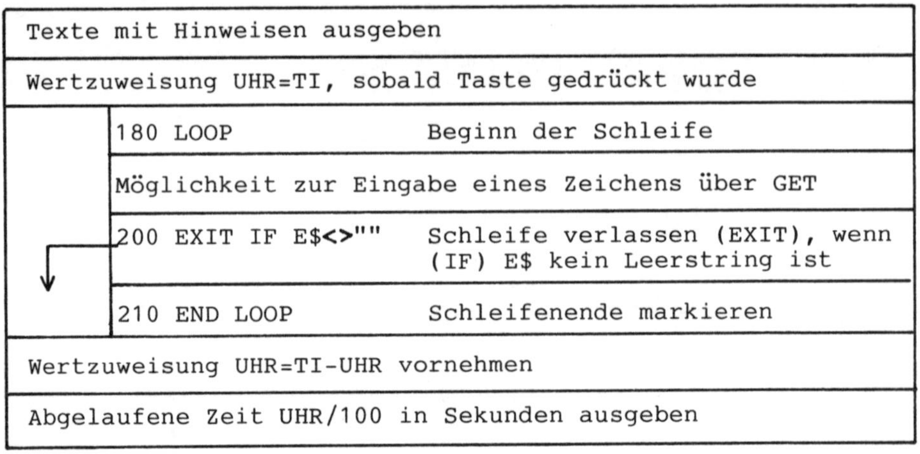

Codierung zu Programm ZEITSTOP-SIMON:

```
100 REM ======PROGRAMM ZEITSTOP-SIMON
110 REM (SIMON'S BASIC, LOOP-ENDLOOP)
120 PRINT "COMPUTER STOPPT DIE ZEIT."
130 :
140 PRINT "ZEIT LAEUFT AB TASTENDRUCK:"
150 GET E$: IF E$="" THEN 150
160 LET UHR=TI : PRINT ".... LAEUFT ..."
170 PRINT "ZEIT STOPPT BEI TASTENDRUCK:"
180 LOOP
190 GET E$
200 EXIT IF E$<>""
210 END LOOP
220 LET UHR=TI-UHR
230 PRINT "ZEIT:";UHR/100;"SEKUNDEN.
240 PRINT "ENDE." : END
```

3.10.4 Unterprogramm mittels EXEC-PROC-END PROC

In Abschnitt 3.1.4 haben wir anhand des Programmes DEMO-UPRO1 die Unterprogrammtechnk mit BASIC 2.0 erklärt.
Das folgende Programm DEMP-UPRO1-SIMON unterscheidet sich von DEMO-UPRO1 nur in der BASIC-Codierung, nicht aber im Programmlauf.

	Unterprogramm in BASIC 2.0:	Unterprogramm in SIMON's BASIC:
Aufruf:	140 GOSUB 1000	140 EXEC ERHOEHEN
	...	...
Codierung:	1000 REM ...	1000 PROC ERHOEHEN
	1010 ...	1010 ...
	1020 RETURN	1020 END PROC

In SIMON's BASIC wird das Unterprogramm benannt (hier der Unterprogrammname ERHOEHEN), um es mit diesem Namen dann mehrmals aufzurufen (hier: 140 EXEC ERHOEHEN, 180 EXEC ERHOEHEN).

Codierung zu Programm DEMO-UPRO1-SIMON:

```
100 REM ======PROGRAMM DEMO-UPRO1-SIMON
101 REM (SIMON'S BASIC, EXEC-PROC-END PROC,
102 REM  ABLAUF WIE PROGRAMM DEMO-UPRO1)
103 :
110 PRINT "EIN UNTERPROGRAMM ZWEIMAL AUFRUFEN."
120 INPUT "WERT VON X <-"; X
130 REM ***ERSTER UNTERPROGRAMM-AUFRUF MIT $3************
140 LET PAR=X : EXEC ERHOEHEN
150 LET X=PAR : PRINT "X UM 10 ERHOEHT ->"; X
160 INPUT "WERT VON Y <-"; Y
170 REM ***ZWEITER UNTERPROGRAMM-AUFRUF*MIT $3***********
180 LET PAR=Y : EXEC ERHOEHEN
190 LET Y=PAR : PRINT "Y UM 10 ERHOEHT ->"; Y
200 PRINT "ENDE." : END
210 :
211 :
220 REM ***UNTERPROGRAMM 'ERHOEHEN'************************
1000 PROC ERHOEHEN
1010 LET PAR = PAR + 10
1020 END PROC
```

Das Progammbeispiel DEMO-UPRO1-SIMON zeigt, daß auch die Sprache SIMON's BASIC keine Parameterübergabe beim Unterprogrammaufruf erlaubt. Gleichwohl gestatten die Anweisungen LOCAL und GLOBAL, Variablen zu lokalisieren.

Im Zusammenhang mit Unterprogrammen wird häufig die Anweisung CALL verwendet, die mit der Sprunganweisung GOTO vergleichbar ist:

```
300 IF A$="JA" THEN GOTO 500
...
...
500 ...  <--
510 ...
520 END
```

```
300 IF A$="JA" THEN CALL SUCHEN
...
...
500 PROC SUCHEN  <--
510 ...
520 END
```

CALL SUCHEN bezweckt also einen Sprung zu Zeile 500, die nicht direkt mit der Zeilennummer genannt wird, sondern mit der symbolischen Sprungadresse SUCHEN als sogenanntem 'Label'.
Dies erhöht die Lesbarkeit eines Programmes.

3.10.5 Ausgabeformatierung mittels USE

Die meisten höheren Programmiersprachen haben die PRINT USING-Anweisung zur Formatierung der Druckausgabe. In SIMON's BASIC heißt die entsprechende Anweisung USE.
Wie das Programmbeispiel PRINTUSING-SIMON zeigt, wird der numerische Wert einem Formatstring entsprechend formgerecht ausgegeben. Der Formatstring kann als Konstante (z.B. "####.##") oder als Variable (z.B. F$) in der USE-Anweisung genannt werden. Das Zeichen "#" reserviert dabei genau eine Stelle in der Druckausgabe.
Die zu formatierenden numerischen Werte müssen in USE in jedem Fall als Strings umgewandelt angegeben werden.

Ausführung zu Programm PRINTUSING-SIMON:

```
RUN /RET/                                  /RET/ für RETURN
DEMONSTRATION ZUR AUSGABEFORMATIERUNG:
AUSGABE UNFORMATIERT MIT PRINT:
 123.456
 7788.9

FORMATIERT MIT USE (4.2 STELLEN):
 123.45
7788.9
FORMATIERT MIT USE (20.3 STELLEN):
                 123.456
                7788.9
READY.
```

Diese Ausführung zeigt, daß USE Dezimalstellen abschneidet, nicht aber rundet (aus 123.456 wird 123.45).

Codierung zu Programm PRINTUSING-SIMON:

```
100 REM ======PROGRAMM PRINTUSING-SIMON
110 PRINT "DEMONSTRATION ZUR AUSGABEFORMATIERUNG:"
120 :
130 LET Z1=123.456: LET Z2=7788.9
140 LET Z1$=STR$(Z1): LET Z2$=STR$(Z2)
150 PRINT "AUSGABE UNFORMATIERT MIT PRINT:"
160 PRINT Z1 : PRINT Z2 : PRINT
170 PRINT "FORMATIERT MIT USE (4.2 STELLEN):
180 USE"####.##",Z1$ :PRINT: $, "####.##",Z2$
190 PRINT:PRINT "FORMATIERT MIT USE (20.3 STELLEN):"
200 LET F$="####################.###"
210 USE F$,Z1$: PRINT
220 USE F$,Z2$
230 END
```

3.11 Musikverarbeitung mit SIMON's BASIC

Mit dem SID (Sound Interface Device) verfügt der Commodore 64 über einen anspruchsvollen Musik-Synthesizer.
Leider ist der SID in BASIC 2.0 nicht gerade einfach zu programmieren, da überwiegend in der maschinennahen Ebene mit POKE-Anweisungen gearbeitet werden muß.
SIMON's BASIC verfügt über spezielle Anweisungen zur Musikprogrammierung, die das Schreiben von Musikstücken sowie das Imitieren von Musikinstrumenten stark vereinfachen.

Am Beispiel des Liedes "Der Mond ist aufgegangen" wollen wir den prinzipiellen Aufbau eines Musikprogrammes darstellen und die hierfür erforderlichen Anweisungen in SIMON's BASIC erklären.

3.11.1 Ausführungen eines Musikprogramms

Betrachten wir zunächst die beiden Ausführungen zum Programm LIED-MOND-SIMON:
Im 1. Punkt legen wir durch Tastatureingabe mit den Parametern ATTACK, DECAY, SUSTAIN, RELEASE die Hüllkurve fest, welche die Charakteristik eines Instrumentes oder einer Stimme prägt. In der 1. Ausführung (links) legen wir mit 10,0,8,8 einen der Violine ähnlichen Tonfall fest; in der 2. Ausführung imitieren wir mit 4,2,12,4 eine Trompete.
Das Tempo wird mit 12 angegeben.
Die anschließenden Schritte 2-5 übernimmt das Programm selbst:
2. Mit 15 wird der maximale Lautstärkenwert vorgegeben (über den Reglerknopf am Fernsehgerät können wir die Lautstärke variieren).

Zwei Ausführungen zu Programm LIED-MOND-SIMON:

```
DER MOND IST AUFGEGANGEN.

1. HUELLENKURVEN-PARAMETER:
ATTACK  (0-15)? 10 /RET/
DECAY   (0-15)? 0 /RET/
SUSTAIN (0-15)? 8 /RET/
RELEASE (0-15)? 8 /RET/
TEMPO  (0-255)? 12 /RET/
2. LAUTSTAERKE FESTGELEGT MIT VOL:
VOL 15 = MAXIMAL
3. KLANGFARBE FESTGELEGT MIT WAVE:
VOLL, SAEGEZAHN-WELLENFORM
4. NOTENSTRINGS ZUGEWIESEN
5. LIED SPIELEN (TASTE DRUECKEN)
... Lied wird gespielt, Huell-
    kurve imitiert Violine ...

ENDE DES LIEDES.
READY.
```

```
DER MOND IST AUFGEGANGEN.

1. HUELLENKURVEN-PARAMETER:
ATTACK  (0-15)? 4 /RET/
DECAY   (0-15)? 2 /RET/
SUSTAIN (0-15)? 12 /RET/
RELEASE (0-15)? 4 /RET/
TEMPO  (0-255)? 12 /RET/
2. LAUTSTAERKE FESTGELEGT MIT VOL:
VOL 15 = MAXIMAL
3. KLANGFARBE FESTGELEGT MIT WAVE:
VOLL, SAEGEZAHN-WELLENFORM
4. NOTENSTRINGS ZUGEWIESEN
5. LIED SPIELEN (TASTE DRUECKEN)
... Lied wird gespielt, Huell-
    kurve imitiert Trompete ...

ENDE DES LIEDES.
READY.
```

3. Es wird ein voller Klang angenommen (auf die Wellenform gehen wir später ein).
4. Die Noten des Liedes "Der Mond ist aufgegangen" werden in Strings zugewiesen.
5. Das Progamm wartet und beginnt nach Drücken einer Taste mit dem Spielen von "Der Mond ist aufgegangen".

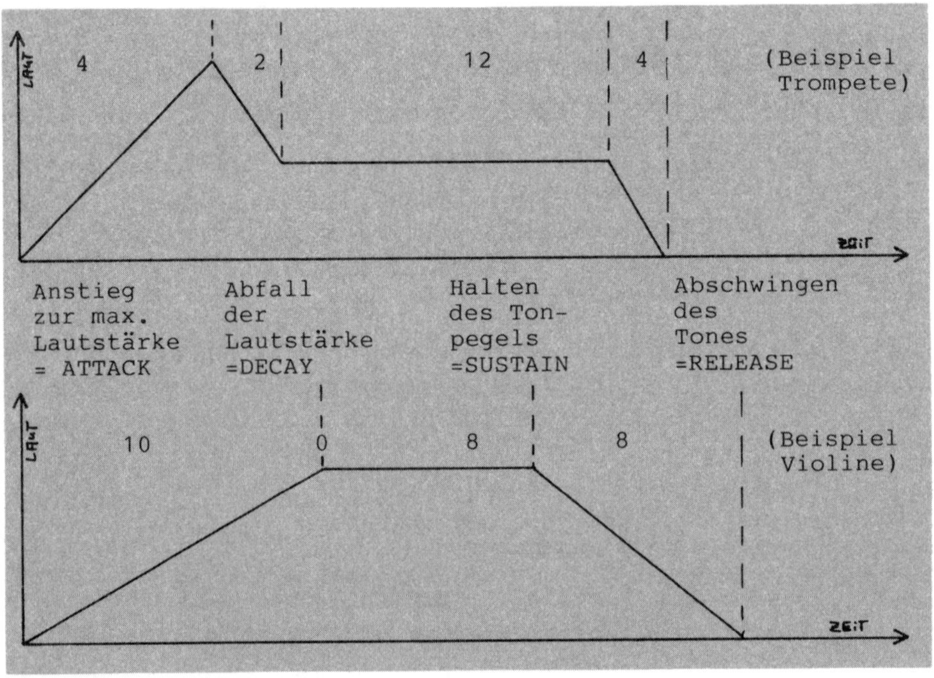

Hüllkurven charakterisieren einen Ton mit vier Parametern

Zur oberen Hüllkurve der Trompete:
Nach dem Anspielen einer Note in der durch ATTACK=4 relativ schnell angegebenen Geschwindigkeit nimmt die Lautstärke bis zum Maximalwert VOL=15 zu. Da DECAY=2 ist, fällt diese Lautstärke rasch zur mitleren Lautstärke SUSTAIN=12 ab, um dann endlich in der Geschwindigkeit RELEASE=4 zur Lautstärke 0 zurückzugehen, d.h. zu verstummen.
Mit der obigen grafischen Darstellung von Hüllkurven lassen sich typische Instrumente sowie Stimmen gut veranschaulichen. Dem Ausprobieren von typischen Klangbildern durch Programmausführungen sind keine Grenzen gesetzt.

3.11.2 Eintippen der Noten eines bestimmten Liedes

Die BASIC-Codierung zu Programm LIED-MOND-SIMON ist in fünf Punkte gegliedert. Diese Gliederung gilt für jedes Lied gleichermaßen. Wollen wir ein anderes Lied programmieren, so sind demzufolge nur die Anweisungen unter Gliederungspunkt 4. auszutauschen, d.h. neu einzutippen. Da dieses Eintippen nicht so ganz einfach ist, wollen wir es genau erklären:

Der Punkt 4. umfaßt im Beispiel die Zeilen 280 - 320. Zunächst werden die 4 Notenstrings den Variablen M1$, M2$, M3$ und M4$ zugewiesen. Diese werden in Zeile 320 zum Gesamtnotenstring M$ addiert.
Die Notenstrings sind in 'Tastenschrift' wiedergegeben, da die normalerweise am Bildschirm erscheinenden Grafikzeichen kaum lesbar sind. In 'Tastenschrift' bedeuten:

- (C) Tasten /SHIFT/ und /CLR-HOME/ gleichzeitig gedrückt (am Bildschirm erscheint das "Herz" als Grafikzeichen).
- (F5) Funktionstaste F5 einmal kurz gedrückt: die vorher angegebene Note (z.B. C3) wird als 1/4-Note, d.h. als Note der Länge 1/4 gespielt.
- (F7) Funktionstaste /F7/ einmal gedrückt: die vorangehende Note wird als 1/2-Note -also doppelt so lange- gespielt.
- C3 Erst "C" tippen und dann "3": Die Note C der Tonleiter wird gespielt, und zwar das C in der 3. Oktave.
- D3 Erst "D" tippen und dann "3": Die um 1 höhere Note D ebenfalls in der 3. Oktave wird gespielt.
- 1 Anfang eines Notenstrings: Nach dem (C) wird die 1 als die 1. Stimme festgelegt (wir können die Stimmen 1 - 3 festlegen).
- G Ende eines Notenstrings: Nach dem (C) tippen wir stets ein G ein.

Codierung zu Programm LIED-MOND-SIMON:

```
100 REM ======PROGRAMM LIED-MOND-SIMON
110 PRINT "DER MOND IST AUFGEGANGEN." : PRINT
120 :
130 PRINT "1. HUELLKURVEN-PARAMETER:"
140 INPUT "ATTACK (0-15)"; ATTACK
150 INPUT "DECAY  (0-15)"; DECAY
169 INPUT "SUSTAIN(0-15)"; SUSTAIN
170 INPUT "RELEASE(0-15)"; RELEASE
190 INPUT "TEMPO (0-255)"; TEMPO
200 PRINT "2. LAUTSTAERKE FESTGELEGT MIT VOL:"
210 PRINT "VOL 15 = MAXIMAL"
211 VOL 15
220 PRINT "3. KLANGFARBE FESTGELEGT MIT WAVE:"
230 PRINT "VOLL, SAEGEZAHN-WELLENFORM"
231 WAVE 1,00100000
260 ENVELOPE 1,ATTACK,DECAY,SUSTAIN,RELEASE
270 PRINT "4. NOTENSTRINGS ZUGEWIESEN"
280 LET M1$="(C)1C3(F5)D3(F5)C3(F5)F3(F5)E3(F5)D3(F7)C3(F5)(C)G"
290 LET M2$="(C)1E3(F5)E3(F5)E3(F5)A3(F5)G3(F5)F3(F7)E3(F5)(C)G"
300 LET M3$="(C)1E3(F5)E3(F5)E3(F5)F3(F5)E3(F5)D3(F7)D3(F5)(C)G"
310 LET M4$="(C)1E3(F5)E3(F5)E3(F5)F3(F5)E3(F5)D3(F5)D3(F5)C3(F5)(C)G"
320 LET M$ = M1$+M2$+M3$+M1$+M2$+M4$
330 PRINT "5. LIED SPIELEN (TASTE DRUECKEN):"
340 GET E$: IF E$="" THEN 340
350 MUSIC TEMPO,M$
360 PLAY1
370 PRINT:PRINT "ENDE DES LIEDES." : END
```

Ein Lied kann entweder aus einem Notenstring bestehen oder aus mehreren Teilstrings, die dann zu einem Gesamtstring addiert werden. In unserem Beispielprogramm liegt eine Stringaddition vor, da die Teilstrings M1$ und M2$ zweimal im Lied vorkommen:

Der Mond ist aufgegangen,	Notenstring M1$
die goldnen Sternlein prangen	Notenstring M2$
am Himmel hell und klar.	Notenstring M3$
Der Wald steht schwarz und schweiget,	Notenstring M1$
und aus den Wiesen steiget	Notenstring M2$
der weiße Nebel wunderbar.	Notenstring M4$

Die Stringaddition

```
320 LET M$ = M1$+M2$+M3$+M1$+M2$+M4$
```

verknüpft die sechs Zeilen des Liedes zu einer Notenfolge, die dann genau einer Strophe entspricht.

- Tonleiter C, D, E, F, G, A, B, C . Es wird also nicht die deutsche Tonleiter verwendet, die H anstelle von B nennt. Die Notennamen sind Großbuchstaben.
- Notenhöhe von 0 (tiefste Oktave) bis 7 (höchste Oktave). E0 kennzeichnet das tiefste E und E7 das höchste E.
- Note um einen Halbton erhöhen: Gleichzeitig mit dem Notennamen die Taste /SHIFT/ drücken.
- Funktionstasten legen die Länge der vorangehenden Note wie folgt fest:

/F1/	1/16 - Note	/F2/	1/1 - Note
/F3/	1/8 - Note	/F4/	2/1 - Note
/F5/	1/4 - Note	/F6/	4/1 - Note
/F7/	1/2 - Note	/F8/	8/1 - Note

Für /F2/ drückt man die Tasten /SHIFT/ und /F1/ gleichzeitig. Entsprechende gilt für /F4/, /F6/ sowie /F8/.

Eingaben innerhalb eines Notenstrings

Die BASIC-Codierung zum Programm LIED-MOND-SIMON sieht nur das Abspielen e i n e r Liedstrophe vor.
Sollen mehrere Strophen gespielt werden, so können wir dies z.B. durch folgende Erweiterung vornehmen:

```
360 PLAY 1                 Liedstrophe wird gespielt.
361 VOL 0                  Lautstärke wird abgestellt (stumm).
362 FOR ZEIT=1 TO 500: NEXT ZEIT    Pause zwischen Strophen.
363 VOL 15                 Lautstärke wieder anstellen.
363 GOTO 360               Endlosschleife.
```

Das Programm hört jetzt erst dann auf, wenn wir die Programmausführung durch gleichzeitiges Drücken der Tasten /RUN-STOP/ und /RESTORE/ abbrechen.

3.11.3 Anweisungen zum Programmieren eines Liedes

Die Programmiersprache SIMON's BASIC schreibt die Anweisungsfolge

VOL	Lautstärke
WAVE	Klangfarbe bzw. Sound
ENVELOPE	Form des Tones (Instrument, Stimme)
MUSIC	Noten
PLAY	Musikwiedergabe

mit der entsprechenden Angabe von Parametern zum Programmieren eines Liedes vor.
Zur Erklärung des Formates dieser Anweisungen beziehen wir uns wieder auf das Beispielprogramm LIED-MOND-SIMON.

Einstellen der Lautstärke mittels VOL:
Die Anweisung

```
211 VOL 15
```

stellt die Lautstärke auf den Maximalwert 15.
Möglich sind Parameter von 0 (Abstellen der Tongeneratoren) bis 15 (größte Lautstärke).

Festlegen der Wellenform mittels WAVE:
Die Anweisung

```
231 WAVE 1,00100000
```

aktiviert für die Stimme 1 (1 vor dem Komma) durch Setzen von Bit 5 die Sägezahl-Wellenform, die einen vollen Klang ergibt.

```
... WAVE S,bbbbbbbb          (b für Bitposition)
         |||||||||
         ||||||||└── Bit 0: Gate-Bit (nicht notwendig)
         |||||||└─── Bit 1: Synchronisation
         ||||||└──── Bit 2: Ringmodulation
         |||||└───── Bit 3: Testbit (nicht setzen)
         ||||└────── Bit 4: Dreieck-Wellenform ('dünn',
         ||||                wenig Obertöne)
         |||└─────── Bit 5: Sägezahl-Wellenform ('voll',
         |||                 harmonische Obertöne)
         ||└──────── Bit 6: Rechteck-Wellenform ('kantig')
         |└───────── Bit 7: Rauschgenerator ein.
         └────────── Stimme S (1 oder 2 oder 3)
```

Festlegen der Hüllkurve mittels ENVELOPE:
Die ENVELOPE-Anweisung hat stets die fünf Parameter 'Stimme', 'Attack', 'Decay', 'Sustain' und 'Release'.
In unserem Beispielprogramm werden diese Werte variabel als

```
260 ENVELOPE 1,ATTACK,DECAY,SUSTAIN,RELEASE
```

vorgegeben.
Ebenso ist die Eingabe mit konstanten Werten wie z.B.

```
260 ENVELOPE 1,2,0,0,4,7
```

möglich.
Für jede der Stimmen 1, 2 und 3 kann die Hüllkurve getrennt vorgegeben werden.

Festlegen der zu spielenden Noten mittels MUSIC:
Die Anweisung

```
350 MUSIC TEMPO,M$
```

spielt die im Gesamtnotenstring enthaltenen Noten mit einer Tondauer, wie sie in der Variablen TEMPO abgelegt ist.
Die Anweisung

```
350 MUSIC 12,L$
```

nennt eine konstante Tondauer und berücksichtigt die im String L$ gespeicherten Noten.

Spielen des Musikstückes mittels PLAY:
Die Anweisung

```
360 PLAY 1
```

spielt das durch die Anweisungen VOL, WAVE, ENVELOPE und MUSIC festgelegte Musikstück ab. PLAY 0 setzt die Musik aus.

Das Programm LIED-MOND-SIMON bietet uns ein Anweisungsgerüst, das sich durch Abändern der Zeilen 280-320 zur Programmierung beliebiger Lieder eignet.
Als Anregung dazu das Lied "The house of the Rising Sun", in das über die ersten acht Takte die Noten für die Notenstrings bereits in 'Tastenschrift' eingetragen sind:

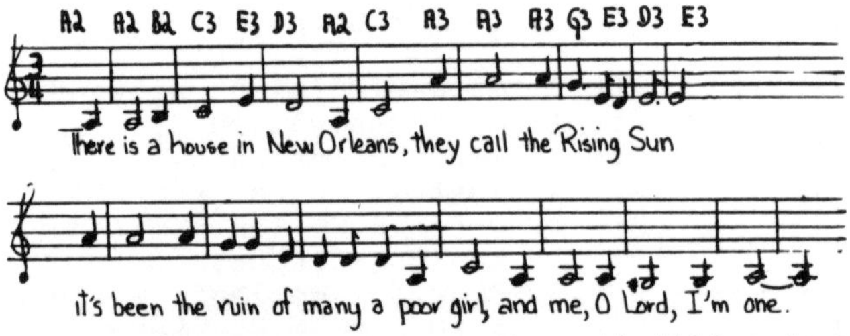

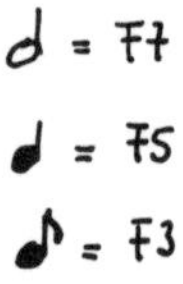

2. If I had listened to what my mother said, I'd have been at home today. But I was young and foolish, o God, let a rambler lead me astray.

3. Go tell my baby sister, never do like I have done, but shun that house in New Orleans, they call the Rising Sun.

4. I'm goin' back to New Orleans, my race is almost run, I'm goin' back to spend my life beneath the Rising Sun.

Der Notenstring M1$ könnte somit wie folgt lauten:

```
LET M1$="(C)1A2(F5)A2(F7)B2(F5)C3(F7)E3(F5)D3(F7)A2(F5)(C)G"
```

Programmverzeichnis

Alle in diesem Buch dargestellten Programme sind auf einer 5.25"-Diskette gespeichert, die unter DOS 2.x auf Disketten-Laufwerken wie VC 1541 und CBM 4040 ausgeführt werden können. Diese Diskette kann vom Verlag über die dem Buch beiliegende Anforderungskarte bestellt werden.
Das nachfolgende Inhaltsverzeichnis (Directory) zeigt die Namen der 78 BASIC-Programme und 3 Dateien:

```
0 "WEGWEISER C64   " 0 2A
2    "HELLO"              PRG
1    "VERBRAUCH1"         PRG
1    "PREISSENKUNG1"      PRG
2    "PREISSENKUNG2"      PRG
5    "KALKULATION1"       PRG
2    "SKONTOZWEISEITIG"   PRG
2    "SKONTOEINSEITIG1"   PRG
2    "DREIFAELLE1"        PRG
3    "MWST1"              PRG
3    "KAPITAL1"           PRG
2    "KAPITAL2"           PRG
4    "ZUFALL1"            PRG
1    "BENCHMARK-TEST1"    PRG
5    "FAHRTENBUCH1"       PRG
5    "RATENSPARTABELLE"   PRG
2    "DEMO-UPRO1"         PRG
2    "DEMO-FUNKTION1"     PRG
4    "MENUE1"             PRG
4    "STANDARD1"          PRG
1    "BOOLEAN1"           PRG
1    "BOOLEAN2"           PRG
2    "BOOLEAN3"           PRG
4    "TEXT0"              PRG
2    "TEXT1"              PRG
3    "TEXT2"              PRG
1    "TEXT3"              PRG
1    "TEXT4"              PRG
2    "TEXT5"              PRG
2    "TEXT6"              PRG
1    "TEXT7"              PRG
1    "DATUMINT1"          PRG
4    "ETIKETTEN1"         PRG
5    "JOKER1"             PRG
4    "VERSCHLUESSELUNG"   PRG
2    "WORTSPIEL1"         PRG
2    "CURSORPOSITION1"    PRG
2    "DEMO-PRINT1"        PRG
2    "FUELLSTRING1"       PRG
1    "RUNDENZAHL1"        PRG
3    "KOMMERZZAHL1"       PRG
1    "CHR$-TEST1"         PRG
1    "ASCII-TEST1"        PRG
2    "DEZIMALBINAER1"     PRG
2    "BINAERDEZIMAL1"     PRG
6    "HEXDEZIMAL1"        PRG
3    "DEZIMALHEX1"        PRG
2    "DEZIMALBINAER2"     PRG
2    "DEZIMALBINAER3"     PRG
3    "DEZIMALBINAER4"     PRG
2    "PEEKLESEN1"         PRG
3    "POKESCHREIBEN1"     PRG
3    "LAGERREGAL1"        PRG
3    "VOKABELDRILL1"      PRG
4    "ABSATZTABELLE1"     PRG
4    "SUCHBINAER1"        PRG
4    "SORTDATEN1"         PRG
3    "SORTZEIGER1"        PRG
3    "SORTDATEN2"         PRG
3    "MISCHDATEN1"        PRG
2    "GRUPPDATEN1"        PRG
19   "TELEPHON-SEQ1"      PRG
19   "TELEPHON-SEQ2"      PRG
4    "ART-DIRSCHREIB1"    PRG
4    "ART-DIRLES1"        PRG
11   "ART-DIRVERWALT1"    PRG
4    "BALKENDIAGRAMM1"    PRG
2    "GERADE1"            PRG
3    "LINIE1"             PRG
3    "BEWEGUNG1"          PRG
5    "BEFEHLSZEILE1"      PRG
3    "HIRESLINIE-SIMON"   PRG
4    "HIRESKURVE-SIMON"   PRG
8    "DEMO-SPRITE1"       PRG
2    "SKONTOZWEI-SIMON"   PRG
3    "KAPITAL2-SIMON"     PRG
2    "ZEITSTOP-SIMON"     PRG
3    "DEMO-UPRO1-SIMON"   PRG
2    "PRINTUSING-SIMON"   PRG
4    "LIED-MOND-SIMON"    PRG
1    "TELDATEI"           SEQ
6    "ARTIKELDATEI"       RFI
4    "DIREKTDATEI"        REL
394 BLOCKS FREE.
```

Programmausführung auf Commodore-Computerserien 2/3/4/8000:
Durch Eingabe von POKE40,1:POKE41,8:POKE8*256,0:NEW den Programm-Zeiger auf die Anfangsadresse 2049 stellen (vgl. Abschnitt 2.4.2, S. 98).

Programmausführung auf Commodore-Computern 264 und 364:
Programm DEMO-SPRITE1 läuft nicht, da Sprites verwendet.

Sachwortverzeichnis